教师教育精品教材·学前教育专业系列

学前教育学

|第 4 版|

李生兰◎著

华东师范大学出版社
·上海·

图书在版编目（CIP）数据

学前教育学 / 李生兰著. —4 版. —上海：华东师范大学出版社,2020
ISBN 978-7-5760-0252-2

Ⅰ.①学… Ⅱ.①李… Ⅲ.①学前教育-教育理论-高等职业教育-教材 Ⅳ.①G61

中国版本图书馆 CIP 数据核字(2020)第 115215 号

学前教育学（第 4 版）

著　　者	李生兰
责任编辑	余思洋
责任校对	杨月莹　时东明
装帧设计	庄玉侠

出版发行　华东师范大学出版社
社　　址　上海市中山北路 3663 号　邮编 200062
网　　址　www.ecnupress.com.cn
电　　话　021-60821666　行政传真 021-62572105
客服电话　021-62865537　门市（邮购）电话 021-62869887
地　　址　上海市中山北路 3663 号华东师范大学校内先锋路口
网　　店　http://hdsdcbs.tmall.com/

印 刷 者　常熟市文化印刷有限公司
开　　本　787毫米×1092毫米　1/16
印　　张　21.5
字　　数　484千字
版　　次　2020 年 9 月第 4 版
印　　次　2025 年 7 月第 8 次
书　　号　ISBN 978-7-5760-0252-2
定　　价　49.00元

出版人　王　焰

（如发现本版图书有印订质量问题,请寄回本社客服中心调换或电话 021-62865537 联系）

作者简介

ZUO ZHE JIAN JIE

李生兰,教育学博士,华东师范大学教育学部学前教育系教授、博士生导师。

主要从事学前教育原理、学前儿童家庭与社区教育、比较学前教育、学前教育法规政策、幼儿园课程等方面的教学和科研工作。

主持了教育部人文社会科学研究"十五"规划基金课题"幼儿园利用家庭和社区资源对儿童进行德育的研究"、上海市教育科学研究基金课题"推进新郊区新农村幼儿园家长开放日活动改革与发展的研究"、"中外学前儿童社会教育的比较研究"、美国伊利诺伊大学研究学者基金课题"中美幼儿园与家庭、社区合作共育的比较研究"等20几项省部级和国际合作科研项目。

出版了《学前教育学(第4版)》、《学前教育概论》、《幼儿园课程新论》、《教师、家长带领幼儿参观博物馆活动方案》、《幼儿家庭教育》、《学前儿童家庭教育与活动指导(第3版)》、《学前儿童家庭与社区教育》、《幼儿园与家庭、社区合作共育》、《幼儿园与家庭、社区合作共育的研究(修订版)》、《幼儿园家长开放日活动的研究》、《学前教育法规政策的理解与运用》、《比较学前教育(第二版)》、《儿童的乐园:走进21世纪的美国学前教育》等13部著作,主编了6本幼儿园英语教育系列教材,在国内外教育核心刊物上公开发表百余篇学术论文。

先后赴美国、英国、澳大利亚、新加坡、日本、希腊等国家访学、讲学,进行学前教育领域的学术交流和考察研究活动。

曾获"上海高校优秀青年教师"称号,上海市第八届教育科学研究成果奖,上海市成人高等师范教育教学优秀奖,华东师范大学继续教育工作教学奖,中国学前教育研究会优秀科研工作者、优秀论文奖、幼儿教育优秀作品奖,以及中国全国妇女联合会好作品奖等多项奖励。

第4版致谢与说明

一、致谢

首先,我要衷心地感谢自1999年首版以来众多读者的厚爱,他们的宽容大度激励我继续前行、扬长补短,使《学前教育学(第4版)》的体系变得更加完善。

其次,我要衷心地感谢国内外许多学者所做的各种探索,他们的研究成果促使我不断学习、博采众长,使《学前教育学(第4版)》的内容变得更加丰厚。

再次,我要衷心地感谢允许我拍照的国内外众多幼儿园和社区场所,他们的友好相助陪伴我快乐成长、兼收并蓄,使《学前教育学(第4版)》的形式变得更加多彩。

最后,我要衷心地感谢华东师范大学出版社和责任编辑余思洋的邀请,他们的热情支持推动我轻装前进、精益求精,使《学前教育学(第4版)》的结构变得更加优化。

真诚地欢迎广大的读者朋友对《学前教育学(第4版)》提出宝贵的批评意见和修改建议。感谢有您!感恩有您!

二、说明

在修订《学前教育学(第4版)》的过程中,我怀揣着理论与实践相结合、继承与发展相结合、园内与园外相结合、教学与自学相结合、讲解与案例相结合、文字与图片相结合等梦想,主要做了以下几方面的工作。

(一) 对全书做了删减修改

1. 删除了原第二章第四节《中国儿童发展纲要(2011—2020年)》简介。
2. 删除了原第三章第二节学前教育的发展、第三节学前教育的目标、第六节《关于当前发展学前教育的若干意见》简介。
3. 删除了原第七章第六节《全国家庭教育指导大纲》简介。
4. 删除了原第八章第三节幼儿园教师的职业培训。
5. 删除了原第九章国外学前教育的改革及启示。

6. 修改了全书保留下来的其他各章及各节的具体内容。

7. 完善了附录1"学前教育学"教学(考试)大纲。

8. 完善了附录2"学前教育学"模拟考试试卷及参考答案,并根据第4版的内容,补充了2套模拟考试试卷及参考答案。

(二) 对各章做了共同补充

1. 在各章的章首,都新增了"本章教学建议"(如在第一章里,提出了教师组织学生研读国务院办公厅印发的《关于开展城镇小区配套幼儿园治理工作的通知》,引导学生结合调查研究进行讨论等教学建议;在第三章里,提出了教师组织学生研读教育部、住房城乡建设部印发的《幼儿园标准设计样图》,指导学生结合幼儿园见习活动展开讨论等教学建议),并完善了"本章内容提要"。

2. 在各章的章内,更换了各节图片(并进行简介),修改了各节的内容。

3. 在各章的章末,都新加了"本章小节"(用图形表示),修改了"本章思考题",增加了"本章拓展学习"(更新了阅读书目、补充了浏览网站),创建了"本章微型研究"(列举了一些研究选题、研究方法及研究内容)。

(三) 对各章做了不同补充

1. 在第一章里,新增了第四节学前教育学的研习方案。

2. 在第二章里,新增了第四节《关于促进3岁以下婴幼儿照护服务发展的指导意见》简介。

3. 在第三章里,新增了第二节学前教育的事业发展、第三节学前教育的行动计划、第五节学前儿童的反偏见教育、第七节《幼儿园工作规程》简介、第八节《关于学前教育深化改革规范发展的若干意见》图解。

4. 在第四章里,新增了第七节绘本《月亮,生日快乐》教案。

5. 在第七章里,新增了第六节到上海图书馆去寻宝的案例、第七节《全国家庭教育指导大纲(修订)》简介。

6. 在第八章里,新增了第四节《新时代幼儿园教师职业行为十项准则》图解、第五节《幼儿园教师违反职业道德行为处理办法》图解。

华东师范大学学前教育系教授、博导
李生兰博士
2020年3月

目录
MU LU

第一章 导论 / 1

本章教学建议 / 1
本章内容提要 / 1
第一节 学前教育与学前教育学 / 2
第二节 学前教育的理论与实践 / 6
第三节 学前教育学的研习方法 / 13
第四节 学前教育学的研习方案 / 18
本章小结 / 20
本章思考题 / 21
本章拓展学习 / 21
本章微型研究 / 21

第二章 学前儿童观 / 23

本章教学建议 / 23
本章内容提要 / 23
第一节 儿童观的界说 / 23
第二节 儿童权利的保护 / 26
第三节 正确儿童观的树立 / 33
第四节 《关于促进3岁以下婴幼儿照护服务发展的指导意见》简介 / 39
本章小结 / 44
本章思考题 / 45

本章拓展学习 / 45
本章微型研究 / 45

第三章 学前教育观 / 47

本章教学建议 / 47
本章内容提要 / 47
第一节 学前教育的重要价值 / 48
第二节 学前教育的事业发展 / 51
第三节 学前教育的行动计划 / 58
第四节 科学学前教育观的树立 / 66
第五节 学前儿童的反偏见教育 / 73
第六节 学前儿童的因材施教 / 76
第七节 《幼儿园工作规程》简介 / 82
第八节 《关于学前教育深化改革规范发展的若干意见》图解 / 86
本章小结 / 92
本章思考题 / 92
本章拓展学习 / 93
本章微型研究 / 93

第四章 学前教育的课程 / 94

本章教学建议 / 94
本章内容提要 / 94
第一节 学前教育课程的界定 / 94
第二节 学前教育课程的理论 / 97
第三节 学前教育课程的方案 / 104
第四节 学前教育课程的设计 / 109
第五节 学前教育课程的评价 / 118
第六节 后现代课程理论及启示 / 120
第七节 绘本《月亮,生日快乐》教案 / 125
本章小结 / 129
本章思考题 / 129
本章拓展学习 / 130
本章微型研究 / 130

第五章　幼儿园的社会教育 / 131

本章教学建议 / 131
本章内容提要 / 131
第一节　幼儿园社会教育的价值取向 / 131
第二节　幼儿社会化的主要理论思潮 / 140
第三节　幼儿园社会教育的多条路径 / 149
第四节　幼儿园社会教育活动的设计 / 157
第五节　幼儿园社会教育活动的实施 / 159
第六节　幼儿园社会教育活动的观察 / 163
第七节　幼儿园社会教育活动的评价 / 167
第八节　幼儿园社会教育活动的案例 / 172
本章小结 / 180
本章思考题 / 180
本章拓展学习 / 181
本章微型研究 / 182

第六章　幼儿园的游戏活动 / 183

本章教学建议 / 183
本章内容提要 / 183
第一节　幼儿园游戏活动的种类 / 183
第二节　幼儿园游戏活动的价值 / 187
第三节　幼儿园游戏活动的准备 / 195
第四节　幼儿园游戏活动的观察 / 200
第五节　幼儿园游戏活动的指导 / 206
第六节　幼儿园游戏活动的评价 / 211
第七节　幼儿园游戏活动的案例 / 219
本章小结 / 223
本章思考题 / 224
本章拓展学习 / 224
本章微型研究 / 225

第七章　幼儿园的家庭教育指导 / 226

本章教学建议 / 226

本章内容提要 / 226
第一节　幼儿园家庭教育指导的价值 / 226
第二节　幼儿园家庭教育指导的内容 / 229
第三节　幼儿园家庭教育指导的原则 / 236
第四节　幼儿园家庭教育指导的形式 / 244
第五节　幼儿园家庭教育指导的方案 / 254
第六节　到上海图书馆去寻宝的案例 / 257
第七节　《全国家庭教育指导大纲(修订)》简介 / 263
本章小结 / 269
本章思考题 / 270
本章拓展学习 / 270
本章微型研究 / 271

第八章　幼儿园的教师 / 272

本章教学建议 / 272
本章内容提要 / 272
第一节　幼儿园教师的职业特点 / 272
第二节　幼儿园教师的职业素养 / 281
第三节　《幼儿园教师专业标准(试行)》简介 / 289
第四节　《新时代幼儿园教师职业行为十项准则》图解 / 291
第五节　《幼儿园教师违反职业道德行为处理办法》图解 / 295
本章小结 / 301
本章思考题 / 302
本章拓展学习 / 302
本章微型研究 / 303

附录1　"学前教育学"教学(考试)大纲 / 304

附录2　"学前教育学"模拟考试试卷及参考答案 / 318

第一章 导 论

 本章教学建议

1. 教师可带领学生参观当地一所幼儿园,指导学生观看园内外环境布置,启发学生分析幼儿园建筑与周围建筑的异同点,增加学生对幼儿园的感性认识。

2. 教师可鼓励学生自己去参观当地一个社会场所(如蔡元培纪念馆、陶行知纪念馆、鲁迅纪念馆、宋庆龄纪念馆等),帮助学生了解对中国学前教育事业作出过重大贡献的教育家、思想家和革命家。

3. 教师可指导学生在网上观看有关幼儿园的视听资料(如《啊!摇篮》、《延安保育院》等),帮助学生了解幼儿园的过去、感受幼儿园的现在、预测幼儿园的未来,促使学生总结幼儿园的发展历程及其主要特点。

4. 教师可组织学生研讨交流自己是否上过幼儿园,如上过,那幼儿园给自己留下了什么样的印象?如没上过,那主要原因是什么?以帮助学生归纳影响幼儿园发展的政治、经济、文化等多种因素。

5. 教师可引导学生研读国务院办公厅印发的《关于开展城镇小区配套幼儿园治理工作的通知》,①鼓励学生走进附近小区进行调查研究,了解"入园难"、"入园贵"、"入园远"等问题,围绕"有园上"、"上得起"、"就近上"、"有质量"等举措展开讨论。

 本章内容提要

本章由四节组成,首先介绍了学前教育的概念与机构、学前教育学的研究对象与内容,其次阐述了学前教育学发展的主要历程,再次讲解了学前教育学的研习方法,最后推介了学前教育学的研习方案。

每一门学科都有自己独特的研究对象和内容,学前教育学作为一门独立的学科也不例

---

① 中华人民共和国国务院办公厅.关于开展城镇小区配套幼儿园治理工作的通知[EB/OL].(2019-01-19)[2019-02-03]. http://www.moe.gov.cn/jyb_xxgk/moe_1777/moe_1778/201901/t20190122_367640.html.

外。它主要研究学前教育的现象及规律,探索学前教育的原则与特点,挖掘学前教育学的研究方法,设计学前教育学的研习方案,增强教育者自身的素养,提高学前教育的质量。

第一节 学前教育与学前教育学

图1-1-1 美国KD儿童保育学习中心

一、学前教育的基本概念及界定

什么是学前教育?对这一概念的认识多种多样,国内外至今尚无统一的定论。较有影响的观点主要有以下几种。

我国有学者指出,学前教育是指从出生到6岁前儿童的教育。也有学者认为,学前教育是对从出生到入学前的儿童所进行的教育。

国外有学者指出,学前教育是从胎儿到正式受教育前这段时期的幼年照管和教育。也有学者提出,学前教育是能够激起出生至进入小学的儿童(小学入学年龄因国家不同而有5至7岁之别)的学习愿望,给他们学习体验,且有助于他们整体发展的活动总和。

笔者认为,学前教育是对胎儿至进入小学前的儿童所进行的教育、组织的活动和施加的影响。它的教育对象应包括胎儿、婴儿(0至3岁)、幼儿(3至6或7岁)。这是因为:(1)遗传学、优生学的研究表明,青年男女在成立家庭的时候,就应慎重择偶,精心选择受孕时间,注意孕期保健、营养和教育,以有助于胎儿的健康成长。古今中外许多教育家都提出了胎教的思想,强调这是人生教育的起点,对儿童未来的生活影响极大。(2)生理学、心理学的研究表明,3岁前是儿童身体、心理发展的重要时期,儿童发展的巨大潜力都储存在这个时期,如果能及时得到开发,则有助于早出人才、出好人才。(3)教育的实践和研究证明,胎儿教育与婴儿教育、幼儿教育是密切相联的,对胎儿进行教育,有利于提高学前教育的质量。随着生活水平的提高,人们格外重视孩子的优生优育、优养优教工作,而胎儿教育则是其基础,这个基础打得好,孩子健康出生,才有可能把孩子培养成为一个和谐发展的人;反之,如果不注意胎教,孩子先天残疾,那就难以把孩子培养成为一个身心健全的人。现在社会上强调托幼一体化的呼声越来越强烈,"发展普惠托育服务体系,健全支持婴幼儿照护服务和早期发展的政策体系"被列入《中华人民共和国国民经济和社会发展第十四个五年规划和2035年远景目标纲要》中。

世界学前教育发达国家都十分重视胎儿、婴儿的教育。例如,英国科学家的研究认为,从受孕后的最初8周起,胎儿就已具有灵敏的感觉;胎儿是可以"学习"的,通过有意识的"宫内学习"措施——胎教,开发潜在的智能,胎儿出生后具有了同龄孩子不具有的智力水平及良好的个性。美国医生还创办了"胎儿大学",专门对怀孕5个月左右的孕妇进行语言、音乐、动作方面的训练,使出生后的孩子不仅能更快地学会站立、行走,而且智力更为发达。日本学者也提出"0岁教育太晚了"的呼声,倡议采取多种胎教方法,如子宫对话、体语交流、给胎儿听音乐,使孩子今后的人生过得更加幸福而有意义。我国学前教育要与世界接轨,也要关注对胎儿和婴儿的教育。

二、学前教育的主要机构及形式

学前教育的实施是通过学前教育的机构来进行的,学前教育机构的形式多种多样,主要有以下几种。

(一)胎儿学校

胎儿学校是对胎儿进行教育的专门场所,主要由医务部门管理。胎儿学校招收的对象是孕妇及其丈夫,教育方式是让孕妇对胎儿说话、听音乐,或适当拍打、抚摸肚皮上的一定部位,使胎儿出生后的学习更容易,发育更正常,同时还可巩固家庭关系。国外胎儿学校的产生早于我国。

(二)托儿所

托儿所是对0—3岁的儿童进行教育的专门机构,全天开放。托儿所的儿童按月份或年龄分班:1岁以下的儿童在托小班,1岁以上至2岁以下的儿童入托中班,2岁以上至3岁以下的儿童进托大班。我国托儿所主要是为1岁以上的儿童服务的,每个班级的儿童数量都较多,往往在30名以上,但只有2个保育员照看,且保育员仅受过较少的培训。与国外发达国家的托儿所相比,我国托儿所招收的儿童的起始年龄稍大,班级规模较大,师生比率偏低,物质设施较差,保育员的专业素质不高。

(三)早教中心

早教中心也称早教指导中心、早期教育指导中心,主要为0—3岁婴幼儿提供教养服务。

通过定期面向区域内的婴幼儿开放丰富多采的游戏活动,实现"愿宝宝开心,让宝宝开口,使宝宝开窍"的服务目标;通过适时对婴幼儿家长进行多种多样的科学育儿指导,促使家长形成"亲爱儿童,满足需求;以养为主,教养融合;关注发育,适应发展;因人而异,开启潜能"的教养理念。[1]

(四)幼儿园

幼儿园是对3周岁以上的学龄前儿童实施保育和教育的机构,一般为三年制。

1. 种类

(1) 幼儿园可按时间,分为全日制、半日制,也可分为定时制、季节制和寄宿制等。在我国许多地方,都以全日制幼儿园为主,其他形式幼儿园为辅。

(2) 幼儿园可按性质,分为公办、事业单位办、部队办、地方企业办、集体办、民办、中外合作办。在我国许多地区(如上海市),都以公办园为主,其他形式为辅。

(3) 幼儿园可按级别,分为示范园、一级园、二级园、三级园、未定级园等。示范性幼儿园(即示范园)发挥着示范带头作用,指导影响其他各类幼儿园。我国幼儿园呈现出"中间大,两头小"的特点,即以一级园、二级园为主,示范园、三级园为辅。

2. 规模

"小班(3周岁至4周岁)25人,中班(4周岁至5周岁)30人,大班(5周岁至6周岁)35人,混合班30人。"[2]幼儿园可按儿童年龄分别编班,也可以混合编班;我国幼儿园大多是分龄班,在一些城市(如上海市)的幼儿园还有混龄班。

"幼儿园规模应当有利于幼儿身心健康,便于管理,一般不超过360人。"[3]在我国许多幼儿园,每个年龄班都有几个平行班,如3个小班、4个中班、5个大班。

3. 师资

"幼儿园按照国家相关规定设园长、副园长、教师、保育员、卫生保健人员、炊事员和其他工作人员等岗位,配足配齐教职工。"[4]在我国许多幼儿园里,每班有2名教师,1名保育员。保教人员除了要经过专门的职前培训以外,还要参加在职轮训。

(五)园所一体化

有些学前教育机构是把托儿所与幼儿园联结在一起的,招收出生几个月至入小学前的儿童。我国过去有许多企业举办了这种学前教育机构;一些大城市公办园曾把托大班儿童并入幼儿园,成为小小班儿童。而今,在美国许多大学附设的学前教育机构采用的仍是托幼

---

[1] 上海市浦东新区南汇早期教育指导中心.园所介绍[EB/OL].[2019-01-28]. http://3102250077.age06.com/x310115/21668/index.aspx.

[2] 中华人民共和国教育部. 幼儿园工作规程[EB/OL].(2016-03-01)[2018-08-19]. http://www.moe.gov.cn/srcsite/A02/s5911/moe_621/201602/t20160229_231184.html.

[3] 中华人民共和国教育部. 幼儿园工作规程[EB/OL].(2016-03-01)[2018-08-19]. http://www.moe.gov.cn/srcsite/A02/s5911/moe_621/201602/t20160229_231184.html.

[4] 中华人民共和国教育部. 幼儿园工作规程[EB/OL].(2016-03-01)[2018-08-19]. http://www.moe.gov.cn/srcsite/A02/s5911/moe_621/201602/t20160229_231184.html.

园所一体化的形式。

(六) 学前班

学前班也称幼儿班,大多附设在小学里,作息制度参照小学来制定与执行。许多学前班只招收学前一年的儿童,按年龄进行分班;也有的学前班,还招收学前两年、三年的儿童,进行混龄编班。学前班的班级规模较大,每班约有 40 名儿童,仅有 1 位教师负责教授各个领域的教育内容。在我国农村,学前班曾主要设在公办小学里;而在城市,学前班则主要是设在中外合作办学的中小学里。

(七) 儿童福利院

儿童福利院也称儿童教养院,主要是为 0—15 岁孤儿、弃婴和残疾儿童提供服务的社会福利机构。我国的儿童福利院,由国家兴办,民政部门管理。为了更好地收容和养育孤残儿童,儿童福利院为儿童提供生活、教育、保健、康复、娱乐等设施设备,对儿童实行统一抚养、分类分班教育;根据儿童的年龄、残疾程度来划分班级;对发育正常的学前儿童进行保育与教育,以确保他们的健康成长;对残疾儿童则重在进行康复训练,以帮助他们恢复已丧失的机能。我国 4 个直辖市(北京市、天津市、上海市、重庆市)和一些省会城市(如济南市、南京市、武汉市、广州市)都设立了儿童福利院。

(八) 家庭教育

家庭教育主要是家长在家庭中对学前儿童进行的教育。家庭是儿童受教育的第一个场所,父母是孩子的首任教师。五天工作制(还有极少数地方试行四天半)的实行,使父母周末有更多时间和精力投入到教养孩子的重任中去,使他们能够陪伴孩子成长,促进孩子发展。

此外,还有儿童游戏公园、儿童绘本图书馆、儿童博物馆、玩具图书流动车等非正规的社会学前教育形式,负责对附近社区的儿童、山区牧区等地方的儿童进行灵活多样的学前教育。

三、学前教育学的研究对象及内容

(一) 学前教育学的研究对象

学前教育学是专门研究学前教育现象,揭示学前教育规律的一门科学。比如:幼儿园应如何安排儿童的一日生活,才能有利于儿童的健康成长;教师应如何创设游戏环境,才能充分发挥游戏活动在幼儿发展中的作用等,都是它所要探讨的重要问题。

(二) 学前教育学的研究内容

学前教育学的研究内容,主要包括以下几个方面:

(1) 学前教育的理论与实践,如幼儿园教师应如何理解与运用蒙台梭利、福禄贝尔、陶行知、陈鹤琴等中外教育家的学前教育思想。

(2) 学前儿童观的演变与发展,如幼儿园教师应如何树立正确的儿童观。

（3）学前教育观的形成与变革，如幼儿园教师应如何树立科学的教育观，应如何对儿童进行反偏见教育，应如何理解《幼儿园工作规程》及《关于学前教育深化改革规范发展的若干意见》。

（4）学前教育课程的理论与实践，如幼儿园教师应如何设计绘本教案，应如何评价课程方案。

（5）幼儿园社会教育的价值与实施，如幼儿园教师应如何设计带领儿童参观社会场所的活动方案，应如何观察及评价儿童的社会教育活动。

（6）幼儿园游戏活动的种类与指导，如幼儿园教师应如何观察与评价儿童的游戏活动，应如何传承与发展中国古代儿童的游戏活动。

（7）幼儿园家庭教育指导的价值与原则，如幼儿园教师应如何利用儿童家庭教育指导的多种形式，应如何理解《全国家庭教育指导大纲（修订）》。

（8）学前教育师资的特点与素养，如幼儿园教师应具备哪些职业素养，应如何理解《幼儿园教师专业标准（试行）》，应如何遵守《新时代幼儿园教师职业行为十项准则》。

第二节　学前教育的理论与实践

图1-2-1　美国IUC蒙台梭利学校户外游戏场地与设备

学前教育学随着社会的进步、科学文化的发展、学前教育机构的建立和教育学的完善而逐步发展起来，成为一门独立的学科。在学前教育学形成与发展的漫长历程中，各个不同历史时期的众多哲学家、教育家，以其独特的教育思想和丰富的教育实践活动，为学前教育学学科的创建与成长，作出了重大的贡献。

一、学前教育思想的产生

(一) 哲学家的学前教育思想

学前教育思想最初出现在古代欧洲一些哲学家的著作之中。

古希腊哲学家柏拉图(公元前427—公元前347),代表作有《理想国》、《法律篇》,在西方教育史上最先论述了儿童优生优育的问题;重视学前教育,提出儿童出生以后应接受公共教育;强调通过游戏、体育、唱歌、讲故事等活动,对儿童进行体、智、德、美全面发展的教育。

古希腊哲学家亚里斯多德(公元前384—公元前322),著有《政治学》、《伦理学》等,他把学前教育分为三个阶段:出生前的胎教、出生至5岁的婴幼儿教育以及5—7岁的儿童教育;倡导要重视胎儿的保健、优生及优育、婴幼儿的体育及游戏、儿童良好行为习惯的培养。

(二) 教育家的学前教育思想

学前教育思想较集中地反映在众多教育家的教育论著中。

捷克教育家J·A·夸美纽斯(1592—1670),著有《大教学论》、《世界图解》(世界上第一本图文并茂的儿童读物),重视学前教育,提出学前教育应遵循儿童的自然,给儿童一种积极的、自由的和愉快的体验,强调感官教育是学前儿童学习的基础。

法国教育家J·J·卢梭(1712—1778),著有《爱弥儿》等,倡导教育要回归自然,按照儿童的自然发展历程来进行教育。他的教育思想是传统教育和现代教育的分水岭,至此,教育从封闭走向开放,强调教育要适合于儿童,而不是使儿童去适合教育机构。

瑞士教育家J·H·裴斯泰洛齐(1746—1827),著有《林哈德和葛多德》、《葛多德是怎样教育她的子女的》、《母亲读物》等,倡导教育要遵循儿童的自然,一切教育都应以感官教育为基础,儿童学习的最好方式是操作,母亲是儿童的最好老师。

二、学前教育理论的建立

学前教育机构的出现,促进了学前教育理论的产生,使学前教育学从普通教育学中分化出来,成为一门独立的学科。对此作出巨大贡献的教育家是德国的F·W·A·福禄贝尔(1782—1852),他把毕生精力都奉献给探索学前教育理论、实践学前教育之中,撰写了《人的教育》、《幼儿园教育学》等著作,他的学前教育思想影响了整个欧洲及美国、日本等许多国家的学前教育。

(一) 学前教育的重要性

福禄贝尔认为学前教育是很重要的,关系到国家的命运和前途。他写道:"我教育儿童是为了整个一代人。为了共和国的利益,我一直在为他们实践共和国的美德做准备。"他躬身实践,从1816年开始从事幼儿公共教育活动,1837年在德国勃兰根堡组织了新型的教育机关,并于1840年将其正式命名为"幼儿园",这是世界上最早的一所幼儿园。从此,幼儿园这一名称便被世界各国所采用。

(二)学前教育的全面性

福禄贝尔认为学前教育要全面,因为社会发展需要的是全面发展的人,而学前教育也只有培养出全面发展的人,才能适应社会发展的需要。为此,他指出幼儿园的任务是对"成长着的儿童给予全面的关心","为儿童的全面发展进行全面的引导"。为了实现幼儿园的任务,幼儿园的教育内容应该是广泛的、多样的,既包括语言、数学、动植物、社会方面的知识、能力,也包括音乐、美术、体育等方面的知识、技能,而不是使儿童在学前期就处于社会生活的某一特殊方位或过早地接受专业训练。幼儿园的教育方法应该是通过活动来丰富儿童的知识、发展儿童的能力。教师要"专门设计发展儿童的活动能力(创造力)、感知能力(情感)和智力(思维力)……等几方面能力的活动"。这样,教育过程就能达到"想和做的统一,认识和行动的统一,知识和能力的统一",儿童身心两方面就得到了全面发展。因此,儿童个体的全面发展既是必要的,也是可能的。此外,福禄贝尔还指出,为使儿童得到全面的发展,学前教育机构还要帮助家庭教育子女,让儿童进行必要的活动,使他们身体正常发展,使他们的感官得到训练,使他们了解周围的人和自然。

(三)学前教育的自然性

福禄贝尔认为学前教育要遵循儿童的自然。他批判地继承了夸美纽斯提出的教育"适应自然"的思想,以及裴斯泰洛齐提出的只有适当的教育"才能使人成为人"的思想,指出在教育过程中,要使儿童的个性得到充分的发展,就必须遵循儿童的自然、遵循儿童成长发展的规律。他把幼儿比作花草树木、教师比作园丁、幼儿园比作花园。他认为儿童成长发展的过程就像是一朵花从花蕾到开花结果的过程,一棵树从播种发芽、枝条柔嫩到长成参天大树的过程。他希望儿童能在适合于自己的自然和宇宙的自然中受到教育。他还进一步指出,年幼儿童的自然发展情况是不同于年长儿童的。所以,对年幼儿童的教育应该在内容上、形式上与年长儿童相区别。

(四)学前教育的游戏性

福禄贝尔认为学前教育要注意游戏化,活动对于儿童的成熟、个性全面和谐的发展具有重大价值。他指出"游戏、学习和工作"这些活动是"不可分割的整体",是未来"光明幸福生活的基础",其中游戏是"儿童最纯洁的活动,是儿童活动的主体,是儿童最典型的生活"。"游戏给儿童带来无限的快乐、自由、满足、休息、平安。一个能自己决定并坚持游戏直到身体疲劳为止的儿童,将会是一个能全面做出决定的人,能为别人的利益而牺牲自己的人。"儿童的游戏不仅在幼年期是重要的,而且还对儿童未来的生活有深远的影响。儿童的游戏是他们未来生活的胚芽;因为整个人就是在游戏中,在他最柔嫩的性情中,在他最内在的倾向中发展和表现的。因此,在他创办的幼儿园中,游戏成了儿童的主要活动,儿童的生活充满了欢乐。他还亲自为儿童编制了各种游戏,例如模仿自然界某些现象和周围成人生活的某些动作的游戏:"小河流水"、"磨坊"、"蜗牛"、"旅行",等等。儿童通过游戏发展了智慧、道德和体力。他认为游戏不仅是儿童的主要活动,而且也是他们"生活的镜子",反映"儿童受教育的世界",反映儿童的内部倾向和创造才能,而这又是通过"操作"某一材料和使用某一玩具,如一块小木头或一个小石子来进行的。为此,他创立了一个独特的游戏体系。这一体系的主要特征是操作"恩物"。他创造的恩物有几十种,主要的有六种。如一个大立方体,可以分割成大小、数量不等的小立方体、长方体、长方板及小三角形板。儿童在镶拼的过程中,可以认识多种图形、颜色和数目,搭成各种各样的建筑造型,以发展语言能力、认识能力、想象力和创造力。福禄贝尔的一些教具、玩具,如积木,一直沿用到现在。

(五) 学前教育的指导性

福禄贝尔认为要加强对学前儿童的指导。他指出要使游戏等活动充分发挥教育儿童的作用,教师就必须对儿童的活动进行指导。教育儿童是一个师生相互影响、相互作用的过程,教师应根据教育原理,为儿童设计、安排许多不同的活动。教师的作用就是在观察、了解儿童的基础上,为儿童提供他们想学的东西和机会;教师的作用,从本质上说,是帮助儿童发展个体中已有的学习的内部能力。所以,教师是儿童经验和活动的设计者,应给儿童引导和保护,而不是命令、强制和干涉。因为儿童的"不受干扰的操作才是好的操作","这意味着儿童——依然处于创造过程——虽然是无意识的,但却力图成为一个自然的产物,这肯定是对他本身而言最好的;进一步来讲,这完全适合于他的发展、他的性情、他的能力和他的愿望"。这些见解后来被蒙台梭利和皮亚杰所强调。与此同时,他还指出没有教师引导、设计的环境,不是良好的环境,因为儿童在这里不可能真正地进行学习,或者,他们进行的是一种错误的学习。

三、学前教育理论的发展

学前教育学作为一门独立的学科形成以后,在理论上和实践上都得到了迅速的发展。

(一) 学前教育专家的学前教育思想

1. 蒙台梭利的学前教育思想

意大利著名的学前教育家 M·蒙台梭利(1870—1952),代表作有《发现孩子》、《蒙台梭利早期教育法》、《蒙台梭利儿童教育手册》、《童年的秘密》等,创办了儿童之家,其有关学前教育的理论与实践,对世界现代学前教育的发展产生了广泛而深远的影响。

(1) 要了解学前儿童的特点。蒙台梭利指出学前教育在确定自身的教育原则和方法之前,只有了解儿童心理发展的特点,才能不压抑、不损害儿童潜藏的和内在的能力,使儿童按其本身的规律发展。她认为儿童的心理发展主要具有以下两个特点。

① 吸收力。儿童具有一种天赋的、强烈的内在能力和不断发展的积极力量,就像海绵吸水一样,能持续地从环境中吸收感觉信息。儿童这种有吸收力的心理发展经历了两个不同

阶段：无意识、有意识的吸收心理阶段。处在无意识的吸收心理阶段（从出生到3岁）的儿童，通过看、听、闻、尝、摸物体，神经系统吸收、存储了对各种物体的反应记录，使视觉、听觉、嗅觉、味觉和触觉等感官得到了发展。处于有意识的吸收心理阶段（从3岁到6岁）的儿童，开始对环境中的刺激信息进行选择和存取，从而促进了感觉器官对未来刺激的定向性反应及发展。

② 敏感期。儿童在某一时期，会对一定物体或某种练习活动特别感兴趣，并且很容易习得某种经验，但错过了这一时期，则往往事倍功半，甚至劳而无功。她确认儿童从出生到5岁是感觉的敏感期，从出生到6岁是动作的敏感期，出生后8个星期到8岁是语言的敏感期等。她认为，在感觉的敏感期，儿童能有选择地注意周围的环境，建立和完善感觉的功能，但是，过了这个时期，儿童的感觉发展就不能收到与这一时期同样明显的效果。她还认为，儿童在不同的时期，对周围环境有不同的感受性，正是这种感受性才使儿童能以各种不同的方式与外部世界保持联系。但是，儿童感受性的敏锐程度不是恒定不变的，当一种积极的充满活力的心理活动消失时，另一种心理活动被激起并替代前一种心理活动的位置。儿童就是"在一种稳定的节奏中，在一个不停地燃烧着的火焰中进行着人的精神世界的创造工作"。儿童经历一个又一个的感受敏感期，习得一种又一种经验，从而推进心理的发展。儿童虽然都要经历相同的敏感期，但是，不同的儿童各个感受敏感期发生和延续的具体时间是有一定差异的。

(2) 要培养学前儿童的能力。蒙台梭利认为儿童有发展的需要，要满足和强化这种需要，就必须通过自由活动、自我控制、自我教育的方式与途径来实现。一般情况下，儿童能自我成长，习得实现发展需要的各种活动方式，教师应重视和培育儿童的这种能力，并给予一定的指导和帮助，这是教师在教育过程中的主要职责。为此，她对教师提出了以下几点要求。

① 要尊重儿童的特点。儿童的心理不同于成人，不能被当作小大人来对待，那种站在成人的角度来看待儿童、教育儿童的观念和方法，视儿童为成人可以任意填塞东西的"空容器"，粗鲁地要求儿童盲目顺从、绝对地信任成人，完全是一种背离儿童发展需要的错误做法。如果成人误以为自己是儿童的创造者，一味强求儿童被动地、机械地接受成人的支配，那么，成人发出的指令信息越多，儿童个体身心发展所受的阻碍就越大。她主张，每个儿童都有自己独特的个性，所以，对他们进行教育的方式，应考虑通过个体化的途径来实施。

② 要为儿童创设环境。她深信，儿童在一个准备好的环境中能够学得最好。因为人们生活的环境日趋复杂，儿童出生后，如果没有成人的指导和帮助，就难以适应这样一个错综纷繁的世界，所以，有必要在成人和儿童之间架起一座"桥梁"。创设"有准备"的环境，就是要起到这种桥梁的作用。教师为儿童准备环境的目的，既不是去建立一个小型的成人世界，也不是把现实世界改造成一个假想的乐园来满足儿童的意愿和幻想，而是使儿童在这个"有准备"的环境中，可以按照自己的兴趣与爱好，自由地选择、操作材料，不受成人意见的支配、干涉和阻挠。她认为，教室、游戏场所、家庭等都可以创设这种"有准备"的环境，在这个环境中，自由是其最主要的特征，儿童可以自由地探索他们所选择的材料，按自己的意愿创造物体，依据自己的兴趣吸收信息。

③ 要为儿童提供活动。她指出,教师除了为儿童准备环境外,还必须适时地为儿童提供各种活动及材料,使儿童、环境、活动三者能有机地结合起来,形成一个良好的学习过程。教师为儿童提供的活动主要包括两种:一是生活活动,如日常生活锻炼和园艺活动。二是感官练习活动,如触觉练习、视觉练习、听觉练习、嗅觉和味觉练习。

④ 要注重儿童的自动教育。她认为,教师不能也不应像浇铸件那样培养儿童,因为儿童是学习的主体,对自己的学习有着内在的动力。她确信,当儿童积极参加到一个"有准备"的环境中,按照自己的速度、程序,自由地选择材料进行练习时,他们就是在教育自己,即"自动教育"。在她看来,儿童的自动教育比教师的榜样教育和说服教育,更能有效地促进儿童的发展。她指出,儿童能够进行自动教育,教师不必干涉儿童的活动。当儿童在操作教具材料或纠正活动错误时,教师所要做的事情就是观察和等待。她告诫教师,不应该以自己的智慧去代替儿童的智慧;也不要做儿童的"仆人",替他们梳洗、穿衣、喂饭等,否则,就会切断儿童活动的通道,成为儿童积极性发展的最大障碍。她呼吁教师应该引导儿童自己去思考、自己去活动,进而发展儿童的主动性和独立性。

⑤ 要重视对儿童的指导。她虽然强调儿童自由选择和自主进行活动的能力,但她并不主张让儿童毫无限制地去进行选择和活动。她认为,儿童在完全适应环境和发展自己的过程中,不仅需要教师的尊重和理解,而且也需要教师的指导和帮助。她指出,教师在指导儿童活动时,应当注意:从儿童的实际与需要的角度出发,设计"准备好的环境",安排教学等各种活动;鼓励儿童在一定范围内自由选择材料、探索材料;观察儿童、了解儿童的个别差异和兴趣爱好,并给予必要的帮助。

2. 陈鹤琴的学前教育思想

我国现代著名学前教育专家陈鹤琴(1892—1982),在他为中国幼儿教育事业走向现代化而不懈努力的一生中,从理论创立和实践躬行两方面,对儿童成长与发展进行了长期的观察实验和探索研究。

(1) 学前教育对儿童的发展至关重要。陈鹤琴认为学前教育关系到儿童一生的发展,关系到国家的前途和民族的命运。他对自己的子女进行了3年的跟踪观察实验研究,记录了儿童身心发展的特点,总结出家庭教育的原则和方法101条。他于1923年创办南京鼓楼幼稚园,并以此作为幼教实验中心,进行课程、故事、读法、设备等多项实验,以探索幼儿教育的规律,促进幼儿的成长发展。

(2) 学前教育要考虑儿童的各种特点。陈鹤琴指出学前教育的对象是儿童,儿童不是小大人,不是成人的缩影,"儿童与成人在身体上是不同的,在心理上也是不同的",所以,对儿童的培养与成人不同,不能给他们成人化的东西,而要适应儿童好游戏、好奇、好群、好模仿、喜欢野外生活、喜欢成功的生理和心理特点,做到儿童化,杜绝中小学化、成人化;即使是同一年龄阶段的儿童,也存在着个别差异,在生活经验、个性、兴趣以及学习能力等方面都会有所不同,因此要了解每个儿童的个性,多采用小团体的教学法,因材施教,使儿童得到健康的成长;儿童有独立的人格,教师要热爱儿童,公平地对待儿童,做儿童的朋友和伴侣,同游同乐地去玩去教,要启发、诱导、暗示儿童,不能任意恐吓、打骂儿童,要绝对尊重儿童的人格,以免阻碍儿童身心的正常发展。

(3) 学前教育要促进儿童的全面发展。陈鹤琴强调要对儿童进行全面发展的教育,使儿童成为"体魄强壮、品德良好和智力发达"的祖国幼苗。他主张幼稚园"第一要注意的是儿童的健康",培养儿童的卫生习惯,妥善安排儿童的作息时间,为儿童提供必要的营养,注意衣着合理,矫正儿童的身体缺陷,预防传染疾病,发展儿童的各种活动动作,锻炼儿童的体格,重视开展户外活动、娱乐和游戏等;要塑造儿童的良好道德品质,教导儿童互相谦让、敬爱父母、尊敬师长、遵守纪律,使儿童有毅力、坚韧力、忍耐力,教导其勤劳、勇敢、艰苦朴素,并爱祖国、爱人民、爱大自然;要增强儿童对自然美、社会美、艺术美的认识、鉴赏和创造能力,发展艺术才能;要重视儿童的感觉训练和智力发展,特别要注重其观察力的提高。

(4) 学前教育要为儿童提供多种活动。陈鹤琴指出儿童是在游戏、作业、劳动生活、自然社会等丰富多彩的活动中得到成长和发展的。教师要竭尽全力为儿童创造游戏的环境、工作的环境,并组织儿童参加一些力所能力的劳动,使其随时随地地向大自然、社会汲取教育资源。为了充分发挥游戏环境的教育价值,他指出:游戏设备要符合儿童化、坚固耐用、合乎卫生标准、具有艺术意识、包含本地风光、安全、多变化等要求;游戏玩具要达到坚固耐用、式样美观、大小合度、没有危险性等要求。在室内、园内的各种活动中,他最为重视的是游戏活动,而室内、园内活动与室外、园外活动相比而言,他又更为重视儿童的室外、园外活动。

(5) 学前教育要对儿童进行适当指导。陈鹤琴认为儿童是教育的主体,教师不能主观地指挥一切,包办代替。他坚决反对以教师为中心,同时也反对儿童中心主义的放任自流,强调教师要给儿童以指导。他强调教师指导作用的发挥要和儿童主动性、独立性、创造性的发展有机结合,提出要让儿童自由集合、自由合作。教师指导儿童活动的艺术在于:和儿童共同游戏,共同工作。他提出,为了较好地发挥教师的指导作用,就必须从政治思想、业务修养、教学技术、优良品质等方面加强对教师的培养和提高工作,他在江西泰和创建了江西省立实验幼稚师范学校,实践自己的教育理论。

(6) 幼儿园要和儿童的家庭紧密配合。陈鹤琴认为儿童教育是幼儿园与家庭共同的责任,"儿童教育是一件很复杂的事情,不是家庭一方面可以单独胜任的,也不是幼稚园一方面可以单独胜任的,必定要两方面共同合作方能得到充分的功效"。家庭是孩子成长的第一个教育场所,父母是孩子的首任教师,应尽到教育好孩子的责任。幼稚园可以通过恳亲会、讨论会、报告会、探访家庭等形式,向家长宣传婴幼儿早期教育的重要意义,宣传党的教育方针政策,普及儿童心理学、学前教育学的知识,使广大家长都能对自己的子女有正确的培养目标和教育方法;幼稚园应取得家长在教育上的密切配合,使家庭教育与幼稚园教育步调一致,保证儿童得到合理的教养,生动活泼地成长。

(二) 心理学家和教育家的儿童教育思想

美国教育家 J·杜威(1859—1952),著有《我的教育信条》、《学校与社会》、《儿童与课程》、《民主主义与教育》等,倡导教育应该以儿童为中心,强调教育即生长,教育即生活,教育即经验的不断改造,指出要让儿童从做中学。他的教育思想对许多国家的学前教育都产生了重要的影响。

我国人民教育家陶行知(1891—1946),发表了《创设乡村幼稚园宣言书》、《如何使幼稚教育普及》《幼稚园之新大陆》等论文,创办了我国第一所乡村幼稚园和劳工幼稚园,强调学前教育的重要性;针对当时国内幼儿教育的"三种大病",提出要把外国的幼稚园化成中国的幼稚园,要把费钱的幼稚园化成省钱的幼稚园,要把富贵的幼稚园化成平民的幼稚园;倡导通过"艺友制",来解决幼教师资的培养问题。

瑞士儿童心理学家J·皮亚杰(1896—1980),著有《儿童的语言和思维》《儿童的判断和推理》《发生认识论原理》《结构主义》等,提出学前儿童认知的发展是从感知运动阶段(0—2岁)过渡到前运算阶段(2—7岁)的;儿童的动作和活动在其发展中起着重要的作用,儿童具有主动性;儿童通过与环境积极的相互作用而获得发展;儿童的发展是持续的过程。

美国心理学家E·H·埃里克森(1902—1994),著有《儿童与社会》等,认为儿童人格的形成是生物因素和社会因素相互作用的结果。他指出儿童人格的发展主要经历了前四个阶段:第一个阶段(0—1.5岁)是信任与怀疑的冲突,第二阶段(1.5—3岁)是自主与羞耻的冲突,第三阶段(3—6岁)是主动与内疚的冲突,第四个阶段(6—12岁)是勤奋与自卑的冲突;在儿童发展的不同阶段,教育的任务是不同的,分别是要着重培养儿童的安全感、自控力、自信心、成就感。

美国心理学家A·H·马斯洛(1908—1970),著有《人的动机理论》《动机和人格》等,提出了"需要层次理论",认为人的(包括儿童的)基本需要有五类:生理的需要、安全的需要、归属和爱的需要、尊重的需要以及自我实现的需要;儿童各种需要的产生和其身体的发育相关;儿童只有满足了低级的生理需要之后,才能产生高级的社会需要。

第三节　学前教育学的研习方法

图1-3-1　美国IPC儿童发展中心大厅

一、学习学前教育学的方法

在学习学前教育学这门学科的时候,应注意采用以下几种方法。

(一) 教学与自学相结合

课堂教学的时间是有限的,受教育者应学会自己学习;终生教育也要求每个人都具有自学的能力,活到老,学到老,才能适合社会的需要。

(二) 理论与实际相结合

在学习某一章学前教育理论的时候,要紧密联系学前教育的实际,尝试利用理论知识去分析、解决实际问题,做到学以致用、学用结合。

(三) 博览与精读相结合

在精读教材的基础上,还应广泛阅读有关教育、学前教育的各种专业书刊,及时浏览相应的教育网站。

(四) 口语与书面语相结合

教学的过程是师生互动的过程,在学习中,应开动脑筋,勤动口,踊跃发言,积极参加课堂讨论;勤动手,认真做读书笔记,撰写大量的学习心得。

(五) 预习与复习相结合

在听课之前,应对教师即将讲授的内容先预习一下,做到心中有数,并能带着问题投入到课堂学习中去,以提高课堂学习的质量;在听课以后,应及时复习巩固,以降低遗忘的比率。

二、研究学前教育学的方法

在研究学前教育学这门学科的时候,可以采用以下几种方法来进行。

(一) 观察法

观察法是学前教育研究中最独特的收集信息的方法,通过对研究对象进行感知,可以深入了解学前教育活动的实际情况。例如,要研究幼儿的告状行为,就可对幼儿告状的时间、地点,告状的内容、目的、频率等方面进行观察和记录,分析幼儿产生告状行为的原因,得出幼儿的告状行为是否有年龄差异、性别差异、个别差异的结论。

观察法具有以下几个优点:(1) 直接性。通过观察,可以直接了解整个现场情况,感受当时当地的情境和气氛,获得第一手资料。(2) 自然性。在自然环境中进行观察,对观察对象的干扰比较少。(3) 广泛性。不仅可以对使用语言文字容易沟通的对象进行观察,而且也可以对使用语言文字难于沟通的对象(如幼儿)进行观察。(4) 真实性。可以边观察边录音、边摄影或边录像,以获得详细、可靠的视听资料。[1]

观察的基本过程如下:(1) 制定观察提纲。在确立观察的主要问题以后,开始编制观察记录提纲,以便将观察的内容具体化。(2) 准备记录设备。选择录音笔、数码照相机、摄像机和手机,记录观察的整个过程和结果。(3) 联系观察对象。(4) 现场观察活动。(5) 整理观察记录。通过电子计算机,将摄影资料、录像资料加以保存和整理;把录音、录像的视听资料转换成书面文字资料,并加以保存和整理。

(二) 访谈法

访谈法是学前教育研究中最普遍的收集资料的方法,通过和研究对象进行交谈,可以深入了解学前教育活动的基本情况。例如,教师通过与大班幼儿进行个别谈话,发现"庆祝活动"和"游戏活动"是引起幼儿愉快情绪体验的较强刺激物。这样,在幼儿园的教育活动中,教师就能加重这些活动的份量,以进一步发展幼儿的积极情绪。

访谈法具有如下几个优点:(1) 可靠性:当访谈对象对访谈者提出的问题不理解时,访谈者可以立即解释;当访谈对象对问题的回答不完整时,访谈者可以及时加以追问。(2) 丰富性:通过访谈者与访谈对象的相互作用,能够获得大量而深刻的资料。(3) 个体性:访谈者与访谈对象的互动是否能达到预期的效果,在某种程度上取决于访谈者的人际交往能力、访谈技巧和对访谈过程的有效控制程度。(4) 广泛性:访谈者既可以对文化水平较高的访谈对象进行访谈,也可以对文化水平较低的访谈对象进行访谈。[2]

访谈的准备工作主要有:(1) 制定研究协议书。[3] (2) 设计访谈提纲。(3) 选择访谈对象。(4) 准备访谈工具。一类是普通工具,如笔、纸等;另一类是特殊工具,如数码录音机或录音笔,同时记录访谈的过程和结果。(5) 联系访谈对象。通过电话和访谈对象取得联系,告知访谈的目的、自愿原则、保密原则和大致需要的时间,协商访谈的具体时间和地点。

访谈的基本过程如下:(1) 表示谢意。感谢访谈对象如约到达现场接受访谈,并赠送其一份小礼物,以示谢意。(2) 保持人距。如果访谈者和访谈对象比较熟悉,那么访谈时可以坐得比较近。(3) 请求签名。向访谈对象呈现一份自愿参加研究的协议书,请其阅读,如同意就签名。(4) 说明规则。给访谈对象(除幼儿以外)提供一份访谈的详细提纲,说明访谈的问题和时间、交谈的规则和录音的规则。(5) 询问交流。和访谈对象就访谈提纲上所列举的一系列问题进行面对面的交谈。(6) 记录访谈。在和访谈对象进行交谈时,得到现场笔录和录音(边访谈边记录)的许可后,就在访谈的提纲上进行笔录(主要是内容的记录,即受访者在访谈中所说的内容),并用数码录音笔或录音机、手机等进行录音。

---

[1] 袁方.社会研究方法教程[M].北京:北京大学出版社,2013:359.
[2] 袁方.社会研究方法教程[M].北京:北京大学出版社,2013:292—293.
[3] 李生兰.幼儿园家长开放日活动的研究[M].上海:华东师范大学出版社,2008:412—415.

(7) 结束交谈。以轻松、自然的方式结束访谈。(8) 再次致谢。再次感谢访谈对象的配合和对各个问题的回答。

整理与反馈访谈资料：(1) 整理访谈资料。在访谈结束以后，通过电子计算机将访谈的听觉资料转换成视觉文字资料，并加以保存和整理。(2) 反馈访谈资料。把整理好的访谈资料分别送给或寄给所有的访谈对象(幼儿除外)，请其审核，确定其准确性，修改不符合其想法的地方，增加新的想法，然后再把访谈资料还给或寄给研究者。

(三) 问卷法

问卷法是学前教育研究中最常用的资料收集方法，通过问卷法，可以初步了解研究对象对学前教育活动的基本看法和具体做法。例如，教师要研究班级家长开放日活动，就可以通过问卷来了解本班家长对开放日活动的时间、场地、准备、过程、效果的喜好程度，以及具体想法、改进建议。①

问卷法具有以下几个优点：(1) 匿名性：问卷不要求调查对象填写姓名，而只要求他们回答问题，这样就能减轻他们的心理压力，使他们能如实地回答各个问题。(2) 一致性：每个调查对象得到的问卷都是相同的，受到的影响也是相同的，这样就能减少调查资料中的误差，真实地反映调查对象的情况。(3) 定量性：问卷调查所得到的资料易于转换成数字，便于用电子计算机进行量化处理和分析。(4) 节约性：问卷可以在同一时间发放给许多调查对象，能节省调查的时间和人力。②

设计问卷的主要步骤如下：(1) 进行非结构访谈。围绕研究的一般问题，以十分自然的方式，和研究对象进行交谈，以获得对各种问题的提法、形式、数量、可能的回答种类、封面信的设计等内容的第一手资料，把自由回答的开放式问题转变成多项选择的封闭式问题。(2) 设计问卷初稿。围绕研究的具体问题，设计问卷初稿，每份问卷初稿都由封面信、指导语、问题及答案几个部分组成。① 封面信是一封给调查对象的短信，向他们说明调查的目的及内容、调查者的身份、联系方式、谢意，并向他们解释"不记名"和"对回答保密处理"的许诺，以得到他们的信任和配合。② 指导语是一组给调查对象的说明，使他们知道正确填答问卷的方法和要求。③ 问题及答案是问卷的主体，包括以下几个方面。A. 问题的形式和种类：以封闭问题(即在提出问题的同时，还给出若干个可能的答案，以供填答者根据自己的实际情况从中选择一个作为回答)为主，以相倚问题、开放式问题为辅。③ B. 问题的提出和答案：用中立的态度提出简短的问题，不提否定式或具有双重含义的问题；列出的答案具有穷尽性和互斥性，有些问题的答案不可能全部呈现出来，就列出几个主要答案，然后加上一项"其他"。C. 问题的顺序和数目：在安排问题的前后顺序时，把较容易的问题放在前面，把较难的问题放在后面；把封闭式问题放在前面，相倚问题放在中间，开放式问题放在后面；把有关行为方面的问题放在前面，把有关态度方面的问题放在中间，把有关个人背景资料的问题

---

① 李生兰.幼儿园家长开放日活动的研究[M].上海：华东师范大学出版社，2008：409—412.
② 袁方.社会研究方法教程[M].北京：北京大学出版社，2013：264—265.
③ 李生兰.幼儿园家长开放日活动的研究[M].上海：华东师范大学出版社，2008：73—74.

放在后面。(3) 试用问卷初稿。(4) 反复修改问卷。(5) 确定正式问卷。

运用问卷法的具体步骤有：(1) 发放及回收问卷。(2) 整理及统计问卷。

(四) 文献法

文献法是学前教育研究中一种非常有效的收集资料的方法，通过将与研究对象相关的文献资料加以收集，可以评析学前教育活动的发展情况。例如，为了研究幼儿园的家长开放日活动，研究者不仅可以从园长处获取全园家长开放日活动的通知、安排表，而且还可以从教师处获取各班家长开放日活动的方案、评价表，此外还可以从家长处获取家长开放日活动的观后感想、改进建议。

文献法具有以下几个优点：(1) 抗干扰性。由于只是对信息材料进行研究，而不是直接与人打交道，所以研究对象不会受到研究者的影响。(2) 显趋向性。由于可以对不同年代相应的文字材料进行追溯和查找，所以可以研究其发展特点和趋势。(3) 显可比性。由于可以对不同幼儿园、不同教师相应的文字材料进行查找和比较，所以可以研究其发展的异同点。[1]

选择文献资料的种类：(1) 个人文献。园长、教师、家长、幼儿的各种文字和图像资料。(2) 官方文献。各级政府机构和教育部门的政策文件、幼儿园的有关规章制度。(3) 大众传播媒介。幼儿园自编的报刊及书籍、自拍的照片和影像文件。[2]

收集各种文献资料：向幼儿园说明收集文献资料的原因，请其给予协助和支持，并注意从幼儿园获取任何形式的相关信息。

(五) 个案研究法

个案研究法是教师利用观察法、调查法、作品分析法等方法对班级个别儿童进行全面系统的研究，以揭示儿童发展的普遍规律的一种研究方法。比如，在幼儿园小班，有个3岁男童，9月份新生入园以来，从没哭过；当有"客人"来参观时，他还能在教师的提醒下，主动向"客人"介绍自己的绘画作品、纸工作品等。据此，教师就可以这个儿童为研究对象，分析他成长发展的原因，探索提高儿童适应能力、社会交往能力的各种策略。

(六) 实验法

实验法是教师根据研究目的，对某些条件加以控制，有计划地改变某种教育因素，从而考察该因素与随之产生的结果之间的因果关系的一种研究方法。例如，在幼儿园英语教学中，究竟是"听说"领先好，还是"认读"领先好，可针对这一问题开展实验研究：随机抽出两个小班，一个班进行"听说领先"的教学，另一个班进行"认读领先"的教学，到大班末期，分别对两个班幼儿的英语听、说、认、读的水平进行综合测试，就可得出孰优孰劣的结论。

---

[1] 袁方.社会研究方法教程[M].北京：北京大学出版社,2013：418—419.
[2] 袁方.社会研究方法教程[M].北京：北京大学出版社,2013：392.

第四节 学前教育学的研习方案

图 1-4-1 上海市 JDY 幼儿园种植园地长廊

现以"幼儿园亲近自然教育的调查研究"这一选题为例,说明学前教育学的研习方案。

一、研究的重要意义

(1) 有利于矫治儿童的自然缺失症状。
(2) 有助于提升儿童认识自然的能力。
(3) 有利于提高儿童的自然观察智能。
(4) 有助于增强儿童的身体运动能力。
(5) 有助于发展儿童的语言交往能力。
(6) 有利于使儿童萌发关爱地球的意识。

二、研究的基本内容

(一) 幼儿园亲近自然教育的时间安排

在幼儿园作息制度中,每天有几个时段、共有多少时间用于对儿童进行亲近自然的教育。

(二) 幼儿园亲近自然教育的空间布局

(1) 在室外空间里,有哪些地方(如种植区、沙水区、运动区)用于对儿童进行亲近自然的教育。
(2) 在大厅走廊里,有哪些地方(如墙角、楼梯、阳台)用于对儿童进行亲近自然的教育。
(3) 在室内空间里,有哪些地方(如墙壁、区角、窗台)用于对儿童进行亲近自然的教育。

(三) 幼儿园亲近自然教育的资源利用

(1) 自然资源(如大自然中绿色资源)在总资源中所占的比例及使用。
(2) 环保资源(如可循环利用的资源)在总资源中所占的比例及使用。

(四) 幼儿园亲近自然教育的活动种类

(1) 在普通的日常活动中(如观察活动、绘画活动、散步活动、餐点活动),有哪些活动融入了对儿童进行的亲近自然教育。
(2) 在专门的园艺活动中(如种植活动),是如何对儿童进行亲近自然的教育的。

三、研究的主要方法

(1) 问卷法。通过向90位幼儿园教师发放问卷,全面了解各年龄班(如小班、中班、大班)亲近自然教育的基本情况(如时间、地点、计划、实施、反思)。
(2) 访谈法。通过与几位园长、教师进行个别交谈,深入了解幼儿园各年龄班亲近自然教育的具体情况(如目标、方案、途径、评价)。
(3) 观察法。通过走进幼儿园深入班级进行现场观察,直接了解各年龄班亲近自然教育的真实情况(如内容、形式、活动、效果)。

四、研究结果与分析

(1) 幼儿园亲近自然教育的时间安排与分析。
(2) 幼儿园亲近自然教育的空间布局与分析。
(3) 幼儿园亲近自然教育的资源利用与分析。
(4) 幼儿园亲近自然教育的活动种类与分析。

五、研究的重要结论

(1) 幼儿园亲近自然教育取得的成效。
(2) 幼儿园亲近自然教育存在的问题。
(3) 幼儿园亲近自然教育的影响因素。

六、思考与改进建议

（1）提高幼儿园对亲近自然教育的认识。
（2）促使幼儿成为亲近自然教育的主角。
（3）发挥家长在亲近自然教育中的作用。
（4）联合社区壮大亲近自然教育的力量。

七、主要参考文献

（1）约瑟夫·康奈尔.自然,是最好的老师：像约翰·缪尔一样观察和体验自然[M].张立,译.北京：中国大百科全书出版社,2012.
（2）克莱尔·沃克·莱斯利.我的自然笔记[M].王子凡,译.北京：中信出版社，2013.
（3）理查德·洛夫.林间最后的小孩——拯救自然缺失症儿童[M].自然之友,王西敏,译.北京：中国发展出版社,2014.
（4）约瑟夫·康奈尔.与孩子共享自然[M].郝冰,译.北京：九州出版社,2014.
（5）理查德·洛夫.自然法则：虚拟时代,重拾生活[M].李晓楠,胡敏杰,译.北京：新世界出版社,2015.

 本章小结

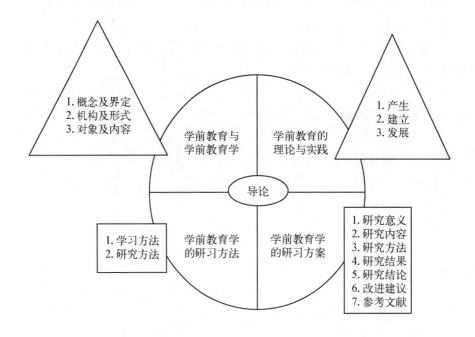

本章思考题

1. 你认为什么是学前教育？什么是学前教育学？
2. 你认为学前教育理论与实践的发展主要有哪几个阶段？
3. 你认为福禄贝尔对学前教育的重要贡献是什么？
4. 你认为蒙台梭利对学前教育的重要贡献有哪些？
5. 你认为陶行知学前教育改革思想的现实意义是什么？
6. 你认为陈鹤琴学前教育理论的现实意义有哪些？
7. 你认为研究学前教育的主要方法有哪些？你最喜欢哪一种方法？你认为应该如何加以运用？
8. 你认为研究学前教育的重要课题有哪些？研究方案应由哪几个部分组成？

本章拓展学习

■ 阅读书目

1. 李生兰.学前教育概论[M].北京：北京大学出版社,2017.
2. 高丙成.中国学前教育发展指数报告[M].北京：北京师范大学出版社,2015.
3. 宋农村.中国乡村学前教育发展研究[M].北京：人民出版社,2014.
4. 霍力岩,姜珊珊,李敏谊.学前教育研究方法(第2版)[M].北京：高等教育出版社出版,2018.
5. 李生兰.比较学前教育(第二版)[M].上海：华东师范大学出版社,2013.
6. Diane Boyd, Nicky Hirst, John Siraj-Blatchford. Understanding sustainability in early childhood education: case studies and approaches from across the UK[M]. London & New York: Routledge, 2017.

■ 浏览网站

1. 中华人民共和国教育部 http://www.moe.gov.cn.
2. 中华人民共和国民政部 http://www.mca.gov.cn/article/sj.
3. 中华全国妇女联合会 http://www.women.org.cn.
4. 中国学前教育研究会 http://www.cnsece.com.
5. 上海学前教育网 http://www.age06.com/age06web3.

本章微型研究

1. 学前教育机构的调查研究

可通过问卷法、访谈法、观察法,调查当地的一所学前教育机构,了解它的性质(如公立或私立)、规模(如办园规模,即全园有多少个班级；班级规模,即每个班级有多少位幼儿)、户外活动场地、游戏设施、教师资质(如专业、学历、教龄、性别)、师幼比(如每个班有几位教师、多少位幼儿)、收费(如每个月学费是多少元、伙食费是多少元)等方面的情况,并加以简单的分析。

2. 蒙台梭利学校的调查研究

可通过观察法、访谈法，调查当地的一所蒙台梭利学校，了解它的规模、游戏场地、玩教具、教师资格（如是否具有教师资格证书）、作息制度、师幼比、收费等方面的情况，并作出简单的分析。

第二章　学前儿童观

 本章教学建议

1. 教师可带领学生去附近公园走走逛逛，看看成人是如何与年幼孩子相处的(如对孩子说了什么，做了什么)，进而判断成人的儿童观，并在课堂上加以讨论交流。

2. 教师可鼓励学生在家长接送孩子的时段，来到幼儿园大门口，观看家长是如何与孩子互动的(如与孩子告别时的语言、表情和动作，与孩子相见时的语言、表情和行为)，以此推断家长的儿童观，并在课堂上进行研讨交流。

3. 教师可组织学生参观博物馆、图书馆、机场，特别要引导学生注意观察博物馆中的儿童探索室、图书馆中的儿童阅览室、机场中的儿童游戏区，判断儿童在博物馆、图书馆、机场中的地位和权利，并在课堂上展开交流辩论。

4. 教师可启发学生阅读《儿童权利公约》，指导学生联系实际，探讨儿童权利保障的困境与出路。

 本章内容提要

本章由四节组成，首先介绍了儿童观的概念和种类，其次说明了儿童的各种权利及保护，再次指出了应如何树立正确的儿童观，最后还简介了《关于促进3岁以下婴幼儿照护服务发展的指导意见》。

儿童观是随着社会的进步、人类文明的进化而不断发展、变化的，了解儿童观的基本内涵、主要类型，认识儿童的权利、地位，树立正确的儿童观，有利于学前教育工作者确立科学的教育观，提高学前教育的质量，促进学前儿童的健康成长。

第一节　儿童观的界说

人们对儿童的认识是多种多样、千变万化的，因此形成了形形色色的儿童观，我们应该

图 2-1-1 美国 PPU 儿童发展中心,欢庆万圣节期间,在大班区角自由活动时,2 名儿童玩蜘蛛数学游戏(扔沙包,记数字,累加分数)

用辩证唯物主义的观点对此加以剖析。

一、儿童观的概念

儿童观是成人如何看待和对待儿童的观点的总和,它涉及儿童的特点与能力、地位与权利、儿童期的意义、儿童生长发展的形式和成因、教育同儿童发展之间的关系等诸多问题。

在不同的时代有不同的儿童观,儿童观随着社会的发展而日益更新:儿童的特点,随着生理学、心理学、现代科技的发展,已被越来越深入、细致地揭示出来;儿童期在人的一生发展中的价值被更多的教育实践所证明,因而得到了人们的广泛重视;儿童的地位和权利也逐渐受到人们的尊重和保护,儿童一来到人间,就享有国籍权、姓名权、生存权、受保障权、健康权、发展权、游戏权、娱乐权、受教育权等。

二、儿童观的种类

在人类社会漫长的发展过程中,人们对儿童的认识不尽相同,主要有以下几种看法。

1. 儿童是"小大人"

这种观点认为,儿童是"缩小"的大人,儿童是小大人,儿童和大人没有什么区别,即使有的话，那也只是身高和体重的不同而已；主张用成人的标准去要求儿童，儿童被期待像成人一样去行动，充当童工、童农、童商等，使之过快、过早地进入社会。可见，这种观点忽视了儿童的特点、儿童期的意义。

2. 儿童是"白板"

这种观点认为，儿童刚生下来的时候，心灵就像一块白板，成人可以将其任意塑造成各种各样的东西；就像一张白纸，洁白无瑕，成人可以在上面画最新最美的图画；就像一个空容器，成人可以任意填塞，把各种知识经验灌输进去，而不考虑儿童的需要；儿童的发展仅仅是周围环境的产物，是消极被动地接受外界刺激的结果。可见，这种观点完全忽视了儿童的主观能动性。

3. 儿童是"有罪的"

这种观点认为，儿童一生下来，就充满了罪恶，是有罪的"羔羊"，卑贱无知，成人应该对他们严加管束、约制，使儿童能不断地进行赎罪；儿童体内的各种毒素，是儿童犯罪的根源，容易导致儿童的错误行为，而严酷的纪律则会减轻、消除儿童的这些行为，成人可以责骂、鞭打儿童，对儿童进行体罚。可见，这种观点严重摧残了儿童的人格，使儿童的身心备受创伤。

4. 儿童是"花草树木"

这种观点认为，儿童是一个有独立存在价值的实体，有自己的权利、思想、情感、需要，不应用成人的标准去要求儿童，儿童应该像个"儿童"，要更加珍惜童年的生活，尊重儿童具有的纯洁美好、独立平等的自然本性；儿童的生长发展是按自然法则运行的，教育者的作用就像是"园丁"，活动室就像是儿童逐步成熟的"花园"，每个儿童的成熟都有内部的时间表，要在恰当的时间学习特别的任务，而不能强迫儿童去学习，揠苗助长；儿童的成熟过程至少和儿童的经验一样重要。可见，这种观点看到了儿童自然成长的特点和发展需要。

5. 儿童是"私有财产"

这种观点认为，儿童是父母婚姻的结晶，产生于母体，归父母所有，是父母的隶属品；父母可以左右儿童的命运，控制儿童的生活，决定儿童的一切事情，要求儿童学习许多其并不感兴趣的课程，把儿童培养成为他们认为的最理想的人，压制儿童，让儿童唯命是从；儿童，特别是男童被认为是家庭的希望、传宗接代的工具、家庭和家族的附属品、父母的私有财产，儿童与其抚养人之间的关系只是一种依附关系。可见，这种观点完全漠视了儿童独立自主的人格和地位。

6. 儿童是"未来的资源"

这种观点认为，儿童是国家最宝贵的财富，是国家潜力最大的资源、未来的兵源和劳动力；对儿童进行教育，就是对未来进行最有价值的投资，这种投资利国利民，多投资，才能高产出。可见，这种观点把儿童放在了极其重要的位置上。

7. 儿童是"有能力的主体"

这种观点认为，人类的童年时期长于动物的童年时期，这为儿童以后的发展奠定了良好的基础；儿童在体力、智力、情感、社会性、道德等方面，都不同于成人，他们是正在发展中的人；不能因为儿童弱小，需要保护，就轻视他们，让他们被动发展；儿童是有能力的、积极主动的权利主体，应有主动发展自己潜能的机会，在出生、发育、成长的过程中，成为自主的行动者，表达自己的主张和意见，行使自己的权利。可见，这种观点看到了儿童自主发展的潜能。

上述各种儿童观虽然打上了时代的烙印,但有些观点却又并存于同一个时代;在这些观点中,有的是残忍的、自私的,有的则是合理的、科学的。实事求是地评析这些观点,有利于我们正确地认识儿童。

第二节　儿童权利的保护

图 2-2-1　美国 PI 幼儿园,在中班区角自由活动时,这名儿童在玩开车游戏
(身体趴在地毯上,让车前行在光滑的石板上)

中国是世界的一部分,随着国际社会对儿童权利认识的深化,中国政府制定了一系列儿童权益保护的政策和法规,并加入了联合国的《儿童权利公约》;在保障儿童基本权益的实践中,也取得了令世人瞩目的成就。但中国是一个发展中国家,经济文化发展水平还有些落后,使得在落实儿童权利保障方面,尚面临许多困难及障碍,还需要进行长期艰苦努力的工作,才能使儿童的基本权益得以全面实现。

一、儿童权利的国际认识

从尊重人权到尊重儿童的权利,是人类社会的一大飞跃;从人们意识到儿童应有自己的权利,到通过法律的形式,进一步明确和扩大这种权利,是人类社会的又一个进步。

早在 1924 年 9 月 26 日，国际联盟大会就通过了《日内瓦儿童权利宣言》，这是第一个主张儿童权利的国际性文件，重在救济、保护儿童，防止奴役、贩运童工，或迫使其卖淫等。

为了保障全世界儿童的权益，1949 年 11 月，国际民主妇女联合会在莫斯科召开执委会决定，将每年的 6 月 1 日定为国际儿童节。

1959 年 11 月 20 日，联合国大会通过了《儿童权利宣言》，指出：(1) 儿童有被尊重、热爱和理解的权利；(2) 儿童有得到足够营养和医疗保护的权利；(3) 儿童有充分的娱乐和游戏的权利；(4) 儿童有获得姓名和国籍的权利；(5) 特殊儿童有受到特殊保护的权利；(6) 在受灾期间，儿童有最先得到救济的权利；(7) 儿童有成为一个有用的社会成员和发展个人能力的权利；(8) 儿童有被培养成充满仁爱精神的人的权利；(9) 所有儿童都享有这些权利，而不受种族、肤色、性别、宗教、国籍和社会出身的限制；(10) 所有儿童，无一例外，均同等享受这些权利。可见，儿童的权利得到了扩大和加强，并把儿童主体的作用提高到了重要的地位。

在 1976 年联合国第 37 届大会上，决定将 1979 年定为"国际儿童年"，继承并发展了联合国大会于 1959 年提出的儿童权利的基本思想。根据联合国的决议，举办国际儿童年活动的主要目的是促使所有国家重视儿童问题，并根据本国情况大力发展儿童保护、教育和福利事业。

1989 年 11 月 20 日，在第 44 届联合国大会一致通过了《儿童权利公约》（以下简称《公约》），并于 1990 年 9 月 2 日正式生效。《公约》由"序言"和"第一部分"、"第二部分"、"第三部分"组成，共有 54 项条款。《公约》的基本原则有以下几条：(1) 优先考虑儿童的原则。任何事情凡是涉及儿童，都必须以儿童利益为重。例如，第三条规定："关于儿童的一切行动，不论由公私社会福利机构、法院、行政当局或立法机构执行，均应以儿童的最大利益为一种首要考虑。"(2) 尊重儿童人格的原则。不仅要关注儿童的生存与发展的权利，而且要重视儿童的生活与发展的质量。比如，第六条提出："缔约国应最大限度地确保儿童的存活与发展。""确认每个儿童均有固有的生命权。"第七条规定："儿童出生后应立即登记，并有自出生起获得姓名的权利，有获得国籍的权利，以及尽可能知道谁是其父母并受其父母照料的权利。"第十三条提出："儿童应有自由发表言论的权利。"第二十四条提出："儿童有权享有可达到的最高标准的健康。"第二十八条规定："儿童有受教育的权利。"第三十一条提出："儿童有权享有休息和闲暇，从事与儿童年龄相宜的游戏和娱乐活动，以及自由参加文化生活和艺术活动。"(3) 尊重儿童意见的原则。不论什么事情，只要关系到儿童，都要认真听取儿童的看法。例如，第十二条规定："缔约国应确保有主见能力的儿童有权对影响到其本人的一切事项自由发表自己的意见，对儿童的意见应按照其年龄和成熟程度给以适当的看待。"(4) 平等对待儿童的原则。不论儿童来自什么文化背景，出身如何，是男童还是女童，发展正常还是迟缓，都应享有同等的权利，而不应受到任何歧视。比如，第二十七条提出："缔约国确认每个儿童均有权享有足以促进其生理、心理、精神、道德和社会发展的生活水平。"第二条规定："缔约国应尊重本公约所载列的权利，并确保其管辖范围内的每一儿童均享受此种权利，不因儿童或其父母或法定监护人的种族、肤色、性别、语言、宗教、政治或其他见解、民族、族裔或社会出身、财产、伤残、出生或其他身份而有任何差别。"《公约》是第一个强调儿童权利的国际公约，首次把国际社会保护儿童权利的思想转变成了各国政府的诺言,使对儿童的成长与发展负责开始进入政府的职责和行为范畴,因而具有划时代的意义。

1990年9月30日,联合国世界儿童问题首脑会议在纽约联合国总部举行。会议通过了《儿童生存、保护和发展世界宣言》、《执行九十年代儿童生存、保护和发展世界宣言行动计划》这两个重要文件,提出了"一切为了孩子"的90年代新的儿童观,确认在儿童问题上的进步应成为国家全面发展的一个主要目标;呼吁要让每个儿童都有更美好的未来,在2000年前努力结束当前存在的儿童死亡及儿童营养不良状况,并为全世界儿童身心的正常发展提供必要的保护。

2002年5月8日,第56届联大儿童问题特别会议在纽约联合国总部开幕,来自70多个国家的元首或政府首脑出席了这次会议。会议回顾了自从1990年儿童问题世界首脑会议以来儿童事业取得的进展,并重新激励全球对儿童权利给出承诺,改变全世界对儿童的观念和行为。会议通过了文件《适合儿童生长的世界》,向世界各国承诺改善全世界儿童的权利、福利和尊严。这是联合国大会有史以来第一次专门讨论儿童问题的会议,也是第一次把儿童作为正式代表的会议,具有划时代的意义。

二、儿童权利的中国承诺

党和政府一贯关心和重视儿童的生存、保护和发展,使我国儿童的健康水平有了很大的提高。

中华人民共和国成立后,中央人民政府政务院于1949年12月23日规定,将中国的儿童节与国际儿童节统一起来。

1982年12月4日,第五届全国人民代表大会第五次会议通过了《中华人民共和国宪法》(1988年第七届全国人民代表大会第一次会议通过了《中华人民共和国宪法修正案》、1993年第八届全国人民代表大会第一次会议通过了《中华人民共和国宪法修正案》、1999年第九届全国人民代表大会第二次会议通过了《中华人民共和国宪法修正案》、2004年第十届全国人民代表大会第二次会议通过了《中华人民共和国宪法修正案》、2018年第十三届全国人民代表大会第一次会议通过了《中华人民共和国宪法修正案》),第四十六条规定:"中华人民共和国公民有受教育的权利和义务。国家培养青年、少年、儿童在品德、智力、体质等方面全面发展。"

为了进一步维护儿童的合法权益,提高儿童的素质,1990年8月29日我国政府正式签署了联合国《儿童权利公约》。

1991年1月18日,国务院第76次常务会议通过了《禁止使用童工规定》;1991年3月中国政府签署了世界儿童问题首脑会议通过的国际文件《儿童生存、保护和发展世界宣言》、《执行九十年代儿童生存、保护和发展世界宣言行动计划》。1991年9月4日第七届全国人大常委会第二十一次会议通过了《中华人民共和国未成年人保护法》,现行《中华人民共和国未成年人保护法》于2012年修正,2013年施行。在第一章总则的第五条中提出,保护未成年人的工作,应遵循下列原则:(一)保障未成年人的人格尊严;(二)适应未成年人身心发展的规律和特点;(三)教育与保护相结合。在第二章家庭保护、第三章学校保护、第四章社会保护、第五章司法保护中,分别对家庭、学校、幼儿园、教师、社会、国家司法机关提出了保护儿童的权利和责任,体现了儿童权利的新观念。

1992年2月29日,国务院批准了《中华人民共和国义务教育法实施细则》;1992年3月8日国务院颁布了《九十年代中国儿童发展规划纲要》,在全社会倡导"爱护儿童,教育儿童,为儿童做表率,为儿童办实事"的公民意识,明确规定了90年代我国儿童生存、保护和发展的主要目标,例如,提出:(1)将1990年的婴儿死亡率和5岁以下儿童的死亡率分别降低1/3;(2)将1990年的孕产妇死亡率降低1/2;(3)使1990年5岁以下儿童中度和重度营养不良患病率降低1/2等。

1993年10月31日,第八届全国人大常委会第四次会议通过了《中华人民共和国教师法》;1994年8月23日国务院令发布了《残疾人教育条例》;1995年3月18日第八届全国人大第三次会议通过了《中华人民共和国教育法》,规定了公民受教育的基本权利和义务以及受教育机会平等的基本原则,现行《中华人民共和国教育法》于2015年通过第二次修正,其在第九条提出:"中华人民共和国公民有受教育的权利和义务。公民不分民族、种族、性别、职业、财产状况、宗教信仰等,依法享有平等的受教育机会。"

1996年4月10日,原国家教育委员会颁布了《全国教育事业"九五"计划和2010年发展规划》,确定了我国学前教育的发展目标:"3—5周岁儿童毛入园(包括学前班)率达到45%以上,大中城市基本解决适龄幼儿入园问题,农村学前一年级幼儿入园(班)率达到60%以上。"

我国政府高度重视学前儿童的受教育权利,原国家教育委员会于1997年,又制定了《全国幼儿教育事业"九五"发展目标实施意见》,就"九五"期间,我国学前教育事业发展的指导思想、具体目标、措施保障等提出基本要求。

2016年1月5日,中华人民共和国教育部公布了《幼儿园工作规程》,强调指出:"依据《中华人民共和国教育法》等法律法规,制定本规程。""幼儿园是对3周岁以上学龄前幼儿实施保育和教育的机构。幼儿园教育是基础教育的重要组成部分,是学校教育制度的基础阶段。"[1]

2017年1月10日,国务院在《国家教育事业发展"十三五"规划》中明确指出:要大力增加在园幼儿数,把2015年的4265万人提高到2020年的4500万人;要不断提升学前三年毛入园率,使2015年的75%上升到2020年的85%。[2]

2018年3月11日,第十三届全国人民代表大会第一次会议通过了《中华人民共和国宪法修正案》的修正,在《中华人民共和国宪法》第二章"公民的基本权利和义务"的第四十六条中再次强调:"中华人民共和国公民有受教育的权利和义务。国家培养青年、少年、儿童在品德、智力、体质等方面全面发展。"[3]这些法律法规的制定,都使我国儿童的身心发展权、受教育权得到了法律上的保障。

---

[1] 中华人民共和国教育部.幼儿园工作规程[EB/OL].(2016-03-01)[2018-08-17]. http://www.moe.gov.cn/srcsite/A02/s5911/moe_621/201602/t20160229_231184.html.

[2] 中华人民共和国国务院.国家教育事业发展"十三五"规划[EB/OL].(2017-01-19)[2018-08-17]. http://www.gov.cn/zhengce/content/2017-01/19/content_5161341.htm.

[3] 第五届全国人民代表大会.中华人民共和国宪法[EB/OL].(2018-05-08)[2018-08-18]. http://www.moe.gov.cn/s78/A02/moe_905/201805/20180508_335354.html.

三、儿童权利的保障与实施

联合国《儿童权利公约》颁布以后,世界各国都为保护儿童的各种正当权益付出了诸多积极的努力,取得了卓著的成绩,但仍存在着许多问题,需要人们去解决。

(一) 儿童权利保障的绩效

1. 儿童的生存权

联合国世界卫生组织(World Health Organization,简称WHO)很重视儿童的平安出生,自1950年以来,每年于4月7日庆祝"世界卫生日"(World Health Day),确定一个主题,突出所关注的重点领域。例如:1977年的主题是"预防注射,保护你的孩子"、1979年的主题是"健康的儿童,世界的未来"、1984年的主题是"儿童的健康——明天的财富"、1987年的主题是"免疫——每个儿童应有的机会"、1998年的主题是"母亲安全"、2003年的主题是"创建未来生活:让儿童拥有一个健康的环境"、2005年的主题是"珍爱每一位母亲和儿童"、2015年的主题是"食品安全"、2017年的主题是"关注抑郁症"、2018年的主题是"人人享有卫生保健"。

为了保证儿童生活中的安全,世界上许多国家都采取了有效的措施,比如,美国在许多公共场所设立了"送我回家"的失踪儿童信息亭,信息亭的电脑里有失踪儿童的照片和情况,供孩子家长和知情人查询,使丢失的孩子有处可寻;哥伦比亚航空公司还把儿童看作是"空中的小皇帝",最受关怀的乘客,制定了照顾儿童的计划,为儿童提供特殊休息厅、不同的饮食和玩具、小朋友俱乐部,有专人照料儿童,在飞机上,孩子坐在前排,到达目的地后只交给父母所委托的人,如委托人不在,就由公司继续照料,直到委托人来领走为止。此外,欧美许多发达国家还规定,父母不能打骂儿童,否则就会因"虐待儿童"而受到法律的惩处。

2. 儿童的发展权

国际社会非常重视儿童发展中的各种用品的开发。据报道,英国的艾里斯·怀特女士发明了一种"会讲话的尿盆",这种尿盆由一个录音装置和触发器组成,适用于学前儿童,能发出"宝贝真乖,宝贝真聪明"等事先录制的声音,鼓励儿童养成良好的卫生习惯,该女士也因此而获得了英国妇女发明奖。

我国儿童成长的环境越来越好。美丽中国建设迈出新步伐,为儿童健康成长提供了环境保障。首先是儿童的生活环境不断改善。国家加大环境治理力度,环境质量明显改善。例如,2017年,我国城市人均公园绿地面积14平方米(比2010年增加2.8平方米),城市建成区绿化覆盖率为40.9%(比2010年提高2.3个百分点),农村卫生厕所普及率达81.8%(比2010年提高14.4个百分点)。其次是儿童的社会环境继续优化。整合社区资源建设儿童活动场所,加强儿童社会工作队伍建设。例如,2017年,全国拥有儿童中心18.5万个(比上年增加0.9万个),基层组织中持有证书的专业社会工作者3.8万人(是2010年的4.2倍)。再次是儿童的文化产品和活动场所不断丰富。例如,2017年,全国共有儿童期刊211种,出版儿童期刊4.5亿册(是2010年的1.9倍);共有儿童图书4.2万种,出版儿童图书8.2亿册(是2010年的2.3倍)。全国共有公共图书馆3166个,公共图书馆中有少儿文献9999.6万册;

少儿图书馆122个,少儿图书馆藏书4 368.5万册(是2010年的2倍)。全国少儿广播节目、少儿电视节目、动画电视节目播出时间分别为25万小时、57.1万小时和36.3万小时。2017年,全国未成年人参观博物馆2.62亿人次(是2010年的2.3倍)、参观科技馆3 523万人次(比上年增长22.2%)。①

3. 儿童的受教育权

自20世纪70年代中期我国一系列保障儿童受教育权利的法律政策出台以来,学前儿童的受教育面日益扩大,在园儿童的递增速度越来越快。特别是进入21世纪以后,我国学前教育事业持续稳步发展,幼儿园数量、在园儿童人数不断提高,园长和教师人数持续增加、师幼比不断下降。2018年全国教育事业发展统计公报显示:学前教育在园幼儿4 656.42万人,比上年增加56.28万人,增长1.22%;学前教育毛入园率达81.7%,比上年提高2.1个百分点。

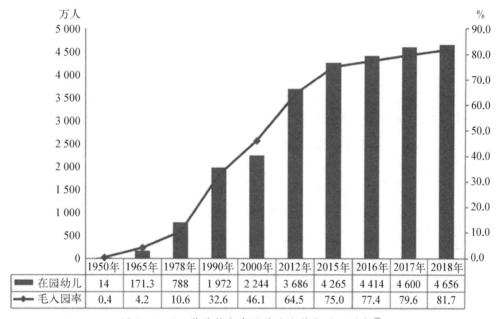

图2-2-2 学前教育在园幼儿人数和毛入园率②

(二) 儿童权利保障的困境

1. 儿童的出生权

科技的发展,电视机、电脑、手机等现代科技产品的广泛应用,既给人们的工作与生活带来了许多便利之处,但与此同时也产生了一些负面效应。据报道,在美国军事机构中长期从事计算机系统终端操作的15名妊娠妇女中有7人发生流产,3人发生畸胎。加拿大航空公司中从事与此类似工作的13名怀孕的操作者中有7人流产。我国对25个省、市、自治区的

---

① 中华人民共和国国家统计局.2017年《中国儿童发展纲要(2011—2020年)》统计监测报告[EB/OL].(2018-11-16)[2019-01-30].http://www.nwccw.gov.cn/2018-11/16/content_228524.htm.

② 中华人民共和国教育部.2018年全国教育事业发展统计公报[EB/OL].(2018-07-19)[2020-03-13].http://www.moe.gov.cn/jyb_sjzl/sjzl_fztjgb/201907/t20190724_392041.html.

医用 X 线职业受辐射人员做调查,发现其自然流产率、多胎率、新生儿死亡率明显高于对照组。胎儿是人类的种子,他们十分脆弱,缺乏抵抗能力,所以,要对胎儿进行防电磁保护,使他们能免受这些不良因素的伤害,顺利地来到人间。

在我国农村,有的家庭为了生男孩、"续香火",就千方百计通过做 B 超来测性别,堕女胎。儿童在母体中孕育以后,就有降生于世的权利,所以,保护儿童的出生权就显得十分重要。

2. 儿童的生存权

儿童要生存下去,就必须得到合理的饮食、充足的营养和睡眠,但在此过程中,也会遇到某些意外事故。据报道,J 省 N 市某幼儿园,日托班的一位 4 岁儿童,在幼儿园吃中饭时,被一块 2 厘米×2 厘米的方肉块卡住咽喉,导致窒息,后经抢救无效死亡。睡眠是儿童最重要的一种休息形式,是儿童生存之必需,年龄越小的儿童,所需要的睡眠时间越长,儿童在睡觉时,应得到成人的照料,安排合理的睡姿——仰睡。比如,一对夫妇外出看电影,把睡着的孩子托给老人照看,缺乏科学常识的老人为使孩子尽快入睡,采用避光卧睡,结果造成孩子窒息。

在社会转型期间,儿童的人身安全保障也受到了一些不利因素的影响,弃婴、溺婴,尤其是弃溺女婴、拐卖儿童等危及儿童生存的违法、犯罪行为尚未禁绝,还出现了将儿童的生命当作诈取钱财手段之类的灭绝人性的事件。

3. 儿童的健康权

健康的身体,是儿童生存、发展的前提条件。工业化、城镇化、疾病谱系变化、生态环境及生活方式变化等,也给维护和促进儿童的健康带来了一系列新的挑战。据统计,2015 年,我国婴儿死亡率为 8.1‰,5 岁以下儿童死亡率为 10.7‰;2016 年,婴儿死亡率为 7.5‰,5 岁以下儿童死亡率为 10.2‰;[①]2017 年,婴儿死亡率为 6.8‰,5 岁以下儿童死亡率为 9.1‰。[②]为了推进健康中国建设,提高人民健康水平,促进儿童健康成长,中共中央、国务院在《"健康中国 2030"规划纲要》中指出,要"建立健全健康促进与教育体系,提高健康教育服务能力,从小抓起,普及健康科学知识";提出了健康中国建设的主要指标:在 2030 年,要把婴儿死亡率下降到 5.0‰,把 5 岁以下儿童死亡率降到 6.0‰。[③]

今天的儿童是人类社会的主人,儿童的生存、保护和发展是提高人口素质的基础,是人类未来发展的先决条件,儿童的健康成长关系到祖国的前途和命运,各国政府和社会必须保障儿童的各种合法权利。

[①] 中华人民共和国国家统计局. 2016 年《中国儿童发展纲要(2011—2020 年)》统计监测报告[EB/OL].(2017-10-27)[2019-01-30]. http://www.gov.cn/xinwen/2017-10/27/content_5234787.htm.

[②] 中华人民共和国国家统计局. 2017 年《中国儿童发展纲要(2011—2020 年)》统计监测报告[EB/OL].(2018-11-16)[2019-01-30]. http://www.nwccw.gov.cn/2018-11/16/content_228524.htm.

[③] 中国共产党中央委员会,中华人民共和国国务院."健康中国 2030"规划纲要[EB/OL].(2016-10-25)[2019-01-30]. http://www.nhfpc.gov.cn/guihuaxxs/s3586s/201610/21d120c917284007ad9c7aa8e9634bb4.shtml.

第三节　正确儿童观的树立

图 2-3-1　美国 PUP 儿童发展中心,在大班吃早点的时段里,教师允许幼儿自由选择、自主决定,有的幼儿选择吃早点,有的幼儿决定继续玩游戏

为了树立正确的儿童观,学前教育工作者应认识到以下几点。

一、儿童有各种发展的权利

每个儿童拥有的出生权、姓名权、国籍权、生存权、发展权、学习权、游戏权、娱乐权、休息权、受教育权等,应该得到我们的承认、尊重和保护。早在17世纪30年代,捷克教育家夸美纽斯就提出:儿童是无价之宝,是任何事物都无法相比拟的宝物,我们要像尊重上帝那样来尊重儿童。瑞典教育家爱伦·凯在19世纪末期就预言:20世纪将是儿童的世纪,并著下了

《儿童的世纪》一书,倡导人们要热爱儿童,尊重儿童,保护儿童的权利,培养儿童的个性。

今天,保护儿童权利的思想已为各国政府和社会所承认,并日益深入人心。作为一名学前教育工作者,要认识到儿童与成人在人格上是平等的,享有同样的社会地位和权利保障;要保护儿童的生命与健康,注意为儿童提供充足的营养和休息时间,以及游戏、娱乐、教育的机会与条件;要把儿童看作是学习的主体,用民主与科学的态度对待儿童,不歧视、不虐待儿童。

二、儿童的发展受制于多种因素

影响儿童发展的因素是多种多样的,归纳起来主要有生物因素和社会因素,它们相互作用,共同影响着儿童的成长。

(一) 生物因素是儿童成长的生理基础

生物因素主要指的是遗传素质,它是儿童从父母身上获得的各种基因,为儿童后天发展成为一个正常的人提供了生理基础和物质条件。儿童在遗传素质上是存在着差异的,这种差异使儿童在发展上也出现差异。美国研究人员指出,婴儿说话早晚同基因有关,到了2岁还没有学会说话的孩子,其基因和语言之间有着重要的联系,且基因对男孩子的影响大于女孩子。华盛顿大学的菲利普·戴尔和他的英国同行对英格兰和威尔士的3 000对双胞胎进行了观察。研究发现,不论这些双胞胎是异卵还是同卵,他们在2岁的时候,语言能力大体上是相同的。但是,在讲话最差的孩子,即语言能力测试得分最低的5%的孩子中,异卵双胞胎与同卵双胞胎有很大不同。如果一个同卵双胞胎孩子是讲话能力最差的5%的孩子之一,那么他或她的双胞胎兄弟或姐妹同在这一组的可能性为81%。然而,一对异卵双胞胎讲话能力都低的可能性只为42%。研究人员认为:由于同卵双胞胎的遗传基因的构成是相同的,而异卵双胞胎只有50%的相同的遗传基因,因此这表明基因对语言发展有影响。

遗传不仅与儿童的心理发展水平有关,而且还对儿童的身体健康有影响。我国学者的研究表明,儿童支气管哮喘的发生和遗传因素有直接的关系。研究者通过对124例患儿家庭的调查发现,有患病史父母的患儿,其哮喘患病率为17.1%,有患病史兄弟的患儿,其同胞的患病率为18.5%,明显高于一般群体0.5%至2%的患病率。患儿双胞胎研究表明,同卵双胞哮喘发病一致率为19%,而异卵双胞胎仅为4.8%。还有许多研究也显示,儿童支气管哮喘是一种多基因遗传病,遗传度约为80%。由此可见,遗传因素对患儿发病有重要影响。

(二) 社会因素是儿童成长的关键条件

社会因素主要指的是环境,它包括自然环境和社会环境。教育是一种独特的社会环境,它为儿童的成长开辟了广阔的空间,决定了儿童发展的速度和水平。中国和日本的研究者,分别通过对600名3—4岁的儿童进行研究,结果发现:中国儿童在活动量、规律性、趋避性、适应性、反应阈、反应强度、情绪本质、注意力分散度、坚持度等9项检测气质的指标上,均优于日本儿童;在性格和素质上的某些表现略逊色于日本儿童。可见,后天环境和教育等因素对儿童的影响是很大的。

儿童生活的环境不同,其发展水平也不同。一方面,生活在不同家庭环境里的儿童,发展的水平也不同。例如,一对聋哑夫妇生下了一个健康的孩子,孩子和父母的交流只能通过特定的语言——手语来进行,孩子不能像其他普通的孩子那样,通过口语来和父母交谈,致使孩子的语言发展滞后于同龄的孩子;据此,父母积极为孩子创造条件,给她买来了大量的图书、玩具等,让孩子学习语言,提高了孩子的语言发展水平。另一方面,就读于不同托幼机构里的儿童,发展的程度也不同。比如,生活在一个重视幼儿体育活动,每天坚持体育锻炼的幼儿园里,儿童的基本动作发展得就较好,体质也比较强;生活在一个注重幼儿艺术教育,天天让幼儿接受艺术熏陶的幼儿园里,儿童的音乐、舞蹈、绘画、书法的技能掌握得就较好,审美的能力也得到了良好的发展。

三、儿童发展潜能需要挖掘

儿童的发展有极大的潜力。生理学、脑科学的研究表明,儿童在 1 个月至 6 岁期间,其大脑不是按天而是按小时生长的,儿童吸收知识几乎毫不费力。神经心理学家、生物化学家通过对人类神经系统的"可塑性"进行研究,指出:儿童的经验决定了其大脑的结构,大脑在敏感期接受信息的质量和数量又决定着神经元结构的密度和效率。在儿童生命的头 2 年,大脑迅速成长、联系不断增加,到了 2 岁时,儿童脑部的联系已达到 300 万亿个,那些还未得到使用的或未与别的细胞建立联系的细胞就会被遗忘、弃置。儿童大脑区位之间的这种联系即是智力的"机会之窗",儿童智力的机会之窗不是长期打开的,随年龄的增长,会逐渐关闭,如不及时打开,以后就无法补救,所以要及早打开。例如,一些网坛天才,几乎还在咿呀学语时,就来到了网球场。此时儿童大脑里的各种联系犹如"信息高速公路",使儿童在今后的生活中,都沿此前进。

儿童发展的潜能只有通过适当的环境和教育,才能挖掘出来。美国心理学家克莱格·拉梅、弗朗希思·坎贝尔对来自贫困家庭的 4 个月大的儿童进行研究:把儿童分为两组,第一组儿童白天在托儿所生活,除了所需的营养以外,教师还通过游戏、音乐来教育儿童;第二组儿童则不然,他们只有营养,而无游戏活动和音乐活动。结果发现,在学前期,第一组儿童的智商比第二组儿童高出许多;到 15 岁时,第一组儿童的读、写、算的成绩明显高于第二组。可见,早期教育有利于儿童的成长和发展,对早出人才、多出人才、出好人才也有积极的效益。

四、儿童的发展是持续性的

儿童在不同的年龄阶段具有不同的身心发展特征,他们会对同一个环境作出截然不同的行为反应。我们曾把幼儿园小、中、大班的幼儿分别放在一个活动室里,室内有小椅子、衣叉等物体。我们告诉幼儿:如果你能拿到悬挂在空中的风铃,那么,这个风铃就归你所有。结果发现,刚开始时,幼儿都喜欢伸手去拿,但当他们拿不到风铃时,却出现了不同的表现:小班幼儿常常急得乱蹦乱跳,当看到地上的小椅子时,就玩起了"开汽车"的游戏,当看到墙角的衣叉时,又用它当"马骑";大班幼儿往往能在室内寻找器械,去解决所面临的问题,如站在椅子上去拿风铃,或用墙角的衣叉去钩风铃;中班幼儿则介于这两种情况之间。由此可见,年龄较小的幼儿因椅子、衣叉而转移了注意力,并以此为玩具,进行游戏,忘记了获取物体的任务;而年龄较大的幼儿则能利用椅子、衣叉做工具,获取所需要的物体。

随着年龄的增长,儿童的身心发展水平日益提高。例如,在动作的发展上,儿童2个月时能抬头,5个月时能翻身,7个月时能坐着,8个月时能爬行,10个月时能站立,12个月时能行走;在大脑的重量上,新生儿平均为390克,相当于成人脑重量的1/3,儿童3岁时,脑重已达900—1010克,接近于成人脑重的2/3;在记忆的特点上,儿童以机械记忆为主,意义记忆开始发展,且效果更好。所以,为了提高儿童记忆的效果,教师应注意帮助儿童进行意义识记。例如,在教儿童学习古诗《锄禾》时,教师向儿童呈现农民播种、插秧、施肥的图画,以帮助儿童理解古诗的涵义,使儿童能记得又快又好。

儿童的发展呈现出阶段性,前一个阶段是后一个阶段的基础,后一个阶段是前一个阶段的继续,彼此相联,不可分割。比如,在婴儿期,儿童通过动作来思维;到了幼儿期,儿童开始凭借形象来思维。

五、儿童的发展是有差异的

(一) 儿童的发展有性别差异

同一年龄的儿童,在发展上呈现出性别的差异。

许多研究表明,男女儿童很小就有差异。美国学者的研究表明,男女婴儿在听童话故事或音乐会时,用脑的部位正好相反:通过对3个月的婴儿进行脑电波测试,结果发现男孩对童话故事和音乐的反应部位是在脑的右半球,而女孩则是在脑的左半球。英国学者的研究结果表明:在婴儿期,男孩对视觉图案模型更感兴趣,而女孩则更容易被声响所吸引。日本学者的研究表明,男女儿童在空间知觉上有明显的差异:把19名3岁儿童带到一个丁字路口,让他们自由行走;结果在11位男孩中,10人向左拐弯,1人向右转弯;而在8位女孩中,则有7人向右拐弯,1人向左转弯。我国学者的研究发现,男女儿童在智力发展上的差异是和年龄相关的:在乳儿期、婴儿期,这种差异很小;而到了幼儿期,这种差异却显示出来了,且女孩的智力略优于男孩。

教育实践证明,男女儿童的发展有差异。儿童性别之间发展的差异,在幼儿园五大领域的学习中已有所表现。据许多教师反映,男孩在数学、体育、科学、美术等方面显得比女孩稍强一些,而女孩则在语言、社交、音乐等方面显得比男孩好一些。比如,有的教师在组织班级"六一国际儿童节"文艺汇演比赛时,为了得到名次,就让女童"女扮男装",代替男童登台表演,这种做法是不可取的。

学前儿童自己,也能意识到性别间的差异。例如,许多大班儿童都知道:男孩可以站着小便,但女孩必须蹲着小便,否则会把裤子尿湿了。

(二) 儿童的发展有个体差异

同一年龄的儿童,在发展上还有个体差异。儿童的个体差异体现在许多方面。

首先,表现在儿童对物体的感知上。例如,让5岁幼儿观察一个"小蘑菇房子"(如

图2-3-2),分别要求他们回答"这上面有哪几种几何图形"、"各有几个"的问题时,结果发现:有的幼儿说"有圆形、正方形、长方形"、"圆形有7个"、"正方形有1个"、"长方形有1个",但忽略了图形的整体特征;而有的幼儿却说"有半圆形、长方形"、"半圆形有1个"、"长方形有1个",但却忽略了图形的局部特征。

其次,体现在儿童的判断推理上。有的幼儿已能进行简单的判断推理,但有的幼儿则不能。比如,在晨间活动时,教师要求中班幼儿对班级的气象角加以记录,当问及幼儿"昨天18号,今天应该是多少号时",有的幼儿说是"13号",有的幼儿说是"16号",还有的幼儿说是"20号";当一位幼儿说出"19号"的正确答案时,教师请他说一说"你怎么知道今天是19号的"。幼儿回答说:"8字后面应该是9,昨天18号,今天当然应该是19号了。"

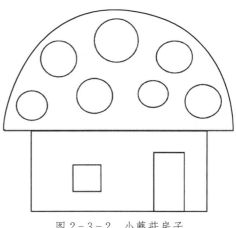

图2-3-2 小蘑菇房子

再次,显现在儿童的兴趣爱好上。不同的幼儿对学习领域的喜好是不同的,参与区域活动的频率也是不同的。我们曾对大班幼儿自由参加区域活动的情况进行了为期一周的观察,结果发现:有的幼儿所进入的区域全是阅读区;有的幼儿一会儿进美工区,一会儿又进科学区;有的幼儿去了积木区、种植区、玩沙区、玩水区、装扮区、益智区等(见表2-3-1)。

表2-3-1 幼儿一周进入益智区活动的时间记录表
("打"√"表示进入本区活动)

记录时间:_____		记录地点:_____		记录人员:_____		
幼儿编号	幼儿姓名	星期一	星期二	星期三	星期四	星期五
1	王　＊	√		√		√
2	李＊＊	√	√	√	√	√
3	张　＊		√		√	√
4	赵＊＊		√	√	√	
5	钱　＊	√	√	√		
6	孙＊＊	√				
7	傅　＊	√	√			
8	赵＊＊		√	√		
……						
35	魏＊＊			√	√	

此外，儿童在情感、意志、个性等方面的发展上，也存在着差异。

(三) 儿童的发展有文化差异

同一年龄，不同国家的儿童，各自所受到的文化熏陶不同，在发展上也有差异。在澳大利亚研修期间，笔者发现：其学前教育机构中儿童的计算能力、歌舞能力、绘画技能不如我国儿童，但他们的动手能力、想象能力、创造能力却优于我国儿童。不论是在国外，还是在国内一些具有不同文化背景的国际幼儿园里，我们都能发现：外国儿童的主动性、自信心胜于我国儿童；我国儿童的自尊心、评价能力优于外国儿童。

六、儿童是通过活动发展的

活动对学前儿童的发展有着重要的价值，不论是在婴儿期，还是在幼儿期，均是如此。儿童的活动可以分为两大类。

(一) 操作活动

儿童通过与物体的相互作用而获得发展。儿童在做中学，在做中成长。通过动手操作，儿童逐渐理解事物之间的关系，掌握基本概念。例如，一个2岁的婴儿，面对放在眼前的2个牛奶盒，不能说出哪个较大、哪个较小，或一样大，但他通过尝试、探索，把1个盒子放在另1个盒子的上面或下面、里面或外面，就能得出正确的结论，进而理解空间关系，发展逻辑推理能力。再如，当4岁的幼儿具有了木头会漂浮，石头、铁棒会下沉的知识以后，如果教师给他呈现一个小铁碗，要他回答"这个小铁碗是漂浮还是下沉"的问题时，他仍会感到很困难；但如果教师再给他提供一大盆水，就为他进行探究活动创造了条件，他就能容易作答："当水没有进入到小铁碗里时，小铁碗会漂浮；当很多水进入到小铁碗里以后，小铁碗就会逐渐下沉。"并明白这是因为漂浮的物体不同所导致的道理，从中扩展到理解用很重的钢铁制作的船能在海上漂浮的原理。

(二) 交往活动

儿童通过与教师、同伴的相互作用而得到发展。一方面，儿童在与教师的交往过程中，能够学会如何正确地表达自己的思想、情感，掌握与别人交往的技能，养成良好的行为习惯，发展创造性，增强责任感，提高积极的自我意象。例如，早晨入园时，幼儿在教师的鼓励下，站在大衣镜前观察自己，辨认自己身体的各个部位和款式多样的服装，谈论自己的感觉和情绪，这有助于幼儿形成良好的自我意识。另一方面，儿童在与同伴的交往过程中，不论是集体活动，还是小组活动，或是个人活动，都能促进儿童认知能力的发展、社会情感的升华、心理活动水平的提高。比如，当全班幼儿一起进行走、跑、跳、爬、球类等体育活动时，不仅能产生生理上的满足感，而且还能给幼儿以精神上的快感。同时，幼儿的生理活动和心理活动又是相互联系、相互促进的。幼儿在这些活动中，可以无拘无束地玩耍，尽情地说笑，陶醉于欢快的活动之中，促进身心健康活泼地成长。

七、儿童是作为整体发展的

儿童生理、心理、精神、道德、社会性的发展是儿童发展的各个不同的侧面，它们构成一个整体，互相联系，彼此制约。处在学前期的儿童，生理的发展尤为重要，它是儿童整体发展的基础。伟大导师列宁曾经指出，儿童只有"健全的身体"，才能有"健全的精神"。两次获得过诺贝尔奖的居里夫人也认为，"科学的基础是健康的身体"。儿童大脑的成长使儿童的心理发展成为可能。脑科学研究表明，儿童的大脑由众多细胞组成，它比全世界的电话网络还要复杂多样，大脑的重量虽然只占其体重的 1/47，但它消耗的氧气却是总量的 1/4，而经常开展体育活动，锻炼身体，能提高新陈代谢率的 20%—30%，保证大脑有充足的氧，使细胞变得活跃，大脑功能得以改善，使儿童耳聪目明，学习和活动质量均可以有所提高。

儿童道德、社会性的发展也与大脑的发育息息相关。美国学者通过研究提出："情绪决定大脑结构。"一些医学研究也表明，音乐是特殊的"维生素"：不同速度、节拍和旋律的音乐，通过听觉神经传递到大脑，可使大脑皮层产生新的兴奋区，使原来的兴奋区得以休息，儿童就会感到轻松愉快。此外，听音乐还会使机体分泌有益健康的激素，调节全身的脏器功能，儿童若能随着音乐的节拍欢歌起舞，对其肺活量来说也是一个很好的锻炼。

"木桶理论"告诉我们，儿童发展的这几个侧面犹如组成一个木桶的各块木板，只有每块木板既长又厚实，才能盛很多水，如果某块木板短小又单薄，那盛的水就很少，甚至不能盛水。同时，儿童某一侧面的发展也是一个整体，它应该包含各个不同的层面。比如，儿童身体的发展应包括大肌肉，如四肢、躯干的发展，和小肌肉，如手指、手眼协调能力的发展。所以，要满足儿童各种发展的需要，不孤立片面地强调某一方面，而忽视另一方面，要保证儿童整体性地进行发展。

综上所述，学前教育工作者只有树立了科学的儿童观，才能在教育实践中，把儿童放在恰当的位置上，引导儿童生动活泼地成长，提高儿童的综合素养。

第四节 《关于促进 3 岁以下婴幼儿照护服务发展的指导意见》简介

国务院办公厅于 2019 年 5 月 9 日，印发了《关于促进 3 岁以下婴幼儿照护服务发展的指导意见》（以下简称《意见》）（国办发〔2019〕15 号），[①]指出 3 岁以下婴幼儿（以下简称婴幼儿）照护服务是生命全周期服务管理的重要内容，事关婴幼儿健康成长，事关千家万户；要求各省、自治区、直辖市人民政府及国务院各部委、各直属机构努力促进婴幼儿照护服务发展。

---

① 中华人民共和国国务院办公厅.关于促进 3 岁以下婴幼儿照护服务发展的指导意见[EB/OL].(2019-05-09)[2020-03-15]. http://www.gov.cn/zhengce/content/2019-05/09/content_5389983.htm.

图 2-4-1　上海市嘉定区儿童公园雕塑区作品《鸡毛信》

该《意见》由总体要求、主要任务、保障措施、组织实施这四个部分组成,其中"总体要求"包括指导思想、4个基本原则、2个发展目标,"主要任务"包括3大项16小项,"保障措施"有5项,"组织实施"有4项。

一、总体要求

(一) 指导思想

以习近平新时代中国特色社会主义思想为指导,全面贯彻党的十九大和十九届二中、三中全会精神,按照统筹推进"五位一体"总体布局和协调推进"四个全面"战略布局要求,坚持以人民为中心的发展思想,以需求和问题为导向,推进供给侧结构性改革,建立完善促进婴幼儿照护服务发展的政策法规体系、标准规范体系和服务供给体系,充分调动社会力量的积极性,多种形式开展婴幼儿照护服务,逐步满足人民群众对婴幼儿照护服务的需求,促进婴幼儿健康成长、广大家庭和谐幸福、经济社会持续发展。

(二) 基本原则

(1) 家庭为主,托育补充。人的社会化进程始于家庭,儿童监护抚养是父母的法定责任和义务,家庭对婴幼儿照护负主体责任。发展婴幼儿照护服务的重点是为家庭提供科学养育指导,并对确有照护困难的家庭或婴幼儿提供必要的服务。

(2) 政策引导,普惠优先。将婴幼儿照护服务纳入经济社会发展规划,加快完善相关政策,强化政策引导和统筹引领,充分调动社会力量的积极性,大力推动婴幼儿照护服务发展,优先支持普惠性婴幼儿照护服务机构。

(3) 安全健康,科学规范。按照儿童优先的原则,最大限度地保护婴幼儿,确保婴幼儿的安全和健康。遵循婴幼儿的成长特点和规律,促进婴幼儿在身体发育、动作、语言、认知、情感与社会性等方面的全面发展。

（4）属地管理，分类指导。在地方政府领导下，从实际出发，综合考虑城乡、区域发展特点，根据经济社会发展水平、工作基础和群众需求，有针对性地开展婴幼儿照护服务。

（三）发展目标

（1）到 2020 年，婴幼儿照护服务的政策法规体系和标准规范体系初步建立，建成一批具有示范效应的婴幼儿照护服务机构，婴幼儿照护服务水平有所提升，人民群众的婴幼儿照护服务需求得到初步满足。

（2）到 2025 年，婴幼儿照护服务的政策法规体系和标准规范体系基本健全，多元化、多样化、覆盖城乡的婴幼儿照护服务体系基本形成，婴幼儿照护服务水平明显提升，人民群众的婴幼儿照护服务需求得到进一步满足。

二、主要任务

（一）加强对家庭婴幼儿照护的支持和指导

（1）全面落实产假政策，鼓励用人单位采取灵活安排工作时间等积极措施，为婴幼儿照护创造便利条件。

（2）支持脱产照护婴幼儿的父母重返工作岗位，并为其提供信息服务、就业指导和职业技能培训。

（3）加强对家庭的婴幼儿早期发展指导，通过入户指导、亲子活动、家长课堂等方式，利用互联网等信息化手段，为家长及婴幼儿照护者提供婴幼儿早期发展指导服务，增强家庭的科学育儿能力。

（4）切实做好基本公共卫生服务、妇幼保健服务工作，为婴幼儿家庭开展新生儿访视、膳食营养、生长发育、预防接种、安全防护、疾病防控等服务。

（二）加大对社区婴幼儿照护服务的支持力度

（1）地方各级政府要按照标准和规范在新建居住区规划、建设与常住人口规模相适应的婴幼儿照护服务设施及配套安全设施，并与住宅同步验收、同步交付使用；老城区和已建成居住区无婴幼儿照护服务设施的，要限期通过购置、置换、租赁等方式建设。有关标准和规范由住房城乡建设部于 2019 年 8 月底前制定。鼓励通过市场化方式，采取公办民营、民办公助等多种方式，在就业人群密集的产业聚集区域和用人单位完善婴幼儿照护服务设施。

（2）鼓励地方各级政府采取政府补贴、行业引导和动员社会力量参与等方式，在加快推进老旧居住小区设施改造过程中，通过做好公共活动区域的设施和部位改造，为婴幼儿照护创造安全、适宜的环境和条件。

（3）各地要根据实际，在农村社区综合服务设施建设中，统筹考虑婴幼儿照护服务设施建设。

（4）发挥城乡社区公共服务设施的婴幼儿照护服务功能，加强社区婴幼儿照护服务设施与社区服务中心（站）及社区卫生、文化、体育等设施的功能衔接，发挥综合效益。支持和引导社会力量依托社区提供婴幼儿照护服务。发挥网格化服务管理作用，大力推动资源、服务、管理下沉到社区,使基层各类机构、组织在服务保障婴幼儿照护等群众需求上有更大作为。

(5) 加大对农村和贫困地区婴幼儿照护服务的支持,推广婴幼儿早期发展项目。

(三) 规范发展多种形式的婴幼儿照护服务机构

(1) 举办非营利性婴幼儿照护服务机构的,在婴幼儿照护服务机构所在地的县级以上机构编制部门或民政部门注册登记;举办营利性婴幼儿照护服务机构的,在婴幼儿照护服务机构所在地的县级以上市场监管部门注册登记。婴幼儿照护服务机构经核准登记后,应当及时向当地卫生健康部门备案。登记机关应当及时将有关机构登记信息推送至卫生健康部门。

(2) 地方各级政府要将需要独立占地的婴幼儿照护服务设施和场地建设布局纳入相关规划,新建、扩建、改建一批婴幼儿照护服务机构和设施。城镇婴幼儿照护服务机构建设要充分考虑进城务工人员随迁婴幼儿的照护服务需求。

(3) 支持用人单位以单独或联合相关单位共同举办的方式,在工作场所为职工提供福利性婴幼儿照护服务,有条件的可向附近居民开放。鼓励支持有条件的幼儿园开设托班,招收2至3岁的幼儿。

(4) 各类婴幼儿照护服务机构可根据家庭的实际需求,提供全日托、半日托、计时托、临时托等多样化的婴幼儿照护服务;随着经济社会发展和人民消费水平的提升,提供多层次的婴幼儿照护服务。

(5) 落实各类婴幼儿照护服务机构的安全管理主体责任,建立健全各类婴幼儿照护服务机构安全管理制度,配备相应的安全设施、器材及安保人员。依法加强安全监管,督促各类婴幼儿照护服务机构落实安全责任,严防安全事故发生。

(6) 加强婴幼儿照护服务机构的卫生保健工作。认真贯彻保育为主、保教结合的工作方针,为婴幼儿创造良好的生活环境,预防控制传染病,降低常见病的发病率,保障婴幼儿的身心健康。各级妇幼保健机构、疾病预防控制机构、卫生监督机构要按照职责加强对婴幼儿照护服务机构卫生保健工作的业务指导、咨询服务和监督检查。

(7) 加强婴幼儿照护服务专业化、规范化建设,遵循婴幼儿发展规律,建立健全婴幼儿照护服务的标准规范体系。各类婴幼儿照护服务机构开展婴幼儿照护服务必须符合国家和地方相关标准和规范,并对婴幼儿的安全和健康负主体责任。运用互联网等信息化手段对婴幼儿照护服务机构的服务过程加强监管,让广大家长放心。建立健全婴幼儿照护服务机构备案登记制度、信息公示制度和质量评估制度,对婴幼儿照护服务机构实施动态管理。依法逐步实行工作人员职业资格准入制度,对虐童等行为零容忍,对相关个人和直接管理人员实行终身禁入。婴幼儿照护服务机构设置标准和管理规范由国家卫生健康委制定,各地据此做好婴幼儿照护服务机构核准登记工作。

三、保障措施

(一) 加强政策支持

充分发挥市场在资源配置中的决定性作用,梳理社会力量进入的堵点和难点,采取多种方式鼓励和支持社会力量举办婴幼儿照护服务机构。鼓励地方政府通过采取提供场地、减免租金等政策措施,加大对社会力量开展婴幼儿照护服务、用人单位内设婴幼儿照护服务机构的支持力度。鼓励地方政府探索试行与婴幼儿照护服务配套衔接的育儿假、产休假。创新服务管理方式,提升服务效能水平,为开展婴幼儿照护服务创造有利条件、提供便捷服务。

(二)加强用地保障

将婴幼儿照护服务机构和设施建设用地纳入土地利用总体规划、城乡规划和年度用地计划并优先予以保障,农用地转用指标、新增用地指标分配要适当向婴幼儿照护服务机构和设施建设用地倾斜。鼓励利用低效土地或闲置土地建设婴幼儿照护服务机构和设施。对婴幼儿照护服务设施和非营利性婴幼儿照护服务机构建设用地,符合《划拨用地目录》的,可采取划拨方式予以保障。

(三)加强队伍建设

高等院校和职业院校(含技工院校)要根据需求开设婴幼儿照护相关专业,合理确定招生规模、课程设置和教学内容,将安全照护等知识和能力纳入教学内容,加快培养婴幼儿照护相关专业人才。将婴幼儿照护服务人员作为急需紧缺人员纳入培训规划,切实加强婴幼儿照护服务相关法律法规培训,增强从业人员法治意识;大力开展职业道德和安全教育、职业技能培训,提高婴幼儿照护服务能力和水平。依法保障从业人员合法权益,建设一支品德高尚、富有爱心、敬业奉献、素质优良的婴幼儿照护服务队伍。

(四)加强信息支撑

充分利用互联网、大数据、物联网、人工智能等技术,结合婴幼儿照护服务实际,研发应用婴幼儿照护服务信息管理系统,实现线上线下结合,在优化服务、加强管理、统计监测等方面发挥积极作用。

(五)加强社会支持

加快推进公共场所无障碍设施和母婴设施的建设和改造,开辟服务绿色通道,为婴幼儿出行、哺乳等提供便利条件,营造婴幼儿照护友好的社会环境。企业利用新技术、新工艺、新材料和新装备开发与婴幼儿照护相关的产品必须经过严格的安全评估和风险监测,切实保障安全性。

四、组织实施

(一)强化组织领导

各级政府要提高对发展婴幼儿照护服务的认识,将婴幼儿照护服务纳入经济社会发展相关规划和目标责任考核,发挥引导作用,制定切实管用的政策措施,促进婴幼儿照护服务规范发展。

(二)强化部门协同

婴幼儿照护服务发展工作由卫生健康部门牵头,发展改革、教育、公安、民政、财政、人力资源社会保障、自然资源、住房城乡建设、应急管理、税务、市场监管等部门要按照各自职责,加强对婴幼儿照护服务的指导、监督和管理。积极发挥工会、共青团、妇联、计划生育协会、宋庆龄基金会等群团组织和行业组织的作用,加强社会监督,强化行业自律,大力推动婴幼儿照护服务的健康发展。

(三)强化监督管理

加强对婴幼儿照护服务的监督管理,建立健全业务指导、督促检查、考核奖惩、安全保障和责任追究制度,确保各项政策措施、规章制度落实到位。按照属地管理和分工负责的原则,地方政府对婴幼儿照护服务的规范发展和安全监管负主要责任,制定婴幼儿照护服务的规范细则,各相关部门按照各自职责负监管责任。对履行职责不到位、发生安全事故的,要严格按照有关法律法规追究相关人员的责任。

(四)强化示范引领

在全国开展婴幼儿照护服务示范活动,建设一批示范单位,充分发挥示范引领、带动辐射作用,不断提高婴幼儿照护服务整体水平。

本章小结

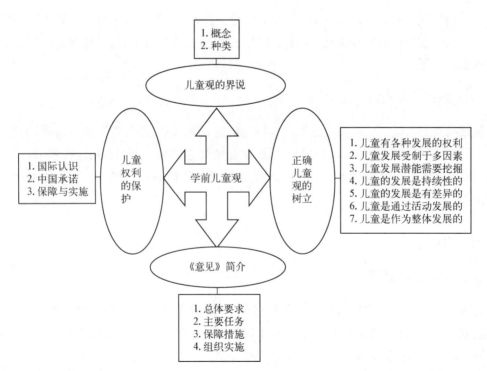

本章思考题

1. 你认为什么是儿童观？儿童观应有哪几种？哪一种比较科学、合理？为什么？
2. 你认为儿童应该拥有哪些权利？为什么？
3. 你认为联合国《儿童权利公约》有什么现实意义？
4. 你认为学前教育工作者应如何树立正确的儿童观？
5. 你读了《关于促进3岁以下婴幼儿照护服务发展的指导意见》以后，有什么感想？

本章拓展学习

■ 阅读书目

1. 张雪梅.实践中的儿童权利：未成年人权利保护的42个典型实例[M].北京：法律出版社，2013.
2. 陈彦艳.我国儿童权利保护制度研究[M].北京：中国政法大学出版社，2016.
3. 段小松.联合国《儿童权利公约》研究[M].北京：人民出版社，2017.
4. 张杨.西方儿童权利理论及其当代价值研究[M].北京：中国社会科学出版社，2016.
5. 朱自强，罗贻荣.中美儿童文学的儿童观——首届中美儿童文学高端论坛论文集[M].北京：中国社会科学出版社，2015.
6. 李生兰.儿童的乐园：走进21世纪的美国学前教育[M]南京：南京师范大学出版社，2011.
7. Mallika Kanyal. Children's rights 0—8：promoting participation in education and care[M]. London & New York：Routledge, 2014.

■ 浏览网站

1. 中华人民共和国中央人民政府 http://www.gov.cn.
2. 中华人民共和国司法部、中国政府法制信息网 http://www.moj.gov.cn.
3. 中华人民共和国国家卫生健康委员会 http://www.nhc.gov.cn.
4. 中华人民共和国文化和旅游部 https://www.mct.gov.cn.
5. 中华人民共和国国家统计局 http://www.stats.gov.cn.
6. 中华人民共和国教育部 http://www.moe.gov.cn.
7. 中华全国妇女联合会 http://www.women.org.cn.
8. 联合国儿童基金会驻华办事处 http://www.unicef.cn.
9. 中国妇女儿童博物馆 http://ccwm.china.com.cn.

本章微型研究

1. 家长的儿童观的调查研究

可进入亲朋好友的家庭，通过访谈法、观察法，了解祖父母、父母与儿童的生活方式，推断家长的儿童观，分析他们之间的异同点及成因，提出改进策略。

2. 社会人士的儿童观的调查研究

可进入公园、超市、博物馆、图书馆、机场等社会场所,通过问卷法、观察法,了解成人与儿童的休闲方式、购物方式、学习方式,推断成人的儿童观。

3. 幼儿园教师的儿童观的调查研究

可进入幼儿园,利用见习、实习的良机,采用问卷法、访谈法、观察法,了解教师与儿童相互作用的方式,推断教师的儿童观,简析幼儿园保护儿童权利的措施。

第三章　学前教育观

 本章教学建议

1. 教师可启发学生回忆一下自己童年时代的美好时光,说说对自己影响较大的一位教师或一位同伴。

2. 教师可引导学生在书店、玩具店、超市、互联网上,查看儿童图书、玩具,说说它们是否含有性别偏见。

3. 教师可指导学生在幼儿园见习时,注意观看班级教师与男女儿童互动的形式和策略,比较异同点,并加以简单分析。

4. 教师可鼓励学生阅读当地的学前教育行动计划,联系实际进行讨论,交流读后感。

5. 教师可鼓励学生仔细研读教育部、住房城乡建设部印发的《幼儿园标准设计样图》,①联系幼儿园见习活动,展开讨论交流。

 本章内容提要

本章由八节组成,首先论述了学前教育的重要价值、学前教育的事业发展、学前教育的行动计划,其次阐述了教师应如何树立科学的学前教育观、如何对儿童进行反偏见教育、如何对儿童因材施教,再次简介了《幼儿园工作规程》的主要内容,最后图解了《关于学前教育深化改革规范发展的若干意见》。

学前教育对儿童的成长至关重要,学前教育事业的发展受制于国家的政治经济、科学技术、文化教育,党的二十大报告指出,教育是国之大计、党之大计;教师的教育观念影响其教育行为,只有树立科学的学前教育观,才能促进儿童身心的全面发展;学前教育法规政策为学前教育的健康发展指明了前进的方向,只有依法办园、依法执教,才能保证幼儿园的可持续发展。

---

① 中华人民共和国教育部,中华人民共和国住房和城乡建设部. 关于印发《幼儿园标准设计样图》的通知[EB/OL]. (2019-01-22)[2019-01-31]. http://www.moe.gov.cn/srcsite/A03/s3012/201901/t20190129_368382.html.

第一节 学前教育的重要价值

图3-1-1 美国KY幼儿园,教师提醒幼儿排好队伍,准备到户外进行游戏活动

学前教育在儿童发展中具有重要的作用。不论是对胎儿,还是对婴儿,或是对幼儿,只要施予他们适宜的教育和训练,他们就能得到较好的成长和发展。

一、保证了胎儿的健康出生

新的生命在母体中孕育之后,母体环境便对胎儿的发育有着重要的影响。为了提高新生一代的素质,近些年来,我们国家出版了大量的宣传优生优育内容的图书画册,并录制了一些胎教电视节目;科研人员还对胎教音乐进行了系统的研究,探究最适宜于胎儿聆听的音乐;许多省市还开办了孕期保健班、胎教学习班,专门对孕妇及其丈夫进行培训,帮助孕妇获得胎教知识,掌握胎教技能,提高胎教的质量。

《颜氏家训集解》记载了圣王的胎教之法是:"怀子三月,出居别宫,目不邪视,耳不妄听。""周后妃妊成王于身,立而不跛,坐而不差,独处而不倨。"汉朝韩婴在《韩诗外传》中记录了孟子的母亲在怀孟子时,能做到"席不正不坐"。

现代生理科学的研究表明,孕妇注意保持愉快的情绪,对胎儿的生长发育十分有益。胎儿在 5 个月时,听觉系统的发育已基本完善,6 至 7 个月时,已能分辨出母亲的情感;孕妇的情绪会通过神经及体液的变化,影响胎儿的血液供应、呼吸、胎动等。孕妇如果情绪安宁、乐观,则有助于健康激素和酶的分泌,可调节血液流量,使神经细胞兴奋,改善胎盘的供血状况,增强血液中的有益成分,使胎儿在子宫内受到"动听音乐"的陶冶,向着理想的方向发育成长;孕妇如果情绪烦躁、忧虑,则会使大脑皮层高级神经活动和内分泌代谢功能发生不规则的变动,使胎儿在子宫内受到"噪音"的干扰,造成发育缺陷。

当代医学科学的研究说明,孕妇若能注意合理的饮食,摄取充足的营养,避免烟、酒、药物等因素对胎儿的不良影响,就会使胎儿正常地发育与出生,反之亦然。英国学者的研究显示,孕妇在日常生活中,应多食香蕉,让胎儿获得充足的钾和大量的叶酸,促进脑细胞的生长。美国学者的研究表明,孕妇吸烟,会导致新生儿体重平均下降 200—300 克;孕妇的丈夫用药,也会影响胎儿的安危,比如一些抗菌药、解热镇痛药等都会通过精液影响胎儿的发育,增加围产期新生儿的死亡率。

由此可见,重视胎儿教育,就会使儿童健康地出生,并能为其日后接受教育提供最初的良好基础。

二、保证了婴儿的适时成长

婴儿期是学前儿童发展的第二个重要时期。英国心理学家托尼·布赞通过研究指出,每个儿童健康出生时,就是一个有待发展的天才,他所拥有的潜能要比达·芬奇一生中所使用过的还要大得多。哈佛大学教授波顿·L·怀特认为,儿童 8 个月至 2 岁这段时期是特别重要的,因为语言、好奇心、智能和社会化的发展等基础性内容都是在此期间奠定的。许多从事脑科学研究的人员确信,每个人学习能力的 50% 是在生命的头 4 年中发展起来的,早期学习不但不会剥夺童年的欢乐,而且还能为婴儿提供各种发展的良机。

母亲注意母乳喂养,有利于婴儿免疫能力的增强。母乳喂养对婴儿的呼吸道有保护作用,能降低呼吸道疾病的发病率。苏格兰威尔逊博士调查了 545 名婴儿的喂养方式,对母乳喂养、混合喂养、人工喂养进行了比较研究,结果发现:母乳喂养(至少达 15 周而不加固体食物)的婴儿,在未来的 7 年内,呼吸道疾病的发病率要低得多,如母乳喂养的婴儿出现咳嗽、喘鸣、呼吸困难的比例仅为 9.7%,而混合喂养则为 31%、人工喂养为 32.2%。可见,母乳喂养的婴儿呼吸道免疫能力较其他方法喂养的婴儿明显要强,这是因为母乳中含有较多的疾病免疫的因子,当它们进入婴儿体内后,有助于刺激婴儿免疫系统的发展。世界卫生组织向母亲推荐了最佳喂养方式:产后半小时开始喂奶,开奶前不喂其他食物和饮料;出生后 4 个月内坚持母乳喂养,4—6 个月开始添加辅食,具体月龄依婴儿的生长情况而定;6 月龄的婴儿均应添加辅助食品;母乳喂养可以维持到 2 岁。随着科学喂养婴儿知识的普及,母乳喂养婴儿已被越来越多的年轻母亲所接受。

母亲注意卫生保健,有益于婴儿的生长发育。研究表明,在婴儿哺乳期间,母亲吸烟,乳汁的分泌大约较不吸烟者少 20%,且产后 2—4 周乳汁的分泌量无增加;并会使婴儿的支气管炎和肺炎发生率明显提高;使婴儿比其他婴儿矮 1—2 厘米,智能测试的结果较差,发生小儿多动症的可能性上升；使婴儿猝死综合症出现的危险性加大。

成人重视体育训练，有助于婴儿的健康成长。德国汉堡儿童发展研究所所长弗洛博士，多年来一直致力于对4岁以下儿童的体育训练进行研究，结果发现，婴儿经过特别设计的体育训练后，生长发育的情况更好，对运动更感兴趣，身体更健康，也更富有自信心。为此，弗洛亲自创办了一个"体育托儿所"，招收1.5—3.5岁的儿童，引导他们参加一系列适宜的体育活动，如荡秋千、体操、乒乓球、足球等，从小培养儿童良好的身体素质和勇于挑战的心理特征。

成人注意语言刺激，有利于婴儿的智力发展。婴儿虽听不懂母亲的话语，但对其发展也有益。英国伦敦语言与听力中心的华德博士和治疗专家毕凯对140名9个月的婴儿进行跟踪研究，把这些婴儿随机分成两组，向第一组70名婴儿的家长提供如何与孩子谈话的建议，例如，要多与婴儿谈话，每天至少半小时，观察婴儿的眼神，谈论一些令他们感兴趣的事情；成人在与婴儿谈话时，要设法消除所有背景杂音，避免婴儿分心。而对第二组婴儿的家长则不给予指导，任其自流。7年之后，对两组儿童进行测试，结果发现：第一组儿童不仅在语言技巧上强于第二组儿童，而且平均智力水平也比第二组儿童高得多。

成人注意激发阅读兴趣，有益于婴儿良好品行的塑造。德国慕尼黑大学的研究表明，儿童在婴儿期就喜欢看书刊画报，这不但有助于其日后听说和写作能力的发展，而且还能提高其遵纪守法的自觉性，降低青少年的犯罪率。

成人注意音乐刺激，有助于婴儿的情感陶冶。日本一个母亲研究小组，从早期发展协会随机选择了几个新生儿，大家确认这些婴儿彼此很相像，和别的婴儿没什么差别。然后，让这些婴儿听音乐名曲。4个月以后，研究人员发现：这些婴儿的面部表情和其他婴儿差别很大，显得更活泼，眼睛也更有神。这是由于婴儿的听觉系统的发展优于视觉系统，婴儿长期置身于音乐环境中，音乐的节奏和旋律就会通过听觉神经，对脑细胞产生兴奋或抑制作用。

由此可知，重视婴儿教育，可以使婴儿在身体、语言、智力、品行、情感等方面得到更好的成长。

三、保证了幼儿的迅速发展

幼儿期是儿童身心发展的关键期，对幼儿进行教育，就能使幼儿得到更好的发展。据许多幼儿园中班教师反映，班上儿童的年龄虽然差别不大，但发展水平却有所不同。例如，在第一学期开端，上过小班的儿童比未上过小班的儿童，更懂礼貌，更守纪律，更为自信，更善于表达，更好奇好问，更喜欢动手。幼儿发展上的这种差异，随着教育的进程固然能够逐渐减小，但教师往往要花费更多的心血。

教师重视体育锻炼，能促进幼儿身心的健康成长。幼教科研证明，开展"三浴一路"（日光、空气、冷水三浴和鹅卵石健身一路）体育活动，能使幼儿体质较差、怕苦怕累、生活自理能力低下的状况有所改观。研究者把发展较为正常的幼儿作为对照班；把身高、体重都低于正常幼儿的45名幼儿作为实验班，对他们进行4个月的"三浴一路"锻炼活动：幼儿从教室走到室外阳光下嬉戏，女孩穿上泳衣，男孩穿上短裤；在教师的组织下，幼儿打赤脚，随着口哨声，在鹅卵石路上走几圈，再列队走向泳池，做好准备活动，然后下水嬉戏。结果发现：实验班幼儿无论是在身高上,还是在体重上,都已经赶上了对照班的幼儿,且更富有不怕困难、顽强进取的精神。

教师重视音乐训练,能提高幼儿的智力水平。英国研究表明,幼儿从 3 岁开始学习莫扎特、贝多芬的乐曲,即使每天只弹 10 分钟的钢琴,其智力测试的成绩也会大幅度提高,思维能力会得到发展,且这种效益是长久的。因为幼儿经常演奏乐曲、进行音乐练习,能促进大脑皮层主管创造力和认知能力部位的发展,促使幼儿更好地认识空间和时间。

幼儿期是儿童接受正规的学校教育的准备时期,幼儿的发展水平直接关系到小学教育质量的提高。在 80 年代中期,我国一些省市的部分幼儿还没有机会享受学前教育。据笔者曾对安徽省芜湖市 200 名小学一年级学生所进行的比较研究表明,上过幼儿园的幼儿与未上过幼儿园的幼儿相比,适应小学生活的能力更强,语文、数学平均成绩更高,当选班干部、三好学生的比例更大。

幼儿期儿童所受的教育对其一生的发展都有着至关重要的影响。古今中外许多杰出人物,如爱国将领、政治家、思想家、科学家的成长都足以证明这一点。1988 年 75 名诺贝尔奖获得者聚集一堂,当记者问一位获奖者:"您在哪所大学、哪个实验室学到了您认为最主要的东西"时,这位白发苍苍的学者沉思片刻回答道:"在幼儿园。"并说在幼儿园学到的最重要的东西就是"把自己的东西分一半给小伙伴、不是自己的东西不拿、东西要放整齐、吃饭前要洗手、做错了事情要表示歉意、午饭后要休息、要仔细观察周围的大自然。从根本上说,我学到的全部东西就是这些"。可见,从小培养幼儿养成良好的行为习惯、生活习惯、学习习惯,对其事业和一生的影响是十分巨大的。

学前教育要充分发挥在儿童成长发展中的作用,还必须遵循儿童身心发展的规律,考虑儿童发展的年龄阶段和具体特点。

第二节 学前教育的事业发展

一、1998—2000 年学前教育的事业发展

1998 年全国人民在党中央和国务院的坚强领导下,战胜了历史罕见的特大洪灾,抵御了亚洲金融危机的严重冲击,克服重重困难,继续保持了经济增长的良好势头。教育战线的全体干部、师生,团结一致,锐意进取,克服困难,开拓前进,使教育事业的改革和发展取得了显著的成绩。1998 年全国教育事业发展统计公报显示:全国幼儿园 18.14 万所,比上年减少 0.11 万所;在园儿童(包括学前班)2 403.03 万人,减少 115.93 万人;由于适龄儿童减少,学前三年儿童入园(班)率有所提高;幼儿园园长和教师共 95.57 万人,比上年减少 0.61 万人。[①]

---

① 中华人民共和国教育部.1998 年全国教育事业发展统计公报[EB/OL].(1999-05-01)[2018-09-28]. http://www.moe.gov.cn/s78/A03/ghs_left/s182/moe_633/tnull_842.html.

图 3-2-1　上海市 QH 幼儿园户外游戏活动场地与设施

1999 年是极不平凡的一年。教育战线的全体干部、师生认真贯彻第三次全国教育工作会议精神,全面推进素质教育,深化改革,开拓前进,教育事业的发展取得了新的成就。1999 年全国教育事业发展统计公报显示:全国幼儿园 18.11 万所,比上年减少 232 所;在园儿童(包括学前班)2 326.26 万人,减少 76.77 万人;幼儿园园长和教师共 95.79 万人,比上年增加 0.22 万人。①

2000 年是我国教育事业取得显著成绩的一年。教育战线认真落实江泽民同志"三个代表"的重要思想和关于教育问题的重要讲话精神,全面推进素质教育,继续深化各项改革,加快教育事业发展。由于适龄儿童减少,幼儿园及在园儿童数比上年有所减少。2000 年全国教育事业发展统计公报显示:全国幼儿园 17.58 万所,比上年减少 0.53 万所;在园儿童(包括学前班)2 244.18 万人,减少 82.08 万人;幼儿园园长和教师共 94.65 万人,比上年减少 1.14 万人。②

二、2001—2010 年学前教育的事业发展

2001 年教育系统在党中央、国务院的正确领导下,高举邓小平理论伟大旗帜,认真实践

---

①　中华人民共和国教育部.1999 年全国教育事业发展统计公报[EB/OL].(2000-05-30)[2018-09-28]. http://www.moe.gov.cn/s78/A03/ghs_left/s182/moe_633/tnull_841.html.
②　中华人民共和国教育部.2000 年全国教育事业发展统计公报[EB/OL].(2001-06-01)[2018-09-28]. http://www.moe.gov.cn/s78/A03/ghs_left/s182/moe_633/tnull_843.html.

"三个代表"要求,教育改革和发展取得了新的进展。素质教育全面推进,各项改革继续深化。由于适龄儿童减少,幼儿园及在园儿童数比上年有所减少。2001年全国教育事业发展统计公报显示:全国共有幼儿园11.17万所,比上年减少6.41万所;在园儿童(包括学前班)2 021.84万人,比上年减少222.34万人;幼儿园园长和教师共63.01万人,比上年减少31.64万人。①

2002年召开的党的第十六次全国代表大会,进一步强调了实施科教兴国战略在现代化建设中的重要作用,提出了新时期教育工作的目标、任务、方针和要求,为开创教育事业的新局面指明了方向。一年来,教育系统在党中央、国务院的正确领导下,高举邓小平理论伟大旗帜,认真实践"三个代表"要求,奋发有为,扎实工作,教育事业的改革和发展取得了新的成就与进展。2002年全国教育事业发展统计公报显示:全国共有幼儿园11.18万所,比上年增加0.01万所;在园儿童(包括学前班)2 036.02万人,比上年增加14.18万人;幼儿园园长和教师共65.93万人,比上年增加2.92万人。②

2003年教育系统高举邓小平理论伟大旗帜,以"三个代表"重要思想为指导,深入学习贯彻党的十六大、十六届三中全会及全国人才工作会议精神,按照全面建设小康社会的目标,以努力办好让人民满意的教育为宗旨,认真落实全国农村教育工作会议精神,教育事业的改革和发展取得了新进展。2003年全国教育事业发展统计公报显示:全国共有幼儿园11.64万所,比上年增加0.46万所;在园儿童(包括学前班)2 004万人,比上年减少32.02万人;幼儿园园长和教师共70.91万人,比上年增加4.98万人。③

2004年教育战线以邓小平理论和"三个代表"重要思想为指导,深入学习贯彻党的十六大和十六届三中、四中全会精神,全面落实科学发展观,坚定不移地贯彻教育工作"巩固成果,深化改革,提高质量,持续发展"的方针,大力实施《2003—2007年教育振兴行动计划》,教育事业的改革和发展取得了新的进展。2004年全国教育事业发展统计公报显示:全国共有幼儿园11.79万所,比上年增加0.15万所;在园儿童(包括学前班)2 089.40万人,比上年增加85.40万人;幼儿园园长和教师共75.96万人,比上年增加5.05万人。④

2005年教育工作以邓小平理论和"三个代表"重要思想为指导,全面落实科学发展观,坚持"巩固成果,深化改革,提高质量,持续发展"的方针,努力办好让人民满意的教育。在各级领导和社会各界的大力支持下,在广大教育工作者的辛勤努力下,我国教育事业取得了新进展。2005年全国教育事业发展统计公报显示:全国共有幼儿园12.44万所,比上年增加0.65万所;在园儿童(包括学前班)2 179.03万人,比上年增加89.63万人;幼儿园园长和教师共

---

① 中华人民共和国教育部.2001年全国教育事业发展统计公报[EB/OL].(2002-06-13)[2018-09-28]. http://www.moe.gov.cn/s78/A03/ghs_left/s182/moe_633/tnull_844.html.
② 中华人民共和国教育部.2002年全国教育事业发展统计公报[EB/OL].(2003-05-13)[2018-09-28]. http://www.moe.gov.cn/s78/A03/ghs_left/s182/moe_633/tnull_1553.html.
③ 中华人民共和国教育部.2003年全国教育事业发展统计公报[EB/OL].(2004-05-27)[2018-09-28]. http://www.moe.gov.cn/s78/A03/ghs_left/s182/moe_633/tnull_3570.html.
④ 中华人民共和国教育部.2004年全国教育事业发展统计公报[EB/OL].(2005-07-27)[2018-09-28]. http://www.moe.gov.cn/s78/A03/ghs_left/s182/moe_633/tnull_10934.html.

83.61万人,比上年增加7.65万人。①

2006年是我国全面实施"十一五"规划的开局之年,在党中央、国务院的正确领导下,全国教育教育事业发展取得新进展,各级教育规模持续增长,入学机会进一步加大,教育资源配置水平有所提高,非义务民办教育发展尤为迅速。2006年全国教育事业发展统计公报显示:全国共有幼儿园13.05万所,比上年增加6 093所;在园儿童(包括学前班)2 263.85万人,比上年增加84.82万人;幼儿园园长和教师共89.82万人,比上年增加6.21万人。②

2007年是我国教育事业发展进程中的重要一年。在党中央、国务院的正确领导下,教育系统认真贯彻落实科学发展观,不断推进教育事业的改革和发展,努力办好人民满意的教育。经过各级政府和社会各界的共同努力,各级各类教育取得了新进展,为我国经济社会发展作出了新的贡献。2007年全国教育事业发展统计公报显示:全国共有幼儿园12.91万所,比上年减少0.14万所;在园儿童(包括学前班)2 348.83万人,比上年增加84.98万人;幼儿园园长和教师共95.19万人,比上年增加5.37万人。③

2008年是我国发展历史上极不平凡的一年。党中央带领全国各族人民,战胜了年初严重低温雨雪冰冻和5·12汶川特大地震造成的巨大灾难,实现了中国人民百年奥运梦想和航天人出舱行走这一历史性突破,各项事业都取得了显著成就。在党中央、国务院的正确领导下,教育系统广大干部和师生员工振奋精神,齐心协力,锐意进取,各项工作扎实推进,各级各类教育取得了新进展。2008年全国教育事业发展统计公报显示:全国共有幼儿园13.37万所,比上年增加0.46万所;在园儿童(包括学前班)2 474.96万人,比上年增加126.13万人;幼儿园园长和教师共103.2万人,比上年增加8.01万人。④

2009年,教育系统认真贯彻党的十七大和十七届三中、四中全会精神,深入开展学习实践科学发展观活动,全面落实政府工作报告中关于教育工作的部署和要求,《国家中长期教育改革和发展规划纲要(2010—2020年)》研究制定工作取得重大进展,教育改革发展迈出了新的步伐。教育公平取得新进展,教育结构进一步优化,教师队伍建设成效显著,素质教育扎实推进,办学条件不断改善。2009年全国教育事业发展统计公报显示:全国共有幼儿园13.82万所,比上年增加0.45万所;在园儿童(包括学前班)2 657.81万人,比上年增加182.85万人;幼儿园园长和教师共112.78万人,比上年增加9.58万人。⑤

2010年,党中央、国务院颁布了《国家中长期教育改革和发展规划纲要》,召开了新世纪第一次全国教育工作会议,中国教育改革和发展进入新的阶段。教育战线按照优先发展、育

---

① 中华人民共和国教育部.2005年全国教育事业发展统计公报[EB/OL].(2006-07-04)[2018-09-28]. http://www.moe.gov.cn/s78/A03/ghs_left/s182/moe_633/tnull_15809.html.

② 中华人民共和国教育部.2006年全国教育事业发展统计公报[EB/OL].(2007-06-08)[2018-09-28]. http://www.moe.gov.cn/s78/A03/ghs_left/s182/moe_633/tnull_23240.html.

③ 中华人民共和国教育部.2007年全国教育事业发展统计公报[EB/OL].(2008-05-20)[2018-09-28]. http://www.moe.gov.cn/srcsite/A03/s180/moe_633/200805/t20080505_88458.html.

④ 中华人民共和国教育部.2008年全国教育事业发展统计公报[EB/OL].(2009-07-17)[2018-09-28]. http://www.moe.gov.cn/s78/A03/ghs_left/s182/moe_633/201002/t20100205_88488.html.

⑤ 中华人民共和国教育部.2009年全国教育事业发展统计公报[EB/OL].(2010-08-03)[2018-09-28]. http://www.moe.gov.cn/srcsite/A03/s180/moe_633/201008/t20100803_93763.html.

人为本、改革创新、促进公平、提高质量的要求,全面落实《国家中长期改革与发展规划纲要(2010—2020年)》,稳步实施国家重大教育发展项目和改革试点,着力促进教育公平、提高教育质量,深入推进教育事业科学发展,办好人民满意的教育,教育事业的改革发展取得了新进展。2010年全国教育事业发展统计公报显示:全国共有幼儿园15.04万所,比上年增加1.22万所;在园儿童(包括学前班)2 976.67万人,比上年增加318.86万人;学前教育毛入园率达到56.6%,比上年提高5.7个百分点;幼儿园园长和教师共130.53万人,比上年增加17.75万人。①

三、2011—2018年学前教育的事业发展

2011年是"十二五"开局之年,也是全面落实《国家中长期教育改革与发展规划纲要(2010—2020年)》、推进教育改革发展的关键一年。在党中央、国务院的正确领导下,在全党全社会的共同努力下,教育事业改革发展取得重大进展。教育公平迈出重大步伐,教育改革有序推进,教育结构进一步优化,教师队伍建设成效显著,办学条件不断改善。2011年全国教育事业发展统计公报显示:全国共有幼儿园16.68万所,比上年增加1.63万所;在园儿童(包括附设班)3 424.45万人,比上年增加447.78万人;学前教育毛入园率达到62.3%,比上年提高5.7个百分点;幼儿园园长和教师共149.60万人,比上年增加19.07万人。②

2012年,在党中央、国务院的坚强领导下,各级党委政府大力支持,全社会共同努力,教育优先发展战略地位进一步落实,教育系统奋发进取,我国教育改革稳步推进。全国各级各类教育蓬勃发展,教育公平进一步推进,入学机会继续扩大,资源配置更趋合理,教育质量逐步提高。2012年全国教育事业发展统计公报显示:全国共有幼儿园18.13万所,比上年增加1.45万所;在园儿童(包括附设班)3 685.76万人,比上年增加261.32万人;学前教育毛入园率达到64.5%,比上年提高2.2个百分点;幼儿园园长和教师共167.75万人,比上年增加18.15万人。③

2013年,在党中央、国务院的坚强领导下,教育优先发展战略地位进一步落实,教育系统全面贯彻落实《国家中长期教育改革与发展规划纲要(2010—2020年)》,努力推进教育事业健康持续发展,着力促进教育公平、调整教育结构、提高教育质量,在培养优秀人才、服务经济社会发展等方面取得了新成绩,为社会经济发展提供了有力的人才保障和智力支持。2013年全国教育事业发展统计公报显示:全国共有幼儿园19.86万所,比上年增加1.73万所;在园儿童(包括附设班)3 894.69万人,比上年增加208.93万人;学前教育毛入园率达到

---

① 中华人民共和国教育部.2010年全国教育事业发展统计公报[EB/OL].(2012-03-21)[2018-09-28]. http://www.moe.gov.cn/srcsite/A03/s180/moe_633/201203/t20120321_132634.html.
② 中华人民共和国教育部.2011年全国教育事业发展统计公报[EB/OL].(2012-08-30)[2018-09-28]. http://www.moe.gov.cn/srcsite/A03/s180/moe_633/201208/t20120830_141305.html.
③ 中华人民共和国教育部.2012年全国教育事业发展统计公报[EB/OL].(2013-08-21)[2018-09-28]. http://www.moe.gov.cn/srcsite/A03/s180/moe_633/201308/t20130816_155798.html.

67.5%,比上年提高3个百分点;幼儿园园长和教师共188.51万人,比上年增加20.76万人。①

2014年,教育系统坚定不移贯彻落实党中央、国务院的决策部署,牢牢把握全面深化综合改革的主题,紧抓促进公平和提高质量两大任务,在"破解"一些人民群众关切的重大热点难点问题、促进教育公平方面取得新成效,教育内涵发展迈上新台阶,在培养学生成长、服务经济社会发展等方面取得了新成绩。2014年全国教育事业发展统计公报显示:全国共有幼儿园20.99万所,比上年增加1.13万所;在园儿童(包括附设班)4 050.71万人,比上年增加156.02万人;学前教育毛入园率达到70.5%,比上年提高3个百分点;幼儿园园长和教师共208.03万人,比上年增加19.52万人。②

2015年是"十二五"规划收官之年,是《国家中长期教育改革和发展规划纲要(2010—2020年)》实施的承前启后之年。全国教育系统全面贯彻党的十八大和十八届三中、四中、五中全会精神,深入学习贯彻习近平总书记系列重要讲话精神,牢固树立新的发展理念,主动适应经济发展新常态,全面深化综合改革,全面推进依法治教,着力促进教育公平、着力提高教育质量、着力调整教育结构,加快推进教育现代化,教育改革发展迈上了新台阶。2015年全国教育事业发展统计公报显示:全国共有幼儿园22.37万所,比上年增加1.38万所;入园儿童2 008.85万人,比上年增加21.07万人;在园儿童(包括附设班)4 264.83万人,比上年增加214.12万人;学前教育毛入园率达到75.0%,比上年提高4.5个百分点;幼儿园园长和教师共230.31万人,比上年增加22.28万人。③

2016年,全国教育系统深入学习贯彻习近平总书记系列重要讲话精神和治国理政新理念新思想新战略,全面贯彻党的教育方针,坚持教育为人民服务,为中国共产党治国理政服务,为巩固和发展中国特色社会主义制度服务,为改革开放和社会主义现代化建设服务。紧紧围绕提高教育质量这一战略主题,以立德树人为根本任务、以促进公平为基本要求、以优化结构为主攻方向、以深化改革为根本动力,加快推进教育现代化,教育事业发展取得新进展。2016年全国教育事业发展统计公报显示:全国共有幼儿园23.98万所,比上年增加1.61万所;入园儿童1 922.09万人,比上年减少86.76万人;在园儿童(包括附设班)4 413.86万人,比上年增加149.03万人;学前教育毛入园率达到77.4%,比上年提高2.4个百分点;幼儿园园长和教师共249.88万人,比上年增加19.57万人。④

2017年,全国教育系统深入学习贯彻习近平新时代中国特色社会主义思想和党的十九大精神,按照政府工作报告部署,坚持教育"为人民服务,为中国共产党治国理政服务,为巩固和发展中国特色社会主义制度服务,为改革开放和社会主义现代化建设服务"。坚定不移贯彻新发展理念,转变教育发展方式,教育总体发展水平跃居世界中上行列。2017年全国教

---

① 中华人民共和国教育部.2013年全国教育事业发展统计公报[EB/OL].(2014-07-04)[2018-09-28]. http://www.moe.gov.cn/srcsite/A03/s180/moe_633/201407/t20140704_171144.html.
② 中华人民共和国教育部.2014年全国教育事业发展统计公报[EB/OL].(2015-08-11)[2018-09-28]. http://www.moe.gov.cn/srcsite/A03/s180/moe_633/201508/t20150811_199589.html.
③ 中华人民共和国教育部.2015年全国教育事业发展统计公报[EB/OL].(2016-07-06)[2018-09-28]. http://www.moe.gov.cn/srcsite/A03/s180/moe_633/201607/t20160706_270976.html.
④ 中华人民共和国教育部.2016年全国教育事业发展统计公报[EB/OL].(2017-07-10)[2018-09-28]. http://www.moe.gov.cn/jyb_sjzl/sjzl_fztjgb/201707/t20170710_309042.html.

育事业发展统计公报显示:全国共有幼儿园25.50万所,比上年增加1.52万所,增长6.34%;学前教育入园儿童1937.95万人,比上年增加15.86万人,增长0.83%;在园儿童4600.14万人,比上年增加186.28万人,增长4.22%;学前教育毛入园率达到79.6%,比上年提高2.2个百分点;幼儿园教职工419.29万人,比上年增加37.50万人,增长9.82%;专任教师243.21万人,比上年增加20.01万人,增长8.96%。[1]

2018年,在党中央、国务院坚强领导下,教育系统以习近平新时代中国特色社会主义思想为指导,全面贯彻党的十九大精神和全国教育大会精神,坚持稳中求进的总基调,按照高质量发展的根本要求,贯彻党的教育方针,推进教育优先发展,落实立德树人根本任务,启动实施"写好教育奋进之笔行动",推动教育改革发展各项工作取得突破性进展,各级各类教育取得显著成就,在加快推进教育现代化、建设教育强国、办好人民满意教育的征程中迈出了新的步伐。2018年全国教育事业发展统计公报显示:全国共有幼儿园26.67万所,比上年增加1.17万所,增长4.60%;学前教育入园儿童1863.91万人,比上年减少74.04万人,下降3.82%;在园儿童4656.42万人,比上年增加56.28万人,增长1.22%;幼儿园教职工453.15万人,比上年增加33.86万人,增长8.08%;专任教师258.14万人,比上年增加14.93万人,增长6.14%;学前教育毛入园率达到81.7%,比上年提高2.1个百分点。[2]

根据教育部2001年至2018年发布的"教育统计数据",[3]我们可以做出下面这几张简图:

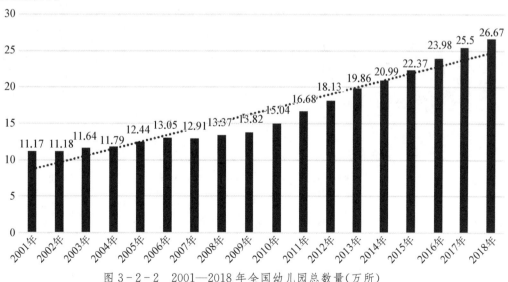

图3-2-2　2001—2018年全国幼儿园总数量(万所)

---

[1] 中华人民共和国教育部.2017年全国教育事业发展统计公报[EB/OL].(2018-07-19)[2018-09-28]. http://www.moe.gov.cn/jyb_sjzl/sjzl_fztjgb/201807/t20180719_343508.html.

[2] 中华人民共和国教育部.2018年全国教育事业发展统计公报[EB/OL].(2019-07-24)[2020-03-16]. http://www.moe.gov.cn/jyb_sjzl/sjzl_fztjgb/201907/t20190724_392041.html.

[3] 中华人民共和国教育部.教育统计数据[EB/OL]. [2020-03-17]. http://www.moe.gov.cn/jyb_sjzl.

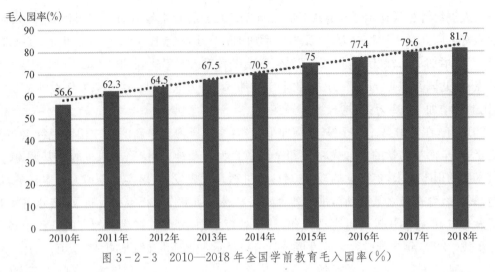

图3-2-3 2010—2018年全国学前教育毛入园率(%)

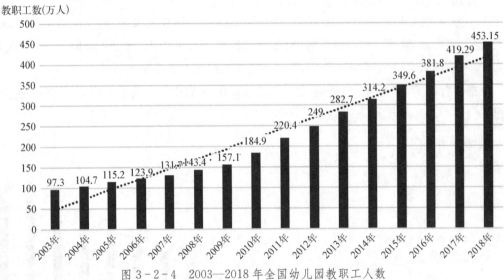

图3-2-4 2003—2018年全国幼儿园教职工人数

从这3张简图中,我们可以看出,我国学前教育事业取得了令人瞩目的成就,并迅速稳定地发展起来:幼儿园数量大幅增长,从2001年的11.17万所,增加到2018年的26.67万所;学前教育毛入园率持续提高,从2010年的56.6%,上升到2018年的81.7%;幼儿园教职工队伍不断壮大,从2003年的97.3万人,发展到2018年的453.1万人。

第三节 学前教育的行动计划

一、第二期学前教育行动计划简介

2014年11月3日,教育部、国家发展改革委、财政部联合发布了《关于实施第二期学前

图3-3-1 上海市XH幼儿园儿童入园洗手池

教育三年行动计划的意见》(教基二〔2014〕9号),①指出:为认真贯彻党的十八大"办好学前教育"和十八届三中全会"推进学前教育改革发展"的要求,进一步落实《关于当前发展学前教育的若干意见》,促进学前教育持续健康发展,经国务院同意,决定于2014—2016年实施第二期学前教育三年行动计划(以下简称二期行动计划)。

(一) 重要意义

2011—2013年,各地按照国务院统一部署,以县为单位编制实施学前教育三年行动计划,学前教育改革发展取得显著成效,资源快速扩大,财政投入不断增加,教师队伍建设逐步加强,"入园难"问题初步缓解。但是由于底子薄、欠账多,学前教育仍是教育体系中的薄弱环节,城乡普惠性资源依然短缺,运行保障机制建设相对滞后,教师数量不足、职业吸引力不强,保育教育质量有待进一步提高。

实施二期行动计划,是巩固一期成果,加快学前教育发展,进一步解决"入园难"问题的必然要求;是继续深化改革,破解体制机制障碍,促进学前教育可持续发展的迫切需要;是办好人民满意教育,推进教育公平,保障和改善民生的重大举措。各级政府要深刻认识编制实施二期行动计划的重要意义,抓住机遇,乘势而上,采取有力措施,深入推进学前教育改革发展。

---

① 中华人民共和国教育部,中华人民共和国国家发展和改革委员会,中华人民共和国财政部.关于实施第二期学前教育三年行动计划的意见[EB/OL].(2014-11-05)[2018-10-06]. http://www.moe.gov.cn/srcsite/A06/s3327/201411/t20141105_178318.html.

(二) 基本原则和主要目标

1. 基本原则

坚持公益普惠,进一步优化学前教育资源配置,公办民办并举,努力提高学前教育公共服务水平,新增资源重点向贫困地区和困难群体倾斜。注重可持续发展,进一步深化改革,拓宽经费投入渠道,创新用人机制,建立健全标准,破解发展难题。强化政府职责,进一步加强学前教育治理体系和治理能力建设,落实地方政府发展学前教育的责任,发挥中央财政引导激励作用。

2. 主要目标

到2016年,全国学前三年毛入园率达到75%左右。城镇和经济发达地区的农村全面普及学前三年教育,其他农村地区,特别是集中连片特困地区学前三年毛入园率有较大增长。初步建成以公办园和普惠性民办园为主体的学前教育服务网络。逐步建立起以公共财政投入为主的农村学前教育成本分担机制。幼儿园办园水平和保教质量显著提高。

(三) 重点任务

1. 扩大总量

着力扩大农村学前教育资源,重点解决好连片特困地区、少数民族地区、留守儿童集中地区学前教育资源短缺问题。充分考虑城镇化发展、老城区改造和人口流动的实际,重点解决好城镇及城乡结合部学前教育资源总量不足的问题。努力增加残疾适龄儿童的入园机会。

2. 调整结构

调整资源结构,扩大城乡公办园和普惠性民办园的覆盖面。调整布局结构,努力实现就近入园、方便入园。调整投入结构,在继续扩大资源的基础上加大对条件保障的投入力度。

3. 健全机制

完善政府投入、社会举办者投入、家庭合理分担的投入机制,努力做到保工资、保安全、保运转、保发展。健全公办园教职工编制核定、补充制度,依法保障幼儿园教职工合法权益。完善学前教育管理体制和办园体制。

4. 提升质量

深入贯彻落实《3—6岁儿童学习与发展指南》。健全幼儿园动态监管机制。提高幼儿园教师、卫生保健人员的专业素质和实践能力。提升办园水平,各类幼儿园的师资、班额、玩教具、园舍等逐步达到国家和地方规定的标准。

(四) 主要措施

1. 加快发展公办幼儿园

以区县为单位制定幼儿园总体布局规划,合理确定公办园的布局,逐年安排新建、改扩建一批公办园。加大农村公办幼儿园建设力度。政府和事业单位举办的幼儿园依照《事业单位登记管理暂行条例》进行事业单位登记管理。各地可以参照教育部门举办的公办园财政投入和教职工管理政策,出台支持国有企事业单位和集体办园的具体措施,提高其面向社会提供公共服务的能力。各省(区、市)出台小区配套幼儿园建设和管理的实施办法,对规划、建设、移交、举办,以及回收、补建等做出具体规定。2015年底前,城镇小区按国家和地方相关规定补足配齐幼儿园。

2. 积极扶持普惠性民办幼儿园

落实用地、减免税费等优惠政策,多种方式吸引社会力量办园。各地根据普惠性资源布局和幼儿入园需求,认定一批普惠性民办园,通过政府购买服务、减免租金、派驻公办教师、培训教师等方式,支持民办园提供普惠性服务,有条件的地区可参照公办园生均公用经费标准,对普惠性民办园给予适当补贴。各地2015年底前出台认定和扶持普惠性民办园实施办法,对扶持对象、认定程序、成本核算、收费管理、日常监管、财务审计、奖补政策和退出机制等做出具体规定。鼓励民办园提供多形式、多层次的学前教育服务,满足家长不同需求。

3. 进一步加大学前教育投入

各地要切实加大财政投入力度,落实学前教育投入的主体责任。地方根据本地实际,研究制定公办幼儿园生均公用经费标准或者生均财政拨款标准,并逐步达到标准。按规定程序调整保教费收费标准,将家庭负担控制在合理范围。财政性学前教育投入要最大限度地向农村、边远、贫困和民族地区倾斜。加大对家庭经济困难儿童、孤儿和残疾儿童接受学前教育的资助力度。

中央财政继续安排专项资金,鼓励和引导地方积极发展学前教育。除继续鼓励地方完善幼儿资助制度、实施幼儿教师国家级培训计划外,将原来的校舍改建类和综合奖补类项目整合为扩大学前教育资源奖补项目,支持地方改扩建和新建公办幼儿园、利用社会力量举办普惠性幼儿园、改善办园条件,并向中西部地区和薄弱环节倾斜,引导和激励地方完善学前教育公共服务体系。

4. 加强幼儿园教师队伍建设

各地要落实《幼儿园教职工配备标准(暂行)》,通过多种方式补足配齐各类幼儿园教职工,有条件的地方出台公办幼儿园教职工编制标准。完善幼儿园教师工资待遇保障机制,落实国家规定的工资待遇。通过生均财政拨款、专项补助等方式,支持解决好公办园非在编教师、农村集体办幼儿园教师工资待遇问题,逐步实现同工同酬。引导和监督民办园依法保障教师工资待遇,足额足项为教师缴纳社会保险和住房公积金。

各省(区、市)制定幼儿园教师培养规划,扩大培养规模。鼓励地方建立完善学前教育师范生免费教育制度,为农村幼儿园培养一批学前教育专业专科层次教师。各地可聘任优秀的幼儿园退休教师,到教师资源短缺的农村地区任教或开展巡回支教。建立满足不同层次和需求的培训体系,各地2015年底前完成对幼儿园园长和教师的全员专业培训。

5. 健全幼儿园监管体系

各地要加强对幼儿园的监管,县级政府履行主体责任,有关部门按职能履行职责,建立健全日常管理和随机抽查制度。教育行政部门要充实管理力量,落实幼儿园年检制度,加强对幼儿园办园资质、教师资格、办园行为、收费等的监管,建立幼儿园信息公示制度,及时发布幼儿园基本信息,接受社会监督。教育督导部门加强学前教育专项督导,向社会发布督导报告。卫生计生部门切实把幼儿园的卫生保健工作作为公共卫生服务的重要内容,加强监督和指导,落实儿童保健、疾病预防控制、卫生监督执法等工作。公安、质检、安全生产监管、食品药品监管等部门根据职能分工,加强对幼儿园的监督指导。幼儿园要建立健全定期自查自纠制度和家长委员会制度,对卫生、消防、园舍等方面的安全隐患及时发现并消除,对事关幼儿和家长切身利益的事项应充分征求家长委员会的意见。

6. 加强幼儿园保育教育指导

根据幼儿园数量和布局,划分学前教育教研指导责任区,安排专职教研员,定期对幼儿园进行业务指导。完善区域教研和园本教研制度,充分发挥城市优质幼儿园和农村乡镇中心幼儿园的辐射带动作用,及时解决教师在教育实践中的困惑和问题。构建幼儿园保教质量评估体系,建立科学导向,着重加强对师资配备、教育过程和管理水平等方面的评估。坚持小学一年级"零起点"教学,严禁幼儿园提前教授小学教育内容。

(五)组织实施

1. 加强组织领导

各地要高度重视二期行动计划的编制和实施工作,科学确定本地区学前教育发展目标任务,研究制定学前教育改革发展的重大政策措施,以县为基本单位逐级编制实施二期行动计划。

2. 推进综合改革

各地要按照构建学前教育公共服务体系的总体要求,健全学前教育管理体制,省级和地市级政府加强统筹,县级政府落实主体责任。理顺办园体制,鼓励各地积极推进机关、企事业单位、集体办幼儿园的办园体制改革,提高各类公办学前教育资源面向社会提供公共服务的能力。深化幼儿园人事制度改革,增强幼儿园教师职业吸引力。

3. 强化资金监管

地方各级教育、发展改革和财政部门要进一步规范学前教育各项经费使用和管理,健全财务制度,强化监督检查,提高资金使用效益。要进一步督促幼儿园完善内部财务制度,加强对幼儿园经费使用和收费行为的监管,杜绝乱收费和乱摊派。

4. 加强督导检查

教育部、国家发展改革委、财政部将对各地行动计划的编制实施情况进行专项督查。各地要建立督导检查和问责机制,将行动计划目标任务和政策措施落实情况纳入地方各级政府教育工作实绩的考核指标。

二、第三期学前教育行动计划简介

2017年4月13日,教育部、国家发展改革委、财政部、人力资源社会保障部等四部门联合发布了《关于实施第三期学前教育行动计划的意见》(教基〔2017〕3号),[①]指出:为贯彻落

---

① 中华人民共和国教育部等四部门.关于实施第三期学前教育行动计划的意见[EB/OL].(2017-04-17)[2018-10-06]. http://www.moe.gov.cn/srcsite/A06/s3327/201705/t20170502_303514.html.

实党的十八届五中全会"发展学前教育,鼓励普惠性幼儿园发展"的要求,进一步推进学前教育改革发展,经国家教育体制改革领导小组会议通过,决定2017—2020年实施第三期学前教育行动计划(以下简称三期行动计划)。

(一) 重要意义

近年来,各地按照党中央、国务院的决策部署,以县为单位实施第一期、第二期学前教育三年行动计划。各级政府高度重视,财政投入持续增加,长期制约改革发展的一些瓶颈问题得到突破。全国学前三年毛入园率2016年达到77.4%,"入园难"进一步缓解,学前教育发展迈上新的台阶。但总体上看,学前教育仍是教育体系中最薄弱的环节,普惠性资源供给不足,教师数量短缺、工资待遇偏低,幼儿园运转困难,保教质量参差不齐等问题还普遍存在,仍处于爬坡过坎的关键期。

学前教育作为国民教育体系的重要组成部分,对人的终身学习和发展具有重要意义。实施三期行动计划,是巩固一期二期成果,加快发展学前教育,推进教育现代化的必然要求;是基本解决"入园难"、"入园贵"问题,推动两孩政策落地,保障民生的迫切需要;是推进教育扶贫,从人生早期阻断贫困代际传递,促进全面建成小康社会的重大举措。各地要深刻认识实施三期行动计划的重要意义,保持学前教育的良好发展势头,切实履职尽责,坚定不移,持续推进学前教育改革发展,努力回应人民群众对接受良好学前教育的期盼。

(二) 总体要求

1. 基本原则

(1) 注重科学规划。充分考虑人口政策调整和城镇化进程的需要,优化幼儿园布局。重点支持贫困地区、困难群体和薄弱环节,保障大多数适龄儿童就近接受学前教育,着力保基本、补短板、促公平。

(2) 坚持公益普惠。公办民办并举,进一步提高公办幼儿园提供普惠性学前教育服务的能力,积极引导和扶持民办幼儿园提供普惠性服务。加大财政投入,提升学前教育公共服务水平。

(3) 强化机制建设。落实地方政府发展和监管学前教育的责任,建立健全确保学前教育可持续发展的体制机制,提高综合治理能力。充分发挥中央支持政策的引导和激励作用。

2. 主要目标

到2020年,基本建成广覆盖、保基本、有质量的学前教育公共服务体系。全国学前三年毛入园率达到85%,普惠性幼儿园覆盖率(公办幼儿园和普惠性民办幼儿园在园幼儿数占在园幼儿总数的比例)达到80%左右。管理体制和办园体制逐步理顺,发展学前教育的责任进一步落实。学前教育成本分担机制普遍建立,运行保障能力显著增强。幼儿园教师配备和工资待遇保障机制初步建立,师资力量进一步加强。幼儿园保教质量评估监管体系基本形成,办园行为普遍规范,"小学化"现象基本消除。

(三) 重点任务

1. 增加普惠性资源供给

重点加强脱贫攻坚地区、两孩政策新增人口集中地区和城乡结合部幼儿园建设。大力发展公办幼儿园,提供广覆盖、保基本的学前教育公共服务。积极鼓励社会力量举办幼儿园,扶持普惠性民办幼儿园。改善办园条件,满足基本保育教育活动需要。

2. 深化体制机制改革

落实地方各级政府发展学前教育的责任。理顺机关、企事业单位、城镇街道办幼儿园办园体制。建立与公益普惠要求相适应的学前教育成本分担机制。深化幼儿园教师培养培训机制、补充机制和工资待遇保障机制改革。

3. 提升保育教育质量

深化幼儿园教育改革,坚持正确的办园方向,尊重幼儿身心发展规律和学习特点,坚持以游戏为基本活动,保教并重,养成良好的品德与行为习惯,锻炼幼儿健康的体魄,激发幼儿探究兴趣,培养积极的交往与合作能力,促进幼儿身心全面和谐发展。建立健全幼儿园保教质量评估体系,推进幼儿园质量评估工作。加强学前教育教研力量,健全教研指导网络。整体提升农村幼儿园教育质量。

(四) 政策措施

1. 发展普惠性幼儿园

逐年安排新建、改扩建一批幼儿园,支持企事业单位和集体办园,扩大公办资源。老旧城区、棚户区改造和新城区、城镇小区建设要按需要配建幼儿园。开展城镇小区配套幼儿园专项整治,对未按规定建设或移交、没有办成公办园或普惠性民办幼儿园的要全面整改,2018年底前整改到位。继续办好公办乡镇中心幼儿园,充分发挥辐射指导作用,大村独立建园,小村联合办园,优先利用中小学闲置校舍进行改建。加快集中连片贫困地区乡村幼儿园建设。各省(区、市)制定普惠性民办幼儿园认定标准,逐年确定一批普惠性民办幼儿园。通过购买服务、综合奖补、减免租金、派驻公办教师、培训教师、教研指导等方式,支持普惠性民办幼儿园发展。将提供普惠性学位数量和办园质量作为奖励和支持的依据,对达不到要求的要限期整改。

2. 理顺学前教育管理体制和办园体制

建立健全"国务院领导,省地(市)统筹,以县为主"的学前教育管理体制。省级、地市级政府加强统筹,加大对贫困地区支持力度。落实县级政府主体责任,充分发挥乡镇政府的作用。积极推动各地理顺机关、企事业单位、城镇街道办幼儿园办园体制,实行属地化管理,通过地方政府接收、与当地优质公办园合并、政府购买服务等多种形式,确保其面向社会提供普惠性服务。2017年底前,对符合条件的幼儿园,按照《事业单位登记管理暂行条例》和《事业单位、社会团体及企业等组织利用国有资产举办事业单位设立登记办法(试行)》完成事业单位登记。

3. 健全学前教育成本分担机制

各地要按照非义务教育成本分担的要求,建立起与管理体制相适应的生均拨款、收费、资助一体化的学前教育经费投入机制,保障幼儿园正常运转和稳定发展。根据幼儿园可持续发展需要和当地实际,逐步制定公办园生均拨款标准和普惠性民办园的补助标准。进一步健全资助制度,确保建档立卡等家庭经济困难幼儿优先获得资助。根据经济发展状况、办园成本和家庭经济承受能力,对公办幼儿园的保教费收费标准进行调整。

4. 构建幼儿园教师队伍建设支持体系

根据普及学前三年教育的要求,确定高等学校、中等师范学校学前教育专业的培养规模和层次,加大本专科层次幼儿园教师的培养力度。支持地方通过多种方式为农村和边远贫困地区培养补充合格的幼儿园教师。采取核定编制、区县统一招考管理等方式及时补充公办幼儿园教师。根据国家有关规定和当地实际情况,采取多种方式切实解决公办幼儿园非在编教师工资待遇偏低问题,逐步实现同工同酬。引导和监督民办幼儿园依法配足配齐教职工并保障其工资待遇。幼儿园教职工依法全员纳入社保体系。到2020年,基本实现幼儿园教师全员持证上岗。深化学前教育专业课程与教学改革,提高培养质量,强化实践能力。以需求为导向,开展新一轮幼儿园教师全员培训,提高培训的针对性和实效性。各省(区、市)不断完善和全面落实符合学前教育实际,有利于幼儿园教师专业发展的职称评聘标准。

5. 加强幼儿园质量监管和业务指导

教育部制定幼儿园保教质量评估指南,各省(区、市)建立完善幼儿园质量评估体系,将各类幼儿园全部纳入评估范围。落实县级政府对幼儿园和培训机构的监管责任,加大监管机构和队伍的建设力度。完善幼儿园动态监管机制,规范办园行为,强化安全管理。加强玩教具配备,为幼儿创设丰富的教育环境。深入贯彻《幼儿园工作规程》和《3—6岁儿童学习与发展指南》,指导幼儿园教师根据幼儿的发展需要制定教育计划、指导游戏活动、安排一日生活,提高保教质量。发挥乡镇中心幼儿园的辐射作用,加强对农村学前教育的业务指导,探索农村乡镇幼儿园和村幼儿园一体化管理。健全幼儿园内部财务制度,加强幼儿园经费使用和收费行为的监管。到2020年,各省(区、市)要健全学前教育管理信息系统,加强学籍管理。鼓励有条件的幼儿园面向家长和社区开展公益性0—3岁早期教育指导。

(五) 组织实施

1. 加强组织领导

县、地市、省级政府要逐级编制三期行动计划,省级和地市级政府要加强统筹,加大对贫困地区的支持力度。要把三期行动计划的实施列入政府工作的重要议事日程和相关部门的年度任务,确保各项目标任务落到实处。

2. 建立投入激励机制

中央财政继续安排专项资金,支持和引导地方积极发展学前教育,重点向农村地区、贫困地区倾斜。资金分配重点与各地扩大普惠性资源、完善管理体制、健全投入机制、资助家庭经济困难儿童入园等工作的绩效挂钩。

3. 建立工作推进机制

各地要建立学前教育综合改革协调机制,明确教育、编制、发展改革、财政、人力资源社会保障、住建、卫生计生、残联等部门的任务,着力破解长期制约学前教育发展的体制机制问题。省一级建立专项督查机制,对三期行动计划实施过程中小区配套幼儿园建设与管理、学前教育成本分担机制、加强教师队伍建设等工作情况进行专项督查。国家建立普及学前教育督导评估制度,国务院教育督导部门制定普及学前教育督导评估办法,以县为单位对普及学前教育情况进行评估,省级为主实施,国家审核认定,并将结果向社会公布。

第四节 科学学前教育观的树立

图 3-4-1 美国 UCKY 幼儿园,在上午的图书阅读时间里,儿童可以挑选 1 本图书请教师讲解,也可以自己阅读图书

学前教育观是如何看待和对待学前教育目标、学前教育任务、学前教育内容、学前教育途径、学前教育手段、学前教育方法等观点的总和。拥有正确的学前教育观,是深化学前教育改革的必要前提。为了树立科学的学前教育观,教师要热爱儿童、尊重儿童,通过多种形式对儿童进行全面发展的教育,寓教育于托儿所、幼儿园的一日活动之中,注意儿童化、因材施教,争取家庭的支持和配合。

一、要热爱每个儿童

儿童身体的成长离不开物质营养,儿童心理的发展离不开精神营养,而爱则是儿童发展过程中最重要的精神食粮。西方学者的研究表明,侏儒在一些情况下并不是身体因素造成的,而是心理因素,主要是由缺少爱抚导致的。可见,热爱儿童是儿童正常发展的重要前提条件。为此,教师应注意如下几点。

首先,教师要平等地爱儿童,而不能偏爱儿童。不论儿童性别、年龄、相貌、发展水平如何,也不论儿童父母的职业、文化程度、经济收入、住房怎样,教师均应一视同仁。正如有的教师所言:"漂亮的孩子人人喜欢,但喜爱长相普通的孩子,才是真正的爱孩子。"

其次,教师要真诚地爱儿童,而不能忽视儿童。例如,在寒冷的冬天,当小班儿童都在午睡时,教师就把他们的鞋子全部拿到室外阳光下去晒。这样,儿童起床后,就能穿上暖和的鞋子,快乐地投入到下午的活动之中。

再次,教师要理智地爱儿童,而不能溺爱儿童。比如,当教师发现班上有几位儿童不喜欢吃某种食物时,教师就有意识地在午餐前,教儿童学说美丽的话语:"老师,我喜欢吃……""小朋友,我喜欢吃……"以促使儿童产生吃某种食物的愿望,引导儿童乐意吃他们原来不喜欢吃的食品。

二、要尊重每个儿童

儿童是一个独特的人,也有做人的尊严,教师只有尊重儿童,才能赢得儿童的敬重和爱戴,促进儿童自尊心和自信心的发展。为此,教师应注意以下几点。

第一,要相信儿童的能力。苏联教育家苏霍姆林斯基总结了自己多年的教育经验,要求教师一定要相信儿童,要看到每个儿童的长处,相信他们都是有能力的,经过教育能不断取得进步。

第二,要保护儿童的隐私。许多托幼机构都在班级为儿童设立了专箱专柜,用于存放个人物品。教师在打开儿童的个人用品抽屉之前,一定要先询问儿童的意见:"我可以看看你抽屉里的宝物吗?"征得儿童的同意后,才能打开来观看,并为儿童保守秘密。

第三,要增强儿童的自信心。教师要鼓励儿童,使每个儿童都能抬起头来走路。例如,《布娃娃之歌》这首儿童歌曲的歌词是这样的:"布娃娃,大眼睛,小嘴巴,真漂亮,真可爱。"教师在备课时,产生了疑问:为什么只有大眼睛、小嘴巴的布娃娃才漂亮可爱?难道小眼睛、大嘴巴的布娃娃就不漂亮、不可爱了吗?为了防止儿童幼小的心灵受到创伤,萌生自卑感,为了使每个儿童都能拥有一份自信,教师在教唱这首儿歌时,引导儿童一边照镜子观看自己的眼睛和嘴巴,一边对歌词进行修改,结果改编出约 40 个样本。

第四,要保护儿童的自尊心。儿童的自尊心比较脆弱,教师不能当着别人的面,揭儿童的短处。比如,有的幼儿园通过开展"埋藏缺点"的活动(要求幼儿先把自己的缺点画在纸上,不让别人看见;然后把画纸揉成一团,在种植园地里挖个小洞,把纸团埋在洞里,再盖上土,不让它长出来),促使幼儿自己消灭自己的缺点,自我成长。

第五,要杜绝体罚儿童。教师不能歧视儿童、虐待儿童、体罚或变相体罚儿童,不能侮辱儿童的人格,以免损害儿童身心的健康发展。教育科研表明,经常受到体罚的儿童,不仅肉体受摧残,而且智商也较为低下。美国新罕布什尔大学的研究者施特劳斯痛斥"孩子不打不成器"的说法。他通过研究指出,自幼常遭受打骂的儿童,在智力测验中的平均得分为98分;而不曾挨过打的儿童,平均得分却高达102分。这是因为经常被打骂的儿童,心里充满了阴影,创造力和想象力受到了损害,阻碍了智力的发展。据报道,在幼儿园"娃娃家"游戏中,一位扮演"爸爸"的男小朋友亲吻了扮演"妈妈"的女小朋友,教师发现后,误认为小男孩是在借机耍流氓,便用棍棒痛打他。而我国的法律明确规定,教师不能体罚儿童。许多托幼机构还要求教师,对儿童禁止使用"笨蛋""傻瓜""白痴"等伤害性词语。

三、要全面教育儿童

学前儿童体、智、德、美诸方面的教育是互相渗透、有机结合的,彼此相互联系、相互制约,应对儿童进行全面发展的教育,不能偏废其中任何一方。

体育是儿童生长发展之本,重视学前儿童的体育,有助于儿童身心的健康成长。科学家的研究表明,运动能产生"快乐素":不仅能促进儿童全身的血液循环,增强儿童的免疫能力,而且还能促进儿童的心理健康;儿童经常锻炼,大脑中会分泌一种可以支配人的心理和行为的内啡肽,即"快乐素",使儿童产生愉悦之情,但这种内啡肽,一般只能维持2—3天,要想使大脑不断分泌内啡肽,就必须经常进行健身锻炼。

学前儿童的体育和德育有着密切的关系,重视儿童的体育锻炼,有助于儿童良好性格的形成。美国哈佛大学学者认为,培养人才最重要的不是灌输知识,而是塑造性格,体育场上的竞技活动是塑造儿童性格的最好途径,强健的体魄和坚韧不拨的性格对于儿童以后在社会上的成功是必不可少的。

学前儿童的智育也和体育有着紧密的关系,在发展儿童语言的同时,有利于儿童良好的卫生习惯的形成。例如,教师教儿童学习儿歌《漱口》:手拿花花杯,喝口清清水,抬起头,闭着嘴,咕噜咕噜吐着水。儿歌既能对儿童语言的发展起到积极的促进作用,又能帮助儿童形成讲究卫生的好习惯。

学前儿童的美育和智育也有着密切的联系,对儿童进行艺术熏陶,有助于儿童智力的提高。国外研究表明,3岁儿童,如果接受过钢琴训练或合唱练习,那么,他们拼七巧板的动作,就会比那些没经过这方面培训的儿童更准更快;他们画几何图形、解数学题的能力也比那些儿童更强更高。因为,艺术活动促进了儿童时空推理能力的发展。此外,学前儿童的美育和体育、德育有着密切的关系。舞蹈是一门综合艺术,包含了音乐、美术、表演等多方面的内容,其功能远不止于单纯学点技能技巧。学前教育的实践证明,学习舞蹈,不仅对儿童成年后的基本形态、举止行为有着重要的影响,而且还对儿童的形象思维、创意能力、毅力的发展具有很大的推进作用。

四、要寓教于活动中

学前儿童全面发展的教育任务,是渗透在儿童一日生活的各项活动中完成的。为此,教师需要做到以下几点。

第一,要为儿童提供操作活动的机会。现代心理学认为:儿童大脑当中的操作模式根本上是来自于外部动作模式的内化,儿童内部思维的综合能力,只能源于外部,特别是在手指上所进行的"拆分"和"拼凑"活动。教育研究也表明,儿童通过自己的操作活动,能更好地理解事物及其相互之间的关系。

第二,要为儿童提供游戏活动的机会。游戏是学前儿童的基本活动,教师要为儿童创造条件,开展角色游戏、结构游戏、表演游戏、智力游戏、音乐游戏、体育游戏等各种游戏活动。例如,在"娃娃家"的角色游戏中,一个扮演"妈妈"的儿童,一直在"卧室"里忙着给"宝宝"包扎,想带着自己的"宝宝"去卡拉 OK 厅演唱。可她怎么包扎也包不好"宝宝"的小包被,横着包,不够宽,竖着包,又不够长。但她不气馁,继续包扎,尝试多种办法以后,终于找到了解决问题的最佳办法,把被子的对角线作为长度,就能把"宝宝"包扎起来了。

第三,要为儿童提供教学活动的机会。教学活动是托幼机构一日生活中的重要组成部分,随着儿童年龄的增长,教学活动的地位逐渐提高。在幼儿园教学过程中,教师要注意开展健康、社会、语言、科学、数学、音乐、美术等方面的教学活动,并注意挖掘潜在的教育因素。比如,在语言教学活动中,教师在组织中班儿童进行看图编故事时,启发儿童得出"小鸡遇到了困难,小鸭主动去帮助它;小鸭遇到了困难,小鸡也主动去帮助它;小鸡和小鸭团结友爱,互相帮助,它们俩是好朋友"的结论,然后又引导儿童说出"我们小朋友之间也是好朋友,大家也要像小鸡和小鸭一样,你帮我,我帮你,互相帮助,团结友爱"的话语。

第四,要为儿童提供劳动活动的机会。劳动是儿童认识世界的阶梯,儿童在劳动中成长。教师要帮助儿童学会自我服务,并给儿童创造为集体服务、参加种植园地劳动的机会。例如,为了让儿童迅速掌握穿衣服的技能,教师手把手地把穿衣服的要领(抓领子,盖房子,小老鼠,出洞子,吱扭吱扭上房子)教给儿童,使儿童逐渐做到自己的事情自己做。

第五,要为儿童提供游览活动的机会。观察、散步、娱乐等方面的活动,都能使儿童潜移默化地受到教育。例如,午睡起床后,教师带儿童离开园所外出散步,在附近的花坛里观赏五颜六色的花,闻一闻花的芳香,比一比花的枝叶,培养儿童对花草树木的爱心;或到马路上数一数高楼大厦的层数和个数,说一说各幢大楼之间的异同点,使儿童亲身感受到建筑的美和家乡的巨大变化。在庆祝"三八国际妇女节"的游园活动中,教师为儿童提供了剪刀、细绳、各种颜色的吸管,教儿童制作项链、手镯、戒指,送给自己的妈妈,向妈妈表达自己的感激之情,这样,既培养了儿童的动手操作能力,又使儿童萌发了爱妈妈的情感。

五、要考虑儿童特点

学前教育要符合儿童身心发展的规律,做到儿童化,不能"小学化"、"成人化"。目前,我国城乡一些幼儿园"小学化"的倾向仍较为严重。据报道,某地一个民办幼儿园在一周活动的安排表上,从周一到周五各种课程排得满满的,其中以语言课、数学课居多;幼儿每天上 7 节课,每节课在 30 分钟以上,严重违反了幼儿教育法规政策。教育部早在 1981 年制定的《幼儿园教育纲要(试行草案)》中就明确规定:"小班每周上课六至八节,每节 10—15 分钟;中班每周上课十至十一节,每节 20—25 分钟;大班每周上课十二节,每节 25—30 分钟,大班末期可适当延长5分钟。"幼儿园不应以语言课、数学课为主,而应以各领域集体活动为主;每节集体活动应控制在30分钟之内,以保证幼儿有充足的时间进行户外活动和游戏活动。

1. 学前教育的儿童化应体现在内容的选择上

教师在选择教育内容时,应从儿童的生活经验入手,把一些浅显的知识技能传递给儿童。例如,教师教儿童学习诗歌《我给小鸡起名字》:一、二、三、四、五、六、七,妈妈买了七只鸡。我给小鸡起名字,小一、小二、小三、小四、小五、小六、小七。小鸡一下都走散,一只东来一只西。这下再也认不出,谁是小七、小六、小五、小四、小三、小二、小一。它不仅能培养儿童的语言表达能力,而且还能对儿童进行数学启蒙,帮助儿童掌握10以内数的正数和倒数。

2. 学前教育的儿童化应体现在方法的运用上

教师在运用教育方法时,要尽量注意直观、生动,以激发儿童的兴趣。比如,为了教儿童学习制作新疆帽,教师先放音乐,头戴自制的新疆帽,随音乐起舞,让儿童说一说:"老师跳的是哪个民族的舞蹈?"再把帽子拆开来,让儿童"仔细看看是怎么做的"、"花色有什么不同"等,鼓励儿童设计出图案更美丽的新疆帽,继而又开展了"娃娃帽店"的角色游戏,使儿童好于学,乐于学。

六、要注意形式多样

学前教育活动的成功有赖于全班集体活动、小组活动、个人活动的相互结合、互相补充。集体活动是学前教育的一种重要形式,它有利于培养儿童的集体观念和集体规范;小组活动、个人活动有利于培养儿童的主动性、独立性,三种形式的和谐统一,有助于教育任务的完成和儿童的全面发展。

1. 一日生活中的多种形式

在幼儿的一日生活中,教师除了要组织集体性的游戏、教学、盥洗、餐点、午睡等活动以外,还要不失时机地为儿童创造自选活动、自由活动、个人游戏的机会。例如,教师在班级开辟多种活动区,使儿童在自由活动的时间里,能够随意进出积木区、图书区、种植区、音乐区、绘画区、玩水区等。

2. 某项活动中的多种形式

在幼儿的某项活动中,教师往往也要采用几种教育形式,使之相互配合,以取得更好的教育效果。比如,在教儿童学习儿歌《我有两个好朋友》(我有两个好朋友,每天劳动不开口;擦窗窗子亮晶晶,扫地地上光溜溜;种花花儿红艳艳,栽树树儿绿油油,你猜他们都是谁?嗨,请看我的一双手)的过程中,教师先把儿童分成四个小组,让他们依次参加擦窗、扫地、种花、栽树的劳动,然后再把全班儿童集中在一起进行讨论、交流(讲一讲自己是怎样进行劳动的?通过劳动带来了什么样的结果),并组织儿童参观、分享劳动成果,体验到劳动的光荣和自豪。这样,经过教师的引导,儿童很快就能掌握儿歌的内容。

七、要因儿童而施教

学前儿童的发展存在着个别差异,每个儿童在行为、兴趣、爱好、才能等方面都具有各自的特点,教师不能统一要求,实行一刀切,而要根据每个儿童的具体情况,施以教育,扬长补短,发展儿童的兴趣爱好,促进儿童的个性更好地成长。

首先,儿童的学习积极性不同,教师的教育策略也应不同。例如,有的儿童在教学活动中不喜欢举手发言,教师就鼓励他们举手,并有意识地让他们回答一些简单的问题,然后再给予表扬,以强化儿童举手的积极性。

其次,儿童的接受能力不同,教师的教育策略也应不同。比如,在教授几何形体的知识以后,有的儿童还不能正确区分正方形和长方形,教师就为他们提供尺子,让他们自己量一量四边的长短,这样,儿童就会觉得非常简单有趣。

再次,儿童的动手能力不同,教师的教育策略也应不同。例如,在做做玩玩的活动中,有的儿童不会拿剪刀剪东西,教师就手把手地教儿童右手拿剪刀,左手拿纸片,剪废旧报纸,进行初步的训练。

最后,儿童的兴趣爱好不同,教师的教育策略也应不同。比如,有的儿童对汽车很感兴趣,教师就为他们提供各种汽车画册、图片,让儿童观赏;带他们到马路上去画汽车,到加油站去看如何给汽车加油;让他们用游戏泥、泥巴、木头制作汽车,举办车展,拓宽、加深儿童对汽车的认识。

八、要争取家庭配合

家庭是学前儿童成长的第一所学校,父母是学前儿童的首任教师,学前家庭教育对儿童的影响十分重大,托幼机构只有和家庭密切配合,充分调动家长在儿童成长发展中的积极性,才能保证学前教育作用的全面发挥。随着每周五天工作制的实行,家庭教育的作用也比过去显得更为重要。为了使托儿所、幼儿园的五天教育和家庭双休日的两天教育相统一,产生七天教育的价值,就必须使家庭教育同托幼机构保持一致。

第一,要向家长宣讲学前教育理念,使家长能正确理解学前教育现象。有所幼儿园在进行教育改革试验:在绘画活动中,教师鼓励儿童大胆想象,用自己的眼睛看世界、画世界,结果儿童把"马"涂成了蓝色、绿色,把"苹果"画得五颜六色、形态各异,把自己和小伙伴画成长着翅膀的天空飞人,和外星人一起做游戏等,充分展示了儿童独特的想象和创造能力。但许多家长看到孩子的作品后非常生气,认为画得一点也不像,太荒谬,教师是在误人子弟,纷纷要求退出绘画活动。教师如果能在开展此项活动前,就向家长解释清楚:儿童进行绘画活动,重要的是给他们一个想象和创作的空间,培养他们的创造想象能力;如果按照"画得像,才是画得好"的评价标准,那么只能培养儿童的模仿能力,而创造能力却比模仿能力对儿童未来的发展更为重要。这样幼儿园的教育改革活动就能变被动为主动,不仅能使家长获得教育新观念,而且还能赢得家长的理解和支持,共同促进儿童的成长发展。

第二,要向家长反映孩子的真实情况,使家长能及时了解孩子的动态。教师不仅要主动了解儿童在家中的情况,而且还要善于把儿童在园所一天的情况及时向家长反馈。在反映儿童缺点的时候,要注意"告状"的艺术,要以表扬为主,要"先褒后贬"。例如,刘蒙的妈妈来幼儿园接孩子时,教师告诉她:"你知道吗,你女儿刘蒙这学期进步可大了,上课很爱动脑筋,常常举手发言。"妈妈听后很高兴,因为刘蒙上学期从不举手发言。接着教师话锋一转:"可她还有一个小小的缺点,要是改掉了,那就更好了。"妈妈听后着急地问道:"什么缺点?"教师把刘蒙搂在怀里,神秘地说:"这个缺点呀,我只告诉刘蒙,暂时对你保密,等刘蒙改正以后,我再向你报喜,刘蒙你说好不好?"刘蒙愉快地点点头,妈妈语气平和地对女儿说:"你要记住教师的话,尽快把缺点改掉。"

第三,要向家长传递卫生保健知识,使家长能帮助孩子养成良好的习惯。许多父母望子成龙心切,希望自己的孩子成为智力超群的人,因而不断地向孩子灌输各种知识技能,使孩子受到过大的心理压力,从而影响了睡眠。为了避免这种情况的发生,教师应向家长提出忠告:从婴儿开始就应让其在固定的时间独自入睡和醒来。在孩子入睡之前,应避免使他承受各种心理和精神的压力,尤其是临睡前的斥责或任务布置更应制止。另外,年幼的孩子总是希望有人陪伴其入睡,但父母如果无限制地满足孩子的要求,就会惯坏孩子,随着年龄的增长,孩子的这种行为就会越演越烈;即使孩子哭闹,父母也不能心软,仍要让他自己睡觉,但应经常过来看看他,使他感到爱他的人始终在身边,睡觉时不会被抛弃。父母还应减少睡前对孩子的刺激,以免使他处于兴奋状态而影响睡眠。父母可在饭后让孩子睡觉,平躺或朝右为最佳姿势,也可以试着在傍晚的时候给孩子洗个澡,然后吃些东西,这样孩子会变得平静,更容易入睡。

第四,要向家长传授教育心理知识,使家长能促进孩子身心的健康成长。随着电视的普及、电脑走进家庭、智能手机的应用,观看影视节目、玩电子游戏已成为我国城乡家庭娱乐活动的主要形式,教师不仅应提醒家长控制孩子接触屏幕的时间,以免损伤孩子的视力,而且还应要求家长为孩子选择适宜的电视节目、游戏内容,以免污染孩子的心灵。德国教育学家维尔纳·格罗高尔教授通过对18名青年性犯罪者进行长达一年半的跟踪研究,发现他们当中有1/2的人在童年期都接触过色情媒介,因而得出一个人如果在童年时代通过各种媒体过多地接触色情暴力内容,成年后更容易走上性犯罪道路的结论。充斥了色情暴力内容的画报、电影及电子游戏对儿童的消极影响不是立竿见影的,而是在若干年以后才会表现出来的。因为儿童心理的发育还不成熟,有强烈的模仿欲,他们往往把自己当作是媒体中表现的人物形象,有一种将所看到的内容亲身实践一下的潜意识,而这种心理正是导致其日后走上犯罪道路的重要原因。所以,教师应教育家长重视家庭教育的内容与形式的选择,尽力使孩子避免受到大众传播媒体的某些不良影响,防止孩子接触有色情暴力内容的影像和书面内容,发挥自己在孩子成长中应有的作用。

第五,要向家长传授教育技能技巧,使家长能解决教育孩子的疑难杂症。尽管核心家庭在我国许多地方已位据主体地位,但扩大家庭、隔代家庭仍占有一定的比例。在扩大家庭中,易患上全家人围着孩子转的"四二一"综合症;在隔代家庭中,易产生"隔代爱,爱不够"的弊病,最终导致儿童自私、任性、非礼等不良行为。教师应经常向家长传递育儿妙策,助力家长教育好孩子。比如,当有个家长反映孩子不尊敬爷爷、奶奶,经常恶作剧时,教师根据这个孩子喜欢诗歌的特点,就把《小帮手》(爷爷走路要挂棍,奶奶缝衣要穿针,我是爷爷奶奶的小帮手,每天都来帮他们)这首儿歌抄录下来,转送给家长,建议家长在家里教孩子朗读,以培养儿童关心老年人、帮助老年人的良好行为。

第六,要邀请家长参加多种活动,使家长能成为教育孩子的强大后援团。不论是在幼儿园里安排的活动,还是到幼儿园外去开展的活动,教师都应热情邀请家长参与进来,广泛征询家长的意见,一起设计活动方案,齐心协力组织活动,共同实施评价活动,以提高活动的整体效益。例如,在组织儿童外出参观动物园之前,教师和家委会成员先去动物园实地考察一下,然后画一张动物园的地图,设计参观游览的具体路线,标出各种主要动物所在的地理位置,说明观赏的注意事项,这样在带领幼儿正式参观时,就能有的放矢,增强指导性和针对性。

第五节　学前儿童的反偏见教育

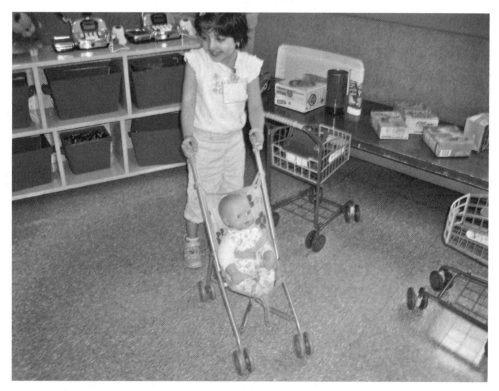

图 3-5-1　美国 UIUCKY 幼儿园,这位儿童在"娃娃家"里扮演"妈妈",推着自己的"宝宝"到处游逛

"偏见就是一种消极的社会观点和态度,它对个体或群体的看法不是以事实而是以成见为基础的"①,它"导致了由于个人身份而遭到不公平的对待"。② "反偏见就是积极努力挑战

---

① Wilma Robles de Melendez & Vesna Beck. Teaching Young Children in Multicultural Classrooms: Issues, Concepts, and Strategies (5th edition)[M]. New York: Cengage Learning, 2018: 459.
② Wilma Robles de Melendez & Vesna Beck. Teaching Young Children in Multicultural Classrooms: Issues, Concepts, and Strategies (5th edition)[M]. New York: Cengage Learning, 2018: 457.

偏见、成见和各种歧视。"①在对学前儿童进行反偏见教育时,我们需要注意以下几点。

一、要确保学前教育的公平性公正性

公平公正地对待每一位儿童,保障他们合法的受教育的权益,是我国学前教育依法办园的需要。

早在1991年,我国就加入了《儿童权利公约》,声明要为儿童创设良好的成长环境,保证儿童的生存权、受保护权、发展权和参与权。最近几年,我国又出台了许多保护儿童权利的法规政策。例如,2011年国务院颁布了《中国儿童发展规划纲要(2011—2020年)》,指出要遵守"儿童平等发展原则",强调要"创造公平社会环境,确保儿童不因户籍、地域、性别、民族、信仰、受教育状况、身体状况和家庭财产状况受到任何歧视,所有儿童享有平等的权利与机会"。2012年全国人民代表大会常务委员会通过了《中华人民共和国未成年人保护法》的修正,声明"未成年人不分性别、民族、种族、家庭财产状况、宗教信仰等,依法平等地享有权利",进一步指出"未成年人享有受教育权,国家、社会、学校和家庭尊重和保障未成年人的受教育权","学校应当尊重未成年学生受教育的权利,关心、爱护学生,对品行有缺点、学习有困难的学生,应当耐心教育、帮助,不得歧视,不得违反法律和国家规定开除未成年学生"。2014年国务院办公厅还印发了《国家贫困地区儿童发展规划(2014—2020年)》,重申"儿童发展关系国家未来和民族希望,关系社会公平公正,关系亿万家庭的幸福",而"促进贫困地区儿童发展是切断贫困代际传递的根本途径,是全面建成小康社会的客观要求,也是政府提供基本公共服务的重要内容",明确指出要"推进学前教育。坚持政府主导、社会参与、公办民办并举,多种形式扩大贫困地区普惠性学前教育资源",要"完善学前教育资助制度,帮助家庭经济困难儿童、孤儿和残疾儿童接受普惠性学前教育"。2015年全国人民代表大会常务委员会通过了《中华人民共和国教育法》第二次修正,强调"中华人民共和国公民有受教育的权利和义务","公民不分民族、种族、性别、职业、财产状况、宗教信仰等,依法享有平等的受教育机会"。"国家采取措施促进教育公平,推动教育均衡发展","国家制定学前教育标准,加快普及学前教育,构建覆盖城乡,特别是农村的学前教育公共服务体系"。"各级人民政府应当采取措施,为适龄儿童接受学前教育提供条件和支持。"

可见,学前教育要公平公正的国家声音越来越强大,依法保障儿童合法权利已经成为时代的主旋律。唯有知法守法,才能跟上世界学前教育发展的步伐。

二、要强化保教人员的职业道德规范

关爱儿童,尊重儿童,不歧视儿童,不侮辱儿童,是我国幼教工作者依法执教的需要。

---

① Anti-Defamation League. Glossary of Education Terms[EB/OL]. [2018 - 10 - 01]. http://www.adl.org/assets/pdf/education-outreach/glossary-of-education-terms.pdf.

2012年教育部颁发了《幼儿园教师专业标准（试行）》，要求教师"关爱幼儿，尊重幼儿人格，富有爱心、责任心、耐心和细心"，"尊重幼儿权益，以幼儿为主体，充分调动和发挥幼儿的主动性；遵循幼儿身心发展特点和保教活动规律，提供适合的教育，保障幼儿快乐健康成长"。同年经修正的《中华人民共和国未成年人保护法》，要求"学校、幼儿园、托儿所的教职员工应当尊重未成年人的人格尊严，不得对未成年人实施体罚、变相体罚或者其他侮辱人格尊严的行为"。2015年教育部又印发了《幼儿园园长专业标准》，要求园长"主动维护儿童合法权益"，"关爱幼儿"，"平等对待不同民族、种族、性别、身体状况及家庭状况的幼儿"，"使每个幼儿都能接受有质量的教育"。2016年教育部还颁布了《幼儿园工作规程》，强调指出"幼儿园教职工应当尊重、爱护幼儿，严禁虐待、歧视、体罚和变相体罚、侮辱幼儿人格等损害幼儿身心健康的行为"。

因此，为了促进幼教工作者的专业发展，建设高素质的幼教工作者队伍，深入推进学前教育的改革，在职前培养和在职培训中，我们都要把反偏见教育的种子播撒进去，不断提升幼教工作者的职业道德水准，使他们都能真正成为儿童健康成长的启蒙者和引路人。

三、要清除学前教育的各种偏见残渣

在幼儿园里存在着诸多偏见乱象，我们要警醒深思，并及时加以矫正治疗，而不能让偏见沉渣继续泛滥下去，以免阻碍办园质量的提升，妨碍儿童的健康成长。

一方面，我们要检测和消除幼儿园物质环境中存在的各种偏见怪象：要仔细审查班级环境的布置和设施、教师使用的教材和教具、儿童使用的玩具和图书是否带有性别偏见、职业偏见、家庭偏见、城乡偏见；一旦发现，要迅速纠正，使每个儿童都能生活在一个健康的、平等的、舒适的物质环境中，获取个人发展所需要的各种资源。

另一方面，我们要反思和清除幼儿园教育环境中存在的各种偏见怪圈：要全面反省在与儿童交往的过程中，自己的一言一行是否暗含着对发展水平不同、家庭条件不同、户籍所在地不同的儿童拥有的不同情感倾向；一经发觉，要快速改正，使每个儿童都能愉快地度过在园一天的生活，促进儿童身心的和谐发展。还要深刻反省在与家长互动的过程中，自己的言谈举止是否暗藏着对家庭结构不同、居住条件不同、职业不同、学历不同的家长怀有的不同价值观念；一经察觉，要及时扭转，使每个家长都能乐于参与到班级的教育活动中来，提高家园合作共育的成效。

四、要培养儿童反偏见的意识和行为

我们要重视全程全方位地培养儿童反偏见的意识和行为。

首先，要在幼儿园的一日活动中，增强儿童的自信心。既可通过看图书、听故事等多种静态活动，使儿童知道自己是一个独立的个体，是独一无二的，不可替代的，以帮助儿童树立坚定的自信心；也可通过动手操作、尝试探索等多种动态活动，使儿童看到自己所取得的进步，体验到成功的快乐，相信自己确实很能干，以培养儿童持久的自信心。

其次,要在与家庭的合作活动中,强化儿童的自豪感。既可通过家长义工、家长助教等来园进班活动,使儿童能耳闻目睹家长的聪明才智,体会到家长的巨大作用,为自己的爸妈及同伴的爸妈喝彩和点赞;也可通过走进家庭、邻里互访等分享交流活动,使儿童能看到同伴家庭的独特环境,让儿童礼貌对待众多的家庭成员,学做"小主人"和"小客人",为自己的家庭及同伴的家庭感到骄傲和自豪。

再次,要在与社区的共育活动中,培养儿童的认同感。既可通过"走出去"的参观郊游等活动,使儿童能有多种时机进入社区中的不同场所,切身感受到每个场馆的独特作用及其相互关系;也可通过"请进来"的支教援教等活动,使儿童能有许多机会了解社区中的不同人员,深刻认识到职业没有高低贵贱之分,各行各业的人有机地组合在一起,才形成了我们这个社会和谐的大家庭。

最后,要掌握各种契机,把儿童培养成反偏见的小卫士。要重视"遇物而诲"、"相机而教",使儿童能随时随地地习得反偏见的知识和技能,形成抵制偏见的行为习惯。不论是当别人污辱自己的心智还是非议自己的身体时,都能勇敢地加以抨击,学会保护自己。例如,当听到别人说自己是个"小笨蛋"时,能迅速地加以指正:"你这样说我,是不对的,你要向我道歉。你如果道歉了,我就会原谅你的。"当听到别人说自己是个"小胖墩"时,能机智地加以反击:"你这样说我,是很不公平的。我虽然'体胖',但是我'心宽'。"

第六节　学前儿童的因材施教

图3-6-1　美国IPKY幼儿园,在区角自由活动时,教师指导在绘画区的幼儿如何涂画

对学前儿童因材施教,既是孔子、苏霍姆林斯基、加德纳等古今中外教育家的共同主张,也是《全球幼儿教育大纲》《幼儿园教育指导纲要(试行)》等一系列幼教法规文件所强调的。国务院在《关于幼儿教育改革与发展的指导意见》中,明确指出要"尊重儿童身心发展的特点和规律,关注个体差异,使儿童身心健康成长,促进体智德美等全面发展"。为了使"像财富一样埋藏在每个人灵魂深处的所有才能都发挥出来",[①]学前教育工作者就必须掌握个别对待的艺术,为儿童搭建好因材施教的坚实平台。

一、要为了儿童转变角色

每个儿童在行为、兴趣、爱好、才能等方面都有自己的特点,学前教育工作要想取得良好的效果,就必须了解每个儿童的独特性,对儿童进行个别教育。而教育的这种"个别化往往迫使教师角色发生变化",从"专家"的角色转换为"指导者和协助者"、"促进者"、"创造者"、"组织者"、"建议者"、"记录者"、"评价者",[②]使纵向的指挥与服从的师生关系切换为横向的平等对话的师生关系。为此,教师要针对儿童的具体情况,扮演相应的角色,以促进儿童丰富个性的发展。例如,面对喜欢旁观、闲逛的儿童,教师要耐心等待、认可接纳;面对喜欢自由活动的儿童,教师要细心观察、全面记录;面对喜欢自主创造的儿童,教师要给予支持和促进;面对经常处于两难境地的儿童,教师要巧妙引导、提出建议;面对常常遇到困难的儿童,教师要给予必要的指导和帮助;面对容易灰心丧气的儿童,教师要加以安慰和鼓励;面对易于出现过失和错误的儿童,教师要予以宽容和谅解;面对急于取得成功的儿童,教师要给予肯定和表扬。

二、要全面深入研究儿童

苏联教育家列·符·赞可夫认为:"个别对待指的是要研究和估计到每一个学生的特点,以达到成功地教学的目的。"[③]可见,教师只有全面了解儿童的个性特征,深入研究儿童的优点和缺点,才能区别对待儿童,向儿童提出切合实际的要求,有的放矢地进行教育。

1. 要亲密接触每个儿童

儿童的世界是一个特殊的世界,教师要想进入儿童的精神世界,就必须与儿童密切接触,做儿童的朋友,和儿童一起谈话、看图书、讲故事、做游戏,和儿童共同享受欢乐和喜悦、共同分担忧愁和恐惧,获得儿童的理解和信任,找到打开儿童心灵的钥匙。

2. 要仔细观察每个儿童

在和儿童相互作用的过程中,教师要细致观察儿童,因为活动是教师观察儿童的重要窗

---

① 联合国教科文组织.财富——教育蕴藏其中[M].联合国教科文组织中文科,译.北京:教育科学出版社,2014:10.
② 联合国教科文组织.为了21世纪的教育——问题与展望[M].王晓辉,赵中建,等,译.北京:教育科学出版社,2002:267.
③ 列·符·赞科夫.和教师的谈话[M].杜殿坤,译.北京:教育科学出版社,1980:32.

口。教师既可通过园内的生活活动、游戏活动、教学活动来观察儿童,也可通过园外的亲子活动、参观活动、郊游活动来观察儿童。在观察儿童的过程中,教师要处理好有意观察与随机观察、重点观察与一般观察、系统观察与片断观察、逐项记录与灵活记录之间的关系。

3. 要准确标签每个儿童

在观察记录每个儿童的基础上,教师可从某一方面(如体力、认知、语言、社会性、情感、审美)对儿童的发展水平进行归类分层,也可从总体上对儿童的个性特征加以裁决判定。

4. 要全面分析每个儿童

儿童的发展水平受到多种因素的制约,教师要寻找、推断、分析其主要成因,究竟是儿童自身的因素(如残疾、疾病、特殊才能)造成的,还是儿童家庭的因素(如家庭结构、家庭环境、家庭生活方式、父母职业、亲子关系)导致的,或是儿童社会文化的因素(国籍、种族、民族、价值观、文化传统)致使的。

三、要为儿童构建独特环境

环境在因材施教地促进儿童个性发展中的作用不可忽视,因为"学习者生活的家庭、学习和工作环境与我们在其中所进行的教育活动同样重要。……所有的教育活动都是在一种潜移默化的氛围中进行的,这种氛围鼓励或压制思考、好奇心、学习热情及回顾思维与行为方式的愿望,并开发或压制个性特点的发展"。[①] 教师应创设环境,优化环境结构,为每个儿童提供最适宜的环境,以满足集体中所有个体的需要,促进每个儿童健康地成长。

1. 要营造尊重每个儿童的文化和语言的环境

随着我国改革开放力度的增大,人口流动的加速,中国走向世界及世界走进中国的格局的形成,班级儿童不仅会来自不同的家庭、不同的社区、不同的省市、不同的民族、不同的方言,而且也可能来自不同的国家、不同的地区、不同的洲际、不同的语种,所以,教师要了解每个儿童独特的文化背景和语言文字,认识到每个儿童都应有机会在一个尊重他们的环境里成长,为儿童营造认可、宽容、接纳的氛围,使儿童能有丰富的个性,对自己的文化、语言、社会背景感到自豪,同时也尊重文化的多元性。

2. 要创设发展每个儿童的兴趣和能力的环境

儿童的兴趣有不同之别,儿童的能力有强弱之分,教师应创造丰富多彩的环境,以适应不同发展水平、不同发展方向的儿童的需要。教师可布置图书区、艺术区、电脑区、科学区、沙水区、体育区等多种活动区,使有不同兴趣的儿童能从中选择,进入区域活动。教师还可为同一活动区投放不同类别、不同难度的材料,使能力不同的儿童能自由选择,按照自己的方式操作材料。

3. 要构建促使每个儿童获得进步和成功的环境

教师要为儿童创造民主宽松的心理环境,使每个儿童都对自己充满信心,敢于冒险,不

---

① 联合国教科文组织.为了21世纪的教育——问题与展望[M].王晓辉,赵中建,等,译.北京:教育科学出版社,2002:241.

怕挫折,通过运用多种感官进行尝试而不断取得进步,走向成功。

四、要为儿童创设小型活动

小班化教育、小组教育、个别教育都是因材施教的重要形式,有利于促进儿童个性的全面发展,提高学前教育的质量。

1. 要开展小班化教育

班级规模是影响教师和儿童相互作用的一个重要因素,关系到学前教育质量的高低。国内外许多研究都证明,较小的班级规模与较大的班级规模相比,能产生更好的教育效果。国外学者通过研究进一步指出,"只有在班级规模降到每班 15 人时,在学习上才会有明显的获益"。[①] 美国学前教育专家 G·S·莫里森也指出,要获得高质量的学前教育,就必须对不同年龄儿童的班级规模严加控制,年龄越小的儿童的班级,其规模也应越小,使 3 岁、4 岁、5 岁儿童的班级人数在 20 人以下,2.5—3 岁儿童的班级人数在 14 人以下,1—2 岁、2—2.5 岁儿童的班级人数在 12 人以下,出生至 1 岁儿童的班级人数在 8 人以下。国内学者的研究结果也表明,实施小班化教育,教师能更多地关注每个儿童的需求,更好地促进每个儿童的成长。

缩小班级规模,实施小班化教育已成为世界学前教育发展的主要趋势之一。我国幼儿园朝着这一方向发展,不仅是必要的,而且也是可能的。首先从办园对象上看,城市青年夫妇生育年龄的推迟,"丁克"家庭的增多,都使新生儿童、适龄入园儿童的数量递减,从而为小班化教育提供了前提条件。其次从办园体制上看,随着经济体制改革的深化,幼儿园走向市场的态势日益明显,个体经营者举办幼儿园的数目逐渐增多,家长自主择园择班的范围不断扩大,这就为小班化教育提供了竞争机制。再次从办园条件上看,现行幼儿园都很注意改善办园条件,增加幼儿活动室的数量,创建新颖独特的活动场所,拓展幼儿的活动空间,这就为小班化教育提供了物质基础。

2. 要进行小组教育

美国学前教育专家指出,"有效的幼儿教师是积极的、鼓励性的、热情的、关心的、以幼儿为中心的,而且以个人和小组的形式和幼儿一起活动",[②]教师"把班级分成小组能使更多的学生积极参与到学习过程中来,而且为教师观察学生之间的互动以及学生与教学内容之间的关系提供了机会"。[③] 可见,教师要卓有成效地与儿童相互作用,促使儿童更快、更好地学习,就必须对儿童进行分组,实施小组教育。

教师在对儿童分组的时候,可以参照不同的标准。例如,以儿童的兴趣为指标来分组,鼓励儿童根据自己的兴趣爱好,选择小组活动;以儿童的能力为指标来分组,指导儿童从难

[①] 联合国教科文组织.为了 21 世纪的教育——问题与展望[M].王晓辉,赵中建,等,译.北京:教育科学出版社,2002:241.

[②] C.E. Catron, J. Allen.幼儿教育课程——一种创造性游戏模式(第四版)[M].李敏谊,郭宴欢,杨智君,等,译.北京:中国轻工业出版社,2007:50.

[③] D.J. McIntyre, M.J. O'Hair.教师角色[M].丁怡,马玲,译.北京:中国轻工业出版社,2002:48,48,55.

易度不同的学习活动中加以选择;以儿童的观点为指标来分组,使看法相同或不同的儿童结成一组,展开辩论;以儿童的任务为指标进行分组,把承担相同、相似任务的儿童编为一组,进行合作;以儿童的文化为指标进行分组,把拥有相同文化或不同文化的儿童分为一组,培养儿童的宽容心和理解力。此外,还可以按照儿童的学号、姓氏、座位来分组,使儿童能广泛地与同伴交流,提高社交能力。

教师在对儿童分组的时候,应对小组的规模加以限制。美国学者认为,"虽然小组的人数没有一个绝对的最少和最多的规定,但5—7个人一组往往是最佳的选择"。[1] 可见,为了实现教育的最优化,教师要把小组规模控制在6人左右。当小组形成以后,教师还应指导儿童选举小组长,或鼓励儿童轮流担任小组长。

3. 要实行个别教育

美国学者指出:"把学生组织起来,以满足他们个别需要的最好办法是个别化教学。"[2]还有学者通过自己的研究也指出,区别对待儿童的"最完整的措施是个别教学"。[3] 所以,教师要从儿童的独特性出发,因材施教,使教育能主动应对每个儿童的需求,而不是使儿童去被动适应教育的需要。

在对儿童进行个别教育时,教师要利用一对一的师生关系,帮助儿童确立学习目标、筛选学习内容,鼓励儿童自由安排学习进程、运用学习方法。

在儿童自主学习时,教师要对儿童进行监测、诊断和指导,以便为儿童制定出适宜的学习计划和教育方案,使每个儿童都能及时调整学习步伐,提高学习能力。例如,当某个儿童在语言区阅读图书时,教师通过与其交流,来考察这个儿童对图书的理解水平,判断这一图书是否与儿童的发展水平相匹配。

在实施个别化教育方案时,教师可围绕一定的主题,设计系列单元活动,使儿童的学习潜力能逐步得到挖掘,个人才干能不断得以增长。

五、要考虑儿童的学习方式

法国教育家卢梭早就指出,"每一个人的心灵有它自己的形式,必须按它的形式去指导他,必须通过它这种形式而不能通过其他的形式去教育,才能使你对他花费的苦心取得成效"。[4] 美国当代教育家加德纳也进一步指出,"每个个体都以不同的方式学习,表现不同的智能特点和智能组合。……既然这些差别确实存在,每个人的独特智能组合一定会在他生命中的发展轨迹和所获得的成就中表现出来,那么忽略这些差别就是有害的"。[5] 据此,教师要重视儿童个体在学习方式上所表现出来的差异,从每个儿童最擅长、最喜欢的学习方式中

---

[1] D.J. McIntyre, M.J. O'Hair.教师角色[M].丁怡,马玲,译.北京:中国轻工业出版社,2002:48,48,55.
[2] D.J. McIntyre, M.J. O'Hair.教师角色[M].丁怡,马玲,译.北京:中国轻工业出版社,2002:48,48,55.
[3] T.L. Good, J.E. Brophy.透视课堂(第10版)[M].陶志琼,译.北京:中国轻工业出版社,2009:425.
[4] 孙培青.教育名言录[M].上海:上海教育出版社,1984:52.
[5] 加德纳.多元智能[M].沈致隆,译.北京:新华出版社,1999:211.

找到切入点,设计出与儿童个体学习特点相适应的教育活动,使每个儿童能通过最合适的入口、最顺利的路径来学习,获得最大化、最优化的发展。例如,对于"语言学习者"来讲,教师要为其提供听词语、说词语、看词语的机会;对于"逻辑—数学学习者"来讲,教师要为其提供分类、归纳、抽象、概括的机会;对于"空间学习者"来讲,教师要为其提供通过视觉、想象、色彩进行活动的机会;对于"音乐学习者"而言,教师要为其提供和音乐、律动打交道的机会;对于"身体—运动学习者"而言,教师要为其提供触摸、运动、尝试、活动的机会;对于"社会学习者"而言,教师要为其提供分享、合作、交往的机会;对于"自我认知学习者"而言,教师要为其提供独自工作、自我指导、独处、个人活动的机会;对于"自然观察学习者"而言,教师要为其提供与大自然充分接触的机会。这样,每个儿童都能得到满足和成功,从而健康快乐地成长起来。

六、要利用儿童的各种强项

每个儿童都与众不同,与其他儿童相比,都有长处优势、不足劣势,教师在对儿童因材施教时,要依靠儿童身上的优点,发展提升儿童的强项,弥补改进儿童的弱项。

1. 要发现儿童的特点

每个儿童都有自己的特点,在体智德美诸方面的发展上也不会同步,会表现出自己的优势领域和弱势领域,教师要善于发现,并以此为基础,设计个性化的教育活动,以深挖儿童的潜力。"当每个人都有机会挖掘自身的潜能而高效地学习时,他们必将在认知、情绪、社会,甚至生理各方面展现出前所未有的积极变化。"①

2. 要鼓励儿童的强项

不论儿童的强项是相对于同伴还是相对于自己,教师都要予以关注和强化。一方面,为每个儿童提供充分展现自己强项的机会,以提高儿童的自信心和表现力,另一方面,为每个儿童提供在自己的强项领域里担任"领头羊"的机会,以培养儿童的组织能力和合作能力。

3. 要改善儿童的弱项

"如果教师确认了学生的长处,除了鼓励他们发展自己的优势,更重要的是还要利用这些优势改善自己的劣势。"②可在儿童的强项和弱项之间"铺路架桥",使儿童的强项能成为其弱项的基石和推动力,也可指导儿童将优势领域的特点迁移到弱势领域,使儿童在弱势领域中能直接、间接地利用自己的优势而获得多方面的发展。

七、要对儿童实行多元评价

教育评价是幼儿园教育工作的重要组成部分,是了解教育的适宜性、有效性,调整和改

---

① L. Camplell, B. Campbell, D. Dickinsn.多元智能教与学的策略(第三版)[M].霍力岩,沙莉,孙蔷蔷,译.北京:中国轻工业出版社,2001:5,455.
② L. Camplell, B. Campbell, D. Dickinsn.多元智能教与学的策略(第三版)[M].霍力岩,沙莉,孙蔷蔷,译.北京:中国轻工业出版社,2015:5,455.

进工作,促进每一个幼儿发展,提高教育质量的必要手段。教师要以促进儿童发展为宗旨,从多元的视角,利用各种资源,对每个儿童的发展水平作出评价。

1. 要多维度横向评价

儿童之间的个体差异实际上是通过横向比较才能显现的,所以,横向比较在特定条件下仍然具有存在的价值。但是,教师在对儿童进行横向比较时,不能使用统一固定的指标、单一的园内活动、唯一的园方资源去评价儿童,而要运用灵活多样的指标、园内园外的多种活动、幼儿园和家庭社区的各种资源去评价儿童。

2. 要多视角纵向评价

为了使每个儿童都能在评价中得到鼓励、看到希望,教师要多角度、多方面、多层次地对同一个儿童进行纵向比较。在一日生活中,教师可评价儿童在后一环节的活动(如自由游戏)中是否比在前一环节的活动(如做做玩玩)中表现得更为积极、主动;在每天的活动结束时,教师可评价儿童的今天与昨天相比,从总体上讲,或从某一方面(如社会性)讲,是否有所进步。

不论教师使用横向评价还是纵向评价,都要把重点放在儿童活动的过程上和儿童所付出的努力上,只有这样,才能逐步完善因材施教的策略,真正实现教育的个性化。

第七节 《幼儿园工作规程》简介

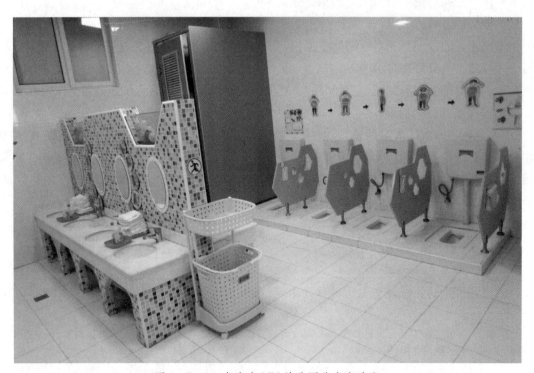

图 3-7-1 上海市 NN 幼儿园儿童盥洗室

2016年1月5日,教育部公布了《幼儿园工作规程》(以下简称《规程》),自2016年3月1日起施行。[①]《规程》由十一章组成:第一章是总则,第二章是幼儿入园和编班,第三章是幼儿园的安全,第四章是幼儿园的卫生保健,第五章是幼儿园的教育,第六章是幼儿园的园舍、设备,第七章是幼儿园的教职工,第八章是幼儿园的经费,第九章是幼儿园、家庭和社区,第十章是幼儿园的管理,第十一章是附则。

一、幼儿园的保教目标

幼儿园是对3周岁以上学龄前幼儿实施保育和教育的机构。幼儿园教育是基础教育的重要组成部分,是学校教育制度的基础阶段。

幼儿园的任务是:贯彻国家的教育方针,按照保育与教育相结合的原则,遵循幼儿身心发展特点和规律,实施德、智、体、美等方面全面发展的教育,促进幼儿身心和谐发展。幼儿园同时面向幼儿家长提供科学育儿指导。

幼儿园保育和教育的主要目标是:"(一)促进幼儿身体正常发育和机能的协调发展,增强体质,促进心理健康,培养良好的生活习惯、卫生习惯和参加体育活动的兴趣。(二)发展幼儿智力,培养正确运用感官和运用语言交往的基本能力,增进对环境的认识,培养有益的兴趣和求知欲望,培养初步的动手探究能力。(三)萌发幼儿爱祖国、爱家乡、爱集体、爱劳动、爱科学的情感,培养诚实、自信、友爱、勇敢、勤学、好问、爱护公物、克服困难、讲礼貌、守纪律等良好的品德行为和习惯,以及活泼开朗的性格。(四)培养幼儿初步感受美和表现美的情趣和能力。"

二、幼儿园的安全防范

幼儿园应当严格执行国家和地方幼儿园安全管理的相关规定,建立健全门卫、房屋、设备、消防、交通、食品、药物、幼儿接送交接、活动组织和幼儿就寝值守等安全防护和检查制度,建立安全责任制和应急预案。

幼儿园的园舍应当符合国家和地方的建设标准,以及相关安全、卫生等方面的规范,定期检查维护,保障安全。幼儿园不得设置在污染区和危险区,不得使用危房。幼儿园的设备设施、装修装饰材料、用品用具和玩教具材料等,应当符合国家相关的安全质量标准和环保要求。入园幼儿应当由监护人或者其委托的成年人接送。

幼儿园应当严格执行国家有关食品药品安全的法律法规,保障饮食饮水卫生安全。

幼儿园教职工必须具有安全意识,掌握基本急救常识和防范、避险、逃生、自救的基本方法,在紧急情况下应当优先保护幼儿的人身安全。幼儿园应当把安全教育融入一日生活,并定期组织开展多种形式的安全教育和事故预防演练。幼儿园应当结合幼儿年龄特点和接受

---

① 中华人民共和国教育部. 幼儿园工作规程[EB/OL]. (2016-03-01)[2018-08-19]. http://www.moe.gov.cn/srcsite/A02/s5911/moe_621/201602/t20160229_231184.html.

能力开展反家庭暴力教育,发现幼儿遭受或者疑似遭受家庭暴力的,应当依法及时向公安机关报案。

三、幼儿园的一日生活

幼儿园应当制定合理的幼儿一日生活作息制度。正餐间隔时间为 3.5—4 小时。在正常情况下,幼儿户外活动时间(包括户外体育活动时间)每天不得少于 2 小时,寄宿制幼儿园不得少于 3 小时;高寒、高温地区可酌情增减。

供给膳食的幼儿园应当为幼儿提供安全卫生的食品,编制营养平衡的幼儿食谱,定期计算和分析幼儿的进食量和营养素摄取量,保证幼儿合理膳食。幼儿园应当每周向家长公示幼儿食谱,并按照相关规定进行食品留样。

幼儿园应当积极开展适合幼儿的体育活动,充分利用日光、空气、水等自然因素以及本地自然环境,有计划地锻炼幼儿肌体,增强身体的适应和抵抗能力。正常情况下,每日户外体育活动不得少于 1 小时。

幼儿一日活动的组织应当动静交替,注重幼儿的直接感知、实际操作和亲身体验,保证幼儿愉快的、有益的自由活动。

幼儿园日常生活组织,应当从实际出发,建立必要、合理的常规,坚持一贯性和灵活性相结合,培养幼儿的良好习惯和初步的生活自理能力。

四、幼儿园的教育原则

幼儿园教育应当贯彻以下原则和要求:"(一)德、智、体、美等方面的教育应当互相渗透,有机结合。(二)遵循幼儿身心发展规律,符合幼儿年龄特点,注重个体差异,因人施教,引导幼儿个性健康发展。(三)面向全体幼儿,热爱幼儿,坚持积极鼓励、启发引导的正面教育。(四)综合组织健康、语言、社会、科学、艺术各领域的教育内容,渗透于幼儿一日生活的各项活动中,充分发挥各种教育手段的交互作用。(五)以游戏为基本活动,寓教育于各项活动之中。(六)创设与教育相适应的良好环境,为幼儿提供活动和表现能力的机会与条件。"

五、幼儿园的教育活动

幼儿园应当为幼儿提供丰富多样的教育活动。教育活动内容应当根据教育目标、幼儿的实际水平和兴趣确定,以循序渐进为原则,有计划地选择和组织。教育活动的组织应当灵活地运用集体、小组和个别活动等形式,为每个幼儿提供充分参与的机会,满足幼儿多方面发展的需要,促进每个幼儿在不同水平上得到发展。教育活动的过程应注重支持幼儿的主动探索、操作实践、合作交流和表达表现,不应片面追求活动结果。

幼儿园应当充分尊重幼儿的个体差异,根据幼儿不同的心理发展水平,研究有效的活动形式和方法,注重培养幼儿良好的个性心理品质。

六、幼儿园的教育形式

幼儿园应当将游戏作为对幼儿进行全面发展教育的重要形式。

幼儿园应当因地制宜创设游戏条件,提供丰富、适宜的游戏材料,保证充足的游戏时间,开展多种游戏。

幼儿园应当根据幼儿的年龄特点指导游戏,鼓励和支持幼儿根据自身兴趣、需要和经验水平,自主选择游戏内容、游戏材料和伙伴,使幼儿在游戏过程中获得积极的情绪情感,促进幼儿能力和个性的全面发展。

七、幼儿园的教育资源

幼儿园应当将环境作为重要的教育资源,合理利用室内外环境,创设开放的、多样的区域活动空间,提供适合幼儿年龄特点的丰富的玩具、操作材料和幼儿读物,支持幼儿自主选择和主动学习,激发幼儿学习的兴趣与探究的愿望。幼儿园应当营造尊重、接纳和关爱的氛围,建立良好的同伴和师生关系。幼儿园应当充分利用家庭和社区的有利条件,丰富和拓展幼儿园的教育资源。

幼儿园和小学应当密切联系,互相配合,注意两个阶段教育的相互衔接。

八、幼儿园的园舍设备

幼儿园应当按照国家的相关规定设活动室、寝室、卫生间、保健室、综合活动室、厨房和办公用房等,并达到相应的建设标准。有条件的幼儿园应当优先扩大幼儿游戏和活动空间。寄宿制幼儿园应当增设隔离室、浴室和教职工值班室等。

幼儿园应当有与其规模相适应的户外活动场地,配备必要的游戏和体育活动设施,创造条件开辟沙地、水池、种植园地等,并根据幼儿活动的需要绿化、美化园地。

幼儿园应当配备适合幼儿特点的桌椅、玩具架、盥洗卫生用具,以及必要的玩教具、图书和乐器等。玩教具应当具有教育意义并符合安全、卫生要求。幼儿园应当因地制宜,就地取材,自制玩教具。

九、幼儿园的收费标准

按照国家和地方相关规定接受财政扶持的提供普惠性服务的国有企事业单位办园、集体办园和民办园等幼儿园,应当接受财务、审计等有关部门的监督检查。

幼儿园收费按照国家和地方的有关规定执行。幼儿园实行收费公示制度,收费项目和标准向家长公示,接受社会监督,不得以任何名义收取与新生入园相挂钩的赞助费。幼儿园不得以培养幼儿某种专项技能、组织或参与竞赛等为由,另外收取费用;不得以营利为目的组织幼儿表演、竞赛等活动。

幼儿膳食费应当实行民主管理制度,保证全部用于幼儿膳食,每月向家长公布账目。

第八节 《关于学前教育深化改革规范发展的若干意见》图解

图 3-8-1 上海市 XG 幼儿园大厅一角

2018 年 11 月 7 日,中共中央、国务院印发了《关于学前教育深化改革规范发展的若干意见》(以下简称《若干意见》),①这是中华人民共和国成立以来,首次以中共中央、国务院的名义专门发布的关于学前教育工作的重要文件,显示了党中央、国务院对学前教育事业的高度

---

① 中国共产党中央委员会,中华人民共和国国务院.关于学前教育深化改革规范发展的若干意见[EB/OL].(2018-11-15)[2018-11-20]. http://www.gov.cn/zhengce/2018-11/15/content_5340776.htm.

重视,必将促进学前教育的深化改革规范发展。《若干意见》由 9 个部分 35 条组成(见图 3-8-2),现通过以下多张简图来对其加以说明。

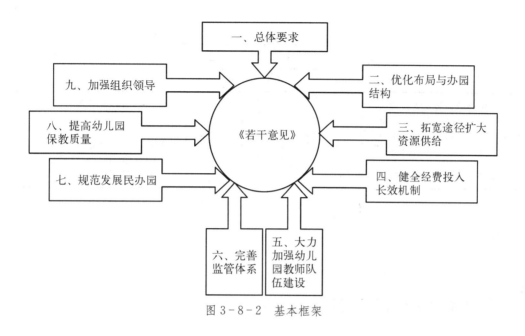

图 3-8-2　基本框架

一、总体要求

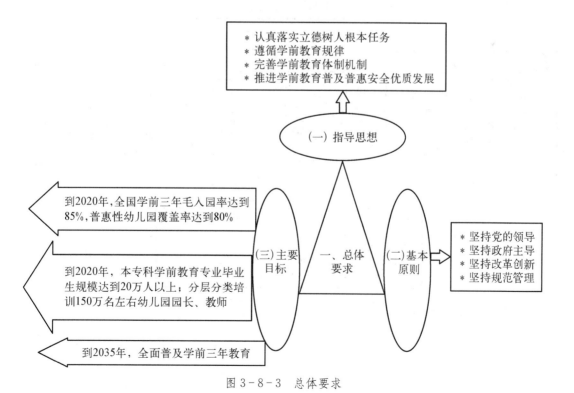

图 3-8-3　总体要求

二、优化布局与办园结构

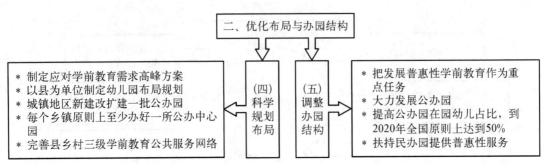

图3-8-4 优化布局与办园结构

三、拓宽途径扩大资源供给

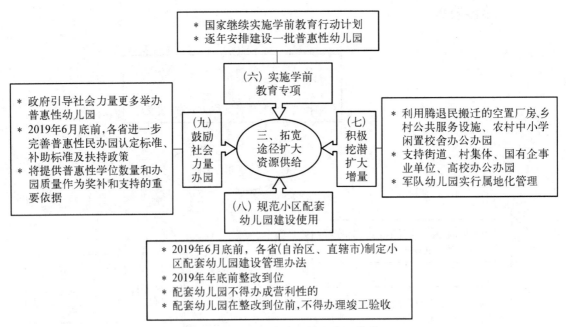

图3-8-5 拓宽途径扩大资源供给

四、健全经费投入长效机制

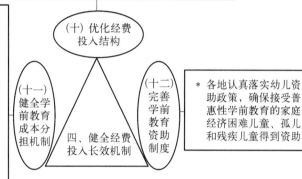

图 3-8-6 健全经费投入长效机制

五、大力加强幼儿园教师队伍建设

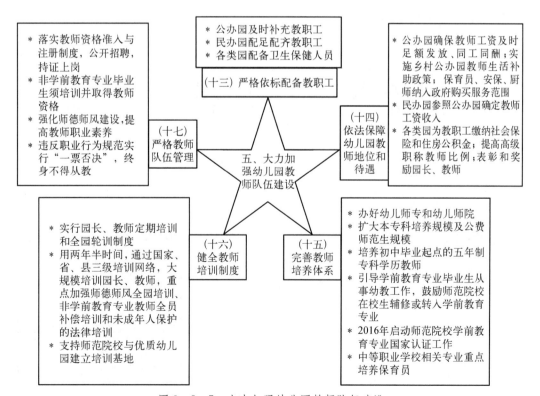

图 3-8-7 大力加强幼儿园教师队伍建设

六、完善监管体系

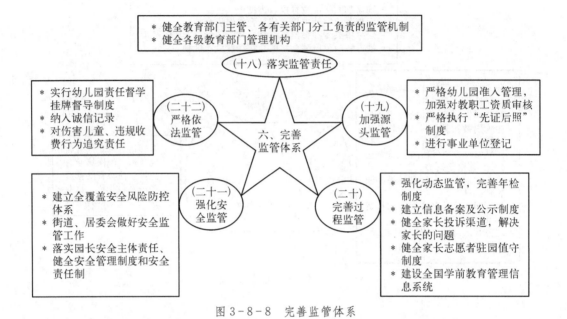

图 3-8-8 完善监管体系

七、规范发展民办园

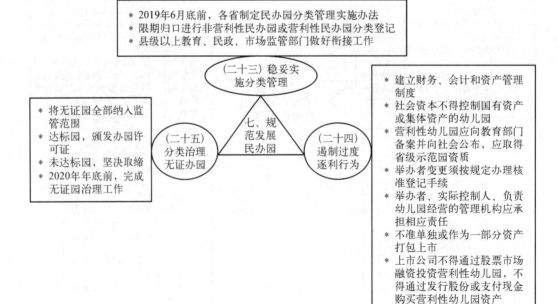

图 3-8-9 规范发展民办园

八、提高幼儿园保教质量

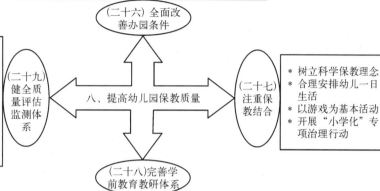

图 3-8-10 提高幼儿园保教质量

九、加强组织领导

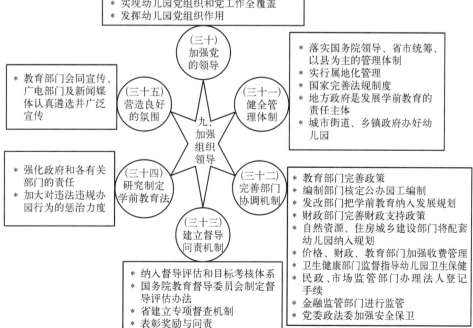

图 3-8-11 加强组织领导

本章小结

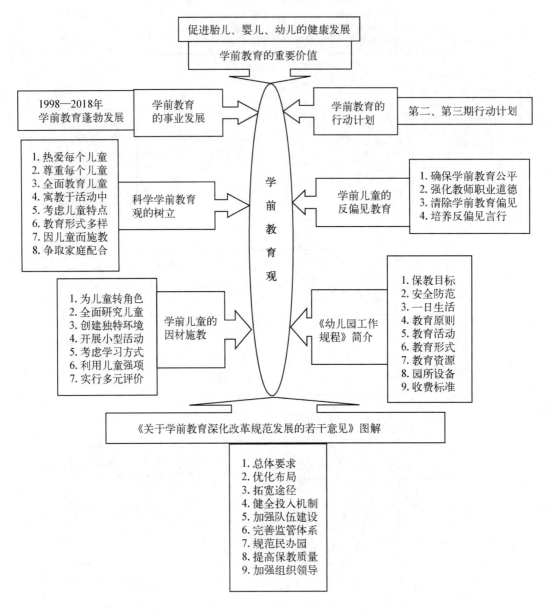

 本章思考题

1. 你认为学前教育的主要作用是什么？
2. 你是如何看待我国学前教育事业发展的？
3. 你是如何看待我国学前教育发展的行动计划的？
4. 你认为幼儿园教师应如何树立科学的教育观？
5. 你认为幼儿园教师应如何对儿童进行反偏见教育？

6. 你认为幼儿园教师应如何对儿童因材施教?
7. 你读了《幼儿园工作规程》以后,有哪些感想?
8. 你读了《关于学前教育深化改革规范发展的若干意见》以后,有哪些感想?

本章拓展学习

■ 阅读书目

1. 李生兰.学前教育法规政策的理解与运用[M].南京:南京师范大学出版社,2012.
2. 庞丽娟.政府主导 创新体制——我国地方学前教育改革探索与政策启示[M].北京:北京师范大学出版社,2012.
3. 刘强.学前教育城乡均衡发展的理论与实践[M].南京:南京大学出版社,2011.
4. 谢妮,申健强,陈华.农村留守儿童教育现状研究[M].北京:经济科学出版社,2010.
5. 西尔瓦等.学前教育的价值[M].余珍有,易进,译.北京:教育科学出版社,2011.
6. S. Bredekamp. Effective practices in early childhood education: building a foundation[M]. London: Pearson, 2017.

■ 浏览网站

1. 中华人民共和国中央人民政府 http://www.gov.cn.
2. 中华人民共和国教育部 http://www.moe.gov.cn.
3. 中华人民共和国住房和城乡建设部 http://www.mohurd.gov.cn.
4. 中国学前教育研究会 http://www.cnsece.com.
5. 上海学前教育网 http://www.age06.com/Age06Web3.
6. 美国幼儿教育协会 https://www.naeyc.org.
7. 澳大利亚学前教育研究会 https://www.earlychildhoodaustralia.org.au.

本章微型研究

1. 幼儿园园舍设备的调查研究

先进入一所幼儿园,仔细观察:(1)幼儿园的外部环境是否安静,是否远离马路等噪声源。(2)幼儿园的内部环境室外环境是否设有沙池、水池、种植园地等场地,是否拥有秋千、滑梯、攀登等游戏运动器械;走廊环境是否比较明亮宽敞,是否拥有消防安全标识;室内环境是否具有洁净的饮水设备、便捷的卫生设施。然后进行简单的分析评价。

2. 幼儿园一日生活作息制度的调查研究

先收集学年中某一学期的小班、中班、大班的一日生活作息制度表,各一份。然后进行评价分析:(1)各年龄班的一日生活作息制度表是否体现了动静交替的规律。(2)各年龄班的一日生活作息制度表是否保证了幼儿有2小时的户外活动时间(其中1小时为体育锻炼活动时间)。(3)不同年龄班的一日生活作息制度表有什么异同点;随着年龄的增长,班级的变化,幼儿哪些活动的时间延长了,哪些活动的时间缩短了。

第四章　学前教育的课程

 本章教学建议

1. 教师可组织学生进入幼儿园,观看各种环境(如大厅环境、走廊环境、班级环境、户外环境),帮助学生了解环境与课程之间的关系。
2. 教师可组织学生进入幼儿园,观看一日生活,引导学生分析一日生活与课程之间的关系。
3. 教师可安排学生深入班级,观看五大领域教育活动,指导学生理解不同领域与课程之间的关系。
4. 教师可安排学生深入不同年龄班,观看儿童的学习活动,促使学生理解儿童特点与课程之间的关系。

 本章内容提要

本章由七节组成,首先介绍了学前教育课程的不同涵义、理论流派,其次论述了学前教育课程的方案、学前教育课程的设计,再次阐述了学前教育课程的评价,最后说明了后现代课程理论及启示,此外还列举了儿童绘本的教案。

学前教育课程是学前教育领域中的一个核心问题,认识学前教育课程的主要内涵,了解学前教育课程的重要理论流派和实践模式,有助于我们设计出更好的学前教育课程,并注意通过评价来不断提高学前教育课程的质量。

第一节　学前教育课程的界定

学前教育课程的基本内涵是什么？理顺这一问题是对有关学前教育课程诸多问题进行探索的前提条件;就学前教育课程的种类而言,学前教育课程主要可以分为隐蔽课程和公开课程两大类。

图4-1-1 上海市JS幼儿园大厅环境

一、学前教育课程的涵义

什么是学前教育课程？中外学者对这一问题的回答是不同的。我国学前教育界过去一直沿用苏联的课程观，倾向从狭义的角度来看课程。例如，把幼儿园的课程主要看作是幼儿园的学科教学活动，即幼儿园设置的语言、常识、计算、音乐、体育、美术等科目。

随着欧美学前教育课程观的引进，我国学前教育工作者也开始从广义的角度理解课程，认为学前教育课程是教育原则和教育计划相互作用的结晶，它包括教育目标、内容、方法、评价以及儿童的学习活动；学前教育课程应不断发展和完善，适合儿童发展的需要，促进儿童的不断发展。

不论是从广义还是从狭义的角度来讲，学前教育课程都应该能促进不同年龄、不同个性儿童的发展。一方面，儿童的成长发展有一定的顺序和规律，在每一个年龄阶段中，儿童身体、认知、语言、情感、社会性和审美等方面的发展都有典型的、本质的特征，学前教育工作者要为儿童设计出发展性的课程，准备良好的学习环境，安排丰富的教育活动，提供各种经验，以促进儿童的发展。另一方面，每个儿童都是一个独特的个体，有着自己的个性特征、成长模式、学习方式和家庭背景，学前教育工作者还要为儿童设计出个体化的课程，符合儿童独特的知识经验，满足儿童不同的需要，使能力不同的儿童都有所提高。

二、学前教育课程的种类

学前教育课程的种类繁多，依据不同的标准可以分出不同的类别。如果从显露程度这一维度出发来对学前教育的课程加以划分,那就可以分为公开课程和隐蔽课程两大类。

(一) 公开的学前教育课程

公开的学前教育课程即显在的、正式的学前教育课程。它包括学前教育工作者为实现教育目标而精心设计的一切教育活动。

这种课程的主要特点是:涉及全体儿童,并有利于其全面发展;考虑到每个儿童的知识、经验、技能、能力及个性倾向;反映出学前教育机构、家庭、社区及社会的各种各样的特征;承认人类的知识宝库来源于各种文化资源,并从中发展起来。例如,有的学前教育机构设计的"自我概念"课程,其内容由儿童自身、家庭及成员、幼儿园及朋友、社区及帮手这四个部分组成,每个部分都包含了身份、角色及其关系、周围环境、运动、安全、健康、食物、交往这八个方面,对 2—3 岁、4—5 岁儿童提出了不同的教育要求。

(二) 隐蔽的学前教育课程

隐蔽的学前教育课程即潜在的、非正式的学前教育课程。它一般体现在学前教育机构和班级的环境中,既包括建筑物、设备、器械、游戏材料、玩具等物质环境,也包括活动室的布置、各种活动区的设立、班级的规章制度等文化环境,此外,还包括保教人员之间的关系、教师和儿童之间的关系、儿童同伴之间的关系等人际环境。

这种课程是一种无计划、无意识的学习活动,是儿童获取信息所不可缺少的形式,具有潜在性和非预期性的特点。它并不包括在学前教育的计划中,也没有通过正规的学前教育活动形式来进行,而是以潜移默化的方式促进学前教育目标的实现,无论是对儿童知识与技能的形成、能力的发展,还是对儿童情感的陶冶、意志与行为的塑造所产生的影响均如此。例如,教师总是蹲下身来、和颜悦色地和儿童说话,就会缔造出民主平等的师幼关系,使儿童喜爱教师,乐于接受教师的教诲,进而提高教育的成效;反之,教师总是站着、双手叉腰、声色俱厉地同儿童讲话,就易导致出专制对立的师幼关系,使儿童畏惧教师,对教师"敬而远之",从而降低教育的效果。

(三) 两种课程之间的关系

学前教育的公开课程和隐蔽课程是完全不同的。这两种课程之间存在着很大的差异,对儿童的发展具有不同的作用。20 世纪 90 年代以来,我国学前教育工作者日益重视发挥隐蔽课程的作用。例如,在幼儿园里,特别注意班内外环境的美化、绿化、洁净化、安全化和儿童化。

学前教育的公开课程和隐蔽课程是可以相互转化的。这两种课程之间具有一定的关联度,能共同促进儿童的和谐发展。虽然这两种课程在许多方面有所不同,但它们的目标却是一致的,都是为了促进儿童的成长发展,调动儿童的学习积极性。它们不仅关注儿童现在的兴趣爱好,而且还注意培养儿童新的兴趣爱好,并把儿童的兴趣爱好当作课程延伸的起点,使儿童获得更多的有价值的知识,发展多方面的能力。例如,当儿童对交通工具发生兴趣时,从公开课程的角度来看,教师就要为儿童设计有关"火车"、"飞机"、"轮船"的课程,带领儿童外出参观,给儿童讲故事,和儿童一起搭建,鼓励儿童玩角色游戏,指导儿童动手制作,引导儿童绘画创作等;从隐蔽课程的角度来讲,教师就要通过创设有关交通工具的环境、陈列相应的物品模型及玩具、张贴相关的图画及图片等形式,来对儿童进行"暗示"教育。当儿童在"轮船"主题活动中,对"水"和"海洋"产生了浓厚的兴趣时,教师再为他们组织相应的后续教育活动,以满足儿童不断发展的需要。这样,教师适时地把隐蔽课程转化为公开课程,就能进一步发挥学前教育课程在儿童成长中的积极效应。

第二节 学前教育课程的理论

图4-2-1 上海市SY幼儿园儿童在图书室自由阅读

学前教育课程是以一定的理论为基础的,对世界各国学前教育课程产生深远影响的理论流派主要有成熟社会化理论、教育训练理论、认知发展理论,这些理论流派的观点给学前教育课程结构和组织形式的发展变化留下了深刻的印记。

一、学前教育课程的理论流派

(一)成熟社会化理论

成熟社会化理论的哲学基础来自卢梭的思想,其心理学的基石则是由埃里克森和格赛尔等人奠定的。这种理论认为,学前教育应让儿童的内在潜力得到充分的挖掘与发展,使儿童这个"花蕾"在温暖的、良好的社会环境中生长、开花、结果;学前教育工作者必须为儿童设计一个积极的、充满社会情感的环境,创设开展游戏活动的条件,尤其是要巧妙地布置角色游戏的情境,以促进儿童的情感和社会性的发展;儿童通过在许多活动中的自由探索,就能较好地了解社会规则,正确地表现自己的思想、情感和行为。这一理论特别重视儿童社会情感的发展,强调学前教育课程要以儿童为中心,注意开放性。

(二) 教育训练理论

教育训练理论也称行为主义理论,是以哲学家洛克的思想、心理学家斯金纳和班杜拉等人的思想为基础的。这种理论认为,学前教育是为儿童以后的教育和未来的生活做准备的,学前教育工作者必须用最简单、最有效的方式方法,把将要学习的知识、技能、道德观念和社会规则教给儿童;还要为儿童安排适宜的教育环境,提供有意义、有趣味的活动材料和正确行为的范例。这种理论强调学前教育课程要重视发挥教师的主导作用。

(三) 认知发展理论

认知发展理论又称相互作用理论,其主要创始人是教育心理学家皮亚杰和布鲁纳。这一理论强调儿童认知、情感和社会性的教育,应贯穿于儿童与环境的相互作用之中,这种相互作用往往是自发产生的,成人不仅要加以承认,而且还要给予鼓励。该理论认为,儿童的发展经历了一系列阶段,这些阶段的顺序是稳定不变的;在每一个阶段中,儿童认识环境的方法以及与环境相互作用的方式有着本质的区别;儿童发展的动力虽然来自于儿童的内部,但是,儿童从一个阶段转化到另一个阶段,并不是自发进行的,而是依赖于儿童与环境之间的相互作用及其性质的;学前教育工作者的职责就是根据儿童的发展水平,提供适当的环境,以保证儿童与环境进行有意义的相互作用。这种理论已成为许多国家学前教育机构课程改革的理论基础。

二、学前教育课程的框架结构

(一) 学前教育课程的主要目的

上述几种课程理论虽然都涉及学前儿童某些方面的发展,并认为儿童学前阶段的经验对他们以后的发展有着重要的影响,教师通过干预环境,可以控制儿童的成长发展,但它们之间还存在着许多差异。比如,对儿童发展的不同方面的重视程度不同,对儿童发展的过程以及影响这一过程的诸因素之间关系的看法也不同,因而演绎出学前教育课程的不同目标。

成熟社会化理论,重视儿童社会情感和个性的发展。以该理论为基础的课程,把儿童社会情感的发展作为教育的主要目的,要求教师给儿童提供培养自信心、自主性和创造性的机会,主张儿童自我控制行为的学习。为实现这一目标,教育工作者应开展以儿童为中心的、无教师干预的自由活动、游戏活动和创造性活动等。

以教育训练理论为基础设置的课程,则把努力满足儿童在社会中需要的知识、技能的发展作为教育的主要目的,注重对儿童学习任务的分析和学习程序的设计。例如,为了使儿童学会书写自己的名字,教育工作者要编排一定的步骤,帮助儿童逐步做到能抓握铅笔、辨认字母、从左往右写、写下自己的名字等。

认知发展理论,仅涉及到儿童社会情感发展的边缘部分,但却特别重视儿童智力发展的过程,如分类、抽象、概括、综合等能力。该理论认为,儿童智力的发展是其社会情感、个性等方面发展的必要条件,儿童对自己、对他人和周围环境的理解能力是他们作出判断和决定的基础;儿童智力的发展水平,决定着他们怎样看待自己和对待自己、别人及生活环境;儿童心理动力的发展是至关重要的,因为它能进一步促进儿童探索环境,并与环境相互作用;儿童智力的发展有几个阶段,这些阶段的顺序是稳定不变的,儿童智力的早期开发,对其今后的发展影响极大。以此理论为基础的课程,强调要把儿童认知的发展作为教育的主要目的,倡导教师激发儿童的学习动机,鼓励儿童自由探索,自己发现物质世界的运行法则、社会规则及道德准则。

(二) 儿童成长发展与教学过程

不同的学前教育课程理论,对儿童学习与发展的见解是不同的,这就必然导致出不同的教学过程,如在设计教学活动、提供教学材料、开展师生互动等方面表现出极大的差异。

成熟社会化理论认为,儿童情感生长发展的道路要经历许多不同的阶段,这些阶段之间既有着内在的联系,又存在着本质的区别,每一阶段都有关于情感冲突与发展的特殊任务和内容。对学前教育工作者来说,特别重要的是为儿童准备一个适当的、有益的社会环境。这种环境不仅使儿童获得知识与技能,而且还要使他们的心理能力,如自我意识、自我控制、自主性和坚韧性等,随着年龄的增长而得到充分的发展,学会控制自己内部的、原始的、不恰当的冲动,不断提高心理活动的水平。

教育训练理论指出,儿童既是主动的探索者,也是被动的学习者;儿童对环境施加影响,环境也对儿童产生作用,但归根结底,还是环境影响儿童,并控制儿童行为的发展;儿童的学习过程是个日积月累、循序渐进、潜移默化的过程;从本质上讲,儿童的学习与成人的学习没有什么区别。所以,许多在成人教育中运用的教学原则,如能恰如其分地加以选择利用,同样也适合儿童。在教学过程中,教师应更多地关注儿童的学习过程、学习内容,而不是学习结果,因为儿童是一个不断需要接受教育、终身学习的人。

认知发展理论强调,儿童有内在的学习动机,儿童是主动的学习者,他们利用各种感官积极地探索环境,获得大量的、普遍的经验,以进入各个恒定不变的发展阶段;儿童的发展经历了几个重要的阶段,在儿童发展的不同阶段,教育的内容、重点和难点都是不同的;儿童发展阶段的顺序是不可改变的,只有完成了上一阶段的教育任务,才能进行下一阶段的教育内容。因此,教师帮助儿童完成第一阶段的教育就显得尤为重要,它构成了课程的核心内容,儿童与环境相互作用的过程比其结果更为重要。此外,处于早期发展阶段的儿童,其思维、学习、行动的过程及特点与成人是完全不同的。

由此可见,各种学前教育课程的理论都不是完美无瑕的,如果只以某种理论为依据来设计课程,就有可能限制课程的目标与内容,制约儿童的发展;学前教育工作者必须清醒地意识到各种课程理论的优劣利弊,小心谨慎地加以应用;没有任何一种课程理论是教育所有儿童的最佳理论,有些理论适合于这些儿童,而另外一些理论则可能更适用于其他一些儿童;在课程理论和儿童之间,存在着一种最为理想的匹配关系的组合,探讨这种匹配关系的组合是构建学前教育课程的关键之所在。

三、学前教育课程的拟定设计

(一) 制定学前教育课程的大纲

以不同的理论为基础建立起来的学前教育课程,其大纲内容也大不相同。以认知发展理论为基础制定的课程大纲,主要包括儿童心理动力的发展、社会情感的发展,以及逻辑知识、物理知识、社会知识、表现知识等方面的内容;以成熟社会化理论为基础制定的课程大纲,主要包含儿童自我意识的培养与自我控制、社会的相互作用,以及适应学校、成就动机与成功感、好奇心与探索性、创造力等方面的内容;而基于教育训练理论制定的课程大纲,则主要含有儿童社会交往、自我服务、运动技能、解决问题能力等方面的内容。

(二) 确立学前教育课程的目标

1. 目标的确立依据

学前教育课程目标的确立,主要围绕着以下几个方面来进行:首先是学科知识,即关于学科的一些基本常识、基本原理。例如,有关字母、数字、物体各部分、颜色、季节和动植物等方面的知识。其次是教师的态度、行为及个性特征,即能为各种发展水平的儿童所接受的教师的情感、行为及性格,组织各种能使儿童感兴趣的活动,正确使用礼貌用语,友好同儿童互动。再次是儿童的行为,即儿童的行动、动作。比如,能和同伴友爱合作、积极表现自己、主动帮助同伴、正确回答问题。在这三个指标中,儿童的行为最为重要。

2. 目标的特性水平

学前教育课程的每一个目标,都有一系列不同的特性水平。例如,培养儿童积极的自我意识这一课程的基本目标,就含有三种不同的特性水平:第一种水平是儿童有时候能够主动地参与各种活动,正确地判断事物,控制自己的剩余精力,忘掉自己的失败,仍然有信心去实现自己的愿望;第二种水平是儿童在大多数情况下,能够迅速地、轻松地投入一项新的、不熟悉的活动;第三种水平是儿童总是能够毫不犹豫地、轻松自如地参加各种新的、陌生的活动。学前教育工作者要注意逐步提高课程目标的特性水平,促使儿童在原有的基础上,不断向新的发展水平迈进。

3. 目标的层次序列

学前教育课程的目标具有层次性、序列性,从近期的初级目标,到中期的中级目标,再到远期的高级目标。这三个层次的目标,是相互联系、相互影响的。初级目标是中级目标的基础,而中级目标又制约着高级目标。虽然每天的日常活动完成的只是初级目标,但日积月累,中级目标就能逐步实现,从而为高级目标的达成创造有利条件。

(三) 编排学前教育课程的形式

不同的理论流派,反映在学前教育课程的组织形式上,也是不同的。

认知发展理论强调,教师安排课程的组织形式时,要注意以下几点:(1) 给儿童提供直接操作物体的机会,促使儿童建立自己的认知结构;(2) 在教室中陈列的活动材料,应该是真实的、具体的,因为这种材料会比其他材料产生更好的效果;(3)设计的一切活动和计划,都必须和课程的内容紧密相连;(4)给儿童提供不同难度、不同挑战水平的活动,鼓励他们从中加以选择,以进一步激发他们创造的欲望。

教育训练理论认为,教师在编排课程的组织形式时,应注意如下几点:(1)提出的所期望的理想行为,应是儿童经过不断努力能够逐步达到的;(2)通过引起儿童的正确反应,来激发儿童的学习行为;(3)及时、准确、适宜地对儿童的学习行为进行强化,以增强儿童学习的效果。

成熟社会化理论指出,教师在设计课程的组织形式时,应牢记以下几点:(1)儿童学习的内容要有科学性、系统性、时代性,既要符合社会的要求,又要适合儿童的年龄特点;(2)不要把儿童置于他们还没有做好学习准备的环境中去,以免催逼他们去学习;(3)要使教室充满轻松、愉快、自由、平等的气氛,激励儿童尽情地表现自己,敢于提出问题,乐于与人交往。

四、学前教育课程的观点测评

国外学者精心设计了一套较为严密的问卷,用来检测学前教育工作者的课程观。现简述如下,作为我们了解自己课程观的参考。

(一) 测评内容

学前教育工作者通过回答以下 30 个问题(见表 4-2-1),来测查自己的课程观。每个题目后面有 6 种可供选择的答案(很同意、同意、勉强同意、有点不同意、不同意、很不同意),请在最符合自己想法的那个答案上打"√"。

表 4-2-1 课程观自评表

题号	题 目	自 选 答 案					
		很同意	同意	勉强同意	有点不同意	不同意	很不同意
1	教师通过连续不断的活动,而不是断断续续的活动,去发展儿童的语言。						
2	在教育过程中,教师谨慎地使用语言,使之适合于儿童的阅读水平。						
3	教师对儿童怎样工作和游戏感兴趣,而不是对其结果感兴趣。						
4	教师用成人的标准去矫治儿童的言语或行为。						
5	当儿童真正需要帮助或提供信息时,教师才进行给予。						

(续表)

题号	题目	自选答案					
		很同意	同意	勉强同意	有点不同意	不同意	很不同意
6	教师热情支持儿童的探索活动,从不强迫他们达到更高的成就水平。						
7	儿童对活动的兴趣和参与是对他们最好的奖赏;教师不提供其他奖赏,如表扬、给予某种特权等。						
8	教师把角色游戏作为解决儿童情感问题的一种重要手段。						
9	教师努力使自己的语言适合于儿童的理解水平,或使用儿童化的语言。						
10	教师对儿童的活动或任务的完成感兴趣。						
11	教师通过讲授或解释来给儿童提供信息。						
12	教师每天都给儿童提供许多自由活动或游戏的时间。						
13	教师允许儿童按照自己喜欢的方式,而不是别人教给的方式,去使用材料和器械。						
14	儿童的回答或反应虽然不正确,但教师也予以接受。						
15	教师组织的一日活动,是以儿童的自由选择为基础的。						
16	教师预防那些容易引起儿童思维混乱、迷惑不解的情景的产生。						
17	教师通过使用材料开展游戏和活动,来发展儿童的概念和语言。						
18	教师把表扬、关注、承认、评价、给予特权、奖品等作为对儿童的奖赏。						
19	教师每天都给儿童提供合作的机会。						
20	教师允许儿童使用他们想用的任何信息资源。						

(续表)

题号	题 目	自 选 答 案					
		很同意	同意	勉强同意	有点不同意	不同意	很不同意
21	儿童自发从事某项任务或开展某种活动。						
22	教师允许儿童在完成任务或活动之前离开。						
23	教师要求儿童按成人教授的方式去操作材料。						
24	教师运用成人化的语言,同儿童相互作用,或要求儿童去使用教师的语言。						
25	教师对儿童工作的最终产品的质量感兴趣,对儿童达到成人要求的能力感兴趣。						
26	教师鼓励儿童参加由教师设计好的各项活动。						
27	教师给儿童提供自由探索、实验和解决问题的机会。						
28	教师发起适合于儿童水平的活动,并给予指导。						
29	教师通过开展一些特殊的游戏活动或使用特别的器械,去矫正儿童的错误行为。						
30	教师允许儿童使用适当的材料,去发展他们自己的兴趣爱好。						

(二) 测评结果

在每题后面的6个备选答案中,选择不同的答案,得分不同。例如,选择"很同意",得6分;选择"同意",得5分;选择"勉强同意",得4分;选择"有点不同意",得3分;选择"不同意",得2分;选择"很不同意",得1分。

把题号为1、2、5、7、9、13、14、20、22、27的这10个题目分别所得的分数累加起来,其总分就表明了教育者对"认知发展"这一课程理论的信仰程度;把题号为4、10、11、16、17、18、23、24、25、29的这10个题目分别所得的分数累加起来,其总分就说明了教育者对"教育训练"这个课程理论的信仰程度;把题号为2、6、8、12、15、19、21、26、28、30的这10个题目分别所得的分数累加起来,其总分则显示了教育者对"成熟社会化"这种课程理论的信仰程度。

比较对这三种课程理论信仰之间的差异(用较高分减去较低分):如果教师在某一种课程理论上的得分,比另一种高出 10 分,那则表明该教师比较信仰这一课程理论;如果教师在三种课程理论之间的分数差别不足 10 分,那则说明该教师对这三种课程理论还没有明显的倾向;如果教师在这三种课程理论上的得分基本相同,那则表明该教师在课程观方面还没有做出自己的选择。

第三节　学前教育课程的方案

图 4-3-1　上海市 JD 幼儿园户外游戏活动场地环境

在学前教育理论的指导下,我国学前教育工作者经过长期、大量的实践探索,建立了许多学前教育课程方案,呈现出百家争鸣、百花齐放的新格局。比较典型的方案有:发展儿童认知的课程方案,提高儿童能力的课程方案,陶冶儿童情感的课程方案,训练儿童行为的课程方案,协调家园关系的课程方案等。

一、发展儿童认知的课程方案

一些学前教育工作者认为,童年期是儿童认知发展的关键期,儿童认知的发展对其全面发展具有重要作用,因而致力于探索相应的课程体系,形成了独特的课程方案。

(一) 教育的目标

发展儿童认知的课程方案的教育目标是:(1) 发展儿童的分类、序列、数量、时空概念等方面的逻辑思维技能;(2)丰富儿童的自然常识、社会知识;(3)发展儿童描述事物的能力、表达情感的能力;(4)培养儿童设计、组织、评价小组活动和个人活动的能力;(5)提高儿童与他人交往的技能、合作的能力,培养儿童成功地完成任务的毅力;(6)训练儿童心理活动的技能。

(二) 教育的内容

发展儿童认知的课程方案的教育内容主要有:(1)主动学习。给儿童提供运用各种感官进行探索性学习的机会,使儿童能独立地选择材料、自由地参加活动,并能凭借所习得的知识经验去发现事物之间的关系。(2)设计和评价。教师和儿童一起制定计划,安排实施步骤,评价活动结果。(3)语言表达。鼓励儿童和同伴、成人谈论有趣的经历,描述物体及其相互关系,正确使用词语表达自己的情感和要求,安静地听故事,大胆地讲故事。(4)再现。允许儿童模仿一些动作,扮演多种角色,用图片、模型等代表真实物体,表现自己感知过的事物。(5)分类。帮助儿童认识事物的属性,说明物体的异同点,用不同的标准对物体进行分类。(6)序列。让儿童比较事物及其性质,描述物体的相互关系,按一定顺序对物体进行排列。(7)数概念。引导儿童了解数目和数量,理解一一对应的关系,点数物体及计数。(8)时间关系。使儿童学会用词语描述过去、现在、将来已发生、正在发生和将要发生的事情,正确使用日常时间概念,了解季节的变化。(9)空间关系。让儿童在空间上,对物体进行分解和组合;从不同的位置观察物体、描述物体,并用图画表现。

(三) 教师的作用

由于发展儿童认知的课程方案强调,儿童的自发学习是最有效的学习方式之一,所以,教师在该课程方案中的作用就是,为儿童投入这种学习创造良好的条件。第一,教师要仔细观察儿童,根据儿童的认知发展水平,制定科学的一日活动时间表。第二,教师要合理安排大组活动、小组活动和个人活动,引导儿童与成人及同伴的相互作用。例如,为了使儿童有机会向同伴讲述自己有意义的生活经验,教师组织了"南瓜"小组活动,请对南瓜感兴趣的儿童来切南瓜,教师既允许儿童随意把南瓜切开,也同意儿童先画线,然后再按照画的线来切南瓜;教师提问儿童可用什么办法把种子取出来,启发儿童说出用勺子挖、用手抓,或把南瓜翻过来等;教师指导儿童用手去摸一摸南瓜里面的东西,鼓励儿童说出自己的感觉,如黏乎乎的、湿漉漉的等;教师寻问儿童南瓜、南瓜子可以怎么吃,味道如何,引导儿童说出南瓜可以煮着吃、南瓜子可以炒着吃等。第三,教师要鼓励儿童自由探索材料,使儿童的认知活动从简单、低级的形式向复杂、高级的方向发展,以不断提高儿童的抽象思维水平。

二、提高儿童能力的课程方案

一些学前教育工作者认为,从儿童的知识、技能和能力等方面来讲,能力最为重要,因而尝试构建提高儿童各种能力的课程方案。

(一) 教育的目标

提高儿童能力的课程方案的教育目标是：(1) 发展儿童的语言能力；(2) 培养儿童的测量能力和理解能力；(3) 发展儿童的分类能力；(4) 发展儿童的知觉能力、模仿能力和建构能力；(5) 提高儿童的大小肌肉运动能力；(6) 提高儿童解决问题的能力；(7) 提高儿童维护自己的健康和安全的能力；(8) 培养儿童的社交能力；(9) 培养儿童的自控力、欣赏力和注意力。

(二) 教育的内容

提高儿童能力的课程方案的教育内容，主要是围绕着语言、数量及关系、知觉和知觉运动、解决问题、社交、安全等方面安排的，具体表现为：(1) 语言能力。帮助儿童学会给物体命名，解释事物，描述现象；进行语言交流。(2) 数量及关系能力。帮助儿童了解分类、序列、测量、时间及空间关系。(3) 知觉和知觉运动能力。引导儿童学习模仿、建构、运动、活动。(4) 解决问题能力。鼓励儿童发现问题，和教师一起设计活动，并评价结果。(5) 社交能力。使儿童学会关心别人，尊重别人，与同伴合作、分享、轮流。(6) 安全能力。使儿童能掌握健康和安全的行为方式，学会保护自己。

这些内容的编排是以一系列主题的形式进行的，每个大主题都由许多小主题构成，例如，关于"妈妈"的主题，由"妈妈的五官"、"妈妈的身体"、"妈妈的服装"、"妈妈的工作"等部分构成，教师采取综合的途径，集中在一周或一个月的整段时间里实施。再如，针对"家禽"这一主题，教师为儿童安排了阅读有关家禽的图书、到农贸市场观察家禽、参观农场、搭建农场、绘画农场等多种活动，以此发展儿童的语言能力、观察能力、计算能力、操作能力和交往能力等。

(三) 教师的作用

提高儿童能力的课程方案，强调以教师为中心，重视发挥教师的主导作用，要求教师注意培养儿童运用已有的知识的能力。为此，教师首先要为儿童创设一个充满刺激的物理环境，固定放置各种活动材料，便于儿童取舍。其次，教师要合理安排大组、小组和个人活动，认真组织大组活动，巧妙指导小组活动，积极引导个人活动。再次，教师要观察、记录、评价儿童的发展水平，适时增加或减少活动，使每个儿童都能在原有的基础上不断进步，发展各种能力。

三、陶冶儿童情感的课程方案

一些学前教育工作者认为，在儿童成长的过程中，智力因素固然重要，但情感等非智力因素则更胜一筹，因而探索出陶冶儿童情感的课程方案。

(一) 教育的目标

陶冶儿童情感的课程方案，以活动为基础，以儿童为中心，指出教育的主要目标是：

(1) 培养儿童积极的自我意识、自尊心、自信心及良好的心境;(2) 增加儿童关于自然和社会的知识经验;(3) 发展儿童与他人相互作用的能力;(4) 激发儿童的求知欲,培养儿童对学习的兴趣和热爱;(5) 发展儿童的身体活动能力。

(二) 教育的内容

陶冶儿童情感的课程方案认为,要从儿童的兴趣出发来组织教育内容,应包括以下几个方面:(1) 个性。培养儿童的主动性和自信心,鼓励儿童积极探索环境,自由选择材料,进行创造性活动;(2) 社会性。促使儿童对同伴热情、有礼貌,友好地与别人交往及合作;(3) 身体运动。鼓励儿童参加各种体育活动,发展儿童大肌肉、小肌肉活动的技能;(4) 知觉。帮助儿童通过形状、颜色等属性来辨认、区别物体;(5) 语言。鼓励儿童大胆、清楚地讲话,帮助儿童丰富词汇;(6) 认知。帮助儿童理解简单的因果关系,掌握常用的时空概念。

这些教育内容的实施,主要是通过游戏活动来进行的。例如,在角色游戏中,儿童都必须遵守相应的规则,按照角色的身份去行动,控制自己的消极情感,站在同伴的角度考虑问题,尊重他人,而不能把自己的观点强加给他人、发号施令。只有这样,才能使游戏顺利地开展下去,大家才能玩得开心、尽兴。

(三) 教师的作用

陶冶儿童情感的课程方案指出,教师的作用集中反映在与儿童相互作用的质量上。第一,教师是儿童学习的反应者、促进者,要观察、评估儿童的发展状况,为儿童提供社会化经验和环境。第二,教师是儿童情感的支持者、引导者,要帮助儿童认识环境,利用环境,使儿童满足自己的合理需要,抑制不良情绪的漫延。第三,教师是儿童的伙伴、朋友,要与儿童一起游戏,共同活动,对不同的儿童,采用不同的方式方法去互动。

四、训练儿童行为的课程方案

尝试这种课程方案的学前教育工作者认为,童年期是儿童行为习惯的养成期,培养儿童各种良好的习惯,对其将来的学习和生活都具有举足轻重的作用。

(一) 教育的目标

训练儿童行为的课程方案的教育目标主要有:(1) 发展儿童的前阅读技能;(2) 发展儿童的前书写技能;(3) 发展儿童的前计算技能;(4) 发展儿童的前社交技能;(5) 发展儿童的艺术创造技能;(6) 发展儿童的健康和安全技能。

(二) 教育的内容

训练儿童行为的课程方案的教育内容包括:(1) 前阅读技能。培养儿童视觉、听觉、触摸觉的技能,提高儿童对词汇的理解能力和对文学作品的欣赏能力;(2) 前书写技能。训练儿童肌肉的协调性,提高儿童的操作技能、从左到右有顺序地书写的技能,培养儿童的模仿能力;(3)前计算技能。帮助儿童理解分类、序列、空间关系、数目、数量关系;(4)前社交技能。提高儿童与同伴、成人相互作用的技能、技巧;(5)艺术创造技能。培养儿童在音乐、美术、工艺、艺术等活动中进行创造的技能;(6)健康和安全技能。提高儿童参加体育锻炼、卫生保健的技能。

这些教育内容的编排,是从易到难、循序渐进地进行的。

(三) 教师的作用

教师在训练儿童行为的课程方案中的作用十分巨大。一方面表现在组织儿童进行活动的程序安排上:教师要判断儿童在某方面的操作水平,为儿童提供相应的学习材料,评估儿童的操作水平(对未达到既定目标的儿童进行补偿教育,然后再次评估),使儿童能达到特定的操作水平;要逐步提高学习材料的难度,使儿童能向更高操作水平的方向发展。

另一方面,还体现在对儿童正确运用社会性赞扬上:(1)一般性表扬。教师经常使用轻拍儿童肩部、拥抱儿童、向儿童微笑等方式,来增加儿童的良好行为,削减儿童不良行为的发生几率。(2)描述性表扬。教师把儿童的名字与自己认为是值得表扬的行为联系在一起,以建立亲密的师幼关系。(3)表扬邻座儿童。教师不直接批评有不当行为的儿童,而是表扬这位儿童周围的其他儿童身上出现的正确行为。(4)暂时离开集体。当儿童有了过失行为时,教师要求他或她坐到旁边去,与其他儿童保持一段距离,几分钟以后再回到原位去。

此外,教师不能感情用事、讥笑或嘲讽儿童、用否定词语评价儿童,以免阻碍儿童的成长发展。

五、协调家园关系的课程方案

创建协调家园关系的课程方案的学者笃信,学前教育仅仅依靠托幼园所是远远不够的,还必须争取儿童家庭的支持和配合,两者共同承担教育儿童的责任,为儿童创设一个和谐的成长环境。

(一) 教育的目标

协调家园关系的课程方案,具体目标是:(1)帮助父母树立自己是孩子的教育者的角色意识和信心;(2)利用一切可行的社区资源,为家庭提供健康、营养、社会和心理等方面的服务;(3)丰富父母关于儿童心理和儿童教育方面的科学知识;(4)帮助父母评估家庭的环境、优势和劣势;(5)及时对儿童的行为进行诊断与治疗,保证所有的儿童在入学前都能得到正常的发展。

(二) 教育的内容

协调家园关系的课程方案,没有特定的教育内容。教师往往根据儿童父母的需要、儿童家庭的特点和儿童的发展水平来选择教育内容。在不同的时期,教育的内容与要求则有所不同。例如,在某一段时间里,主要着眼于陶冶儿童的情感,而在另一段时间里,则侧重于提高儿童的认知能力。

(三) 教师的作用

协调家园关系的课程方案认为,教师具有多方面的作用。首先表现在设计方面:教师每月家访1次,每次半小时;家访前,教师要制定教育计划,以便能有目的、有步骤地对儿童进行个别指导,因材施教。其次表现在教育方面:教师在儿童家庭中授教的地点是灵活的,既可以在厨房里、餐桌上,也可以在客厅里、地毯上;上课的材料是多样的,既可以是随身带来的,也可以是家庭拥有的。这些都需要教师运用教育机智,把握教育契机,选择恰当的教育场所和材料。再次表现在交往方面:教师要尊重儿童的父母,积极与他们交往,为他们树立各种教育范例,表扬他们的参与,和他们保持良好的关系;教师要鼓励儿童的父母来园所参观、访问,借用园所的玩具、图书,参加家长会议,讨论养育孩子的问题及对策,做好教师的帮手,和孩子一起游戏活动,发挥自己的聪明才智。

这些学前教育课程方案,无疑都对学前教育实践的丰富、学前教育理论的完善起到了促进作用。但由于每个学前教育课程方案都有自己的侧重点(如陶冶儿童情感的课程方案强调儿童的发动和教师的反应,而训练儿童行为的课程方案则强调教师的发动和儿童的反应)、长处和不足,使它们既彼此区别,又相互联系(如发展儿童认知的课程方案也有助于儿童情感、行为等方面的发展),所以,我们在实施课程的过程中,要博采众长,使之相互补充、不断完善,而不能以一种课程方案去取代其他几种课程方案。只有这样,才能实现教育教学的最优化,促进儿童更好地发展。

第四节　学前教育课程的设计

图4-4-1　上海市PSY幼儿园大厅展板布置

学前教育课程的设计,是构建学前教育课程的关键性环节。为使学前教育的改革卓有成效,我们应该遵循科学的原则,选择适当的内容,制定合理而有效的策略,精心创建为适应未来社会发展需要、为儿童健康和谐发展服务的完善的学前教育课程。

一、设计学前教育课程的原则

在设计学前教育课程时,我们应遵循重视儿童的权利、反映民族的特色、面向多元的世界、尊重儿童的特点、挖掘儿童的潜能等原则。

(一) 重视儿童的权利

学前教育课程的设计,应该遵循重视儿童权利的原则。学前教育的对象是儿童,儿童是活生生的人,他们能通过各种活动,来满足自己的物质需要和精神需要,激发自身的潜能,发展自己的身心;儿童不是消极被动地接受成人塑造和训练的"白板",也不是听任教师进行知识灌输的"容器",而是有血有肉的人,他们有自己的思想情感、愿望和需要,能主动地参与到教育过程中去,与教师及同伴进行相互作用;儿童也不是小大人,而是发展中的人,具有与成人不同的身心特点和发展潜力,他们各方面的发展还不成熟,特别需要得到成人的尊重、关怀和照顾。

早在1959年,联合国大会就通过了《儿童权利宣言》,指出了世界各国儿童不论其种族、肤色、性别、国籍、社会出身如何,都应享有同等的权利;儿童应享有健康成长、受教育的权利,在任何情况下都应享有首先受到保护的权利。1989年,联合国大会又通过了《儿童权利公约》,进一步指出了每个儿童都平等地享有姓名权、国籍权、受教育权、健康权、医疗保健权、受父母照顾权、娱乐权、闲暇权、隐私权、表达权等各种权利,而不应因其本人及其父母的种族、肤色、性别、语言、宗教、政治观点、民族、财产状况和身体状况等受到任何歧视。在1990年召开的世界儿童首脑会议上,又通过了《儿童生存、保护和发展世界宣言》和《执行九十年代儿童生存、保护和发展世界宣言行动计划》,包括我国在内的许多国家的政府都进行了庄严的承诺。今天,"儿童优先"的思想已为世界各国广泛接受。因此,我们要正确地看待儿童,保障儿童的这些权益,这是科学地设计学前教育课程不可忽视的前提条件。

(二) 反映民族的特色

学前教育课程的设计,应该遵循反映民族特色的原则。学前教育的课程,应当符合我国国情,具有中国特色,反映中华民族悠久的历史文化传统和美德。今天的儿童是21世纪的主人,他们的健康成长关系到国家的前途和命运。因此,我们在构建中国化的学前教育课程时,必须注意如下几点。

首先是传承性。我国是一个具有几千年灿烂文明史的国度,有许多优良的教育传统,如爱国主义教育、集体主义教育、尊老爱幼教育、知识品德技能教育等,这些都应当体现在学前教育课程中,并有所创新和发展。

其次是农村性。我国又是一个农业大国,农村人口约占总人口的2/3,学前教育课程的建设,应该反映出农村生活的特点。例如,农村幼儿园设计出来的课程与城市幼儿园相比,应该具有更浓的"农"味。

再次是区域性。我国还是一个发展中国家,各地经济发展不平衡,居民生活水平和方式都有所不同,托幼园所的自身条件也参差不齐,所以,学前教育课程的设计,还应注意因陋就简、因地制宜,以主动适应当地经济建设的需要和居民生活的实际。例如,甘肃省幼儿园所设计的课程应该有别于上海市幼儿园;同样是在上海市,普陀区幼儿园所设计的课程也应该有别于金山区幼儿园的课程。

此外是基础性。学前教育是基础教育的基础,学前教育课程的设计还要为儿童顺利地过渡到小学打好基础,为造就社会主义建设的一代新人打好基础。

(三) 面向多元的世界

学前教育课程的设计,应该遵循面向世界未来的原则。学前教育的课程,应该反映教育要"面向世界"的时代要求。当今的世界是一个开放的、多元的世界,大众传播媒介的迅速发展,使世界逐渐变小。随着科技的进步、社会的发展,以及对外开放政策的进一步贯彻落实,我国与世界各国的交往日益频繁,人们受各种不同文化的影响与日俱增,因文化背景不同而形成的不同的教育观念、教育内容、教育方式、教育策略等也逐渐向学前教育领域渗透。面向世界对学前教育来说,已不是遥远的未来,而是现实的挑战。如果我们不从小对儿童进行多元文化教育,那么,他们就不可能认识到来自其他文化背景儿童的独特性,不会学会尊重他们的权利,与他们友好相处、共同发展;长大以后也就难以理解世界各国的文化传统、风俗习惯、生活方式、价值观念,以致产生文化的隔阂与冲突,而不能成为国际型人才。所以,从学前期开始,我们就要有目的、有计划地对儿童进行多元文化启蒙教育,在学前教育课程中除了弘扬我国的传统文化外,还需要融进优秀的外国文化,通过饮食(如西餐)、建筑(如澳大利亚的悉尼歌剧院)、服装(如日本的和服)、动物(如泰国的大象)等主题活动,把反映不同民族特色的文化传递给儿童,使儿童能在亲身体验中对多元文化加以理解和接纳。

对儿童进行多元文化启蒙教育,不仅是我国学前教育课程发展的需要,而且也是世界学前教育课程改革的必然趋势。多元文化教育的理论和实践均起源于美国,它一直是美国学前教育课程中一个十分重要的组成部分。而今它已被广泛传播,对英国、丹麦、日本、澳大利亚等国家的学前教育课程改革都产生了积极的推动作用。在当今世界许多发达国家的学前教育机构中,都不同程度地体现出多元文化教育相互交融的气氛。例如,在澳大利亚昆士兰州的许多学前教育机构里,几乎每个班级都陈列着地球仪,悬挂着许多国家的服饰,张贴着中西餐餐具的图片;教师注意利用环球旅行、时装表演、烹调大赛等生动有趣的活动形式,把世界各国的人文地理、风土人情、饮食起居、礼仪服饰等方面的文化因素引入学前教育的课程之中,以培养儿童对异国文化的正确态度和积极情感。

教育要面向世界,学前教育也不应例外。我们要借鉴国外对学前儿童进行多元文化启蒙教育的经验,使学前教育课程的建构能顺应世界学前教育发展的趋势。

(四) 尊重儿童的特点

学前教育课程的设计,应该遵循尊重儿童特点的原则。学前儿童的成长和发展有一定的顺序和规律,不同的年龄阶段有不同的典型特征。学前教育课程的构建,要重视学前儿童发展的特殊阶段,不仅应反映出这一时期学前儿童身心发展的要求,而且应体现出学前儿童在不同年龄阶段的主要特征。在设计学前教育的课程时,我们应注意以下几点。

首先是要重视儿童的年龄特点。我们应该尽可能多地给儿童提供动脑、动手、动口的机会,让儿童多听、多看、多想、多说、多做,对待年龄越小的儿童,我们越应该如此,以丰富儿童的感性知识经验,提高儿童的抽象逻辑思维能力,使儿童的智力、个性、才能都能得到生动活泼、积极主动的发展;我们还应该把游戏放在特别重要的地位,使之成为学前儿童生活中的基本活动,以促进儿童体、智、德、美的全面发展教育。

其次是要考虑儿童的个性特点。处于同一年龄阶段的不同儿童,其成长、发展的时期时间和速度是大不相同的。每个儿童都是一个独特的个体,有自己的家庭环境、知识经验、个性特征和学习方式。因此,学前教育课程的设计,还应考虑同一年龄阶段的不同儿童的需要,重视他们之间的差异性,促进儿童个性的发展,并进一步激发儿童学习的兴趣,满足儿童探索的愿望,培养儿童的责任感,提高儿童的自信心,使每个儿童都能在原有的基础上有所提高。

再次是要关注儿童的个体差异。就学前教育的实际状况而言,由于托儿所、幼儿园的各种活动,一般都是在同一年龄班进行的,加上班级规模较大,儿童人数较多,大组活动占主要地位,小组活动和个人活动开展得较少,过多强调统一的教育要求,对儿童的个别差异关注不够,阻碍了儿童的个性发展。因此,学前教育课程的设计,还应当注意适当地满足儿童个性差异方面的需求,为儿童设计出个体化的课程,符合儿童独特的知识经验,满足儿童的不同需要。

(五) 挖掘儿童的潜能

学前教育课程的设计,应该遵循挖掘儿童潜能的原则。学前儿童有很大的发展潜力,我们应该充分发挥学前教育课程在开发儿童潜能上的作用。在设计学前教育课程时,我们需要注意如下几点。

首先是要重视儿童的学习过程。教师要更新教育观念,不仅应注重自身的教与教育过程,更要注重儿童的学与学习过程;要给儿童提供充分的时间、宽敞的空间、丰富的材料,让他们尽兴操作,尽情享受,而不能因只顾达到预期的教育目标,就催逼儿童迅速完成教师规定的任务。

其次是要让儿童能愉快地学习。"知之者不如好之者,好之者不如乐之者。"古今中外许多教育家都强调愉快教育的重要性,认为它能有效地提高儿童的学习效率。因此,教师要为儿童创设轻松愉快的环境,使儿童感到没有压力,能自由自在、无拘无束地学习;要善于激发儿童的学习兴趣,使儿童能主动投身到学习活动中去;要尊重儿童的意愿,让儿童自由选择,大胆探索。

再次是要调动儿童的积极性。教师不要处处以指挥者的身份出现,对儿童指手划脚,而要做儿童的良师益友,把自己主导作用的发挥建立在对儿童积极性的调动上;教师不要时时从自己的角度出发去思考问题,而要多站在儿童的立场上去看待问题;教师不要事事捆绑儿童,约束儿童的双手和大脑,而要解放儿童,多让儿童做一做活动的小主人,并给予其必要的支持与帮助。

此外是要发展儿童的创造性。创造性思维是儿童智能结构的核心,为了培养儿童的创造性,教师要经常向儿童提出开放性、启发式的问题,鼓励儿童展开想象的翅膀,大胆尝试,勇于创造。

二、设计学前教育课程的内容

在设计学前教育课程的内容时,我们应注意体现全面性、启蒙性、社会性、发展性和灵活性等特点。

(一) 全面性

学前教育课程内容的选择与设计要丰富多彩,具有全面性。

首先,这是实现幼儿园教育任务的需要。我国幼儿园的任务是,对儿童实施德、智、体、美等方面全面发展的教育。学前教育的实践证明,四育彼此联系、互相制约。各育具有不同的内容、特点、作用(例如,体育有助于幼儿的生长发育,智育有利于幼儿认知能力的提高,德育有助于幼儿的社会化,美育有利于幼儿艺术创造能力的发展),不可偏废;亦不宜孤立强调某一方面的重要性,片面地搞"智育第一",或"美育第一",否则,只能使儿童的发展陷入歧途。另外,在对儿童进行某方面的教育时,也要注意多样性和均衡性。

其次,这是实施幼儿园领域教育的需要。在安排幼儿园的领域教育时,要全面覆盖健康、语言、社会、科学和艺术等五个领域;在考虑各个领域的教育内容时,也要注意广泛全面,促进幼儿情感、态度、能力、知识、技能等方面的发展。例如,在对幼儿进行语言教育时,既要向幼儿传授语言文学等方面的基本知识技能,又要培养幼儿语言交往的积极态度、基本能力和良好习惯。再如,在对幼儿进行科学教育时,要包含人体与健康、动植物、生态环境、自然科学现象、科学技术等方面的内容,以全面提升幼儿的科学素养。

再次,这是促进学前儿童整体发展的需要。学前儿童是一个有着生理的、安全的、情绪的、智力的、社会的等多种需求的个体,只有全面安排课程内容,才能培养出身心、人格完整的儿童。例如,在发展儿童的身体方面,不仅要包括基本动作(如大肌肉动作、小肌肉动作和躯干动作)、卫生保健(如身体保健、心理保健),而且还应包括自我保护(如生活中的自我保护、活动中的自我保护、预防意外事故中的自我保护);在发展幼儿的认知方面,不仅要包含知识(如自然知识、社会知识和思维知识)、技能,而且还要包含智力(如观察力、注意力、记忆力、思维力、想象力);在发展幼儿的社会性方面,既要包括品德行为(如文明礼貌、爱惜物品、遵守规则)、情感态度(如爱周围的人、爱家乡与祖国、有是非感),又要包含社会交往(如等待、轮流、合作、分享、克制)、个性特征(如自我意识、性格);在发展幼儿的美感方面,既要包括感知美、欣赏美,又要包含表现美和创造美。

最后,这是对接世界学前教育课程的需要。世界各国在选择学前教育课程的内容时,都越来越重视完整性和全面性。例如,在美国,幼儿教育课程的内容主要是身体、情感、社会、创造力和认知;在英国,幼儿教育课程的内容主要是自我意识、社会能力、文化意识、交际能力、动作与感知能力、分析问题能力、美感与创造意识;在法国,幼儿教育课程的内容主要是体育、表达和交往、艺术、科学和技术;在丹麦,幼儿教育课程的内容主要是社会性、艺术、道德、智力和体力;在瑞典,幼儿教育课程的内容主要是学习能力、社会性、情感、体力、语言和智力;在波兰,幼教课程的内容主要有健康、安全、语言和交际、认知、身心发展、学习准备、审美意识和社会意识;在澳大利亚,幼儿教育课程的内容主要有体力、认知、情感、社会性、语言、审美;在日本,幼儿教育课程的内容主要有健康、人际关系、环境、语言和表现。由此可见,尽管各国幼儿教育课程内容的排序、重点有所不同,但其轮廓却是非常清晰的。我们可以参考借鉴,在筛选幼儿园课程的内容时,以增强幼儿的体质为基础,以丰富幼儿的经验为前提,以提高幼儿的智能为中心,以培养幼儿的个性为核心,以陶冶幼儿的情操为关键,以塑造幼儿的品德为指南。

(二) 启蒙性

学前教育课程内容的选择与设计要浅显易懂,具有启蒙性。

首先,这是由学前教育的性质所决定的。学前教育是人生教育的起点,是向儿童进行初步的全面发展的教育,是对个体进行素质教育的起始阶段。对儿童进行教育的重点,不在于帮助他们掌握多少知识、技能,而在于早期开发他们的智力,增强他们的兴趣、求知欲、独立性、自信心、成功感等非智力因素,培养他们健康的生理和心理状态,因为后者对儿童未来的成长发展起着更加重要的作用。

其次,这是由儿童身心发展的特点所决定的。学前儿童的知识经验比较贫乏,以具体形象思维为主,注意力不够稳定,抑制能力较差,神经系统容易兴奋和疲劳。因此,学前教育课程的内容必须是粗浅的、能为儿童理解与接受的,如果难度过高,超出了儿童身心发展的水平,那只能"欲速则不达",使儿童陷入困境,挫伤儿童的自尊心和自信心。

再次,这是由学前教育发展的趋势所决定的。学前教育机构已日益重视儿童的素质教育,为全面提高国民素质打基础。素质教育的核心是面向全体儿童,促进儿童个性的发展:它既承认儿童之间在基本素质上的相同、相似性,又承认儿童之间的不同性,即个人间差,以及儿童个体的不同心理特性之间存在着的巨大差异,即个人内差。个人内差与个人间差相比而言,尽管它不是一种量的差异,而是一种质的差异,但我们把握个人内差的目的不是旨在进行专业教育,单纯地发展专长,过早定向,片面发展,而是要借助儿童在某些方面的优势去求得健全人格的和谐发展,奠定好基础教育的基石。为此,学前教育课程内容的构建,应有利于儿童良好的生理素质(如平衡性、协调性、柔韧性、感受性、忍耐性)、心理素质(如自制性、果断性、勇敢性、自主性、创造性)、品德素质(如自尊感、责任感、荣誉感、正义感)和审美素质(如情趣性、鉴赏性、表现性)的合理形成及有效发展,培养21世纪建设人才所必备的最基本的素质基础。目前,全国各地都有一些幼儿园不同程度地着眼于特色教育,开办专业培训班,搞特殊训练,让部分幼儿大量"吞咽"乐器、歌舞、绘画、书法、英语、奥数等方面的"强化食品"。这种以牺牲全体幼儿的发展、幼儿的全面发展为代价,过分追求某一方面的高、精、尖的做法,无疑是同素质教育的目标背道而驰的,应及时加以纠正。

(三) 社会性

学前教育课程内容的选择与设计要亲近自然,具有社会性。

首先,这是继承我国幼儿园课程发展经验的需要。"大自然、大社会都是活教材。"学前教育课程内容的社会性,是我国近现代学前教育课程发展的一条宝贵经验。早在 20 世纪 40 年代,陈鹤琴先生就极力反对把幼儿关在"幼稚监狱"里,过机械的、呆板的生活。他指出,幼儿所接触的环境越广阔,幼儿所获得的知识就越丰富、能力的提高就越快速;他倡导,要让幼儿与自然环境和社会环境充分地接触,促进幼儿更好地发展。由此可见,教师要通过对自然界和社会生活中的许多人、事、物加以选择、提炼、加工,使之成为学前教育课程的重要内容。

其次,这是利用自然资源完善幼儿园课程的需要。自然界的花草树木、鸟兽鱼虫、山川河流、风云景物等,都能成为增长儿童知识才干的良好素材,并对丰富儿童的直接经验、陶冶儿童的性情气质、唤起儿童对生活的热情具有独特的作用。例如,随着一年四季的更替,教师引导儿童走出幼儿园,来到乡村小河边、田野上,去观看青蛙的生长过程:小蝌蚪(大脑袋、长尾巴、浑身黑溜溜、像个小逗号)→尾巴变短,开始生出四条弯曲的小腿,全身呈灰褐色→尾巴脱尽,穿上碧绿的外衣,镶上黑色的条纹,成为造型别致的青蛙。这样,既可增长幼儿的自然常识,又能使幼儿萌发保护益虫的爱心,培养幼儿尊重生命的态度,塑造幼儿保护环境的行为。

再次,这是利用社会资源优化幼儿园课程的需要。一方面,社会生活中的人们,特别是不同职业的人们,应是学前教育课程的鲜活内容。教师如果合理地加以选择和组织,就能加深儿童对生活的理解、对人们的热爱,增强儿童的积极情感。例如,教师带领幼儿参观自来水厂,使幼儿耳闻目睹工人劳动的艰辛,就能培养幼儿尊重劳动成果的情感和节约用水的行为;教师带领幼儿参观军营,让幼儿亲身体会军营生活,观看军人操练表演,就能增强幼儿的集体主义精神,培养幼儿遵守纪律的行为习惯,使幼儿萌发保卫祖国的意识;教师带领幼儿参观农场,让幼儿观看农民播种、插秧、拔草、施肥、收割的过程,就能帮助幼儿理解"粒粒皆辛苦"的涵义,懂得粮食来之不易的道理,养成爱惜粮食的良好行为习惯。另一方面,社会生活中的场所,特别是多种多样的建筑,也应是学前教育课程的独特内容。建筑艺术历来被称为"凝固的音乐",我国是一个以建筑艺术而驰名世界的国家,在辽阔的土地上,有着无法计数的古代遗址(如宫殿、寺院、牌坊)和现代建筑(如电视台、高楼大厦、桥梁)。教师如果适时地带领儿童观赏、游览,就能使儿童感受到这些建筑不同的功能、结构、布局、色彩、造型,领略建筑的艺术美,提高审美能力。

最后,这是借鉴国外幼儿园课程发展举措的需要。随着经济的发展和社会的进步,人们越来越重视对生态环境的保护。环保教育已受到全球的普遍关注,环保教育始于早年的呼声也越来越高。国外许多学者都提出,要让幼儿了解大自然,体验自然界的美妙,使幼儿萌发探究大自然奥秘的愿望。在幼儿园课程中要融入自然教育和环保教育的内容,使幼儿在接触自然的过程中,能体验到自然的奥秘、宏伟、美妙;随着季节的变化,能认识到大自然及人类社会生活也会发生变化;使幼儿关心自然界及周围的事物,并能从中开展游戏;使幼儿爱护周围的动物、植物,并能关心、喜爱它们;使幼儿爱惜身边的事物,并能用身边的事物进行思考。这些措施值得我们学习借鉴。

(四) 发展性

学前教育课程内容的选择与设计要不断提升,具有发展性。

一方面,这是与时俱进的需要。学前教育课程的内容,要不断更新、变化,以跟上时代发展的步伐。

当代社会,随着科学技术的迅猛发展,许多新技术、新材料、新工艺的成果也逐渐被引入学前教育的课程之中,从而使五大领域的内容建设充满了时代气息。在新技术革命的历史背景下,发展与变化是学前教育课程内容的一个鲜明特征。例如,现代家用电器已成为幼儿园科学教育的一个重要组成部分,幼儿不仅了解电视机、电冰箱、洗衣机、吸尘器、净水器、换气扇的功能与特性,而且还知晓电饭煲、电热锅、微波炉、脱排油烟机、食品搅拌器的结构和用途。21世纪的社会是信息与信息传递技术迅猛发展的社会,"信息能力"是每个"终身学习者"的基本素养。因此,学前教育课程的内容选择,应注重培养儿童主动获取信息和积极运用信息的能力。

现代社会国际交往日益频繁、增多。早在1989年,联合国教科文组织就提出,教育要使一代又一代新人,学会关心社会和国家的经济、生态利益,全球的生活条件,家庭、朋友和同行,他人和其他物种,自己和自己的健康,真理、知识和学习。因此,在学前教育课程内容的创设和组织中,我们应加强全球教育、合作教育和双语教育,把反映不同文化的饮食、服饰、餐具、玩具、文学、艺术等精髓引进幼儿园,拓宽课程的内容,使儿童从小就能了解不同文化的异同点,为自己的文化感到骄傲和自豪,同时学会尊重外国文化,促进儿童的早日社会化。

另一方面,这也是儿童成长的需要。学前教育课程的内容,要不断扩展、加深,以跟上儿童前行的脚步。

儿童是学习的主人、发展的主体。儿童的发展有着共同的规律,儿童发展的顺序是恒定不变的。我们要根据儿童发展的方向和轨迹,选择适当的课程内容,促进儿童从低级阶段向高级阶段迈进。

不同年龄班的儿童,身心发展的水平不同,幼儿园课程内容的选排也应有所区别,从小班到中班、再到大班,知识点要逐渐拓宽、加深。例如,培养儿童的自我保护能力,在小班,可要求幼儿不远离亲人,不跟陌生人走,不触摸危险物品(如电源插头、插座);到了中班,应要求幼儿不玩危险物品(如火柴、打火机),不在火源附近玩耍,不去危险地方,懂得交通安全规则;而到了大班,则应要求幼儿会处理简单危险事故,见到燃烧的烟头能踩灭它,看到火源马上告诉大人,知道衣服着火时会停步、倒地、翻滚,记得"119"是火警电话等。

同一年龄班不同时期的儿童,身心发展的水平也不尽相同;今天的儿童,与昨天、明天的儿童也不相同。因此,教师要用发展的眼光来看待儿童,每天都应给儿童提供不同层次、不同挑战程度的课程内容,从简到繁,从易到难,由近及远,环环相扣,循序渐进,促进幼儿的不断进步。

同一年龄班同一时期的不同儿童,身心发展的水平也不完全相同。教师要根据儿童之间的差异,为他们安排适宜的课程内容,使每个儿童都能在原有的水平上有所提高;要根据儿童已取得的进步,不断调整提升课程的内容,使每个儿童都能得到更好的发展。

(五) 灵活性

学前教育课程内容的选择与设计要随机应变,具有灵活性。

首先,从教育背景来看,应有灵活性。我国是个多民族国家,各地经济发展不平衡,不同社会阶层的生活方式也不同。因此,学前教育课程的内容,不应简单划一,而应体现出民族性、区域性、经济性和机动性。

其次,从教育机构来看,应有灵活性。同一地区,不同性质、不同类型、不同物质条件、不同师资水平的学前教育机构,课程的内容也应有所区别。许多学前教育机构,在课程内容的改革上,都积累了许多资料和经验,只要认真地加以梳理、总结、分析和评价,就能不断完善课程的内容,逐步形成具有本园特色的幼儿学习经验和内容宝库。

再次,从教育对象来看,应有灵活性。学前教育的对象是儿童,同一个幼儿园、同一个年龄段,但不同班级的儿童也是有差异的。教师应从本班幼儿的实际情况出发,对幼儿园的、年级的课程内容,及时加以调整、补充、修改和更换,创造性地构设富有弹性的本班课程内容。另外,教师还应考虑儿童的兴趣爱好和领域内容的特点,灵活运用纵向螺旋式和横向单元式的知识组合,帮助儿童建立牢固的认知结构。例如,教师可依据幼儿喜欢玩水的特点,开展一系列活动,帮助幼儿全方位认识水的特性:通过"小水滴的旅行"的活动,促使幼儿了解水的形态;通过"有用的水"的活动,促使幼儿理解水的功能;通过"多用途的玩水角"的活动,促使幼儿增强玩水的能力;通过"大家游泳去"的活动,促使幼儿牢记安全玩水的注意事项;通过"自来水从哪里来"的活动,促使幼儿建立保护水资源的概念;通过"可怕的水灾"的活动,促使幼儿了解防范水灾的措施。

最后,从教育活动来看,应有灵活性。在幼儿的一日活动中,教师要认真观察,善于发现,及时捕捉教育契机,利用各种教育因素,促进幼儿的发展。例如,每日餐桌上变化的、丰富的菜肴,糕点,水果等,都是幼儿认识各种食物的好教材,教师要适时引导幼儿利用各种感官与食物亲密接触,使幼儿在观赏和品尝食物的基础上,还能用言语和行为来夸赞食物的美味,从而实现寓教于儿童日常生活之中的目的。

三、设计学前教育课程的策略

在设计学前教育课程的策略时,我们不仅要考虑教师应该如何教,更要关注儿童是怎样学的。

儿童的学习是其好奇心的体现,儿童的学习是个积极、主动、持续的过程,儿童学习的表现形式是多种多样的,主要有:(1)操作。这是儿童学习的重要形式。儿童通过动手操作、摆弄物体,来理解概念、掌握技能、发展自信心和成功感。(2)游戏。这是儿童学习的主要形式。游戏不仅能促进儿童认知、语言、情感、社会性和身体的发展,而且还能治疗儿童的问题行为。教师要从儿童的实际出发,引导儿童的游戏活动。(3)模仿。这是儿童学习的基本形式。儿童年龄小、知识经验贫乏,他们通过模仿教师、父母、同伴来进行学习。(4)交往。这是儿童学习的积极形式。儿童通过主动与教师、父母、同伴、环境的相互作用来进行学习。

我们要根据儿童学习的兴趣和形式,不断变革教育教学行为,寻求适合儿童发展的最佳课程策略。为此应注意以下几点。

首先,要为儿童创建有趣的学习氛围。不同的儿童,有不同的兴趣、爱好、能力、需要,教师要根据儿童的实际情况,调整班级的学习环境。只有这样,才能适应儿童个体发展的特点,激发儿童的学习欲望,推进儿童的学习过程,促进儿童个性的发展。

其次,要为儿童选择丰富的学习内容。教师要通过全面广泛的学习内容,促进儿童身心的和谐发展。不仅要增强儿童的体育运动技能、自我保护技能和社会交往技能,而且还要发展儿童的自尊心与自信心、思维能力、创造能力、语言表达能力与艺术表现能力。

再次,要为儿童创设系列的学习活动。教师可通过创设一系列活动,鼓励儿童积极参与、自由游戏,发展儿童的自我意识。例如,为了使2—3岁儿童能理解"我的家是个特别的地方",教师在组织儿童开展"我家的厨房"的活动之后,又为儿童安排了"我家的卫生间"、"我家的卧室"、"我家的客厅"等系列活动。

最后,要为儿童提供多样的学习活动。儿童的学习活动,从形式上讲,有集体活动、小组活动和个人活动。教师既要引导儿童参加全班集体活动、小组活动,也要尊重每个儿童,允许他们在众多活动中加以选择,鼓励他们自己决定活动的类型、材料、时间和空间。

此外,要为儿童打造独特的学习环境。教师不仅要面向正常儿童,而且还要心中装着特殊儿童;要根据特殊儿童的具体情况,为他们创设独特的学习时机,使不同类型的特殊儿童(如低能儿、发展迟缓儿、情感危机儿),都能享用适宜的设备和器械、玩具和材料,及时得到矫正和治疗。

第五节 学前教育课程的评价

图 4-5-1 上海市 JD 幼儿园大三班种植园地

对学前教育的课程进行评价是十分重要的,它既是课程的终端环节,同时也是课程的起始环节,对课程的发展具有承前启后的作用。教师评价课程的形式可以分为以下两种。

一、评价儿童的成长发展

儿童是课程的核心,也是学前教育课程评价的焦点。构建学前教育课程的目的就是为了促进儿童的发展,因此,儿童的发展水平是衡量课程质量的重要指标。

首先,对儿童要用多种形式进行评价。教师可以通过直接与儿童谈话、系统观察并及时记录、经常和儿童家长沟通等形式,全面了解儿童的情况,正确评价儿童的发展水平。例如,当几个幼儿在玩"娃娃家"的游戏时,教师仔细观察他们的一举一动,记录他们的一言一行:汪萍站在水池旁,用肥皂洗手;毛京穿上了白大褂,在镜前戴帽子;朱放一边走到镜前催毛京"快一点,我要照镜子系领带",一边对汪萍说"我是爸爸,你快点做饭,要不然,我上班就迟到了";毛京听到后说"不,我是爸爸";朱放说"我才是爸爸呢,因为我有领带";毛京脱下帽子说"我不玩了",转身离去;朱放对汪萍说"我是爸爸,你快点把我的公文包准备好"……从中,教师就能发觉汪萍小朋友在整个游戏过程中,没怎么说话,沉默寡言,性格比较内向,给人一种逆来顺受的感觉;毛京小朋友不肯违背自己的意愿与人合作游戏,具有一定的反抗意识;朱放小朋友的行为具有统治性,他喜欢对同伴发号施令,强迫同伴接受他的意见,自我中心倾向比较明显。

其次,对儿童要多进行纵向评价。教师要用发展的眼光来看儿童,把儿童的今天与昨天进行比较,看看儿童是否进步了,还存在哪些问题。例如,儿童关于"我"的认识,在2—3岁时,他能认识到只有一个"我":(1)我的名字是特别的;(2)我喜欢自己,我被人爱,我能做许多事情;(3)我看上去是如此特别,我头发的颜色是黑色的,我眼睛的颜色是黑色的;(4)我正在成长,我是由"小宝宝"长大而来的,我比"小宝宝"大;(5)我有一个生日。在4—5岁时,他能进一步认识到"我"是独特的:(1)我的名字是特别的,我的名字叫李博,我的名字意为长大后我要好好学习,争取做个博学多才的人;(2)我喜欢自己,我被爱,我有能力,我有价值;(3)我看上去很特别,我头发的颜色是黑色的,我的头发不长,我的头发有光泽,我眼睛的颜色是黑色的,我有独特的特征;(4)我正在成长,我比婴儿大,我比小学生小;(5)每年我都有一个生日,过生日很愉快。据此,教师可判断出这个儿童对"我"的认识是在不断深化的。

再次,对儿童要少进行横向评价。教师不应反复把儿童与同伴进行横向比较,或简单地把他们与常模进行对照,作出判断,并予以批评。例如,在对幼儿进行"自我服务与健康之间的关系"的测查时,教师发现有的儿童能说出许多内容:(1)我知道要保持健康,必须按时洗头、洗澡、刷牙;(2)我做许多事情以防生病,刷牙以防蛀牙,洗手以防细菌;(3)我知道为保证健康在每个季节穿什么衣服,(4)我知道睡觉对健康很重要;(5)我吃有营养的食物;(6)我有时生病,疾病多种多样,治病需要吃药。而有的儿童只能说出一部分内容:(1)我洗头、刷牙、洗澡、饭前便后洗手;(2)我根据天气情况选穿衣服;(3)我睡得多;(4)我吃好的食物;(5)我有时感到不舒服。对此,教师不应盲目指责后者,而应认识到儿童之间存在这种差异是很正常的事情。

二、评价课程的所有环节

教师要认真评价学前教育课程为儿童所设计的目标、选择的内容、运用的手段和采用的方法以及儿童参与活动的形式和兴趣,以此来改革原有的不适宜儿童成长的课程,继而构建科学又合理的新课程,以促进每个儿童的最佳发展。

首先是评价课程的目标。教师要评价学前教育课程目标的制定是否因教育对象的不同而变化,并随着儿童年龄的增长而不断提高要求;是否以本园、本年级、本班儿童的发展水平为基础,并反映出整个教育计划的基本理念和最终目标,既符合儿童的年龄特征,又适应他们的个体差异。例如,在健康教育课程中,一位教师为不同年龄的儿童设计了"认识自己的身体"的目标,其中为2—3岁儿童设计的目标是:(1)我知道我的头由哪几部分组成;(2)我知道我的身体由哪几部分组成;(3)我知道我能看、闻、听、尝、触摸;(4)我知道在不同季节我要穿不同的衣服,衣服对健康很重要,衣服有不同的种类。为4—5岁儿童设计的目标是:(1)我知道我的头由哪几个部分组成;(2)我知道我的身体由哪几个部分组成;(3)我能利用感官区别物体,我能看出不同形状、不同大小、不同长短的物体,我能尝出不同的味道,我能听出不同的声音,我能闻出不同的气味,我能触摸出不同的物体;(4)我知道我身体各部分的作用;(5)我知道在不同的季节要穿不同的衣服,衣服对健康很重要,我喜欢我的一些衣服,不喜欢我的另外一些衣服,衣服的作用是不同的。由此可以看出,这位教师为儿童制定的课程目标是由浅入深的、不断递进的。

其次是评价课程的内容。教师要评价学前教育课程内容的确定是否考虑到儿童应该学什么,教师应该教什么;课程的内容是否适合儿童现有的发展水平,并能促进他们未来的发展。例如,当一位教师发现儿童对轮船感兴趣时,就在班级开辟了轮船活动区:陈列有关轮船的图书、画册、玩具、模型;给儿童讲轮船的故事;让儿童用颜料画轮船,用纸剪轮船,用木头造轮船,玩开轮船的游戏等。可见,这位教师能从儿童的兴趣出发,给儿童提供充满刺激的环境、探索的机会和材料,引导儿童的学习向更深更广的方向发展。

再次是评价课程的形式。教师要评价学前教育课程形式的安排是否科学合理,既有计划性、稳定性,又有灵活性、机动性,根据具体情况进行相应的调整;是否做到了室内活动与室外活动,静态活动与动态活动,个人活动、小组活动和全班集体活动,大肌肉活动与小肌肉活动,以儿童为中心的活动和以教师为中心的活动等方面的均衡;各种活动之间的过渡和转换是否能用来作为儿童学习的良机,从而自然、平稳地引导儿童从一项活动转换到另一项活动,既不匆忙,也不让儿童长时间地等待。

第六节 后现代课程理论及启示

美国课程论专家多尔借鉴了皮亚杰的生命系统理论、普利高津的混沌理论、布鲁纳和杜

图 4-6-1　上海市 PSS 幼儿园运动大厅

威的新认识论以及怀特海的过程思想,创建了后现代课程理论,这一理论对于我国幼儿园课程的改革与优化具有十分重要的指导作用。

一、后现代课程的涵义及启示

什么是后现代课程？多尔认为后现代课程不是跑道,而是跑的过程本身;这种过程"不是传递所(绝对)知道的,而是探索所不知道的知识的过程","通过探索,师生共同'清扫疆界',从而既转变疆界也转变自己";在这个过程中,"学习和理解来自对话和反思",当我们与他人"对话"、对我们和他们所说的进行"反思"时,当我们与他们、与课本进行"协商交流"时,"学习和反思被创造出来(而不是被传递下来)了"。[①]

多尔的这些观点明示我们:应该从动态的而不是静态的视角去考察幼儿园的课程;应该使幼儿园的课程成为教师与幼儿协同探索知识的过程,而不是教师对幼儿单向传递知识的过程;应该使幼儿园的课程能通过教师和幼儿彼此之间的平等对话、反思交流,来加深教师和幼儿相互之间的了解和理解,以促进教师和幼儿的共同成长和发展。

---

① 小威廉・E・多尔.后现代课程观[M].王红宇,译.北京:教育科学出版社,2015:222—223.

二、后现代课程的构建及启示

应如何构建后现代课程？多尔指出："开放的、互动的、共同的会话是构建后现代课程的关键。"①他进一步指出，在创建后现代课程时，一方面，要认识到"开放"系统与"封闭"系统之间的主要区别，因为这是描述现代与后现代思想中课程差异的一个有效框架：封闭系统与环境只交换能量但不交换物质，而开放系统与环境则既交换能量又交换物质；封闭系统的本质是"机械性"的，只有交换而没有转变，而开放系统的本质则是"转变性"的，具有运动着的漩涡或螺旋式旋转；在封闭系统里，"稳定"性、"中心"性、"平衡"性是其关键成分，而在开放系统里，"非稳定"性、"非中心"性、"方向"性则是其重要成分；封闭系统克服"错误、分裂与干扰"，而开放系统则需要"分裂、错误和干扰"②。另一方面，还要意识到"自组织"的特征，因为这是辨别后现代范式与现代范式的一块重要"试金石"：以"自组织"为基本假设架构出来的课程，与以"学生只是接受者"为基本假设建构出来的课程，在本质上是不同的，其原因就在于，前者把"挑战和干扰"看作是"组织和再组织存在的理由"，而后者则把"挑战和干扰"视作为"无效"的、"破坏性"的，试图"尽快消除、克服，甚至消灭"；在自组织开放系统的框架里，强调"干扰"，因为"教师需要学生的挑战以便在互动过程中发挥作用"，而在非自组织封闭系统的框架里，则排斥"干扰"，因为"学生的挑战威胁到系统的作用以及教师的功能"。③

多尔的这些论点启发我们：在思考幼儿园的课程时，要保持开放的心态，注意从幼儿身上汲取变动的"物质"和"能量"，以提高活动的质量；在预设幼儿园的课程时，不要过分追求活动目标的精确性和全面性，而要注意随着活动的进程、对幼儿的认识的加深，逐步增强活动目标的确定性；在组织幼儿园的课程时，要正确对待外界的"挑战"、"干扰"和"分裂"，幼儿的"问题"和"错误"，班级的"变动"、"失序"和"混乱"，并使之成为诱发"自组织"的契机，以充分发挥教师和幼儿的创造潜能。

三、后现代课程的标准及启示

后现代课程的标准有哪些？多尔认为，既然后现代课程是"一种形成性的而不是预先界定的，不确定的但却有界限的课程"，那么后现代课程的标准就应该由"丰富性、回归性、关联性和严密性"这四个维度构成。④

1. 丰富性

即"课程的深度、意义的层次、多种可能性或多重解释"。多尔认为，要促进儿童和教师的转变和被转变，就必须使课程具有"适量"的模糊性、不确定性、不平衡性、异常性、无效性、

---

① 小威廉·E·多尔.后现代课程观[M].王红宇,译.北京：教育科学出版社,2015：11.
② 小威廉·E·多尔.后现代课程观[M].王红宇,译.北京：教育科学出版社,2015：20—21.
③ 小威廉·E·多尔.后现代课程观[M].王红宇,译.北京：教育科学出版社,2015：227.
④ 小威廉·E·多尔.后现代课程观[M].王红宇,译.北京：教育科学出版社,2015：250.

耗散性与生动的经验,但这种"适量"不是预先决定的,而是教师与儿童、与文本不断地加以协调的结果。由于学校里的每一门学科都有其自身的历史背景、基本概念和终极术语,所以,每门学科都应该以自己的方式去解释"丰富性"。①

2. 回归性

即"一个人通过与环境、与他人、与文化的反思性相互作用,进而形成自我感的方式"。多尔明确指出,"回归"与"重复"截然不同:重复旨在促进"预定"的表现,它的结构是"封闭"的,而回归则旨在发展"能力"——组织、组合、探究、启发性地运用某物的能力,它的结构是"开放"的;在重复中,反思起着"消极"的作用,它切断重复的过程,而在回归中,反思则发挥着"积极"的作用,它从对原始经验的反省中得到次级经验;"对话"则是回归的绝对必要条件,如果没有由对话引起的反思,那么回归就会变得肤浅而没有转变性,那将不是反思的回归,而只是重复。多尔进一步指出,在"回归性"的课程中,没有固定的起点与终点,每一个终点都是一个新的起点,每一个起点都来自于先前的一个终点,这种"回归性反思"乃是转变性课程的核心。②

3. 关联性

这包括教育关联和文化关联。教育关联指的是"课程中的联系",而文化关联指的却是"课程之外的文化或宇宙观联系"。在多尔看来,教育关联的焦点在于课程结构的内在联系,因此,课程必须由"课堂社区"来创造,而不是由"课本作者"去决定;"文本"是需要加以修改的,而不是必须遵从的。在多尔看来,文化关联的核心在于强调"描述和对话是解释的主要工具":"描述"提出了历史、语言和场所的概念,而"对话"则将这三者有机地结合起来,为我们提供了一种源于地方但联系全球的文化感,因此,我们所有的"解释"不仅与地方文化有关,而且还与其他文化相联。③

4. 严密性

这是最重要的一个标准。严密性,即"自觉地寻找我们或他人所持的这些假设,以及这些假设之间的协调通道,促使对话成为有意义的和转变性的对话"。多尔认为严密性具有"不确定性"和"解释性"这双重属性,是这两者有机结合的产物;在思考不确定性的时候,要认识到它并不意味着"任意性",它"承认现实化的范围";在处理不确定性的时候,要不断探索,寻求新的组合和解释。④

多尔的这些观点告诫我们:(1)幼儿园的课程不应该是教师预先"闭门"造出来的"车子",而应该是教师在与幼儿、与班级内外环境相互作用的过程中萌发出来的"种子";幼儿园课程活动种类的安排、活动形式的选用都应该从活动的内容出发,考虑到某门学科或某个领域的特点。(2)在幼儿园课程实施中,要着重培养教师和幼儿的组织能力及探究能力,为他们搭建彼此对话和相互交流的坚实平台,鼓励他们对自己的各种表现加以反思,以提炼出课程实施的成功经验,促使课程实施能在原有的基础上不断提高。(3)应该关注幼儿园课程实

---

① 小威廉·E·多尔.后现代课程观[M].王红宇,译.北京:教育科学出版社,2015:250—251.
② 小威廉·E·多尔.后现代课程观[M].王红宇,译.北京:教育科学出版社,2015:253—254.
③ 小威廉·E·多尔.后现代课程观[M].王红宇,译.北京:教育科学出版社,2015:255—256.
④ 小威廉·E·多尔.后现代课程观[M].王红宇,译.北京:教育科学出版社,2015:258—260.

施中的各个要素及其相互之间的关系,不迷信教材,不照本宣科;以儿童为本,考虑儿童的年龄特征和个体差异,和其他教师密切合作,一起选择、改编和使用教材;注意利用家庭的独特文化资源,对幼儿进行多元文化的启蒙教育。(4)要把"确定性"和"不确定性"有机地统一在幼儿园课程的实施之中,不仅要在活动的种类上和材料上加大幼儿的选择力度,而且还要在活动的时间上和空间上保证幼儿的选择权利。

四、后现代课程的评价及启示

什么是后现代课程的评价?为什么要对后现代课程进行评价?谁是后现代课程的评价者?应该如何对后现代课程进行评价?多尔对此一一进行了回答。他指出,评价是一种"反馈",是"做——批评——做——批评这一循环过程"的重要组成部分;在现代主义框架中,评价基本上被用于"区别胜利者和失败者",而在后现代框架中,评价虽然仍可服务于这种"区分的功能",但从本质上来讲,评价则是"共同背景之中以转变为目的的协调过程";教师虽然在此过程中发挥着"核心的作用",但教师不应该是"排外的评价者",而应该通过与"各方面人员的共同判断来开展评价工作",使评价呈现出"共同进行的、相互作用的"景观。①

多尔的这些论点指导我们:要重视幼儿园课程的评价工作,要把评价看作是课程不可缺少的重要一环;要意识到评价幼儿园课程的目的不是为了评比出"好教师"与"坏教师"、"好活动"与"坏活动"、"好班级"与"坏班级"、"好幼儿园"与"坏幼儿园",而是为了提升幼儿园的教育质量;不仅要发挥园长、教师在课程中的评价作用,而且还要引导家长、幼儿参与到课程的评价中来。

五、后现代课程的教师及启示

教师在后现代课程中扮演着什么样的角色?多尔认为,在转变性后现代课程中,教师扮演着"平等者中的首席"这一特殊的角色:作为平等者中的首席,"教师的作用没有被抛弃;而是得以重新构建,从外在于学生情境转化为与这一情境共存"。多尔还指出,要从"情境性框架"中而不是从"机器式框架"中去认识教师的这一独特作用,因为在机器式框架中,"教师是他人价值的强加者,最多是解释者",而在情境性框架中,"教师是内在于情境的领导者,而不是外在的专制者",这样,就能建立起"没有人拥有真理,而每个人都有权利要求被理解的迷人的想象王国"。② 此外,多尔还指出,如果要使课程能真正成为"协作活动和转变的过程",那么教师就不仅应该扮演课程的"实施者"的角色,而且更应该扮演课程的"创造者"和"开发者"的角色。③

---

① 小威廉·E·多尔.后现代课程观[M].王红宇,译.北京:教育科学出版社,2015:246—247.
② 小威廉·E·多尔.后现代课程观[M].王红宇,译.北京:教育科学出版社,2015:238.
③ 小威廉·E·多尔.后现代课程观[M].王红宇,译.北京:教育科学出版社,2015:23.

多尔的这些观点提示我们：要正确看待教师在幼儿园家长开放日活动中的作用，摒弃各种权威性的角色意识；要充分发挥教师在幼儿园家长开放日活动中的作用，鼓励各种民主化的角色行为。

第七节　绘本《月亮，生日快乐》教案

图 4-7-1　《月亮，生日快乐》①

一、教学活动目标

（1）激发幼儿对绘本的兴趣，帮助幼儿理解绘本的主要内容，发展幼儿的观察能力和思维能力。

（2）丰富幼儿的词汇，助推幼儿学会友好对话，发展幼儿的语言表达能力和社会交往能力。

（3）培养幼儿的热心和爱心，促使幼儿学会站在朋友的角度思考问题，增强幼儿的积极情绪和移情能力。

---

① 法兰克·艾许.月亮，生日快乐[M].高明美，译.济南：明天出版社，2009：封面.

二、教学活动准备

(1) 在幼儿园或班级图书区的显著位置,摆放绘本《月亮,生日快乐》。
(2) 在手工活动中,和幼儿一起制作小熊、月亮的头饰,还有高山、大树、小船、河流、树林、街道、商店、帽子、房屋等图案。
(3) 在角色游戏,玩小熊逛商店、买帽子的游戏。
(4) 在体育活动中,玩小熊划船的游戏。
(5) 在班级墙壁上,张贴年历,呈现全班幼儿的生日图画;张贴月亮变化的图画。
(6) 唱《生日快乐》的歌曲。

三、教学活动过程

(一) 引出小熊和月亮的绘本话题

(1) 教师启发幼儿回忆自己过生日的情景,鼓励幼儿讲讲收到过什么生日礼物,是谁送的?自己给别人(爷爷奶奶、外公外婆、爸爸妈妈)送过什么生日礼物?
(2) 教师边呈现月亮的图案,边告诉幼儿:我们每个人都有自己的生日,月亮也有自己的生日;鼓励幼儿猜猜月亮会怎么过生日?它会收到什么生日礼物?谁会给它送礼物?
(3) 教师边呈现绘本《月亮,生日快乐》,边引导幼儿仔细观察,说说自己看到了什么?猜猜小熊会跟月亮说什么,会给月亮送什么礼物?

(二) 表明小熊和月亮的对话未成

(1) 教师打开绘本,给幼儿读讲。一天晚上,小熊抬头望着天空,心里想,送一个生日礼物给月亮,不是挺好的吗?可是,小熊不知道月亮的生日是哪一天,也不知道该送什么才好。
(2) 教师先启发幼儿思考,帮助小熊出出主意,后引导幼儿仔细观看小熊是怎么做的?
(3) 教师呈现绘本,给幼儿讲解:于是,小熊爬上一棵高高的树,去和月亮说话。
(4) 教师提问幼儿:小熊会对月亮说什么呢?
(5) 教师呈现绘本,给幼儿讲读。"你好,月亮!"他大声地叫着。月亮没有回答。
(6) 教师提问幼儿:月亮为什么没有回答?
(7) 教师呈现绘本,给幼儿解读:小熊想,也许是我离得太远了,月亮听不见。
(8) 教师启发幼儿思考,小熊应该怎么做?请幼儿提提建议。

(三) 说明小熊和月亮的对话成功

(1) 教师呈现绘本,给幼儿讲读。于是,小熊划着小船渡过小河,走过森林,爬到高山上。小熊心里想:现在我离月亮近多了。他又开始大叫:"嗨!"这次从另一个山头传来了回声:"嗨!"
(2) 教师鼓励幼儿学学小熊划船、走路、爬山的姿势;把幼儿分成两组,面对面站立,示意幼儿把双手放在嘴巴前,做成喇叭状,一组幼儿先说:"嗨!"另一组幼儿后说:"嗨!"

(3) 教师呈现绘本,给幼儿解读。小熊高兴极了。他想:哇,好棒! 我在和月亮说话了呢!"告诉我,你的生日是哪一天?"小熊问。

(4) 教师鼓励幼儿猜猜,月亮会怎么答?

(5) 教师呈现绘本,给幼儿讲解。"告诉我,你的生日是哪一天?"月亮回答。"嗯,我的生日刚刚好就是明天耶!"小熊说。

(6) 教师启发幼儿猜猜,月亮会怎么说?

(7) 教师呈现绘本,给幼儿讲读。"我的生日刚刚好就是明天耶!"月亮回答。"你想要什么生日礼物呢?"小熊问。

(8) 教师鼓励幼儿猜猜,月亮会怎么答?

(9) 教师呈现绘本,给幼儿讲解。"你想要什么生日礼物呢?"月亮回答。

(10) 教师把幼儿分成两组,一组幼儿先学说小熊刚说过的话,另一组幼儿后学说月亮刚学过的话。

(11) 教师呈现绘本,给幼儿解读。小熊想了一会儿,然后说:"我想要一顶帽子。""我想要一顶帽子。"月亮说。小熊想:太棒了,现在我可知道该送什么给月亮了。"再见了。"小熊说。"再见了。"月亮说。

(12) 教师引导幼儿想想,小熊会怎样为月亮准备帽子这个礼物呢?

(四) 显示小熊为月亮买生日礼物

(1) 教师呈现绘本,给幼儿讲读。小熊回到家,就把小猪储蓄罐里的钱,全都倒了出来。

(2) 教师鼓励幼儿想想:小熊为什么要把钱全部倒出来? 他想为月亮买什么礼物? 他将去哪里买帽子礼物?

(3) 教师呈现绘本,给幼儿解读。然后他上街去,为月亮买了一顶漂亮的帽子。

(五) 表现小熊给月亮送帽子礼物

(1) 教师启发幼儿猜猜:小熊会怎样把帽子礼物送给月亮呢?

(2) 教师呈现绘本,给幼儿解读。当天晚上,小熊把帽子挂在树上,好让月亮找到。然后他在树下等着,看月亮慢慢地穿过树枝,爬到树枝头,戴上帽子。

(3) 教师启发幼儿猜猜:小熊为什么要手舞足蹈地说话呢?

(4) 教师呈现绘本,给幼儿讲解。"哇!"小熊高声欢呼着。"戴起来刚刚好耶!"

(5) 教师启发幼儿想想:如果晚上刮大风,树上的帽子会怎样了呢?

(6) 教师呈现绘本,给幼儿讲读。小熊睡觉的时候,帽子掉到地上了。第二天早上,小熊看到门前有一顶帽子。

(7) 教师启发幼儿说说:小熊会怎么想,怎么做呢?

(8) 教师呈现绘本,给幼儿讲解。"原来月亮也送我一顶帽子!"他说着,就把帽子戴起来。他戴起来也刚刚好耶!

(9) 教师启发幼儿猜猜:后面会发生什么事呢?

(10)教师呈现绘本,给幼儿解读。就在这个时候,一阵风把小熊的帽子吹走了。他在后面追着……但是,帽子却飞走了。

(11)教师启发幼儿想想:小熊会怎么做呢?

(六)呈现小熊和月亮的再次对话

(1)教师呈现绘本,给幼儿讲读。那天晚上,小熊划船渡过小河,走过树林,去和月亮说话。好一阵子,月亮都不说话。小熊只好先开口了。"你好!"他叫着。"你好!"月亮回答了。

(2)教师鼓励幼儿学做小熊,和身边的小朋友说说"你好",做个懂礼貌的好孩子。

(3)教师启发幼儿猜猜:小熊还会和月亮说什么呢?小熊为什么要低下头来说话呢?

(4)教师呈现绘本,给幼儿讲解。"我把你送我的漂亮帽子弄丢了。"小熊说。"我把你送我的漂亮帽子弄丢了。"月亮说。

(5)教师引导幼儿说说:当别人不小心把我们的东西弄丢了,我们应该怎么说呢?

(6)教师呈现绘本,给幼儿解读。"没关系,我还是一样喜欢你!"小熊说。"没关系,我还是一样喜欢你!"月亮说。"生日快乐!"小熊说。"生日快乐!"月亮说。

(7)教师指导幼儿和身边的小朋友互换角色,学说小熊和月亮的上面对话。

(七)回味小熊和月亮的交流全程

教师呈现绘本,引导幼儿边看图画边模仿小熊的言语和行为:"站在树下──→坐到树上──→划船渡河──→走过树林──→爬上高山──→和月亮说话──→倒存钱罐──→上街买帽──→把帽挂树上──→站在树下等──→捡帽戴上──→追赶帽子──→划船渡河──→走过树林──→爬上高山──→和月亮说话。"

(八)学习模仿小熊关爱朋友之心

(1)教师鼓励幼儿说说,看了这个绘本以后,有什么感想?我们可以向小熊学习什么?

(2)教师进行总结:小熊喜欢月亮,关爱月亮,在月亮过生日时,给它送去了礼物,同时,月亮也喜欢小熊,也给它送来了生日礼物;小熊和月亮是一对好朋友,相互关心是一件很快乐的事情;我们大家要向小熊学习,关心爱护自己的好朋友,大家一起幸福成长。

(3)教师播放《生日快乐》的歌曲,幼儿即兴戴上小熊、月亮的头饰,边唱边跳,并送上祝福:"月亮,生日快乐!"

四、教学活动延伸

(1)在班级表演区,教师创设天空、树木、山坡、河流、商店等情景,摆放小熊和月亮等头饰,鼓励幼儿扮演小熊和月亮的角色,表演自己喜欢的《月亮,生日快乐》绘本中的主要情节。

(2)在班级美术区,教师摆放绘本《月亮,生日快乐》、画架、画纸、画笔,引导幼儿创作自己心目中的"小熊"、"月亮"、"生日聚会"的情景。

本章小结

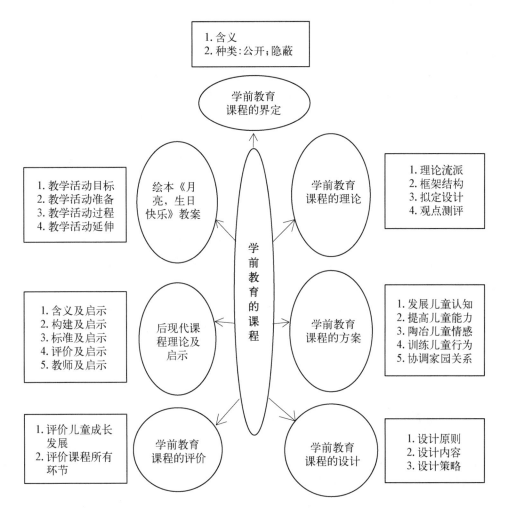

 本章思考题

1. 什么是学前教育课程？发展的、适宜的学前教育课程的基本特点有哪些？
2. 什么是隐蔽课程？什么是公开课程？两者之间的关系如何？
3. 学前教育课程理论主要有哪几个流派？各个流派的基本观点是什么？
4. 学前教育课程的方案主要有哪几种？你比较喜欢哪些方案？为什么？
5. 你认为设计学前教育课程应遵循哪些原则？
6. 你认为应如何选择学前教育课程的内容？
7. 你认为实施学前教育课程应注意哪些问题？
8. 你认为应如何评价学前教育课程？
9. 后现代课程理论给了你哪些启示？

10. 你认为儿童绘本教案应该包括哪几个部分？

本章拓展学习

■ 阅读书目

1. 李生兰.幼儿园课程新论[M].北京：北京大学出版社，2018.
2. 虞永平.学前课程与幸福童年[M].北京：教育科学出版社，2018.
3. 林瑛熙,霍力岩.幼儿园三位一体课程的实践和探索：六要素法的运用[M].北京：北京师范大学出版社，2016.
4. 李文玲,舒华.优质幼儿园课程建设——理念与教学实践[M].北京：北京师范大学出版社，2011.
5. 彭茜.幼儿园游戏化课程的理论与实践[M].广州：广东高等教育出版社，2018.
6. 朱激文.幼儿园田园课程的理论与实践[M].北京：北京师范大学出版社，2015.
7. 蔡萍,丁卫丽.幼儿园节日课程[M].南京：江苏教育出版社，2010.
8. 北京师范大学实验幼儿园.幼儿园主题教育活动精选[M].北京：北京师范大学出版社，2013.
9. 陈仁玫,柳杨,王珺.让班级活动更精彩——幼儿园节庆课程主题活动研究[M].北京：教育科学出版社，2018.
10. 李生兰.儿童的乐园：走进21世纪的美国学前教育[M].南京：南京师范大学出版社，2011.
11. L.B. Bailey. Implementing a standards-based curriculum in the early childhood classroom[M]. London & New York：Routledge, 2017.

■ 浏览网站

1. 中华人民共和国教育部 http：//www.moe.gov.cn.
2. 中国学前教育研究会 http：//www.cnsece.com.
3. 上海学前教育网 http：//www.age06.com/Age06Web3.
4. 浙江学前教育网 http：//www.06abc.com.
5. 山东学前教育网 http：//www.sdchild.com.
6. 广东幼儿教育网 http：//www.06gd.com.

本章微型研究

1. 幼儿园运用家庭资源深化课程的调查研究

可通过问卷法、访谈法、观察法，调查附近一所幼儿园运用家庭资源（如家长的职业资源、兴趣爱好、性别资源、辈分资源、学历资源）深化课程的现状，并进行简单的分析，指出存在的主要问题，提出改进的一些建议。

2. 幼儿园运用社区资源丰富课程的调查研究

可通过问卷法、访谈法、观察法，调查附近一所幼儿园运用社区资源（如文化场所资源、交通运输场所资源、商业场所资源、服务场所资源）拓宽课程的现状，并加以简单的剖析，说明面临的困难，提出改进的对策。

第五章 幼儿园的社会教育

 本章教学建议

1. 教师可组织学生学习幼儿社会化的几种理论流派,鼓励学生自己分组,展开辩论赛,寻找论据支撑自己的观点,反驳别人的观点。
2. 教师可给学生播放有关幼儿园社会教育活动的微视频,启发学生仔细观察、客观评价幼儿社会性的发展水平。
3. 教师可结合即将来临的节日(如中国节日、外国节日、国际节日),启发学生进行交流,设计一个欢庆节日活动的简案。
4. 教师可先带领学生参观当地的博物馆、图书馆等社会场所,后组织学生讨论交流应如何设计参观活动的方案。

 本章内容提要

本章由八节组成,首先说明了幼儿园社会教育的价值取向,其次指出了幼儿社会化的理论思潮,再次阐述了幼儿园社会教育的多条路径,最后论述了幼儿园社会教育活动的设计与实施的注意事项、观察与评价的主要形式,此外还介绍了幼儿园社会教育活动的几个案例。

社会教育是幼儿园教育的一个重要组成部分,重视发挥幼儿园社会教育的作用,不断提高社会教育活动设计、实施、观察和评价的质量,有助于推动幼儿社会化的进程,为幼儿未来成为社会的合格公民打好基础。

第一节 幼儿园社会教育的价值取向

幼儿园对儿童进行社会教育有十分重要的作用,幼儿园社会教育的任务和内容是多方面的,在不同的年龄班有不同的教育要求,明确这些问题是对幼儿进行社会教育的前提条件,对优化幼儿园社会教育的过程有着积极的作用。

图 5-1-1　北京天安门广场

一、幼儿园社会教育的涵义

幼儿园的社会教育主要是指对幼儿进行社会认知、社会情感、社会行为等方面的教育。具体来讲,它是指帮助幼儿正确地认识自己、他人和社会(如社会环境、社会活动、社会规范、社会文化),形成积极的自然情感和社会情感(如依恋心、自信心、自尊心、信任感、同情心、内疚感、公正感、爱憎感),掌握与同伴、成人相互交往(如轮流、分享、合作、谦让、助人)以及与周围环境相互作用的方式,以便使幼儿能有效地在社会中生存和发展的教育。

二、幼儿园社会教育的价值

近些年来西方媒体不断发出"单纯崇尚智商的时代已经过去,情商受到越来越多的人的关注"的呼声,使越来越多的人相信:人的成就的20%取决于智力因素,80%则取决于情感等非智力因素(如情绪的自我认知与控制能力、对他人情绪的识别、移情和适度反应的能力)。童年期对幼儿进行社会教育有着十分重要的作用,主要表现在以下几个方面。

(一) 有助于幼儿正确价值观的形成

对幼儿进行社会教育,能促进幼儿的价值观发展。幼儿园社会教育的过程事实上是向幼儿传递正确的价值观的过程。在此过程中,幼儿既能从教师的言传身教中学习有关社会的基本价值观念(如责任感、纪律性),又能从教师提供的各种游戏活动中习得一些重要的价值观念(如自由、平等、分享、合作)。例如,在体育活动时,教师为幼儿准备了 2 个"羊角球",可是班上有 5 个小朋友都想骑"羊角球"跳着跑,怎么办呢?教师启发幼儿自己想办法解决这一问题:4 个小朋友分成 2 组比赛,1 个小朋友做裁判;5 个小朋友排成一队,大家依次骑……在此过程中,幼儿就能学会等待、轮流、分享和合作。

(二) 有助于幼儿积极情感的陶冶

对幼儿进行社会教育,能促进幼儿的情感发展。幼儿园的社会教育,能丰富幼儿情感的内容,帮助幼儿从同情感、责任感转化到道德感、理智感、审美感;还能增加幼儿情感的深刻性和稳定性,使幼儿逐渐学会控制自己的情感,并能用适当的方式加以表达。例如,在桌面游戏时,一个小女孩把积塑插花戴在自己的头上,老师看到后,及时表扬了她:"很漂亮,真能干,老师喜欢你。"老师离开后,一个小男孩就用嘴巴在这个小女孩的脸上亲了一下。小女孩向老师报告,老师便问小男孩:"你为什么要亲这个小女孩?"小男孩回答说:"我也喜欢她。"老师问:"如果不用这种方法,你想想看还可以用哪些方法来表示你喜欢她?"老师引导小男孩:用嘴巴说,或做个手势,或用手去摸一摸插花,或拉一拉小女孩的手等。这样,就能使幼儿学会采用别人愿意接受的方式,正确表达自己的情感。

(三) 有助于幼儿社会性的增强

对幼儿进行社会教育,能促进幼儿的社会性发展。在社会教育的过程中,幼儿不仅能学会与别人进行社会交往的知识、技能,建立良好的师生关系、同伴关系,而且还能逐步形成符合社会要求的愿望和态度,做出适当的行为,促进社会性的发展。例如,当教师教幼儿学唱《全世界儿童是一家》的歌曲时,幼儿就容易形成关于多元文化的正确态度:小朋友们虽然头发、眼睛、皮肤的颜色不同,但他们都有自己的权利,别人应给予承认和尊重;小朋友们在一起唱歌、跳舞、做游戏多么开心;小朋友们在一起,要像一家人一样,相亲相爱,互相关心,互相帮助,共同进步。

(四) 有助于幼儿社会化的加快

对幼儿进行社会教育,能促进幼儿的社会化过程。社会化是个体从自然的人转化为社会的人的过程,这一过程的完成是通过个体与周围环境的接触、与周围人的交往来进行的。而幼儿园对幼儿实施社会教育,就是要把社会知识、社会技能、社会规范传授给幼儿,并使幼儿将之内化为自己的行为准则。比如,在美术活动中,教师通过教幼儿学画"垃圾桶"(一个桶上面用红色的图案表示不可回收的垃圾,另一个桶上面用绿色的图案表示可回收的垃圾),就能使幼儿意识到废纸、饮料瓶、瓜皮、果核等垃圾都要分类扔到垃圾桶里,并养成在日常生活中不乱扔垃圾的良好行为习惯,做个环保小卫士。

(五) 有助于幼儿未来的成长发展

对幼儿进行社会教育,能促进幼儿的可持续发展。国外学者的跟踪研究证明,幼年期儿童情感商数的发展,直接影响其今后的成长。研究者把一群幼儿带进一间房子里,告诉他们:"这里有棉花糖,如果你们马上吃,可以吃1粒,但若等我办完事回来后再吃,你们就可以吃2粒。"研究者走后,有些幼儿急不可待,立即拿起糖就吃,有些幼儿等了几分钟后,就不再等了,也把棉花糖给吃了,另外一些幼儿通过唱歌、做游戏、睡觉等方式来克制自己,抵御棉花糖的诱惑,直到研究者回来后才吃。研究者对这些幼儿进行了长期的研究后发现:那些急于满足眼前欲望、无法克制自己的幼儿,情感商数都较低,长大后各方面的成就水平也较低;而那些有耐心、善于自控的幼儿,长大后更能适应环境,较讨人喜爱,敢于冒险,较为自信,成就水平较高。这一研究启示我们,在对幼儿进行社会教育时,要重视培养幼儿的自控力、自制力。

三、幼儿园社会教育的任务

幼儿园对儿童进行社会教育的任务比较复杂,且不同的任务有不同的教育要求,这主要体现在以下几个方面。

(一) 传授粗浅的社会知识

教师要向幼儿传授简单的社会知识,这主要包括:(1) 关于社会风俗习惯、礼仪信仰方面的知识;(2) 关于社会规范、行为准则方面的知识;(3) 关于社会分工、职业角色、买与卖、生产与消费方面的知识;(4) 关于学习、工作、生活、娱乐设施方面的知识;(5) 关于家乡、祖国(过去、现在、未来)、世界(中国在世界上的地位、中国与外国的关系;不同的种族、不同的文化)方面的知识,等等。

教师在向幼儿传授这些知识时,需注意以下几点。

1. 尊重幼儿的年龄特征

当幼儿进入幼儿园时,他们已经习得了一些生活经验,这为他们进一步学习社会知识创造了有利的条件。据此,教师可以选择家庭、幼儿园、同伴等最重要的概念教给他们,并在各种活动中进行强化,以不断巩固幼儿的社会知识;教师在讲解社会知识时,要做到浅显易懂,深入浅出;教师要给幼儿提供操作的时机,以帮助幼儿理解社会知识。例如,为了促使幼儿了解中西饮食文化的不同,教师设计并组织了"制作水果色拉"的活动,指导幼儿清洗水果,去除皮核,切割加工,混合搅拌,最后大家一起品尝。

2. 考虑幼儿的个别差异

由于幼儿来自不同的家庭和周围环境,对社会的认识能力和理解水平也是不同的,因此,教师在传递社会常识时,要因人而异,因材施教。比如,针对幼儿的父母从事不同职业这一特点,在教学活动中,教师引导幼儿开展了"夸夸我的好爸爸好妈妈"的活动,使幼儿认识到教师、医生、收银员、司机、军人、工人、农民等都是我们社会生活中不可缺少的一种职业,并为自己父母所从事的职业而感到骄傲;在角色游戏中,教师鼓励来自医生家庭的幼儿去邀请同伴玩"医院游戏",鼓励来自收银员家庭的幼儿去邀请同伴玩"超市游戏"等。

3. 激发幼儿的学习兴趣

教师在向幼儿介绍社会现象时,要注意激发幼儿的求知欲和学习兴趣,力争使幼儿好学、乐学,成为知识的积极探索者,以提高社会教育的效率。例如,在教幼儿学儿歌《让座》

时,教师既可以先和幼儿一起用积木搭个"公共汽车",玩"乘车"的游戏,也可以先进行情景设置,让幼儿自由选择角色,表演"乘车"的过程,把儿歌的内容通过游戏的情节展现出来,使幼儿的学习变得生动活泼,易于接受。

(二) 提高基本的社会能力

教师要重视提高幼儿的社会能力,这主要包括:(1) 自理的能力(如自己做事的能力、自管物品的能力、照顾自己的能力);(2) 学习的能力(如看地图的能力、收集材料的能力);(3) 思考的能力(如比较能力、判断能力、推理能力);(4) 交往的能力(如了解别人的能力、设计能力、控制能力、合作能力、解决问题的能力);(5) 表达的能力(如语言表达能力、动作表达能力);(6) 遵守规则的能力(如遵守生活规则的能力、遵守教学规则的能力、遵守游戏规则的能力);(7) 完成任务的能力(如完成生活任务的能力、完成学习任务的能力、完成劳动任务的能力)等。

教师在提高幼儿的社会能力时,应注意以下几点。

1. 广泛开展游戏活动

游戏是幼儿最喜欢的活动,教师要创造条件,广泛开展角色游戏、积木游戏、智力游戏、体育游戏、音乐游戏、表演游戏、自由游戏等多种形式的游戏活动,培养幼儿的社会能力,以充分发挥游戏活动在幼儿社会教育过程中的作用。比如,为了培养幼儿遵守规则、完成任务的能力,教师创编了"小青蛙捉害虫"的体育游戏:戴着"小青蛙"头饰的幼儿,要想完成"捉害虫"的任务,就必须"立定跳远"。

2. 充分发挥语言的作用

语言对幼儿的行为具有启动、调节、强化、导向等多种功能,为了提高幼儿的社会能力,教师要重视发挥语言的作用。例如,为了培养幼儿的学习能力,教师计划带领幼儿去秋游:出发前,教师指导幼儿如何看地图,启发幼儿讨论,寻找最佳路线;教师总结幼儿的发言,和幼儿一起绘制秋游简图;教师鼓励幼儿想象在途中会看到哪些东西,可以用什么标记加以记录等。

(三) 培养科学的社会态度

教师要培养幼儿对社会的科学态度,这主要包括:(1) 对自己的态度(如正确认识自己,知道自己如何做才有益于社会);(2) 对群体的态度(如对小组、班级、幼儿园、家庭、社区、社会的态度);(3) 对知识的态度(如旺盛的求知欲、浓厚的学习兴趣)等。

教师在培养幼儿对社会的科学态度时,要注意以下几点。

1. 重视正面榜样的示范性

幼儿喜欢模仿,但辨别能力较差,因此,教师要为幼儿提供正面榜样,使幼儿建立对社会的正确态度。例如,为了培养大班幼儿对知识的态度,教师安排了"整理书包"的活动:先向幼儿示范如何把书本摆整齐、放进书包里去;后要求幼儿仿照教师的做法,把铅笔、橡皮先放进文具盒中,再放入书包内。

2. 重视积极情感的感染性

幼儿的情感易受感染,所以,教师要用自己对社会的真情实感去打动幼儿、影响幼儿。比如,为了培养幼儿对班集体的良好态度,教师和幼儿一起开展了"找朋友"的音乐游戏活动:教师通过简单的言语、直观的动作、欢快的表情(如敬个礼,笑嘻嘻,握握手),向幼儿展示自己"找到了好朋友心里真高兴"的愉快情绪,以激发幼儿产生情感共鸣。

四、幼儿园社会教育的内容

幼儿园社会教育的内容丰富多彩,主要包括以下几个方面:(1)使幼儿建立良好的自我意识:学会自我认识、自我调控、自我体验。(2)使幼儿萌发热爱集体的情感:能适应集体的生活,乐于与别人交往。(3)使幼儿增强社会交往能力:学会表达自己的愿望,关心同伴,与同伴共同活动,一起解决问题,能妥善处理同伴之间的关系。(4)使幼儿掌握正确的行为规则:培养幼儿团结友爱、诚实、勇敢、爱护公物、克服困难、讲礼貌、守纪律等良好的品德行为和习惯。(5)使幼儿提高道德判断水平:发展独立评价、自我评价、对行为的动机进行评价的能力。(6)使幼儿了解社会工作的意义:认识到一个人要想在社会中生存、发展,还必须依赖于其他人;不同职业的人从事不同的社会工作;社会分工不同,各种工作都很光荣;激发热爱周围人的情感。(7)使幼儿具有积极的文化意识:认识到自己国家的文化,为之感到骄傲、自豪,热爱家乡和祖国;了解、尊重其他国家的文化,热爱世界和平。

在不同的年龄班,社会教育的具体内容有所不同,随着幼儿年龄的增长,内容越来越多,要求也越来越高。

(一)小班幼儿社会教育的内容

在小班,教师可对幼儿进行如下几方面的社会教育。

(1)帮助幼儿认识自己,了解自己身体的部位、特征及作用,懂得保护自己的一些最基本常识。

(2)帮助幼儿意识到自己是哪个班的小朋友,熟悉生活环境,了解同伴、教师、保育员,初步适应集体生活。

(3)教给幼儿基本的卫生常识,帮助幼儿养成良好的卫生习惯。

(4)帮助幼儿掌握礼貌用语,能运用"你好"、"对不起"、"没关系"、"谢谢"等语言,有礼貌地与别人交往。

(5)引导幼儿用语言表达自己的想法,喜欢和同伴一起活动,能与同伴协商、轮流、友好玩耍,不抢占、独霸玩具。

(6)培养幼儿初步的独立性和自控力,保持愉快的情绪,遵守集体的规则,爱护玩具和图书。

(7)能按照教师的标准学习评价人和事,能对同伴作出公正的评价,能正确地评价行为的结果。

(8)教给幼儿粗浅的交通安全知识,使幼儿学会遵守交通安全规则。

(9)帮助幼儿了解自己父母及同伴父母的工作性质与特点。

(10)促使幼儿知道中国的重大传统节日,初步了解祖国的文化,并为之感到自豪。

(二) 中班幼儿社会教育的内容

在中班,教师可对幼儿进行以下诸方面的社会教育。

(1) 帮助幼儿了解自己和同伴,并能说出一些异同点。

(2) 帮助幼儿用语言来表达自己的情绪、情感;并能通过语言、动作、表情来了解别人的情感;对别人有好感。

(3) 帮助幼儿学会控制自己的情感,不任性,不随意发脾气。

(4) 引导幼儿学会同情别人,关心别人。

(5) 帮助幼儿掌握礼貌用语,并能在不同的场合恰当地加以运用。

(6) 培养幼儿与同伴轮流、分享、合作、谦让的能力。

(7) 增强幼儿的独立性,鼓励幼儿遵守游戏规则,帮助幼儿克服学习中遇到的困难。

(8) 帮助幼儿进行自我评价;学习对行为的动机进行评价;认识自己的能力和优点,克服自己的缺点和不足。

(9) 引导幼儿认识社区的公共设施,了解周围人们工作的性质、特点和作用,萌发热爱人民、热爱家乡的情感。

(10) 帮助幼儿理解中国的传统节日和民间工艺品,加深幼儿对中国文化的认识和感情。

(11) 帮助幼儿了解一些外国的文化传统和风俗习惯。

(三) 大班幼儿社会教育的内容

在大班,教师可对幼儿进行如下各方面的社会教育。

(1) 引导幼儿认识到自己是不断发展变化的,自己的进步是父母和教师教育、帮助的结果。

(2) 提高幼儿的语言表达能力及与同伴交往的能力,使幼儿学会关心别人,并能与同伴友好相处。

(3) 增加幼儿对集体的了解,培养幼儿的集体荣誉感。

(4) 培养幼儿的自控能力,要求幼儿自觉遵守各种规则。

(5) 帮助幼儿克服各种困难,培养幼儿的责任感。

(6) 发展幼儿的独立性,指导幼儿按照社会准则进行自我评价,并能对自己的行为动机进行评价。

(7) 帮助幼儿养成热爱劳动、爱护公物、珍惜劳动成果的习惯,培养幼儿的内疚感、公正感和爱憎感。

(8) 引导幼儿认识社区生活设施和环境,帮助幼儿理解人们的职业分工、工作性质与特点、意义,并学会尊重不同职业的人们,萌生环保意识。

(9) 使幼儿认识到我国是个多民族国家、幅员辽阔、资源丰富,培养幼儿的爱国心。

(10) 帮助幼儿了解一些世界名胜古迹、工艺美术品、风土人情,使幼儿学会尊重外国的文化传统和风俗习惯。

五、幼儿园社会教育的过程

幼儿园社会教育的过程,是教师根据社会教育的任务和内容、幼儿身心发展的特点和幼儿社会性发展的实况,有目的、有计划地对幼儿施加教育影响,把当代社会的道德规范和行为准则转化为幼儿的道德品质的过程。通过对 A 省、G 省、J 省、S 市等省市 16 所幼儿园 96 个班级的幼儿社会教育状况的调查,[①]我们发现,自 20 世纪 90 年代以来,我国幼儿园的社会教育工作已取得了许多新的成就,但也还存在着一些问题,只有采取相应的措施,克服这些弊病,才能进一步优化幼儿园社会教育的过程。

(一) 创设隐蔽性环境

现行幼儿园在环境的创设上,都十分注意净化、绿化、美化、艺术化,但却在一定程度上忽略了德育化、儿童化。调查发现:78%的幼儿园,拥有专门的科学室或电脑房、舞蹈房、溜冰场等,但单设德育室的幼儿园却寥寥无几;66%的班级,室内装饰主要反映的是自然生活的美,而选择社会生活中美好事物感染幼儿的则不多;75%的装饰物,都是教师的作品,陈列、张贴、悬挂等环境布置工作,基本上是由教师承担的,物品高度往往在幼儿的视线之上。幼儿园特设科学室或电脑房等,对幼儿进行现代科技启蒙教育,是时代发展的需要,但我们不能因之而使德育成为被遗忘的角落;环境设置固然需要美观舒适,但我们不能单纯地追求形式的美,而忽视其真正的教育价值;环境布置当然需要教师的指导,但教师不应包办代替,漠视幼儿的主体地位。

为了创设与社会教育要求相适应的环境,我们应该根据环境的弥散性、隐蔽性的特点,让幼儿参与营造具有浓郁的社会教育氛围的各项活动,如设置活动基地,用反映中华民族传统美德的物品装扮幼儿园、点缀班级,加深环境陶冶的力度,对幼儿进行积极的感化和熏陶,潜移默化地培养幼儿的品德情感。我们还应重视为幼儿提供活动的条件及表现能力的机会,让幼儿成为环境的小主人,设计环境、建设环境。

(二) 落实重复性任务

幼教界长期存在的以课论质、以智代德的偏向已有所扭转,但仍有一些残痕。调查结果显示:48%的教师在制定教育计划(如年计划、学期计划、月计划、周计划、日计划、课时计划)时,对幼儿智育方面要求的提出多而具体,而对幼儿社会教育方面要求的提出却少而笼统;51%的教师,在组织一日活动时,能注意挖掘教学活动中各领域蕴藏的社会教育因素,但却往往遗漏生活活动、游戏活动中各个环节蕴含的社会教育因素;33%的教师,在开展专门的社会教育主题活动时,能重视活动期间、主题方面的社会教育工作,但却疏忽活动期限外、其他方面的社会教育工作等。

教育实践证明,幼儿园社会教育的过程是一个螺旋上升、反复教育、不断培养的过程;幼

---

① 作者注:此处研究者遵循科研规范,将这些省市的真实名称隐去,用符号替代。

儿园社会教育的任务不是通过某项活动、一次就能完成的，它是随着幼儿心理品质的发展而逐步提高要求，且经过长期的、反复的实践活动才能完成的。因此，我们应该根据社会教育自身的独特性和广泛的、渗透性的特点，在制定幼儿教育、教学计划时，注意提出明确具体的社会教育要求；不仅要在特定的时间里对幼儿进行某方面的社会教育，而且还要不定期地在其他时间里全面渗透幼儿社会教育的内容；既要发挥课堂教学的"教育性"功能，又要挖掘游戏、体育、区角、观察、劳动、娱乐和日常生活等各种活动的社会教育的价值。例如，在游戏活动时，教师要尽可能多地为幼儿创造开展角色游戏的条件，并给予必要的指导，通过系列角色游戏，提高幼儿的道德认识，陶冶幼儿的道德情感，培养幼儿的道德行为；在日常生活活动中，教师要通过常规教育，丰富幼儿的社会交往知识经验，发展幼儿的社交技能能力，促进幼儿的社会化。

（三）运用实践性方法

一些幼儿虽然已有某方面的道德认识，但却还没有形成相应的道德行为。访谈幼儿的结果表明：89%的幼儿知道"团结友爱"、"文明礼貌"等概念的基本内涵；但对幼儿的观察却发现，其中31%的幼儿对同伴有争抢玩具、非礼打骂等不良行为。在幼儿身上出现的这种言行不一的现象，从某种程度上来讲，也反映了幼儿园社会教育工作中的薄弱环节。许多教师还未把幼儿良好行为习惯的培养放到社会教育的重要位置上来，重口头说教，轻行为训练，使幼儿讲起来头头是道，行动起来却是另外一套，结果阻碍了幼儿社会性的发展。教师问卷的结果表明：在对幼儿进行社会教育时，教师运用的最多的方法是解释说服（占44%），最少的方法是练习训练（占23%）。

幼儿心理发展水平还处于初级阶段，抽象思维能力、自我意识、控制能力、意志发展都较差，他们的行动常常受到周围具体情境的影响，缺乏目的性、坚持性；幼儿的道德品质面貌既是通过活动与交往表现出来的，又是在活动与交往中形成发展的。所以，教师要根据社会教育的实践性的特点，不仅要给幼儿讲清道德概念，更要注重开展实践活动，组织幼儿进行行为练习。这样才能使幼儿从对道德行为的认识转化为自觉的道德行为，并形成良好的习惯。

教师训练幼儿良好行为的方式是多种多样的，主要有以下几种。

（1）观察学习。教师可以引导幼儿观察周围生活中楷模（如教师、同伴）的典型行为；也可以根据具体情况编排一些文艺节目，制作一些微视频，供幼儿学习，使幼儿能从中理解人际关系，接受社会道德规范和行为模式。

（2）品行模仿。教师可以给幼儿提供大量的范例，让幼儿参照模仿，使其自觉或不自觉地做出类似的动作和行为。在此过程中，教师帮助幼儿尽快地从无意识模仿转化到有意识模仿，从模仿榜样的外部特征发展到模仿榜样的内心品质。

（3）行为练习。教师可以指导幼儿有计划、有步骤地进行实践活动，发展幼儿良好的行为。比如，为了培养幼儿热爱劳动的行为，教师可要求幼儿自己进餐、如厕、盥洗、穿脱衣服，以发展幼儿自我服务的能力；可鼓励幼儿收拾餐桌、整理游戏材料，以发展幼儿为集体服务的行为；还可指导幼儿给自然角及种植园地的花草树木松土、浇水、施肥，以发展幼儿社会劳动的行为等。

(四) 利用社会性资源

许多幼儿园较重视幼儿的在园表现,轻视幼儿的在家表现(42%的教师不了解本班幼儿家庭教育的基本状况);未能很好地帮助家庭矫治轻视社会教育的流弊(家庭对孩子进行体育、智育、德育、美育的比例依次是 48%、68%、41%和 56%);把幼儿关在幼儿园里接受社会教育,忽视自然和社会的德育功能(幼儿园组织幼儿外出活动的次数平均每月只有 1 次)。幼儿园社会教育的过程,实质上是道德的社会传递过程;幼儿道德品质的发展,离不开社会的现实生活,离不开幼儿所直接接触的社会环境,其中既有积极的因素,也有消极的因素。幼儿园应该根据社会教育的特点,主动争取家庭和社区的支持,充分利用有利资源,控制不良影响,形成教育合力,共同提高社会教育的质量。

家庭是孩子生活的重要场所,幼儿园应充分发挥家长委员会的作用,做好家园之间的沟通协作;全面利用家长会、家长园地、家长微信群等多种形式,向家长介绍幼儿社会教育工作的计划、内容与要求;热诚欢迎家长来园观教、参教、助教,积极投身到幼儿社会教育的活动中来,获得幼儿社会教育的策略和方法,配合幼儿园强化孩子的良好品行。

社会是个大课堂,幼儿可以学到在幼儿园里、在家庭里所无法学到的东西。幼儿园应经常组织幼儿外出,去参观工厂、农场、名胜古迹、现代化建筑,去游逛公园、商店、玩具店,去观赏展览会、博物馆、书店,去瞻仰烈士陵园、人民英雄纪念碑等,使幼儿社会教育的过程变得更加具体化、形象化;同时由封闭走向开放,形成综合的、立体的教育网状系统,促进幼儿的社会化。

第二节 幼儿社会化的主要理论思潮

图 5-2-1 上海市嘉定图书馆

幼儿园是幼儿走上社会、适应未来生活的重要场所,幼儿社会化是幼儿园社会教育的核心问题,认识幼儿社会化的内涵,理解幼儿社会化的若干理论问题,理解幼儿社会化的特点与性质,有利于了解影响幼儿社会化的因素,变消极因素为积极因素,以加快幼儿从自然的人成为社会的人的进程。

一、幼儿社会化的涵义

(一) 幼儿社会化的定义

什么是幼儿社会化?对于这一问题,在我国幼教界存在着多种不同的看法。一些学者认为,幼儿社会化主要是指幼儿的道德发展,即道德认识、道德情感、道德意志和道德行为的发展。另外一些学者认为,幼儿社会化主要是指幼儿社会性的发展,即幼儿在参与社会生活的过程中,逐渐掌握社会交往的技能,形成符合社会要求的愿望、情感和态度,能够按照社会规范行动。我们倾向于认为,幼儿社会化主要是指在一定社会条件下,幼儿逐渐了解社会关系(如亲子关系、师幼关系、同伴关系、长幼关系)、获得社会经验、掌握社会规范,最终成为社会成员的过程,即从自然的人转化为社会的人的过程。

(二) 幼儿社会化的意义

社会化按个体发展可以分为幼儿社会化、少年社会化、成人社会化、老人社会化等不同的阶段。可见,幼儿社会化是个体社会化的第一环节,对未来继续社会化有着重要影响。同时,幼儿社会化也有助于社会文化的延续和传承,能够使每个人发展成为该社会所需要的人。

二、幼儿社会化的理论

幼儿社会化的理论流派多种多样,主要有以下几种。

(一) 统一论

这种理论认为,在幼儿社会化的进程中,个体与社会是统一的,通过教育传授道德观念、集体意识,使年幼儿童社会化并个性化,以便维持社会的统一性和多样性;班级是幼儿社会化的重要场地,它传递社会文化,并使之内化于幼儿。这种理论要求教师广泛采用"民主集中制"的方式,充分发挥班集体的作用。例如,针对"午睡究竟是睡还是不睡"这一问题,教师先让幼儿征求父母意见,后让幼儿自由选择,再让全班幼儿集体讨论,约法三章:选择不午睡的幼儿,不能大声讲话、尖叫、发出响声,以免影响睡觉的同伴。

(二) 冲突论

这一理论认为,在幼儿社会化的过程中,个体和社会并非和谐统一的,而是充满了矛盾与冲突;班级内的师幼关系是一种制度化了的支配与从属关系,幼儿并不能个性化。这一理论要求教师注意利用集体活动的形式,充分发挥教师的主导作用。比如,在班级活动中,教师比较重视集体教育,而较为轻视小组教育和个别教育。

(三) 互动论

此种理论认为,在幼儿社会化的历程中,交往活动尤其重要,交往的模式主要有三种:(1) 后喻文化:幼儿向教师、父母等年长者学习,这是交往的主要形式。(2) 并喻文化:幼儿和成人各自向同辈人学习,这是交往的重要形式。(3) 前喻文化也称反向文化:教师、父母等年长者向幼儿学习,这是不可忽视的一种交往形式。这一理论要求教师注重在幼教实践中,与幼儿进行全面深入的相互作用。例如,在区角活动中,教师注意观察幼儿,并根据幼儿的实际情况,及时变换活动区,适时增减活动区的材料。

(四) 主体论

该理论认为,在幼儿社会化的行程中,幼儿主体地位、主体意识特别重要。该理论要求教师站在幼儿的立场上看问题,多从幼儿的兴趣需要出发来设计主题活动,布置相应的环境,投放多种材料,安排教育活动。比如,当教师发现幼儿对"结婚"感兴趣时,就以此为主题,开展参观婚纱店、讲解中西方婚俗、制作婚礼服、演唱婚礼进行曲、了解婚礼和婚纱照等系列活动。

三、幼儿社会化的成因

幼儿的社会化是个长期而又复杂的过程,受制于多种因素,教师和同伴是影响幼儿社会化进程和质量的两个最为活跃的教育因素。

(一) 教师及其教育行为

在教师的教育行为中,积极的社会强化、模仿和辨认、期望和要求、特性分类等因素对幼儿社会化的影响显得极为重要。

1. 积极的社会强化

这有助于教师与幼儿建立一种良好的社会关系,促进幼儿获取各种新的社会交往的技能,巩固已形成的正确的行为习惯。在幼儿教育中,教师往往喜欢运用微笑、爱抚、拥抱、赞扬等形式,对幼儿进行积极的社会强化,以利于教师与幼儿彼此沟通、友好往来,促使幼儿形成有礼貌、关心别人、喜欢参与、能与别人合作等社会行为。美国幼教专家的调查表明,教师对问题幼儿良好行为的奖赏,比对一般幼儿良好行为的奖赏要少得多。产生这一偏差现象的原因可能有:(1) 问题幼儿的行为经常受到教师的提醒,所以,当问题幼儿做出正确的行为时,教师就把它归因于自己的努力和耐心,而不是幼儿的服从。(2) 教师认为他们对问题幼儿的错误行为的关注和矫正已经很多了,他们不想再为此付出更大的代价,他们无暇再顾及这些幼儿良好行为的产生。(3) 问题幼儿的可接受性行为比一般幼儿的可接受性行为较少发生,这使教师难以注意到他们。可见,教师对问题幼儿应给予更多的关注、表扬和鼓励,杜绝在奖赏幼儿良好行为习惯上的这些偏见,以克服这种错误的强化模式对问题幼儿所产生的消极影响。

为了充分发挥积极的社会强化在幼儿社会化过程中的重要作用，教师应注意以下几点：（1）不应轻易使用奖赏。如果幼儿完成了极其简单的、不需要意志努力的任务，也能得到教师的表扬或奖品，那么就会减弱奖赏对促进幼儿进一步努力的效用，不利于提高幼儿的社会化水平。（2）不宜多用外部强化。如果幼儿对某种社交活动、某项任务有很高的积极性和强烈的内在需要，那么教师就不必在幼儿完成活动或任务以后，进行物质强化或表扬。否则，只会削弱幼儿进一步学习和探索的动力以及对任务的持久兴趣。（3）应广泛使用认知的和非认知的强化。教师对待问题幼儿，也要像对待正常幼儿那样，施加认知的和非认知的强化，时刻注意把自己的愉快体验传递给各类幼儿，以促使他们都成为班级的主人。比如，在晨间接待时，教师就不能只对那些热情大方、善于交际与合作的幼儿报以微笑，说几句关爱的话，而忽视对那些有各种问题或困难、时常需要教师监督、管理的幼儿施以同样的反应。事实上，后面这些幼儿更渴望得到教师的鼓励与赞扬，需要教师帮助他们摆脱困境，以成功地生活在幼儿园里。

2. 模仿和辨认

幼儿喜欢模仿、辨认教师的行为，以适应幼儿园的生活。教师在教学活动中（如怎样绘画、怎样拍球）的榜样作用，既简单又明显。当教师在教给幼儿有关社会的知识、技能和态度的时候，除了要给幼儿提供模仿的对象以外，还要给幼儿创设了一个辨认的机会；不仅要使幼儿能模仿教师的行为，而且还要使他们能效仿教师的态度、价值观和情感反应。

在培养幼儿的行为习惯的时候，引进一个榜样，能推动幼儿对一定行为方式的掌握。但只有当这个榜样具备了以下三种特征时，才能真正刺激幼儿的模仿，起到范例的作用。（1）能力。这是指教师控制自己的需要、情感冲动和对幼儿施加影响的一种力量。教师能力的强弱与幼儿的发展息息相关，幼儿更倾向于去模仿有能力的教师。（2）教育。教师真诚地关心、帮助、指导幼儿，对幼儿社会性、情感的发展也起着重要的作用。幼儿喜欢模仿热情、亲切的教师，而不是冷淡、严厉的教师。（3）知觉的类似性。男孩喜欢模仿男教师或其他男同伴，女孩喜欢模仿女教师或其他女同伴；体力强壮的幼儿喜欢模仿运动员式的教师，文静内向的幼儿喜欢模仿斯文内敛的教师等。因此，教师要不断提高自己的能力，与幼儿建立并保持良好的、平等的关系；时刻检点自己的言行，以充分发挥自己在幼儿成长中的榜样作用。

辨认是一个渐进的过程，在此过程中，幼儿把教师的态度、信仰、特征、价值观作为他们自己的参照系。幼儿的辨认主要有三种，每一种辨认都包含了不同的内容，因而对幼儿社会性发展的作用也不同。（1）禁令学习。幼儿服从教师或其他榜样所制定的规则或发出的命令。幼儿的这种学习是由于害怕受到教师的惩罚或失去教师的爱抚而导致的，并受到教师不断的强化。（2）辨认侵犯者。幼儿运用一个有威信、有力量的榜样的行为，去削减对侵犯者的恐惧感。如果幼儿把自己看作是一个具有抵御威胁能力的人，那么他对有侵略行为的同伴的恐惧程度，就会大大降低。（3）分享体验。榜样的积极或消极情感致使幼儿也出现相应的情感体验。通过分享体验，幼儿能对自己所爱戴的、尊敬的教师的忧伤有悲伤的反应，或对一个朋友的成功有喜悦的反应，仿佛这是他们自己的忧伤或成功。因此，教师要正确地树立自己的威信，把满腔的爱撒给每一位幼儿，多与幼儿分享一些愉快的情绪体验。

3. 期望和要求

教师本应以友好、信任的态度对待每一位幼儿,对他们报有诚挚的期望。但调查却表明,在幼儿园教育中存有一些错误的倾向,严重地阻碍了幼儿的社会化。(1)教师对待"好孩子"与"差孩子"的看法及做法不同。同一种活动中,"好孩子"比"差孩子"享有更多的参与机会,更长的表现时间;同为正确的反应,"好孩子"也比"差孩子"得到更多的表扬;同为错误的行为,"好孩子"被认为是缺少努力,而"差孩子"则被认为是缺少能力。这样就挫伤了"差孩子"的自尊心、自信心和上进心,减少了他们竭力做好事情的机会,使他们永远处于失败和困境之中,而无翻身的机会。(2)教师对待男孩与女孩的态度及要求也不同。不仅把男孩"差"的表现归因为缺少努力,把女孩"差"的表现归因为缺少能力,而且还经常鼓励、期待男孩和女孩去实践不同的活动。例如,要求男孩来玩枪(如说"这是给男孩玩的"),而不是去玩娃娃(如说"那是给女孩玩的");要求女孩来给花草树木浇水,而不是去倒废纸篓等,这些性别歧视现象必须加以纠正。

教师要为幼儿打造比较宽松的环境,提供比较多的选择时机;要给幼儿创设参加各种活动的条件,鼓励幼儿操作不同的材料和玩具,享有进行传统的两性活动的机会。

4. 特性分类

特性分类有积极与消极之别。积极的特性分类主要是指,在教师与幼儿相互作用时,教师能从正面看待幼儿,对幼儿作出肯定的评价。例如,教师告诉幼儿:你们已经长大了,懂事了,能宽容别人、帮助别人、彼此都是好朋友等。消极的特性分类则是指,当教师与幼儿相互作用时,教师从反面看待幼儿,对幼儿作出否定的评价。比如,教师把幼儿说成是顽皮的孩子、无责任心的孩子、笨蛋等。

教师对幼儿特性的分类,对幼儿的社会行为有着更为重要的影响。它之所以不同于教师的奖赏或期望所产生的效应,是因为它能迅速地改变幼儿的自我意象。例如,当教师告诉幼儿"你是一个很好的合作者"、"你是一个细心的'工人'"、"你会体谅别人"、"你不怕挫折"、"你做事认真"时,就能诱导幼儿把自己看作是这样的一个人,并做出相应的行动来。这也被美国的幼教科研所证明。研究者随机把幼儿分成两组,一组为"合作组",另一组为"竞争组";让幼儿都玩积木建筑游戏,在游戏开始时,教师对"合作组"的幼儿说"你们都是很好的合作者",而对"竞争组"的幼儿却说"你们都是出色的竞争者";结果发现,在游戏过程中,"合作组"的幼儿,都表现出了很强的合作意识和能力,而"竞争组"的幼儿却都呈现出了很强的竞争心和行动。

教师要正确使用特性分类,不论是积极的特性分类,还是消极的特性分类均如此。积极的特性分类,固然能对幼儿的行为产生正面的影响,但如不恰当地加以运用(如幼儿不真正具有某种特征和能力,而教师却说他具有),那就会使幼儿误解自己的个性特点与能力,而陷于苦恼的境地,甚至会认为教师在嘲讽他、挖苦他,进而形成敌对的师生关系。同样,消极的特性分类,如果使用不当,幼儿不但不会改正自己的不良行为,反而会变本加厉。

(二) 同伴及其相互交往

在幼儿的相互作用中,朋友、互助、冲突、社会地位等因素对幼儿社会化的影响也显得格外重要。

1. 朋友

幼儿具有一定的社会知识、技能与态度,他们具有与同伴相处、进行积极的社会交往的愿望。幼儿一般都能在不妨碍开展游戏的前提下,通过提出自己想参加游戏活动的要求,来参与到游戏小组中去。观察发现:幼儿积极的社交活动(如友好谈话、合作、分享、轮流),大大超过其消极的社交活动(如争吵、抢夺、打骂),前者与后者的比率从3∶1到7∶1或8∶1。在幼儿期,朋友圈开始出现。幼儿喜欢寻求支持及保护自己,并与自己一起活动的同伴作为朋友。女孩的朋友圈虽然比男孩小,但却更加紧密。当幼儿间由同伴关系转化为朋友时,他们之间的社会交往就变得更加频繁、亲密、复杂、多样;他们比一般的同伴有更多的说笑、更深的友情,能更好地进行合作。在与同伴的共同活动中,幼儿必须判断、理解别人(特别是不同于自己)的观点、情感、态度和需要,遵守幼儿园的道德要求和行为规范,例如,不能拿别人的东西、幼儿园的玩具材料为大家所共有、不能为了逃避责任就说谎、把责任推给别人等。

2. 互助

幼儿具有同情心,能在同伴遇到困难或处于危险时,给予帮助,拥有自我牺牲的精神和利他主义行为;能认识和思考别人的需要,彼此尊重,相互支持和帮助。为了促进幼儿从期待与同伴的相互帮助,转化到实现与同伴的相互帮助,从完全依赖成人的帮助,发展到互相帮助,教师要组织形式多样的班级活动和小组活动,努力唤醒幼儿考虑他人需要的意识,培养幼儿帮助别人的行为习惯(如鼓励幼儿给病中的小伙伴寄一张慰问卡,为新来的小伙伴画一幅欢迎图),形成互帮互助的良好班风。

3. 冲突

幼儿在冲突中成长。年龄较大的幼儿,有较强的自信心和较丰富的经验,能够处理同伴之间的冲突和侵犯行为。幼儿通过表现自己的不愉快情感,抵御同伴的不合理要求,期望同伴公正地对待自己等方式,成功地阻拦同伴的侵略行为。幼儿(尤其是女孩),随着年龄的增长,争论已逐渐取代了身体侵略。年龄较大的幼儿之间的争论,比年龄较小的幼儿之间的冲突,更经常地出现在引证规则、提出要求、说服同伴、与同伴谈判上,直到意见一致才结束。幼儿在争论的过程中,不能只考虑自己的需要,还必须顾及到别人的感受,争论迫使幼儿迅速地从以自我为中心,转化到以别人、以社会为中心。因此,当幼儿彼此之间发生冲突时,教师不应急于处理问题,而要给幼儿足够的时间与机会,让他们自己去解决问题,这对幼儿的社会化是大有裨益的。

4. 地位

幼儿在同伴中的地位对其社会化也有影响。研究表明:与在群体中"不受欢迎"的幼儿相比,"受欢迎"的幼儿,往往是那些善于与人合作、热心于各种活动、服从教师、自觉遵守班级规则的幼儿。虽然一般性的侵略行为不妨碍幼儿是否受到同伴的欢迎,但过分的侵略行为或破坏性行为则不受欢迎;既然"受欢迎"的幼儿比"不受欢迎"的幼儿得到更多的同伴的认可,在同伴中拥有更大的社会影响、更高的社会地位,那么这些幼儿就为同伴提供了良好的模仿对象,是同伴学习社会礼仪、行为方式的一个重要信息源。因此,教师要帮助"受欢迎"的幼儿,使他们能继续公正地对待同伴,考虑同伴的情感和态度,不把班级规则强加给同伴,不迫使同伴听从自己的摆布。

另外,教师不能忽视"中间"幼儿。这部分幼儿不像"受欢迎"的幼儿那样,对同伴有积极的作用,也不像"不受欢迎"的幼儿那样,对同伴有消极的影响,因而他们可能既得不到教师肯定的认同,也得不到教师否定的批评。教师对这部分幼儿应给予高度重视,关心他们参与社会的需要,并教给他们正确的参与方式和方法。

四、幼儿社会化的内容

幼儿社会化的任务,是使幼儿掌握社会生活中所必需的一些基本知识、基本技能和行为规范,以获得参加社会生活的资格。它是幼儿社会化内容确立的基础。幼儿社会化的内容主要包括以下几个方面。

(一) 道德社会化

道德社会化即幼儿内化社会的道德规范,既有继承性,又有相对独立性,不同的社会有不同的道德范畴。这主要包括:培育幼儿良好的生活习惯、自理能力和独立性,培养幼儿团结友爱、互助合作的意识和行为,教给幼儿有关道德规则、风土人情、待人接物礼节等方面的知识。例如,教师教幼儿学唱新疆民歌《欢迎你到新疆来》(冬不拉弹起来,刀郎舞跳进来,小花帽戴起来,羊肉串烤起来,小朋友,欢迎你到新疆来),就是为了使幼儿能对新疆有所了解,并培养幼儿热情好客的良好品质。

(二) 认知社会化

认知社会化即幼儿在与社会环境的相互作用中,逐步获得认知方式,提高认知能力。这主要包括:幼儿怎样认识自我、他人、自我和他人的关系、自我和社会的关系,以及怎样解决所面临的问题等。例如,在寒冷的冬天,"幼儿攀比谁的妈妈穿得最漂亮"就是其真实写照:有的幼儿要求妈妈送她去幼儿园时,要像班上的××小朋友的妈妈一样,穿皮靴、皮短裙;有的幼儿要求妈妈接他回家时,要像班上的×××小朋友的妈妈一样,化淡妆,撒香水,否则,就不要妈妈接送。

(三) 性别社会化

性别社会化即幼儿将社会所期望的性别角色标准内化,形成一定的行为方式。这主要受到家庭、幼儿园、同伴群体、大众传播媒介、少年宫等社会组织的影响。例如,教师教幼儿学唱豫剧《谁说女子不如男》,就能使幼儿明白这样的道理:女孩和男孩一样,都要坚强、勇敢;要以花木兰为榜样,长大为祖国作贡献。

(四) 政治社会化

政治社会化即幼儿获得被一定社会制度所认可或倡导的政治观点、信念、价值观、责任感和行为。这主要包括:培养幼儿的集体主义精神和爱国主义情怀。例如,教师带领幼儿逛公园、坐地铁、看大桥、登电视塔等,都能使幼儿从中感受到家乡的巨大变化,使幼儿萌发爱家乡、爱祖国的情感。

(五) 职业社会化

职业社会化即幼儿获得与职业有关的知识、技能、规范、价值观。这主要包括:帮助幼儿了解社会生活中一些常见的职业以及社会对所从事的工作的期望、限制和要求。例如,教师带领幼儿参观图书馆、公交车站、餐饮店等场所,就有利于幼儿形成关于图书管理员、公交车司机、服务员等职业的印象,并能在游戏活动中表现出来。

五、幼儿社会化的特点

社会化是幼儿与社会相互作用的过程,在此过程中,表现出许多特点,主要有以下几个。

(一) 能动性

幼儿与社会的互动,具有主观能动性。幼儿不仅要适应社会的需要,而且还影响他人的社会化。这主要体现在以下两个方面:(1)幼儿之间的交往。幼儿在与同伴交往的过程中,由于知识经验相似,心理发展水平相近,所以,他们容易产生情感共鸣和相互影响。(2)师幼之间的交往。幼儿在与教师交往的过程中,教师为了达到预定的教育目标,就要考虑幼儿身心发展的特点,采取适当的保教措施。比如,为了帮助幼儿克服把饭粒撒在桌上的毛病,教师就给幼儿讲"漏嘴巴的大公鸡"的故事,做到生动形象。

(二) 强制性

幼儿与社会的互动,具有强制性。幼儿不仅会受到社会上各种各样的影响,而且还要按照社会要求采取相应的行动,以便成为合格的社会成员。例如,爱劳动是我们中华民族的传统美德,幼儿从小就必须学会自我服务、为集体服务的技能,参加力所能及的公益劳动和家务劳动。

(三) 连续性

幼儿与社会的互动,具有连续性。幼儿社会化是个不断发展完善的过程,当社会环境、个体发生变化时,社会对个体的要求也会相应产生变化;个体只有不断学习,才能跟上时代前进的步伐。例如,幼儿园大班幼儿比小班幼儿在生理上和心理上都更加成熟一些,所以,教师在教学活动中,就会适当延长上课时间、减少游戏成份,以便为幼儿未来的小学学习做好准备。

六、幼儿社会化的对策

幼儿园、家庭和社会在幼儿社会化的过程中,都有着不可替代的作用,彼此相互补充、相互促进,共同把幼儿塑造成为未来社会的合格公民。

(一) 合理安排班级的活动

幼儿园是幼儿社会化的重要场所,教师要根据幼儿的年龄特点,恰当安排一日活动,以加速幼儿社会化的进程。

1. 生活活动

生活活动是幼儿社会化的基本活动。教师要利用日常生活中的各个环节(如入园、餐点、盥洗、睡眠、离园)来推动幼儿的社会化。例如,在晨间接待时:教师主动和幼儿打招呼,有助于激发幼儿热情、好客的情感;教师制作一些表情脸谱,让幼儿根据自己的心境加以选择,教师再以此为基础,对幼儿进行个别教育,有利于培养幼儿活泼、愉快的性格。在离园前:教师鼓励幼儿说一说、谢一谢今天使自己感到很快乐的人,同时学会原谅使自己感到不快活的人,有益于幼儿建立友好的同伴关系。

2. 交往活动

交往活动是幼儿社会化的重要活动。教师要指导幼儿通过不同的形式(如大组交往、小组交往、个别交往、班内交往、班外交往、同性交往、异性交往),采用不同的方式(如言语性交往和非言语性交往),广泛地与同伴进行交往,以增加社交面,扩大朋友圈,提高社交能力。

3. 游戏活动

游戏活动是幼儿社会化的主要活动。教师要通过各种游戏活动(如体育游戏、角色游戏、建构游戏、智力游戏、表演游戏)促进幼儿的社会化。比如,在体育游戏中,教师让幼儿自由结伴成对,一人抛球,另一人接球,以培养幼儿的合作行为。

4. 教学活动

教学活动是幼儿社会化的独特活动。教师要通过各个领域的教育教学活动来推进幼儿的社会化。例如,在语言课上,教师吟诵散文《吸尘器和大扫帚》的原文:吸尘器,进我家,嗡嗡嗡嗡叫得欢。哇,开来开去,它开到哪儿,哪儿就变干净了。奶奶笑,妈妈笑。只有那把大扫帚,站在门角落里,独自在生气哩。爷爷说,扫帚还有用,他笑呵呵地拿起大扫帚,走到屋外,"呼啦、呼啦"把地扫!这样就能培养幼儿热爱劳动、珍惜劳动成果的美德。

(二) 充分发挥家庭的作用

家庭是幼儿社会化的第一个场所,父母是幼儿社会化的首任教师。幼儿每周有两天是在家庭中度过的,所以,家长的作用不可忽视。幼儿园应采用多种形式(如家长会、家长学校、家长园地、家长微信群)与家长沟通交流,帮助家长创设良好的育儿环境,提高家长的教育素养,以促进幼儿的早日社会化。另外,许多家长都有自己的职业专长,幼儿园应通过多种形式(如家长助教、家长志愿者)加以开发利用,充分发挥家长的强项和优势,更好地促进幼儿社会性的发展。

(三) 重视挖掘社区的潜能

社区是幼儿社会化的第三课堂。社区中有丰富的人力资源(如从事各种行业和职业的人们以及他们所拥有的各种专门技艺)和环境资源(如人文资源和物产资源),教师要善于挖掘、巧妙利用,通过"两条腿走路"(如走出去,请进来),强化幼儿的社会化。

第三节 幼儿园社会教育的多条路径

图5-3-1 江苏省南京图书馆

社会教育是幼儿园教育的重要组成部分,在对儿童进行社会教育时,教师可以通过主题教育、方案教育、区域教育、旅行教育等不同的路径来进行。为了充分发挥每条路径的独特优势,确保每条路径的正常运行,教师就需要了解每条路径的基本涵义、重要地位和操作程序。

一、主题教育路径

(一) 重要地位

主题教育路径是指教师围绕一个主题对儿童进行社会领域的教育。教师在选用这条路径时,以主题为轴心,把社会领域的教育与健康、语言、科学、艺术等不同领域的教育结合起来,所以,这条路径又称为综合教育路径。

主题教育路径是幼儿园社会领域教育的一条重要路径,其原因就在于它的整合性。首先是因为儿童的学习和发展具有综合性,儿童在建构社会知识的时候,是全身心投入的;儿童在发展社会能力的时候,是全方位参与的。其次是因为社会领域教育的资源和内容具有综合性,它涉及到历史学、地理学、经济学、人类学、政治学、社会学、心理学、法学等学科知识,追求多门学科之间的彼此渗透和相互补充。

(二) 主题类型

主题教育路径中的主题丰富多彩,可以分为以下几种。

1. 儿童中心的主题

这是围绕儿童来开展的主题。从横向看,可由"儿童及其同伴、家庭及其成员、学校及其朋友、社区及其帮手"这四个主题构成;从纵向看,可由"身份、角色及其关系、周围环境、运动、安全、健康、食物、交往"这八个主题组成。①

2. 季节性的主题

这是围绕季节来展开的主题。例如,"秋天:我们的新学校"的主题有:我就是我、我是特别的,我的感官(尝、闻、触、看、听),动物园里的动物,恐龙,森林里的动物,白天和夜晚,农场生活,我们的装扮,工具和小机器,我生活中的食物,家庭聚会,家庭,爱和冬季,爱和家庭;"春天:我们的新朋友"的主题有:我在成长,宠物,社区帮手(医生、邮递员),我的感官(尝、闻、触、看、听),陆地交通工具,社区帮手—警察,社区帮手(消防员),鸟,生态和植物,爬行动物和两栖动物,美术、音乐、戏剧,小动物(昆虫、蜘蛛),圈地和农场。②

3. 节日性的主题

这是围绕节日、假日和特殊的日子所开展的主题。可分为三类:一是中国节日。例如,元旦、春节、元宵节、清明节、教师节、中秋节、国庆节、重阳节等。二是西方节日。比如,情人节、母亲节、父亲节、万圣节、感恩节、圣诞节等。三是世界节日。例如,世界水日、世界地球日、世界读书日、国际博物馆日、国际儿童节、国际牛奶日、国际奥林匹克日、国际建筑日、世界旅游日、世界动物日、世界粮食节、世界残疾人日等。

4. 内容性的主题

这是围绕社会教育的内容所展开的主题。可分成两类,每类由若干个小主题组成。第一类是"理解自己和家庭",包括的主题有:理解自己,每个个体都有价值和尊严,个人历史,可接受的情感表现方式,死亡是生活的一部分,离婚和儿童,战胜危机。第二类是"理解人和社会",包括的主题有:家庭是基本的社会单位,人们有权利,人们有责任,人们有需要和愿望,当人们生活在群体中时需要有规则,生活在社区中的人,人们生产、消费物资和服务,人们做不同种类的工作,人们以不同的方式旅行、发送信息,人们代表许多文化,过去和现在的

---

① Eva L. Essa, Penelope Royce Rogers. An Early Childhood Curriculum: From Developmental Model To Application[M]. New York: Delmar, 1992: 5.

② Eve-Marie Arce. Curriculum for Young Children: An Introduction[M]. New York: Delmar, 2000: 66.

重要人物,理解文化的多样性,价值观、风俗习惯和传统。①

5. 全国性的主题

这是围绕国家的要求所开展的主题。例如,美国社会领域研究会提出,对幼儿园至小学四年级的儿童进行社会领域的教育,应围绕"文化,时间、持续性和变化,人物、场所和环境,个人发展和身份,个体、群体和机构,权力、权威和管理,生产、分配和消费,科学、技术和社会,全球联系,公民的理想和实践"这十大主题,并综合进行实施。

6. 儿童喜欢的主题

这是围绕儿童的兴趣爱好展开的主题。幼教实践证明深受儿童欢迎的主题很多,主要有:优秀的我,我和我的家庭,我的社区,家庭,友谊,关心和分享,季节,天气,我的五官,世界的颜色和形状,质地,成长的事物,环境,植物和种植,动物,宠物,轿车、货车和公共汽车,飞机、火车和货车。②

(三) 实施步骤

主题教育实施依赖于以下几个步骤。

1. 恰当地选择主题

教师在选择主题时,首先应考虑它的可行性,即这个主题是否有可能达到预定的教育目标,儿童是否具有相应的知识、经验、技能和能力。其次应考虑它的重要性,即这个主题是否有必要进行,是否有助于儿童理解周围世界、发展社会性。再次应考虑它的关联性,即这个主题是否与儿童的现实生活有关,是否有助于儿童把园内的学习迁移到园外去。最后应考虑它的兴趣性,即这个主题是否是儿童感兴趣的,是否能满足所有儿童的需要。例如,教师在选择"文化"的主题时,应考虑到全班儿童的家庭文化背景,使每个儿童都能有机会向同伴展示反映自己的文化的玩具、服装和歌舞等。

2. 全面地设计主题

教师在构建主题网络蓝图时,可以和同事、儿童一起,采用头脑风暴法等方法,展开想象的翅膀,从不同的角度进行思考,记录下每个人的各种想法,并不断加以修改完善,以整合各种各样的活动,拓展主题的范围,丰富主题的内容。在幼儿园一日生活中,教师可以主题网络图为依据,安排具体的活动,促使儿童在活动中积极提问、探索创造。

3. 适时地导入主题

教师应把握好引入主题的时机,使主题教育能在班级中顺利地开展起来。例如,儿童在晨间活动时相互交流,当儿童 A 把母亲小时候的照片拿出来给小朋友们看,并告诉他们"这是我妈妈的照片"时,儿童 B 说:"这怎么可能是你的妈妈呢?这是一张小孩子的照片。"儿童 C 说:"这根本不是你的妈妈,我看到过你妈妈的。"儿童 D 说:"你妈妈那么高、那么大(边说

---

① S.C. Wortham. Early Childhood Curriculum: Developmental Bases for Learning and Teaching[M]. London: Pearson, 2009: 277.

② H.L. Jackman. Early Education Curriculum: A Child's Connection to the World[M]. New York: Wadsworth Publishing, 2011: 42—43.

边用手比划)。"儿童A一听就急哭了,坚持说:"这真的是我妈妈。"当教师听到儿童的这些交谈以后,就可以把"时间、持续性和变化"的主题及时地引入进来,使儿童能了解到自己的发展变化、父母的发展变化、家庭的发展变化、一年四季的发展变化、周围环境的发展变化、社区城市的发展变化等,学会理解变化,并能应对变化。

4. 不断地维护主题

教师应善于开发、不断利用各种优质资源对主题教育进行补充与完善,以保证主题教育的路径永远处于畅通的、流动的状态。儿童父母及其他家庭成员、社区人士都是极其宝贵的人力资源,教师可以通过多种多样的方式,鼓励他们参与到主题教育活动中来,和儿童一起探索、共同成长。

5. 持续地评价主题

教师要注意观察儿童在主题教育活动中的各种表现,跟踪记录儿童的言语、行为、表情、姿态,定期做出纵向的、发展性的评价,并以此为基础,评价主题对儿童发展的适宜性,使儿童能通过主题教育活动得到更好的成长。

二、方案教育路径

(一) 重要价值

方案教育路径是指一个或更多的儿童主动参与,对社会领域教育中的某个小主题进行深入的研究,或对某个项目进行深入的探讨,因此,这条路径也叫项目教育路径。

方案教育路径是幼儿园社会领域教育的一条主要路径,其原因就在于它的灵活性。这是因为:(1)从需要上看,它能反映儿童的不同兴趣爱好和需要,激励儿童的主动性和参与性,为每个儿童提供有意义的学习机会。(2)从规模上看,它可以是儿童个人的单独活动,也可以是儿童小组的、全班的集体活动。(3)从时间上看,它长短不一,可以从几天延伸到一周,也可以从一周扩展到几个月。(4)从种类上看,它可以只探索一个方案,也可以多个方案齐头并进,同时探索。

(二) 发展阶段

方案教育路径的使用,经历着几个不同的阶段。

有的学者认为主要有三个阶段:第一个阶段是设计和开始。教师进行初步的设计,考虑方案的合理性。第二个阶段是实施方案。教师把儿童引进方案,使儿童在方案中获得信息。例如,在把儿童引入"幼儿园建筑的方案"时,教师可带儿童参观幼儿园的不同地方,观察校车,和司机交流;观看反映幼儿园历史的图书和照片,了解幼儿园发展的过程。第三个阶段是反映和结论。方案的最终目的是促进儿童个体和群体的发展,而儿童的发展水平是通过搭建物体和扮演角色这两个方面表现出来的。比如,当"杂货店"的方案教育结束时,儿童自发在班级建立了一个"杂货店",扮演"杂货店"中的人物角色。可见,儿童的知识经验变得丰富了,分享、合作、倾听和创造能力得到了加强。

还有的学者认为是其他三个不同的阶段:第一个阶段是选择一个主题。儿童可以自己选择主题,教师也可以根据儿童的经验选择主题,所选的主题要尽可能地整合多门学科的知识。第二个阶段是研究这个主题。[①] 教师根据儿童的问题和要求,引导儿童对某个小主题进行全面深入的调查研究。比如,教师和儿童一起运用网络资源收集资料,观察物体并加以记录,制作模型等。第三个阶段是结束这个方案。当儿童的兴趣达到顶点时,教师通过组织全班儿童回忆活动来结束这个方案。在回忆活动中,教师启发儿童回想自己知道了什么、学会了什么,让儿童分享同伴的进步,体验成功的喜悦。

(三) 实施要点

在走向方案教育的路径时,教师应处理好儿童的兴趣和教师的价值观之间的关系。

一方面,教师要认识到方案教育路径是起始于儿童的兴趣的。当儿童表现出某方面的兴趣时,他们就会自发地对某个方案进行探索。例如,儿童对某种动物发生了兴趣,他们就可能一整天或好几天、好几周都在谈论这种动物,与同伴分享这种动物的知识,画这种动物,为这种动物建立家园,讨论这种动物的出生和死亡等问题。

另一方面,教师还要意识到应把自己的价值观和儿童的兴趣加以链接。当教师发现儿童的兴趣以后,就要判断由此引发的方案活动是否对儿童的发展有益;如果有益,就要予以支持,鼓励儿童进一步探索,指导儿童寻找更适合方案的材料及资源;如果不利,就要加以限制,阻断儿童的方案活动。由此可见,教师及时地作出恰当的判断,对方案教育路径的建立和发展来讲非常重要。有学者指出,教师在进行决断时,应考虑以下四个因素:(1)儿童可能会直接探索的主题是什么?(2)怎样才能使这个主题有助于班级建立一个平衡的课程框架?(3)怎样才能使这个主题有助于儿童建立终身学习的知识体系?(4)在班级深入探索这个主题有什么重要性?还有学者指出,教师在进行决策时,应思考以下六个问题:(1)这个主题与儿童熟悉的活动及经验有关吗?(2)这个主题与当地社区有关吗?(3)这个主题与目前发生的事件有关吗?(4)这个主题与远近的地点有关吗?(5)这个主题与自然现象有关吗?(6)这个主题与儿童提出的问题有关吗?

三、区域教育路径

(一) 重要价值

区域教育路径是指教师以活动区的方式布置班级环境,寓社会领域的教育于活动和材料之中;儿童在活动区里自我导向、自由选择、自动探索、自主行动。

区域教育路径是幼儿园社会领域教育的一条有效路径,其原因就在于它的独创性。(1)这是由它的活动性决定的。在每个活动区中,教师都精心准备了场景和材料,这就刺激儿童主动地探索材料,通过做来学习,从而促进了儿童动手动脑能力的发展。(2)这是由它的独立性决定的。儿童能在教师专门设计的多种活动区中加以选择,自己决定去探

[①] H.L. Jackman. Early Education Curriculum: A Child's Connection to the World[M]. New York: Wadsworth Publishing, 2011: 43.

索什么、去发现什么,从而促进了儿童独立自主能力的发展。(3)这是由它的灵活性决定的。儿童在活动区里的兴趣很容易发生变化,当儿童的兴趣改变时,活动区也很容易进行相应的调整,增减一部分材料和物品,以不断满足儿童的成长需要。同时,也利于教师平衡班级的区域活动,保持班级活动的鲜活性。(4)这是由它的协调性决定的。活动区教育能有效地促进儿童的个性和社会性的协调发展。一方面,区域活动为儿童提供了个人活动和小组活动的机会,使儿童能自由地表现自己的思想,不受同伴竞争的威胁,自己的需要能得到尊重和满足,因而就促进了儿童自我价值感的发展。另一方面,区域活动也为儿童提供了与同伴、小组儿童共同参与和相互作用的机会,儿童能学会自控、分享、轮流、合作、倾听别人的意见、尊重别人的想法、一起工作完成任务,从而就促进了儿童社交能力的发展。(5)这是由它的创造性决定的。为了使活动区的安排对儿童富有吸引力,起到增长儿童社会知识的效果,教师就要不断反思变革,优化活动区的布局,因而也提升了教师的创造性水平。

(二) 多种区域

区域教育路径的类型应多种多样,因为每个活动区都只侧重反映了儿童生活的某个方面,所以教师要创设不同的活动区,帮助儿童全面地再现生活。

有的学者提议,教师在班级里要设立以下八个活动区,并在每个区域中投放大量的材料,来推动儿童社会性的发展。(1)参考中心。在这个区域里的材料主要有:图书、地图、地图册、有插图的图书和杂志、连接互联网的电脑。(2)旅行中心。在这个区域里的材料主要有:不同地方的图片和广告画,用过的飞机票、火车票和汽车票,不同季节的服装,箱子,日记,不同地方的明信片,其他国家的纪念品。(3)新闻中心。在这个区域里的材料主要有:报纸,最近的地方事件、国家事件和世界事件的剪报,杂志,人物照片,影像资料,有关现在事件的图书。(4)社区场所中心。在这个区域里的材料主要有:银行、餐馆或杂货店。(5)以前和现在中心。在这个区域里的材料主要有:锅等人工制品,旧车船的复制品,父母和亲戚幼年时的照片,交通工具、学校及房屋的旧照片,旧的服装和装饰品。(6)地理中心。在这个区域里的材料主要有:地图、地球仪、参考书、广告画、场所照片、测量工具、画纸图纸、名胜古迹复制品、照相机。(7)世界中心。在这个区域里的材料主要有:世界地图、地球仪、不同语言的符号、其他国家的图书、不同种族的娃娃、其他地方的音乐磁带、世界不同地方的邮票、其他儿童的信件和文字材料。(8)季节中心。在这个区域里的材料主要是根据季节的变化、事物的变化和儿童的兴趣来加以投放和变更的。[①]

还有的学者指出,幼儿社会教育的内容十分宽广,既包括自我概念、家庭、文化传统,也包括宠物、社区、两代人之间的活动,所以,教师不应单独创设一个社会教育的区域或中心,而应把社会教育有机地整合到幼儿园教育的所有领域、所有活动区里去。这些活动区主要包括:(1)语言艺术区、生日庆祝区;(2)图书区;(3)戏剧游戏区、家庭生活区;(4)艺术区;

[①] W.R. Melendez, V. Beck, M. Fletcher. Teaching Social Studies in Early Education[M]. New York: Delmar, 2000: 97.

(5)感觉区;(6)音乐中心;(7)数学区;(8)科学发现中心等。①

(三) 实施要点

区域教育路径的构架和保障,需要教师注意以下几个问题。

1. 了解儿童

这是教师建构区域教育路径的基础。在建构区域教育的路径时,教师不仅要了解儿童群体的普遍发展水平,而且还要了解儿童个体的独特发展之处,如儿童所在家庭的文化特点、社区特色。只有这样,才能使区域教育的路径对儿童具有强大的吸引力。

2. 预设目标

这是教师建立区域教育路径的关键。在设计区域教育的路径时,教师不仅要意识到自己期望达到什么样的目标,而且还要以此为据投放适当的材料。

3. 评估儿童

这是教师建设区域教育路径的保障。在运用区域教育的路径时,教师要仔细观察儿童选择和使用材料的情况,了解儿童现在的兴趣水平,诊断儿童的进步速率。

四、旅行教育路径

(一) 重要价值

旅行教育路径是指教师把儿童带出园外,让儿童直面现实生活,接触真实世界,了解社会中的人、事、物,增强方向感、距离感和位置感,拓宽社会知识和感性经验。

旅行教育路径是幼儿园社会领域教育的一条必要路径,其原因就在于它的真实性。首先是因为旅行教育跃过了幼儿园的围墙,使社会领域教育的空间发生了巨大的变化,由封闭转为开放,从园内走向了园外,把大自然大社会都变成了儿童的真实课堂。其次是因为当儿童所处的环境发生变化时,儿童的思想、观念和行为也会发生变化。旅行给儿童提供了面对真实世界、探索社会资源的机会,使儿童能发现自己所在的幼儿园以外的地方环境,把自己所看到的世界与自己在园内所学到的知识进行比较,从而实现了从认知体验到情感体验的飞跃。

(二) 多种形式

旅行教育路径的形式各不相同,站在不同的角度,使用不同的标准,可划分出不同的类别。

1. 从目的上来讲

这可分为散步旅行和参观旅行。散步旅行的目的性不强,随意性较大。教师可和儿童边在园外散步边进行交流,看到什么就说什么,遇物则诲,相机而教;儿童也可以自由提问,

---

① H.L. Jackman. Early Education Curriculum: A Child's Connection to the World[M]. New York: Wadsworth Publishing, 2011: 309.

自己发现问题的答案。而参观旅行的目的性较强,计划性较强。教师在组织儿童外出参观前,一般都会认真考虑,慎重地选择参观场所(如动物园、植物园、博物馆、科学馆、图书馆、大学、大剧院),仔细地制定参观计划,并努力完成计划。例如,为了使参观华东师范大学的旅行活动取得预期的效果,教师就要提前加以精心设计。

2. 从规模上来讲

这可分为小型旅行和大型旅行。小型旅行是教师每次只带几个儿童或一组儿童外出活动,有利于儿童学会轮流和分享。而大型旅行则是教师组织全班儿童外出活动,需要邀请家长等成人参与,以保证儿童的安全。比如,幼儿园提前约请家长做好准备工作,和孩子一起到农场去旅行。

3. 从距离上来讲

这可分为近地旅行和远处旅行。近地旅行是在幼儿园附近的地方开展旅行活动。由于距离较近,是步行能走到的地方,加上没有时间的限制,所以儿童不会产生疲劳感。而远处旅行则是到离幼儿园较远的地方去旅行,由于空间距离较远,需要选用交通工具,所以有利于增强儿童对交通工具的认识,培养儿童的距离感。比如,幼儿园利用园车、公交车、旅游车接送儿童到西郊动物园去旅行,不仅能丰富幼儿的动物知识,而且还能发展幼儿的空间知觉能力。

(三) 实施环节

旅行教育路径运作成功的关键,在于教师对以下几个环节的有效把握。

1. 考虑旅行经验

教师要思考通过旅行,打算给儿童提供哪些感知活动和操作活动,希望儿童接触到哪些职业人物和工作场景,期待儿童获得哪些具体经验和真实体验。

2. 慎选旅行场所

教师为儿童选择的旅行地点,既应能丰富儿童的真情实感,也应是安全的、卫生的、不拥挤的、不杂乱的。

3. 提前实地考察

教师在带领儿童参观某个场所之前,自己要先去这个场所进行实地考察,不仅要向工作人员说明参观的目的,了解其规章制度,以取得他们的配合,而且还要知道餐饮处和盥洗室,选择适当的时间和场地,让儿童进行休息调整,以满足儿童独特的生理需要。

4. 设计旅行计划

教师可和儿童、家长一起制定旅行计划,设计幼儿园的旅行标志;帮助儿童和家长结成伙伴;向儿童说明旅行注意事项,要求儿童准备好旅行用品。

5. 开展旅行活动

教师带领儿童按照计划去旅行。在旅行的过程中,教师可引导儿童沿途欣赏美景,向儿童提出开放性的问题,并经常清点儿童人数,以确保儿童的人身安全。

6. 安排后续旅行

旅行活动结束以后,教师可组织儿童围绕旅行展开讨论,绘制旅行线路图,画出旅行中感兴趣的事物,表演旅行中看到的事物和场景。

7. 评价旅行活动

教师要对旅行活动全面反思、深入评价。既要评估旅行活动所蕴藏的教育目标的完成程度,又要评估儿童在旅行活动中多通道认识世界的参与程度,以便为设计新的旅行活动计划做好准备。

第四节 幼儿园社会教育活动的设计

图 5-4-1 江西省南昌市图书馆

教师在设计幼儿园社会教育的活动时,需要注意以下几点。

一、考虑幼儿现有水平与其未来的发展方向

幼儿是社会教育活动的主要参与者,教师在设计社会教育活动时,要把重心放在幼儿身上,重视幼儿的年龄特征。幼儿的社会生活经验比较贫乏,对许多社会现象不够了解,思维水平还比较低下。因此,教师在设计社会教育活动时,必须考虑到幼儿的这些特点,选择一些最基本的社会教育内容,采取深入浅出的方式,传授给幼儿。例如,教师为幼儿设计"大家一起玩拼图"的活动,小班幼儿玩的拼图应比中班、大班幼儿简单得多,应是小班幼儿通过彼此合作、共同努力能够拼好的图形。

另外,教师还要注意通过社会教育活动促进幼儿的发展,并为下一阶段的教育做好准

备。比如,教师给大班幼儿讲"爱插嘴的小八哥"的故事,使幼儿明白:上课要认真听讲,不能随便打断教师和小朋友的讲话;要发言先举手;没得到教师的同意,不能随便说话等。这样,就可以来培养幼儿的规则意识和执行规则的能力,为其顺利进入小学的学习生活打好基础。

二、兼顾幼儿现实生活与世界未来发展趋势

今日幼儿,明日栋梁。今天对幼儿进行社会教育,是为幼儿明天能在社会中更好地生存与发展服务的。未来的社会不仅需要幼儿智力发达、智商超群,而且更需要幼儿具有良好的个性品质、优异的情商等非智力因素。因此,教师在设计社会教育活动时,要侧重于培养幼儿的自尊心、自信心、活泼愉快的情绪、坚持性、自制力、合作性、勇敢、顽强等品质。例如,教师要尽可能多地向幼儿传递"合作"的知识和技能,因为它会在幼儿之间架起一座座桥梁,帮助幼儿彼此沟通,学会与同伴齐心协力,快乐游戏;而要尽可能少地向幼儿灌输"竞争"的知识和技能,因为它会在幼儿之间筑起一道道屏障,导致幼儿产生对失败的恐惧、对同伴的敌意,降低对自我评价的水平。

三、有计划的教育活动与随机教育相互补充

幼儿园的社会教育活动与其他领域的教育活动截然不同,它实施的周期更长,过程更复杂,任务更艰巨,需要来自不同性质、不同类型、不同时间、不同场所的教育刺激物所给予的强化,以实现社会教育的任务。因此,在对幼儿进行社会教育时,教师要精心设计和组织安排一些独特的活动。例如,在小班幼儿刚入园时,为了帮助他们更快地相互熟悉,教师编排了"滚球游戏活动":让全班幼儿围成一个大圆圈;一个幼儿滚球,另一个幼儿接球;全班幼儿轮流进行,人人都有机会滚球和接球;在滚球和接球的时候,要说出自己的姓名。这样就能使幼儿在轻松愉快的氛围中,认识新同伴,学会与同伴合作。

另外,教师还要通过一些非专门化的活动,对幼儿进行随机教育,强化社会教育的效果。比如,星期一晨间活动时,教师发现班上有几位幼儿的穿着打扮发生了很大的变化,于是就启发幼儿相互观察,看看同伴身上有哪些变化,可运用哪些词语来表达自己的惊喜心情,从而使幼儿学会关心同伴、赞美同伴,增进友谊。

四、班内园内教育与班外园外教育相互结合

小组、班级、幼儿园、家庭、社区都是一个小社会,教师在对幼儿进行社会教育时,要充分利用这些教育资源,以提高教育的效益。例如,在分组活动中,教师既可让幼儿自己结伴,以发展幼儿的兴趣爱好;也可帮助幼儿配伴,以扩大幼儿的社交面,增强幼儿的社交能力。

同一幼儿园的不同班级也是教师对幼儿进行社会教育的重要场所,应加以利用。比如,教师定期安排大班幼儿到中班、小班去,和弟弟妹妹一起看图书、讲故事、做游戏等,有益于培养大班幼儿的领袖意识和助人品质。

园内外的教育只有保持一致,才能强化幼儿的社会性。家庭是园外教育的重要组成部分,所以,教师要重视调动家长参与幼儿园社会教育的积极性,以形成教育合力,共同促进幼儿社会性的发展。例如,幼儿园要想顺利开展"献爱心"的活动,就需要广泛发动家长收集废旧材料,和孩子一起制作物品,然后拿到幼儿园里来拍卖,幼儿园再将拍卖的经费全部募捐给贫困地区的儿童,以此来培养幼儿从小懂得关心别人、同情别人的良好情感。

五、社会认知、社会情感及其行为协调发展

社会认知、社会情感、社会行为是幼儿园社会教育的不同侧面,它们既彼此独立,又相互联系、相互制约。社会认知是幼儿社会性发展的前提条件,社会情感是幼儿社会性发展的动力机制,而社会行为则是幼儿社会性发展的效果体现。所以,对幼儿实施社会性某方面的教育,必然会促进幼儿社会性其他方面的发展;反之亦然,忽视对幼儿进行社会性某方面的教育,必然也会阻碍幼儿社会性其他方面的发展。据此,教师在设计社会教育活动时,应从幼儿社会性发展的全局出发,既要注意发展幼儿的社会认知和社会情感,又要重视培养幼儿的社会行为。比如,当教师教幼儿学习诗歌《玩具的家》时,不仅要使幼儿明白玩具玩好以后要放回原处的道理,而且还要使幼儿在认知的基础上,为乱丢玩具的行为而感到羞愧。此外,还要注重在游戏活动中塑造幼儿整理玩具的好习惯。

六、面向班级全体幼儿与关注幼儿个别差异

每个幼儿都有接受社会教育的权利,所以,教师在设计社会教育活动时,要面向全体幼儿,做到一切为了幼儿,为了一切幼儿,为了幼儿的一切。

同一年龄、同一班级的幼儿,由于他们来自不同的家庭,拥有的遗传素质和环境影响也就不同,在众多方面表现出个体的差异性。因此,教师在安排社会教育活动时,要考虑幼儿的个别差异,因人而异、因材施教,使每个幼儿都能抬起头来走路,在原有的水平上获得进一步的发展。例如,有个幼儿好争抢同伴玩具,大家都不愿意和他一起玩,可他有一个明显的优点,那就是图画画得好。据此,教师可鼓励他为班上的小伙伴画肖像,以此来改变同伴对他的不良印象,改善同伴之间的关系。再如,有的幼儿不爱惜图书,但却喜欢做教师的小帮手。教师就可因势利导,请这些幼儿和老师一起修补图书,以培养他们爱护公物的良好行为。

第五节 幼儿园社会教育活动的实施

幼儿园社会教育内容的实施可通过正规的社会教育活动和非正规的社会教育活动来进行。

图 5-5-1　上海市宋庆龄纪念馆

一、正规的社会教育活动的实施

正规的社会教育活动是公开的、显在的社会教育活动,它包括教师为实现教育任务、完成教育内容而精心设计的一切社会教育活动。这种活动具有以下几个特点:(1)根据幼儿园社会教育的要求设计;(2)反映幼儿的知识、经验、技能、能力;(3)说明幼儿园、社区、城市、国家、世界的特征;(4)让幼儿认识到人类的知识宝库来源于各种文化资源,并从中得到发展。

(一) 主题教育活动

教师以社会教育某方面的内容为主题,安排一系列的活动,采用多种手段对幼儿进行综合教育。例如,为了使幼儿能更好地认识社会、热爱社会,将来长大了能为社会作出更多的贡献,教师就以"我们的社区"为主题,从各种不同的角度来为大班幼儿设计教育活动。

1. 社区的地位

教师和幼儿一起看地图,寻找所居住的社区的名称和位置,知道社区是整个城市的一部分。

2. 社区的人们

教师把社区的一些工作人员请进幼儿园,请他们介绍自己的职业和工作,使幼儿明白社区中的人们互相联系、相互帮助,共同分享劳动成果,愉快地生活。

3. 社区的环境

教师带领幼儿参观社区,增加幼儿对社区的感性认识,使幼儿知道社区是由不同的家庭、街道、建筑物等组成,社区的环境是独一无二的。

4. 社区的活动

教师组织幼儿走进社区游览,使幼儿从中体会到社区中有多种服务机构(如汽车站、火车站、地铁站、飞机场、码头、加油站、维修站),能为人们提供不同的旅行方式(如乘出租车、公交车、汽车、火车、轮船、飞机),帮助人们顺利地到达目的地。

5. 社区的安全

教师给幼儿播放影像,使幼儿意识到派出所、公安局维持社会治安,消防站保证人们的安全。

6. 社区的健康

教师通过看图讲述、情景回忆等形式,帮助幼儿认识到医院、药店、超市药柜是人们检查疾病、打针买药的地方,医生、护士、店员能给人们的健康带来福音。

7. 社区的食物

教师通过参观、看录像等方式,帮助幼儿了解食物来自不同的地方;农民种植农作物、蔬菜、水果,饲养家禽家畜;农作物、动植物经过加工处理后才能食用;人们能在许多地方购买食品。

8. 社区的交往

教师通过参观、观看图片等形式,帮助幼儿认识到邮电局、广播站、电视台、图书馆、报社、出版社、气象预测站等都能为人们的交往提供广泛的、独特的信息。

(二)节日娱乐活动

寓教于乐是幼儿园社会教育的重要形式。教师可通过"贺圣诞"、"迎新年"的活动,帮助幼儿认识中西文化的异同点;还可通过庆祝"国际妇女节"、"国际劳动节"、"建军节"、"教师节"、"国庆节"等节日,培养幼儿对母亲、工人、解放军、教师、祖国的热爱之情。

(三)参观游览活动

多姿多彩的社会生活为幼儿的社会教育提供了广阔的天地。教师应有目的、有计划地组织幼儿参观一些重要的社会设施、历史建筑、文化名胜,以萌发幼儿对社会美的认识;还应结合"春游"、"秋游"、"郊游"、"远足"等活动,带领幼儿到大自然中去观察、体验,以增加幼儿对自然美的认识,使幼儿能够珍惜生命、保护环境、热爱生活。

(四)情景表演活动

为了对幼儿进行某方面的社会教育,教师可创设一定的情景,通过特定的情节,再现某种社会现象,以此来生动活泼地对幼儿进行教育。例如,为了培养幼儿的"勇敢"精神,教师邀请一名幼儿合作表演这样一个情景:天下起了鹅毛大雪,路上的积雪又厚又滑;妈妈要背着孩子去上幼儿园;孩子不同意,坚持要自己撑伞行走;妈妈夸孩子真能干,真勇敢。

(五)实践锻炼活动

幼儿社会性的发展,不仅有赖于其社会认知水平的提高、社会情感能力的增强,而且更依赖于幼儿社会行为的形成。因此,教师通过实践活动来训练、强化幼儿的社会行为就显得尤为重要。比如,为了培养幼儿热爱劳动的行为,教师除了为幼儿安排"收碗筷"、"擦桌子"、"扫地"等室内活动以外,还为幼儿创设了"种菜"、"锄草"、"植树"等室外活动,以帮助幼儿养成爱劳动的好习惯。

二、非正规的社会教育活动的实施

非正规的社会教育活动是隐蔽的、潜在的社会教育活动,它是正规的社会教育活动的补充和延伸,是幼儿获取关于社会的知识、态度和能力所不可缺少的重要形式,具有潜在性和非预期性的特点。因此,教师要重视发挥其在幼儿社会教育过程中的积极作用,把社会教育的内容和要求融进幼儿的一日活动之中。

(一) 日常生活活动

日常生活活动包括晨间接待、餐点、盥洗、整理、散步、午睡、起床等多项活动。在这些活动中,教师可把社会教育的要求渗透进去,不仅能培养幼儿的自我服务能力、独立生活能力、为集体服务的精神,而且还能对幼儿进行交通规则教育和爱国主义教育等。例如,在晨间接待以后,教师可组织幼儿开展听国歌、看升国旗的活动,以此对幼儿进行热爱祖国的教育。再如,在午睡起床以后,教师可带领幼儿到附近的马路上去散步,指导幼儿观看交警叔叔阿姨如何指挥交通,就能使幼儿懂得"红灯停,黄灯等,绿灯行"、行人要走人行道等交通规则。

(二) 领域教育活动

幼儿园的健康、语言、科学、艺术等领域的教育教学活动都蕴藏着丰富的社会教育资源,教师都要注意挖掘和利用。例如,在语言课上,当教师教幼儿学习儿歌《给姥姥》(糖豆多,糖球少;球球大,豆豆小;我吃糖豆豆,糖球给姥姥)时,就应很好地挖掘其中社会教育的因素,对幼儿进行热爱长辈、孝敬老人的教育。再如,在音乐课上,当教师教幼儿学跳蒙族舞蹈时,可适时向幼儿介绍蒙古族人的服装、生活环境、饮食习惯,并与汉族、维吾尔族、藏族、朝鲜族等进行比较,使幼儿感受到我们生活在一个幅员辽阔的多民族国家的快乐。

(三) 角色游戏活动

角色游戏是幼儿最喜欢的一种游戏活动,教师可以角色的身份、游戏的口吻,适时介入,巧妙引导,以此达到对幼儿进行社会教育的目的。例如,在"银行"游戏活动中,教师为幼儿设立了"咨询区"和"取款机";当发现幼儿全都拥挤在"取款机"前面,争着要"取款"时,教师便扮演了"保安人员"的角色,要求大家都排好队,站在"一米线"以外,依次等候"取款"。这样就能使幼儿学会在社会生活中所必须遵守的一些基本规则。

(四)交往互助活动

同伴之间的交往互助活动对幼儿的社会化有着重要的影响,教师应注意观察,善于把握时机,激发幼儿交往、合作的需要。例如,在自由活动中,教师鼓励幼儿自由结伴,开展小组配对活动:一个幼儿讲故事,另一个幼儿听故事;一个幼儿躺在地上,另一个幼儿帮助他画下身体的轮廓;一个幼儿说谜语,另一个幼儿猜谜底。这样就能使幼儿感受到与同伴一起活动的乐趣,学会珍惜彼此之间的友谊。

(五)随机教育活动

教师要善于抓住偶发事件,捕捉时机,把握契机,随时随地地对幼儿进行社会教育。教师可通过提问、谈话、赞叹、表情、动作等方式,启发、暗示幼儿应该如何去做,或引导幼儿对事件进行讨论,发表个人观点,以达到强化良好行为、削弱不良行为的目的。比如,当教师发现周洁和李刚两位小朋友正在抬体育活动要用的垫子时,她就对身旁的其他幼儿说:"你们看,周洁和李刚两位小朋友多聪明啊,他们想出了一个互相帮助的好办法,共同完成了老师交给的任务。我想你们也会这样做的。"

(六)环境渗透影响

幼儿园环境对幼儿的社会教育具有潜移默化的影响。幼儿园环境包括物质条件和文化条件。一方面,幼儿园的物质条件(如房屋、设备、器械、材料)制约着幼儿的发展。因此,教师要为幼儿提供丰富多彩的活动器材,鼓励幼儿自由选择材料,发展自己的兴趣爱好,塑造良好的个性特征。例如,在"挖土机真能干"的活动中,幼儿既能用纸笔去画或用泥巴去捏挖土机,也能用积木去搭或用纸盒去做挖土机。

另一方面,幼儿园的文化条件(如活动室的布置、师幼关系、同伴关系)也影响着幼儿的发展。据此,教师首先要注意安排好活动室的立体空间和平面空间,应根据季节、主题教育活动的需要,作出相应的布置和调整,以增加幼儿对集体的归属感。比如,教师和幼儿一起收集废旧易拉罐后,便分工合作,共同制作"东方明珠电视塔"的墙饰;幼儿个子矮,就负责粘贴塔基,而教师个子高,就负责粘贴塔尖。其次,教师要重视创设民主平等的师幼关系,在幼儿的一日生活中,时时处处尊重幼儿,关心幼儿,使幼儿感受到教师理解他们、热爱他们,进而学会迁移积极的情感。最后,教师要帮助幼儿建立良好的同伴关系,使幼儿在一起能愉快合作、共同分享、互相关心、互相帮助、不断进步。

第六节 幼儿园社会教育活动的观察

在对幼儿实施社会教育活动时,教师要及时地加以观察和记录,以便科学合理地评价幼儿,为幼儿设计更适宜的社会教育活动。

图 5-6-1　上海儿童博物馆

一、观察的意义

了解幼儿是教师进行幼儿园社会教育活动的前提条件,而观察则是教师了解幼儿最基本、最有效的途径。通过观察,教师能直接了解到幼儿关于社会的知识、技能、能力和态度,以便更有效地为幼儿设计社会教育活动。比如,在玩水区里,当教师看到王平和钱丁两个小朋友争抢水瓢的情景时(王平叫道:是我先拿到水瓢的;钱丁喊道:这是我的水瓢),就可推断出这两个幼儿还未能掌握友好相处的技能,因而决定为他俩设计轮流、分享、合作、谦让方面的社会教育活动。

二、观察的形式

在幼儿的一日活动中,教师都要做观察幼儿的有心人,挤出时间去观察幼儿,了解幼儿的基本情况和特殊情况。

(一) 要把全面观察与某方面观察结合起来

教师每天都要对幼儿进行全面观察,如观察幼儿的面部表情,语言的主动性、积极性,语气、语调、动作、体姿,和同伴之间的关系,在某一活动中停留的时间,操作材料的方式方法等。

教师还要对幼儿进行某方面的专门观察,如要获得幼儿选择材料的信息,就必须观察幼儿喜欢什么样的玩具、器械;是否对各种游戏材料进行探索;是选择同伴使用的材料,还是根据自己的爱好独立选择;哪种材料使幼儿的兴趣保持的时间最长;幼儿选择的材料是否具有传统的性别角色倾向(如男孩只玩枪,女孩只玩娃娃)。

(二) 要把普遍观察与重点观察结合起来

教师不仅要对全班幼儿进行普遍观察,而且还要对个别幼儿进行重点观察。比如,教师要获取某个幼儿使用材料的信息,就应注意观察这个幼儿是否每次都用相同的材料制作相同的东西,是否进行过新的尝试;是否很容易悲观失望;是否习得了新的技能;是邀请同伴加入游戏,还是应邀参加同伴的活动;是喜欢和教师一起游戏,还是喜欢和同伴一起游戏,或是独自一人游戏;是否有特别的朋友等。

(三) 要把有意观察与随机观察结合起来

幼儿在游戏中最容易体现自己的特点,教师应通过游戏来有目的、有计划地观察幼儿。在幼儿游戏的过程中,教师要注意观察幼儿是否通过游戏材料来表现自己的情感(如亲吻娃娃、拍打娃娃);是否能比较出材料的异同点;是否能讲出他们正在用材料制作什么;是否能描述玩具的大小、形状、颜色和功能;是否能设计出新的游戏主题,发起新的活动;是否能寻找对策,解决面临的问题;是否能在进行某种新尝试之前,对其结果进行预测。此外,教师还要在其他活动中对幼儿进行随机观察,以更好地了解幼儿。

三、观察的记录

教师要对观察的结果准确地加以记录,这是设计幼儿社会教育活动方案的重要依据;在幼儿的一日生活中或在幼儿下午离园以后,教师要花费一定的时间来做观察记录,并注意以下几个问题。

(一) 要全面地加以记录

教师要全面记录观察幼儿的地点、时间、日期等方面的信息。教师只有记录了观察的时间、地点,才能清楚地了解到幼儿社会交往的言语和行为产生的环境、情景、具体的时间和地点;只有记录了观察的日期,才能反复比较观察记录,看出幼儿是否随着年龄的增长而有所进步,进步的幅度有多大等。

(二) 要客观地加以记录

教师要客观记录幼儿的各种表现。教师只有用客观性语言对幼儿的社交言语、动作、表情进行描述,而不是用模棱两可的语言进行记述,才能保证记录真实再现当时的情景及与人物的关系。例如,教师应写下:"当李为跌倒时,他哭了。"而不应写成:"当李为跌倒时,他很不安。"因为前者更有利于教师对幼儿社会情感的发展作出科学的分析。此外,教师对幼儿同类情感表现的记录,也要细致、精确。比如,当观看喜剧小品表演时,"潘加哈哈大笑,笑弯了腰"、"金林用手捂着嘴,暗暗发笑"。这样,才有助于教师得出两个幼儿有着不同的情感特征的结论。

(三) 要及时地加以记录

教师要及时记录幼儿的多种信息。教师只有及时做观察笔记,才能准确、完整地保存所看到的幼儿社会性发展的各种信息。例如,教师要随时记下:哪些幼儿参加了哪些活动;在活动中,哪位幼儿说了什么,是怎么说的;哪位幼儿做了什么,是怎么做的。

(四) 要多种形式来记录

教师要用多种形式来记载幼儿的情况。教师只有通过不同的记录形式,才能获得有关幼儿社会性发展的更广泛更有价值的信息。图表是一种简便易行的形式,教师可多加利用。比如,为了记录幼儿在游戏活动中的社会行为,教师可利用表 5-6-1 来进行;为了记录幼儿的告状行为,教师可利用表 5-6-2 来进行;为了记录幼儿独立性的发展水平,教师可利用表 5-6-3 来进行。

表 5-6-1 幼儿在游戏活动中的社会行为观察记录表
(在符合幼儿情况的项目上打"√")

时间:＿＿年＿月＿日 星期＿ 上/下午＿时＿分 地点:＿＿＿＿ 记录者:＿＿＿＿

幼 儿			游戏行为的社会性			
学号	姓名	性别	观看同伴玩	自己玩	应邀参与同伴游戏	邀请同伴一起玩
1						
2						
3						
……						
35						

表 5-6-2 幼儿告状行为的观察记录表
(在符合幼儿情况的项目上打"√")

时间:＿＿年＿月＿日 星期＿ 上/下午＿时＿分 地点:＿＿＿＿ 记录者:＿＿＿＿

幼 儿			告 状 行 为					
学号	姓名	性别	时段	场所	事 件	性质	影响	结 果
1								
2								
3								
……								
35								

表 5-6-3 幼儿独立性发展水平的观察记录表
（在符合幼儿情况的项目上打"√"）

幼儿姓名：_____ 性别：_____ 班级：_____
记录时间：__年__月__日 上/下午__时__分 记录教师：_____

序号	活动类型	独 立 水 平				
		总是能	经常能	有时能	经常不能	总是不能
1	自己进餐					
2	自己盥洗					
3	自己如厕					
4	自己睡觉					
5	自己穿戴					
6	自选活动					
7	自选游戏					
……	……					

此外，教师还可以通过日记与传记、检查表、照片与微视频、手工作品与书法作品、绘画作品等形式来加以记录。

（五）科学分析记录

教师在记录幼儿社会性发展的现状以后，还要进行科学的分析。教师要注意检查所记录的信息是否全面；是否反映了幼儿在室内、外各种活动中的表现；是否反映了幼儿社会性发展的各种情况；是否呈现了幼儿在一日生活中的完整画面；是否反映了幼儿在家庭、社区中的情况；是否反映了幼儿的个性特点等。

第七节　幼儿园社会教育活动的评价

在对幼儿的社会教育活动进行观察和记录以后，教师还要以此为依据作出恰如其分的评价，以真正提高后续社会教育活动的质量。

一、评价的意义

教师对幼儿社会教育活动进行评价是很重要的，主要意义表现在以下几点。

图 5-7-1 江苏省常州市红梅公园

(一) 有利于促进幼儿的发展

通过评价,教师能了解幼儿的社会认知能力、解决问题能力、社会适应能力、交往能力、同伴关系等方面的情况,以促进幼儿更好地发展。例如,通过社会测量法,教师可了解幼儿在同伴中的社会地位和关系、社会适应能力的发展水平,以便于在今后的社会教育活动中,进行因材施教,调动"受欢迎"的幼儿的积极性,增强"受排斥"的幼儿的自律性,增强"孤独"的幼儿的自信心,促进全体幼儿的和谐发展。

(二) 有利于提高教育的质量

通过评价,教师能根据反馈信息,及时调整幼儿的社会教育活动,提高幼儿园社会教育的质量。例如,教师可凭借评价,知道所规定的社会教育任务是否完成,任务的难易度是否适当,是过高还是过低;所选择的社会教育内容是否合理,内容的范围是否适宜,是过宽还是过窄;所设计的社会教育活动是否恰当,活动的种类是否妥当,是过多还是过少等。如果幼儿社会教育的任务还未实现,那么教师就要反思其症结在哪里,如何加以改进;如果幼儿社会教育的任务已实现,那么教师就要预设下一阶段的教育任务及内容、实施步骤等。

二、评价的形式

教师对幼儿社会教育活动的评价形式是多种多样的,可从不同的角度来实施。

(一) 以时间为维度的评价形式

这种评价从时间上来讲,可分为:(1)每日评价。教师以记日记的形式,把当天发生的事情记录下来,分析社会教育活动的组织与安排,评价幼儿的社会认知、社会情感、社会行为等方面的情况。(2)每周、每月、每学期、每学年评价。教师在每天对幼儿评价的基础上,对幼儿进行每周评价;再在每周、每月、每学期评价的基础上,对幼儿进行每学年评价。

(二) 以主体为维度的评价形式

这种评价从主体上来讲,可分为:(1)教师评价。教师对幼儿园社会教育活动的任务、内容、途径以及幼儿社会性的发展水平进行评价。(2)家长评价。家长对幼儿社会化的进程、教师安排的社会教育活动活动进行评价。(3)幼儿评价。幼儿对社会教育活动、教师及家长的社会态度,自己的社会行为进行评价。

(三) 以客体为维度的评价形式

这种评价从客体上来讲,可分为:(1)个别评价。教师、家长对某个幼儿、对幼儿某方面的发展、对社会教育活动的某个环节进行评价。(2)全面评价。教师对全班幼儿、对幼儿全方位的发展、对整个社会教育活动进行评价。

三、评价的方法

教师对幼儿社会教育活动的评价方法是各式各样的,应机智地加以运用。

(一) 教育实验法

教育实验法是用来探讨幼儿园社会教育过程中各种教育途径、教育方法的有效性的一种方法。例如,为了了解情景表演、木偶戏、音频、视频、图书、图片对幼儿社会认知发展的影响程度,教师可把幼儿随机分成六组,分别利用这六种媒体对幼儿进行教育,一段时间以后,再对幼儿进行测查,如果哪组幼儿认知发展水平提高得最快,则表明运用于这组幼儿的教育媒体最有效。

(二) 社会测量法

社会测量法是通过设置一个情境,让班级中的幼儿按照自己的意愿,选择或拒绝游戏活动伙伴,教师据此来分析幼儿之间相互吸引或排斥的心理关系的一种方法。它可通过三种不同的方式来进行。

1. 同伴提名

教师按照某种标准(正面或反面),让幼儿从众多的同伴中进行选择提名。比如,教师把全班幼儿的集体照片呈现给幼儿,要幼儿指出自己最喜欢(或最不喜欢)的那个幼儿,以此来评价每个幼儿在同伴心目中的地位。

2. 同伴比较

教师按照某种标准(正面或反面),让幼儿对每组、每对同伴进行比较提名。例如,教师随机把全班幼儿的照片加以组合、两两配对,要幼儿从中进行比较,选择最喜欢(或最不喜欢)和谁一起做游戏,以此来评判每个幼儿被同伴接受(或拒绝)的程度。

3. 同伴评定

教师让全班幼儿对每个同伴的受欢迎、被排斥的程度作出评价。比如,教师为幼儿提供全班幼儿的个人照片,要幼儿把自己喜欢的同伴放在左边,把自己不喜欢的同伴放在右边。据此,教师可以推断出每个幼儿对同伴的态度以及与同伴之间的关系。

教师在使用社会测量法评价幼儿的社会性时,要注意尽可能利用正面标准;随着幼儿年龄的增长,到了中班,特别是大班,更应多用此种方法。

(三) 其他方法

幼儿园社会教育的内容极其广泛,教师在评价幼儿社会性某方面的发展水平时,应从实际情况出发,选用不同的方法。

1. 评价幼儿社会认知水平的方法

当教师评价幼儿的社会认知发展水平时,可采用以下几种方法。

(1) 游戏规则法。教师利用游戏的规则向幼儿提出问题,要求幼儿进行回答。例如,当幼儿玩"丢手绢"的游戏时,教师询问幼儿:"这个游戏的规则是什么?""这个游戏的规则是不是总是这样的?""它能不能改变?"如果幼儿认为游戏规则具有人为性和可变性,那则表明这个幼儿的社会认知发展水平较高;反之亦然。

(2) 故事难题法。教师在向幼儿讲述故事时,向幼儿提出有关社会道德的难题,要求幼儿进行回答。比如,教师利用图片,对幼儿编讲两个故事。第一个故事:妈妈(爸爸)洗碗时,小明帮助妈妈(爸爸)把碗送到碗橱里,一不小心,打碎了3只碗。第二个故事:妈妈(爸爸)做饭时,小方吵着要吃巧克力,妈妈(爸爸)不同意,说马上就要吃晚饭了;小方生气了,故意把桌上的1个饭碗摔碎在地上。当两个故事讲完以后,教师可问幼儿:"老师刚才讲的这两个故事,你听懂了吗?""第一个故事里的小明做了什么?""第二个故事里的小方做了什么?""如果你是妈妈(爸爸),你觉得更应该批评谁?"从幼儿的回答中,教师可以判断出这个幼儿的社会道德评价水平是处于客观性阶段,还是处于主观性阶段;是属于他律水平,还是属于自律水平。

2. 评价幼儿社会情感水平的方法

当教师评价幼儿的社会情感发展水平时,可选用以下几种方法。

(1) 投射测验法。教师在给幼儿讲故事时,先讲述主人公的行为,后要求幼儿讲故事的结局。例如,为了评价幼儿的内疚感和责任心,教师可先为幼儿编讲这样一个故事:星期五轮到李强小朋友做值日生,他本该给自然角金鱼缸里的小金鱼喂好食物以后才回家的,可是,他忘了喂食就回家了;两天后的星期一早晨,小朋友来到班级时,发现小金鱼全都被饿死了。教师可让每个幼儿分别续讲李强会怎样做,以此来判断幼儿的内疚感和责任心的发展状况。

(2) 移情测验法。教师设计可引起幼儿移情的情景,测量幼儿对别人情感的各种体验。比如,为了测验幼儿的同情心,教师可以先给幼儿放一段"聪聪的生日晚会"的短视频,然后再分别向幼儿提问(如"你心里觉得怎么样"),最后再根据幼儿的答案来作出评价。如果幼儿回答的情感体验与短视频中主人公的情感体验比较相似、较为一致(如"心里觉得很高兴"),那就表明该幼儿具有同情心;反之亦然。

3. 评价幼儿社会行为水平的方法

当教师评价幼儿的社会行为发展水平时,可运用以下几种方法。

(1)自然测验法。教师在自然环境中,测量幼儿自然发生的各种社会行为。例如,为了评价班级第一小组幼儿社会行为的发展水平,教师在自由游戏活动中,就集中精力对这组幼儿进行观察和记录,评价他们在这段时间内的种种表现,如是独自一人玩还是与同伴一起玩,使用了什么游戏材料,是如何使用游戏材料的。

(2)情景测验法。教师在一个设计好的情景中,对所要研究的幼儿的某种社会行为加以诱导,并进行观察、记录与分析。比如,为了评价幼儿是否能与同伴分享,教师创设了一个情景。先在活动室里给中(1)班的每个幼儿发放5个五角星,并告诉他们:可用这些五角星到储藏室的玩具柜上,换取自己所喜欢的几个玩具(有的玩具只要用1个五角星换,有的玩具则要用2个或3—5个五角星换)。接着又对幼儿说:中(2)班的小朋友因为没有五角星,所以他们得不到任何玩具,要是你愿意的话,你就往储藏室里的小碟子上放些五角星(碟中已有几个五角星,这样幼儿就会以为教师不知道自己是否放了)。然后教师分别让每个幼儿去换玩具。当幼儿从储藏室回来以后,教师走进去,数一数碟子上的五角星数量,就能知道某个幼儿放没放、放了几个。

(3)等级评定法。教师、家长、幼儿同伴对幼儿的社会行为进行概括性的等级评定。比如,教师先把幼儿的助人行为分为五个等级:很乐于助人、较乐于助人、一般化、较不乐于助人、很不乐于助人;然后再把全班幼儿分别归入其中的某个级别(如表5-7-1所示),这样就能知道全班每个幼儿助人为乐行为的发展状况(如王伟、张江做得较好,丁兵、崔芳做得较差)。

表5-7-1 幼儿助人行为评价表
(在符合幼儿情况的等级上打"√")

评价时间:___年__月__日 星期__ 上/下午 __时 评价者:_____

幼 儿			评 价 等 级				
学号	姓名	性别	很乐于助人	较乐于助人	一般化	较不乐于助人	很不乐于助人
1	王伟	男	√				
2	李红	女			√		
3	丁兵	男				√	
4	张江	男			√		
5	崔芳	女					√
30	……	……					

第八节　幼儿园社会教育活动的案例

图 5-8-1　浙江省科技馆

幼儿园的社会教育活动可以幼儿为视角，围绕某个主题或节日展开，充分运用幼儿的多种感官，提高活动的质量。现以"我是美食家：品尝月饼"、"我是糕点师：制作粽子"、"我是按摩师：孝敬长辈"、"我是宣讲员：赞美祖国"、"我是旅行家：环游世界"为例，分别加以说明。

一、我是美食家：品尝月饼

（一）活动目标

（1）通过庆祝中秋佳节，帮助幼儿了解我国的传统文化，体验团圆欢乐的节日气氛。
（2）通过品尝各种月饼，发展幼儿的嗅觉和味觉，提高幼儿的分享能力和表达能力。

（二）活动准备

（1）儿童歌曲《爷爷为我打月饼》及播放设备。
（2）儿歌《香甜的月饼》及相关图画。
（3）不同口味、不同馅心、不同产地、不同饼皮的月饼。

(4) 大盘子、小刀、小盘子、小叉子、小杯子、小毛巾、饮用水。

(5) 在班级的"气象角"里,注意摆放好月亮的形状和位置,以引起幼儿的兴趣。

(6) 在班级的"家长园地"里,介绍"嫦娥奔月"的美丽传说,祝贺大家"中秋节快乐",以引起家长的关注。

(三) 活动过程

1. 欣赏歌曲

(1) 教师播放儿童歌曲《爷爷为我打月饼》,并和幼儿一起欣赏、吟唱:八月十五月儿明呀,爷爷为我打月饼呀,月饼圆圆甜又香呀,一块月饼一片情呀;爷爷是个老红军呀,爷爷对我亲又亲呀,我为爷爷唱歌谣呀,献给爷爷一片心呀。

(2) 教师和幼儿一起讨论总结:八月十五,月亮很圆;月饼的形状是圆形的,月饼的味道是香甜的。

2. 说唱儿歌

(1) 教师呈现图画,并和幼儿一起说唱儿歌《香甜的月饼》:八月十五月正圆,中秋月饼香又甜;八月十五月儿高,月亮婆婆生日到;甜月饼、红柿子,苹果、香蕉、紫葡萄;送给婆婆过生日,婆婆对着我们笑。

(2) 教师和幼儿一起讨论总结:八月十五是中秋节,明月高照,月饼香甜。

3. 品尝月饼

(1) 教师分别呈现不同口味的月饼,和幼儿一起品尝,使幼儿体会到甜味是月饼的主要味道,此外还有咸味、咸甜味、麻辣味。

(2) 教师分别呈现不同馅心的月饼,和幼儿一起品尝,使幼儿体验到月饼馅心有五仁的,也有豆沙的,此外还有冰糖的、芝麻的、百果的、水果的、蔬菜的、蛋黄的、莲蓉的、火腿的。

(3) 教师分别呈现不同产地的月饼,和幼儿一起品尝,使幼儿认识到月饼有苏式的,也有广式的,此外还有京式的、宁式的、潮式的、滇式的。

(4) 教师分别呈现不同饼皮的月饼,和幼儿一起品尝,使幼儿意识到月饼的饼皮有浆皮的,也有混糖皮的,此外还有酥皮的。

4. 畅谈美味

(1) 教师和幼儿一起交流分享:吃了哪几种口味的月饼?最喜欢哪一种口味的月饼?

(2) 教师和幼儿一起交流分享:吃了哪几种馅心的月饼?最喜欢哪一种馅心的月饼?

(3) 教师和幼儿一起交流分享:吃了哪几个产地的月饼?最喜欢哪一个产地的月饼?

(4) 教师和幼儿一起交流分享:吃了哪几种饼皮的月饼?最喜欢哪一种饼皮的月饼?

(四) 活动延伸

(1) 教师带领幼儿参观幼儿园附近的食品店、超市的食品区,了解月饼的味道、种类和摆放。

(2) 教师在班级的区角中开设"食品店",欢迎"顾客"来品尝各种月饼。

(3) 教师指导家长在家庭中,和孩子一起品尝月饼,欣赏月光。

（4）教师启发幼儿在班级的晨间活动时，和同伴交流家中吃月饼赏月亮的趣事。

二、我是糕点师：制作粽子

（一）活动目标

（1）通过庆祝端午节，帮助幼儿了解中国的传统文化，体验大家一起吃粽子的快乐。

（2）通过制作粽子，帮助幼儿了解粽叶、粽馅的特点，发展幼儿的手眼协调能力、小肌肉活动能力、分享合作能力。

（二）活动准备

（1）唐代文秀所作的《端午》诗歌及相关图画。

（2）朱宣咸中国画《端阳佳节》。

（3）糕点师的帽子、围裙。

（4）粽叶、棉线、糯米、红豆、火腿肉、板栗、红枣、绿豆。

（5）在"家长园地"上简介这一活动。

（6）邀请会包粽子的家长志愿者来班级，教幼儿包粽子。

（三）活动过程

1. 听讲古诗

（1）教师呈现图画，并给幼儿朗读唐代文秀的诗歌《端午》："节分端午自谁言，万古传闻为屈原。堪笑楚江空渺渺，不能洗得直臣冤。"

（2）教师告诉幼儿这首诗的大意是：端午节大概是从什么时候开始的呢？为什么而设立的呢？这源自民间传说，是为了纪念爱国诗人屈原。屈原站在楚江上追思，发现眼前一片烟波浩淼，空空荡荡，便轻蔑地笑了，为什么如此宽阔的大江，就不能包容一颗爱国的心呢？就不能为敢于说真话的人洗刷冤屈呢？

（3）教师和幼儿一起讨论总结：端午节是为了纪念战国时代楚国诗人屈原，他在五月初五这天投汨罗江自尽殉国。

2. 欣赏名画

教师呈现朱宣咸中国画《端阳佳节》，指导幼儿加以欣赏，注意观看粽子的造型和颜色。

3. 看包粽子

教师邀请家长志愿者一边向幼儿演示粽子的制作过程，一边进行讲解：（1）选2—3片粽叶，把这些粽叶错开折叠，即上面的粽叶要压住下面粽叶的一半。（2）把粽叶折叠成漏斗形状。（3）在这个漏斗中，先放一小半糯米，再放几粒红枣或其他馅料，然后再放点糯米把红枣盖住；糯米和漏斗口要持平，太少了粽子会很瘦，太多了又会包不住。（4）折叠粽叶，使粽叶把糯米全部包住。（5）用棉线缠绕粽子4—5圈，系上活扣，这样吃粽子时就容易解开了。

4. 学包粽子

教师和幼儿一起戴上帽子，系好围裙，跟着家长志愿者学包粽子；教师鼓励幼儿根据自己的喜好挑选馅料,包成粽子。

5. 烹饪粽子

教师和幼儿一起把包好的粽子,送到幼儿园的厨房里去煮熟,然后大家一起品尝。

(四) 活动延伸

(1) 教师在班级的区角里设立"加工厂",鼓励幼儿利用不同的"馅料",制作粽子。
(2) 教师提醒家长在家里和孩子一起包粽子,充分体验亲子共同制作的无穷乐趣。

三、我是按摩师:孝敬长辈

(一) 活动目标

(1) 通过妇女节、母亲节、父亲节、重阳节,帮助幼儿了解"百善孝为先"的中华民族优良传统。
(2) 通过日常活动,帮助幼儿形成尊敬长辈、关爱长辈的意识和行为。
(3) 通过家园合作共育,帮助幼儿形成孝敬长辈的良好行为习惯。

(二) 活动准备

(1)《黄香温席》的典故及图画。
(2)《常回家看看》的歌曲及播放设备。
(3) 在"家长园地"上贴出活动简介,请家长给孩子讲讲自己是如何关爱父母的,抽出时间,买点礼物,带着孩子去探望老人,帮助老人做点家务事。
(4) 邀请家长来班级,参与孩子的活动。

(三) 活动过程

1. 听讲故事

(1) 教师边呈现图画,边给幼儿讲解《黄香温席》的故事:黄香小的时候,家中生活十分艰苦;他9岁时,母亲就不幸去世了,他非常悲伤;他本来就非常地孝敬父母,在母亲生病期间,他一直不离左右,守护在母亲的病床前;母亲去世后,他对父亲更加地关心,尽量让父亲少操心;在炎热的夏天,为了能让父亲休息好,他晚饭后,总是拿着扇子,把蚊蝇扇跑,还要扇凉父亲睡觉的床和枕头,使劳累了一天的父亲能早些入睡;在寒冷的冬天,为了能让父亲少挨冷受冻,他读完书后,便悄悄地走进父亲的房间,给他铺好被子,然后脱了衣服,钻进父亲的被窝里,用自己的身体,温暖了冰冷的被窝之后,才招呼父亲睡下。
(2) 教师指导幼儿进行总结:黄香是个孝子,在酷夏时,能为父亲扇凉枕席;在寒冬时,能用身体为父亲温暖被褥;他的孝心值得我们好好学习。
(3) 教师启发幼儿进行讨论:我们应该如何向黄香学习呢?在夏天,我们能为父母做点什么事呢?在冬天,我们能为父母做点什么事呢?在春天,我们又能为父母做点什么事呢?在秋天,我们还能为父母做点什么事呢?

2. 吟唱歌曲

(1) 教师播放《常回家看看》的歌曲，和幼儿一起聆听、吟唱：找点儿空闲，找点儿时间，领着孩子，常回家看看。带上笑容，带上祝愿，陪同爱人，常回家看看。妈妈准备了一些唠叨，爸爸张罗了一桌好菜。生活的烦恼跟妈妈说说，工作的事情向爸爸谈谈。常回家看看，回家看看，哪怕帮妈妈刷刷筷子洗洗碗。老人不图儿女为家作多大贡献，一辈子不容易就图个团团圆圆。常回家看看，回家看看，哪怕给爸爸捶捶后背揉揉肩，老人不图儿女为家作多大贡献，一辈子总操心就盼个平平安安。

(2) 教师和幼儿一起讨论：我们从这首歌曲中明白了什么道理？我们应该如何去做？我们应该如何尊敬长辈、关爱长辈、帮助长辈？

3. 按摩活动

(1) 教师指导幼儿开展"我是按摩师"的活动，并请家长给予配合，接受"按摩"。

(2) 教师指导幼儿询问家长：你觉得哪里不舒服呢？我给你按摩一下吧？你现在是否觉得舒服一点了呢？以此来使幼儿学习关爱长辈的言语。

(3) 教师指导幼儿用自己的双手给家长"按摩"：从头部按到肩部、腰部、手臂，再到腿部，以此来培养幼儿关爱长辈的行为。

（四）活动延伸

(1) 教师指导幼儿在班级的区角里，创设"按摩院"，给幼儿提供更多的关爱别人的时机，以强化幼儿的良好行为习惯。

(2) 教师提醒家长在家庭日常生活中，给孩子提供更多的帮助长辈的机会，以巩固孩子言行一致的良好行为习惯。

四、我是宣讲员：赞美祖国

（一）活动目标

(1) 帮助幼儿了解祖国各地的地域方言、美食文化、著名建筑等。

(2) 培养幼儿热爱家庭、热爱家乡、热爱祖国的美好情感。

（二）活动准备

(1) 教师在班级的墙壁上，悬挂一张中国地图，有关省、市、自治区的地图。

(2) 教师在班级的展台上，摆放全国各地的一些特产。

(3) 教师在班级的桌椅上，陈列《舌尖上的中国》的纪录片及播放设备。

(4) 教师在班级的桌椅上，摆放全国各地的一些旅游景点图片、照相机。

(5) 教师在班级的桌椅上，陈列《我的中国心》的歌曲及播放设备。

(6) 教师在班级的"家长园地"上，公布活动的信息，请家长给予相应的帮助。

(7) 教师提醒幼儿回到家里，询问家长有关自己和家人出生地的各种信息。

(三) 活动过程

1. 谈话活动

(1) 教师分别向幼儿提出以下各个问题：你是哪个地方的人？你的爸爸、妈妈是哪个地方的人？你的爷爷、奶奶是哪个地方的人？你的外公、外婆是哪个地方的人？

(2) 教师和幼儿一起在中国地图上把这些地方一一找出来，并用标识把它表示出来。

(3) 教师鼓励幼儿说几句地域方言，给大家听听。例如，幼儿如果是上海人，教师就鼓励其讲几句上海话；幼儿如果是湖南人，教师就鼓励其讲几句湖南话；幼儿如果是江西人，教师就鼓励其讲几句江西话；幼儿如果是广东人，教师就鼓励其讲几句广东话。

2. 餐饮活动

(1) 教师启发幼儿想一想家乡的饮食有什么特点。例如，是吃米饭为主还是吃面食为主？吃的食物是偏甜的，偏咸的，还是偏辣的？

(2) 教师鼓励幼儿说一说自己喜欢吃哪些食物。例如，是否喜欢吃北京的茯苓夹饼、天津的"狗不理"包子、云南的过桥米线、新疆的哈密瓜、山东的苹果、上海的五香豆等。

(3) 教师提示幼儿在班级的展台上，挑选一种自己最喜欢吃的食物，并和同伴分享体验。

(4) 教师播放《舌尖上的中国》的纪录片，和幼儿一起观赏祖国各地的美食生态，帮助幼儿了解中华饮食文化的精致和源远流长。

3. 摄影活动

(1) 教师出示某地的一个著名旅游景点图片，启发幼儿说出"这是什么景点"、"当地还有其他什么好看的景点"。例如，北京除了有长城以外，还有故宫、天坛、天安门等好看的景点；上海除了有外滩以外，还有豫园、上海博物馆、上海科技馆等好看的景点。

(2) 教师提示幼儿以自己喜欢的某个景点为背景，摆个独特新颖的造型，拍张照片。例如，幼儿可以选择云南省的路南石林为背景，摆个"千姿百态"的造型，拍照留念；也可以选择四川省的九寨沟为背景，摆个"山水相连"的造型，拍照留念；此外还可以选择江苏省的中山陵为背景，摆个"博爱无边"的造型，拍照留念；或选浙江省的西湖为背景，摆个"美丽动人"的造型，拍照留念。

4. 联欢活动

(1) 教师播放《我的中国心》的歌曲：河山只在我梦萦，祖国已多年未亲近，可是不管怎样也改变不了我的中国心。洋装虽然穿在身，我心依然是中国心，我的祖先早已把我的一切烙上中国印。长江、长城、黄山、黄河在我心中重千斤，无论何时，无论何地，心中一样亲。流在心里的血，澎湃着中华的声音，就算身在他乡也改变不了我的中国心。

(2) 教师和幼儿一起载歌载舞，大家共同赞美祖国，为自己是个中国人而感到骄傲和自豪。

5. 搭建活动

教师鼓励幼儿在班级的"建筑区"里，搭建自己所喜欢的某个地区的著名建筑物，并表现出其特色。例如，搭建北京的长城时，要突出其"绵延漫长"的造型特点；搭建上海的东方明珠电视塔时，要突出其"高耸入云"的造型特点；搭建武汉的黄鹤楼时，要突出其"四面八方"

的设计特点;搭建拉萨的布达拉宫时,要突出其"迂回曲折"的设计特点。

(四) 活动延伸

(1) 教师指导幼儿在班级的表演区里,扮演"小导游",带领"旅游团"到全国各大风景点去游玩。

(2) 教师提醒家长要更好地利用节假日的时间,多带孩子外出游玩,让孩子亲身感受到祖国山河的美丽壮观。

五、我是旅行家:环游世界

(一) 活动目标

(1) 帮助幼儿了解世界上一些主要国家及其特色,丰富幼儿的社会知识。
(2) 培养幼儿的多元文化意识,发展幼儿的社会交往能力。

(二) 活动准备

(1) 教师和幼儿一起上网,查看"护照"的样本,和幼儿一起制作"护照",每人一本,在上面写下姓名、性别、年龄、国籍、护照编号等信息。

(2) 教师和幼儿一起上网,查找各国的标志性建筑物、动物、植物、食物、服饰,以此作为该国的标志,制作印章。

(3) 教师在班级的墙壁上,悬挂一张世界地图;在班级的桌子上,摆放一个地球仪。

(4) 教师在班级的展台上,摆放《向世界出发》的电视节目资源及播放设备。

(5) 教师在班级布置五个区角,代表五大洲,并用图片来装扮各个洲中的主要国家,此外还鼓励幼儿把家中亲朋好友出国游玩的照片陈列在此。

(6) 教师和幼儿一起制作"导游"需举的小旗子,"游客"需戴的小帽子。

(三) 活动过程

1. 观赏录像

教师选择《向世界出发》的电视节目的片断加以播放,和幼儿一起观赏、交流世界各地的美景和风俗。

2. 畅游简介

教师举着小旗子,扮演"导游";幼儿戴上小帽子,扮演"游客"。

"导游"指着世界地图、地球仪,告诉"游客":今天我要带大家去环游世界了,我们先去五大洲中最大的亚洲,后去第二大的美洲,再去第三大的非洲、第四大的欧洲,最后去最小的大洋洲。

3. 逛游亚洲

"导游"带领"游客"来到区角中的亚洲后,(1) 指导"游客":仔细观看四周的环境,看看这几个国家各有什么特点。(2) 提问"游客":日本这个国家有什么好看的、好玩的、好吃的?

新加坡这个国家有什么好看的、好玩的、好吃的？韩国这个国家有什么好看的、好玩的、好吃的？印度这个国家有什么好看的、好玩的、好吃的？（3）鼓励"游客"：说出日本有好看的和服、樱花，好吃的章鱼烧；新加坡有好看又好玩的圣淘沙海滩、鱼尾狮公园；韩国有好看又好吃的菊花糕、小鱼饼；印度有好看的舞蹈、荷花。（4）提示"游客"：用你喜欢的印章在"护照"上盖一下，表明你到此游过了。

4. 游览美洲

"导游"带领"游客"来到区角中的美洲后，（1）指导"游客"：仔细观看四周的环境，看看这几个国家各有什么特点。（2）寻问"游客"：美国这个国家有什么好看的、好玩的、好吃的？加拿大这个国家有什么好看的、好玩的、好吃的？墨西哥这个国家有什么好看的、好玩的、好吃的？巴西这个国家有什么好看的、好玩的、好吃的？（3）鼓励"游客"：说出美国有好看的白宫、金门大桥，好玩的首都儿童博物馆；加拿大有好看的枫树、枫叶，好吃的枫糖浆；墨西哥有好看的仙人掌，好吃的玉米饼；巴西有好看的足球、桑巴舞，好吃的烤肉。（4）提示"游客"：用你喜欢的印章在"护照"上盖一下，表明你到此游过了。

5. 游玩非洲

"导游"带领"游客"来到区角中的非洲后，（1）指导"游客"：仔细观看四周的环境，看看这几个国家各有什么特点。（2）寻问"游客"：埃及这个国家有什么好看的、好玩的、好吃的？南非这个国家有什么好看的、好玩的、好吃的？（3）鼓励"游客"：说出埃及有好看的金字塔、狮身人面像，好吃的大饼、蚕豆；南非有好看的帝王花，好吃的巧克力。（4）提示"游客"：用你喜欢的印章在"护照"上盖一下，表示你到此游过了。

6. 逛游欧洲

"导游"带领"游客"来到区角中的"欧洲"后，（1）指导"游客"：仔细观看四周的环境，看看这几个国家各有什么特点。（2）寻问"游客"：俄罗斯这个国家有什么好看的、好玩的、好吃的？英国这个国家有什么好看的、好玩的、好吃的？德国这个国家有什么好看的、好玩的、好吃的？法国这个国家有什么好看的、好玩的、好吃的？西班牙这个国家有什么好看的、好玩的、好吃的？（3）鼓励"游客"：说出俄罗斯有好看的向日葵、克里姆林宫，好玩的夏宫、冬宫，好吃的黑面包；英国有好看的大本钟、白金汉宫、伦敦塔桥，好玩的大英博物馆，好吃的炸鱼、炸薯条；德国有好看的勃兰登堡门、无忧宫、科隆大教堂，好吃的香肠；法国有好看的巴黎凯旋门、埃菲尔铁塔、卢浮宫、巴黎圣母院，好吃的蜗牛；西班牙有好看的斗牛舞，好吃的炸鱿鱼。（4）提示"游客"：用你喜欢的印章在"护照"上盖一下，表示你到此游过了。

7. 游览大洋洲

"导游"带领"游客"来到区角中的"大洋洲"后，（1）指导"游客"：仔细观看四周的环境，看看这几个国家有各什么特点。（2）寻问"游客"：澳大利亚这个国家有什么好看的、好玩的、好吃的？新西兰这个国家有什么好看的、好玩的、好吃的？（3）鼓励"游客"：说出澳大利亚有好看的悉尼歌剧院、黄金海岸，好玩的袋鼠、树袋熊，好吃的大龙虾；新西兰有好看的毛利人舞蹈、天空塔、海港大桥，好吃的羊肉、猕猴桃。（4）提示"游客"：用你喜欢的印章在"护照"上盖一下，表明你到此游过了。

(四) 活动延伸

(1) 教师在班级组织"旅游交流会",鼓励幼儿分享旅游的收获和快乐。
(2) 教师鼓励幼儿在家里扮演"小导游",带领家长这样的"大游客"去周游世界。

 本章小结

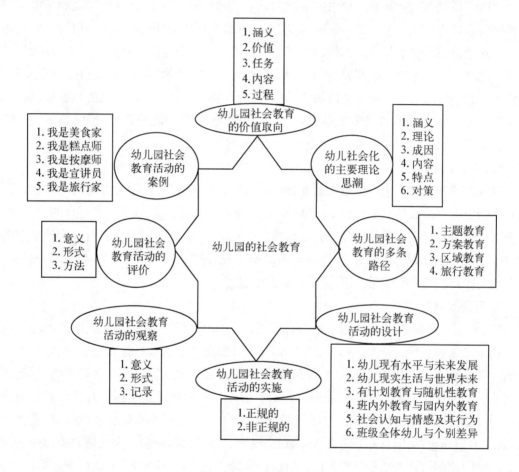

 本章思考题

1. 什么是幼儿园的社会教育?你认为幼儿园为什么要对幼儿进行社会教育?
2. 你认为幼儿园社会教育的任务应是什么?
3. 你是如何理解幼儿园社会教育的过程的?
4. 什么是幼儿的社会化?幼儿社会化的理论基础有哪些?幼儿社会化的主要特点是什么?你认为教师应如何促进幼儿的社会化?
5. 幼儿园社会教育的路径主要有哪些?你比较喜欢哪条路径?为什么?
6. 你认为教师在设计幼儿园社会教育活动时,应注意哪些事项?

7. 你认为教师在实施幼儿园社会教育活动时,应注意哪些事项?
8. 你认为教师在观察幼儿的社会活动时,应注意事些事项?
9. 你认为教师在记录幼儿的社会活动时,应注意事些事项?
10. 教师评价幼儿社会性发展的形式主要有哪些?你比较喜欢哪种形式?为什么?
11. 教师评价幼儿社会性发展的方法主要有哪些?你比较喜欢哪种方法?为什么?
12. 请你设计一个小班、中班,或大班幼儿的社会教育活动简案。
13. 请你设计一个教师带领幼儿参观博物馆、图书馆,或游览公园、动物园,或逛逛超市、菜市场的活动简案。

本章拓展学习

■ 阅读书目

1. 唐淑,孔起英.幼儿园艺术、健康和社会教育[M].南京:南京师范大学出版社,2010.
2. 于开莲.幼儿园社会教育[M].北京:人民教育出版社,2015.
3. 李焕稳.学前儿童社会教育[M].北京:北京师范大学出版社,2016.
4. 邹晓燕.学前儿童社会教育[M].北京:北京师范大学出版社,2017.
5. 刘丽.幼儿园社会教育资源[M].北京:人民教育出版社,2017.
6. 李贵希.幼儿社会教育与活动指导[M].北京:北京师范大学出版社,2013.
7. 王乃正,江夏.学前儿童社会教育与活动指导[M].长沙:湖南大学出版社,2015.
8. 徐慧.幼儿社会教育活动设计与指导[M].北京:北京师范大学出版社,2016.
9. 刘慧萍.幼儿园社会教育活动设计与指导[M].北京:北京师范大学出版社,2016.
10. 李生兰.学前教育概论[M].北京:北京大学出版社,2017.
11. 李生兰.幼儿园课程新论[M].北京:北京大学出版社,2018.
12. 李生兰.教师、家长带领幼儿参观博物馆活动方案[M].南京:南京师范大学出版社,2020.
13. C. Seefeldt, S. Castle, R.C. Falconer. Social studies for the preschool/primary child 6th edition[M]. London: Pearson, 2013.
14. E.A. Odhiambo, J.K. Chrisman, L. Nelson. Social studies and young children[M]. London: Pearson, 2015.

■ 浏览网站

1. 中华人民共和国教育部 http://www.moe.gov.cn.
2. 中国学前教育研究会 http://www.cnsece.com.
3. 山东学前教育网 http://www.sdchild.com.
4. 上海学前教育网 http://www.age06.com/Age06Web3.
5. 浙江学前教育网 http://www.06abc.com.
6. 广东幼儿教育网 http://www.06gd.com.
7. 全美幼儿教育协会 https://www.naeyc.org.
8. 澳大利亚学前教育研究会 https://www.earlychildhoodaustralia.org.au.
9. 南京博物院 http://www.njmuseum.com/html/default.html.

 **本章微型研究**

1. 幼儿园利用超市资源对儿童进行社会教育的研究

学生可围绕下面几个问题,设计问卷表、访谈提纲、观察提纲。

(1) 幼儿园附近是否有幼儿步行能到达的超市?

(2) 幼儿园每学期带领幼儿去几次超市?每次是星期几去?每次是上午去还是下午去?每次持续多长时间?

(3) 幼儿园为什么要带领幼儿走进超市?是因为教学的需要?还是因为幼儿的兴趣?或是其他什么原因?

学生对调查研究的结果进行分析,总结小、中、大班幼儿走进超市活动的异同点,指出存在的问题,提出改进的建议。

2. 幼儿园利用公园资源对儿童进行社会教育的研究

学生可围绕下面几个问题,设计问卷表、访谈提纲、观察提纲。

(1) 幼儿园附近是否有幼儿步行能到达的公园?

(2) 幼儿园每学期组织幼儿去几次公园?每次是星期几去?每次是上午去还是下午去?每次持续多长时间?

(3) 幼儿园为什么要组织幼儿进入公园?是因为教学的需要、幼儿的兴趣?还是因为春游的需要、秋游的需要?或是其他什么原因?

学生对调查研究的结果进行剖析,总结小、中、大班幼儿进入公园活动的异同点,指出存在的一些问题,提出改进的几点建议。

3. 幼儿园利用图书馆资源对儿童进行社会教育的研究

学生可围绕下面几个问题,设计问卷表、访谈提纲、观察提纲。

(1) 幼儿园附近是否有图书馆?是否需要乘车才能到达?乘车1小时左右是否能到达?

(2) 幼儿园每学期带领幼儿去几次图书馆?每次是星期几去?每次是上午去还是下午去?每次持续多长时间?

(3) 幼儿园为什么要带领幼儿走进图书馆?是因为教学的需要、幼儿的兴趣、还是因为节日的需要、幼小衔接的需要、家长的要求?或是其他什么原因?

学生对调查研究的结果进行评价,总结小、中、大班幼儿走进图书馆活动的异同点,指出存在的严重问题,提出改进的主要对策。

4. 幼儿园利用博物馆资源对儿童进行社会教育的研究

学生可围绕下面几个问题,设计问卷表、访谈提纲、观察提纲。

(1) 幼儿园附近是否有博物馆?是否需要乘车才能到达?乘车1小时左右是否能到达?

(2) 幼儿园每学期带领幼儿去几次博物馆?每次是星期几去?每次是上午去还是下午去?每次持续多长时间?

(3) 幼儿园为什么要带领幼儿进入博物馆?是因为教学的需要、节日的需要?还是因为幼儿的兴趣?或是其他什么原因?

学生对调查研究的结果进行评析,总结小、中、大班幼儿进入博物馆活动的异同点,指出存在的不足之处,提出改进的具体策略。

第六章　幼儿园的游戏活动

 本章教学建议

1. 教师可与学生分享一下自己童年时代玩过的游戏。
2. 教师可鼓励学生说说自己童年时代玩过哪些游戏,还保留着哪些玩具,欢迎学生将其带到班级来展览。
3. 教师可与学生一起在室内外场地上玩玩童年时代玩过的一些游戏。
4. 教师可引导学生思考有哪些废旧物品能用作游戏活动的材料。
5. 教师可带领学生去幼儿园见习,观看户外游戏场地与器械、班级游戏区与布局、教师对儿童各种游戏活动的准备、观察、记录、指导和评价。回到学校以后进行讨论分析。
6. 教师可带领学生去当地的博物馆参观,寻找各种展品上的婴戏图,并拍照保存,回到学校以后大家一起分享交流。

 本章内容提要

本章共由七节组成,首先介绍了幼儿园游戏活动的种类与价值,其次阐述了幼儿园游戏活动的准备与观察,再次说明了幼儿园游戏活动的指导与评价,最后列举了幼儿园游戏活动的几个案例。

游戏是幼儿的主要活动,幼儿通过游戏学习和成长。为了充分发挥游戏活动在幼儿身心和谐发展中的作用,教师不仅要认识游戏活动的特点、种类,为幼儿的游戏活动做好各种准备工作,而且还要对幼儿的游戏活动进行观察和记录、指导和评价。

第一节　幼儿园游戏活动的种类

学界对幼儿园游戏活动的认识五花八门,至今尚无一个明确的定义。幼儿园游戏的种类,以不同的指标为依据,分化出丰富多彩的游戏类型。

图 6-1-1 上海市 PS 幼儿园儿童在游戏室玩结构游戏

一、幼儿园游戏活动的界定

什么是游戏？古今中外不同的学者对这一问题有着不同的回答，答案可谓五花八门：(1) 游戏是儿童内心活动的自由表现，是儿童最纯洁、最神圣的心灵活动的产物。(2) 游戏是释放过多精力的一种活动。(3) 游戏是帮助儿童松弛、恢复精力的一种手段。(4) 游戏是儿童最大的心理需求。(5) 游戏是儿童学习的自然方法。(6) 游戏是儿童最严肃的工作。(7) 游戏是儿童学习知识的最有效的手段。(8) 游戏是儿童为了寻求欢乐而自愿参加的一种活动。(9) 游戏是儿童个体的一种艺术形式。(10) 游戏是为儿童以后的成人生活提供的早期训练。(11) 游戏是假扮行为，是对周围生活的反映。(12) 游戏是儿童的一种同化活动，包括外显行为和白日梦。(13) 游戏是儿童各种本能升华的表现。(14) 游戏是一种以自我为中心的个体转变成社会化的、以他人为中心的个体的工具。(15) 游戏是儿童固有的、快乐的活动。(16) 游戏是儿童了解社会规则和成人职业的重要方式。(17) 游戏是儿童有趣而又严肃的事情。(18) 游戏是一种没有直接的目的的活动。(19) 游戏是儿童的工作。(20) 游戏是儿童的自主活动和学习。

提出"游戏是一种没有直接的目的的活动"的学者认为，当教师把"游戏"与"目的"、"目标"相联系时，就会削减儿童游戏自发的、不需要限制的特性。这一观点也受到另一些学者的反对，他们认为游戏的无目的性是不符合事实的，所有的游戏都有一定的目的和目标，尽管儿童游戏是为了"好玩"。

提出"游戏是儿童的工作"的学者认为,儿童在游戏中获得的愉快体验有助于其成年后的工作,使成人感到生活的意义和工作的成就感。游戏虽然是儿童的工作,但不是成人意义上的工作,儿童喜欢这种工作,在工作中,他们运用时间、能量和过去的经验去发展自己的聪明才智。这一看法也受到另一些学者的反对,他们指出如果把游戏看作是儿童的工作,那就会使教师混淆"游戏"和"工作"这两个概念之间的主要区别,当教师把儿童的"游戏"看作是儿童的"工作"时,他们就会去控制儿童的游戏,使游戏含有许多工作的成分,且这些工作的难度较大、要求较高。

提出"游戏是儿童的自动活动和学习"的学者认为,儿童通过游戏而学习,游戏是一种自主活动,学习发生于其中。儿童自己会去游戏,而不需要别人让他们去游戏,除非儿童得不到玩具和游戏材料,被限制进行自发游戏。

可见,给游戏下一个精确而又能得到大家公认的定义是很困难的。近几十年来,随着幼教界对游戏理论及其实践研究的不断深入,中外许多学者都认为,无论怎样界定游戏,重要的是应意识到幼儿园游戏活动的一些最基本的元素和主要的特征:游戏是儿童个体发起的活动;游戏是令儿童愉快的、有趣的活动;游戏没有外在的目的,其动机来自儿童的内部;游戏是儿童自发自愿的活动,没有强制性;游戏产生于儿童熟悉的事物;儿童能够修改游戏规则;游戏需要儿童主动的参与等。

二、幼儿园游戏活动的种类

幼儿园游戏活动多种多样,以不同的尺度为标准,可以分出不同的种类。

(一) 从教育的作用上来分

我国《幼儿园教育纲要(试行)》把幼儿园的游戏分为创造性游戏(角色游戏、结构游戏、表演游戏)、体育游戏、智力游戏、音乐游戏等。

1. 角色游戏

儿童进行模仿和想象,通过扮演角色,创造性地反映周围生活的一种游戏。例如,健身热已成为城市里一道独特的风景线,有的家长周末带孩子去健身房锻炼,星期一孩子来园时,就向教师提出要玩"健身房"的游戏:自己当"经理",招聘1个"礼仪小姐"、2个"教练";要求"礼仪小姐"站在门口,对过往的行人宣传"第一天开张,免费开放";要求"教练"教"客人"如何使用健身器材。

2. 结构游戏

儿童利用各种不同的结构材料(如积木、积塑、竹制材料、金属材料、泥巴、沙、水、雪等),通过手的创作活动来反映现实生活的游戏。比如,教师带领幼儿到虹桥机场参观回来以后,几个幼儿一起在活动室的地板上,用大型积木搭建了一座更为雄伟壮观的现代化"机场"。

3. 表演游戏

儿童按照故事、童话的内容,分配角色,安排情节,通过动作、表情、语言来进行的游戏。

例如,幼儿根据"老鼠娶亲"的民间故事,设定了"新郎"、"新娘"、"媒婆"、"轿夫"四个角色,进行表演的情节是:"媒婆"带着"新郎"、"轿夫"去接"新娘";"新娘"坐着花轿来到了"新郎"家;"媒婆"要求"新郎"和"新娘"拜天地、拜父母和对拜。

4. 体育游戏

以发展儿童基本动作,增强儿童体质,促进儿童身体健康为主的游戏。比如,教师让每个幼儿把草编花环戴在头上,隐蔽自己,学习"解决军",匍匐前进,扔"手榴弹"去炸敌人的"碉堡"。

5. 智力游戏

通过生动有趣的游戏形式,使儿童在愉快的情绪中,丰富知识、培养技能、发展智力的游戏。例如,教师和幼儿一起猜谜语,教师说出谜面(如"小小姑娘真美丽,身穿一件花裙衣,不会唱歌会跳舞,天天飞在花丛里"。打一昆虫),鼓励幼儿猜出谜底(蝴蝶)。

6. 音乐游戏

儿童在音乐伴奏和歌曲伴唱下所进行的游戏。比如,教师一边让幼儿唱歌曲《划船》(小船尖尖,飘在水面;我划小船,小船向前;推开波浪,划进蓝天;啦啦啦啦,划进蓝天),一边把幼儿分成几个小组进行"划船"比赛(每组由4名幼儿组成:1名幼儿在前方"举旗";1名幼儿在后面"掌舵";中间2名幼儿,1人在左,1人在右,他们俩用一只手拉着同伴,另一只手"划船");歌曲唱完后,划得最远的小组为冠军。

(二) 从教师的指导上来分

近几十年来,我国幼教界对儿童的游戏活动进行了广泛而深入的研究,认为幼儿园游戏的质量和教师对游戏的指导有一定的关系,提出把游戏分为两大类:(1)自发游戏。这种游戏是由儿童自己思考、组织发起的,游戏的目的在于游戏本身,充分反映了儿童的自主性,所以又称自主游戏。例如,自由活动时,幼儿自己决定和谁一起玩、玩什么、在哪里玩、如何玩等。(2)规则游戏。教师根据教育、教学的目的,按照一定的目标设计游戏,旨在促进教育教学任务的完成,因而又称教学游戏。比如,为了培养幼儿手眼、手脚的协调能力,教师设计了"打保龄球"的体育游戏,要求幼儿手拿小皮球,站在离"保龄球"(把10个装有沙子或水的废旧饮料瓶,排成一排)2—3米的地方,身体略向前倾,对准"保龄球",用力地把小皮球滚出去,击倒"保龄球"最多者为冠军。

(三) 从儿童的社会性发展上来分

当其他儿童出现时,或小组中的儿童一起游戏时,社会性游戏就产生了。这种游戏有助于儿童建立良好的同伴关系,发展友谊。美国教育家帕顿发展了儿童社会性游戏的思想,把儿童的社会游戏分为六种:(1)非游戏行为。儿童在0—2岁时,没有同任何事物或任何人进行游戏,在房间里闲逛,跟随成人。(2)旁观游戏。儿童2岁以后,开始观看其他儿童的游戏,他的兴趣集中在别人的游戏上,而没有参与到游戏中去。(3)独立游戏。儿童2岁半以后,能自己玩玩具,进行游戏,但不参与别人的游戏,似乎没有意识到其他儿童的存在。(4)平行游戏。儿童2岁半至3岁半以后,在其他儿童的旁边进行游戏,也许会选择一个和旁边儿童一样的玩具、材料和活动,虽然把主要精力放在自己的游戏上,但其游戏的方式却类似于其他儿童。(5) 联合游戏。儿童3岁半至4岁半以后,在小组里与同伴交换材料,共同游戏,但事先并没有确定游戏的目的。(6) 合作游戏。儿童4岁半以后,在小组中和同伴一起游戏,有预期的目的和目标(如要搭建一个城堡或比赛谁跑得更快)。

(四) 从儿童的认知发展上来分

儿童的游戏与其知识经验、身心发展水平是直接相联的。瑞士教育家皮亚杰认为,儿童游戏是以认知的发展为基础的,他从儿童认知发展的角度出发,把游戏分为三类:(1) 机能游戏,也称实践游戏、练习游戏。0—2岁的儿童在游戏中,以肌肉活动为主,主要特征是重复、操作和自我模仿。儿童喜欢得到感官刺激,儿童重复自己行为的目的是获得乐趣,表现自己的能力。(2) 象征游戏。2—7岁的儿童处于皮亚杰所说的"让我们假装"游戏的阶段。儿童能以许多方式,自由地展示自己的创造力、体力、社交能力。例如,儿童把自己假扮成另外一个人(如娃娃家的爸爸),把一个物体假想成另外一个物体(如把一块积木当作是一辆卡车)。(3) 规则游戏。7—11岁的儿童能够按照规则进行游戏,用规则来限制、调整自己的行为(如一起跳橡皮筋)。

(五) 从儿童的心理活动上来分

日本教育家山下俊郎指出要依据儿童的心理活动来划分游戏,他把儿童游戏分为五类:(1) 感觉游戏。(2) 运动游戏。(3) 想象游戏。(4) 接受游戏。(5) 结构游戏。

(六) 从游戏的内容上来分

芬兰学者苏塔玛提出要按照游戏的内容来进行分类,这样儿童的游戏就有五种:(1) 功能游戏。(2) 建构游戏。(3) 角色游戏。(4) 规则游戏。(5) 教学游戏。

第二节　幼儿园游戏活动的价值

游戏活动是幼儿最喜爱的活动,幼儿在游戏活动中学习和成长,游戏活动对幼儿身体、智力、创造力、情感、社会性、美感的发展都具有重要的积极作用。

一、增强了幼儿的体力

幼儿的许多游戏活动都含有生理活动,这能够锻炼幼儿的身体,促进幼儿正常的生长发育,增强幼儿的体质。

(一) 有利于幼儿锻炼大肌肉群

当幼儿在进行行走、奔跑、跳跃、平衡、投掷、钻爬、攀登、挖掘等方面的游戏活动时,他们

图 6-2-1　上海市 JJ 幼儿园儿童在运动长廊玩攀登游戏

身体的许多部位得到了锻炼,动作就得到了发展。例如,幼儿在玩"切西瓜"的游戏时,他们手拉着手,围成一个大圆圈;一个小朋友站在圈外,准备"切西瓜";大家一边念("切,切,切西瓜;农民伯伯种西瓜,大大的西瓜香又甜;我把西瓜一切二,一……切……二;切开了"),一边切;被"切开了"的两个小朋友要相向进行奔跑,先跑到原位的小朋友获胜,这样幼儿的腿部肌肉就得到了训练。再如,幼儿在玩"钻桶"、"爬桶"的游戏时,他们从桶里爬进爬出,从桶外爬上爬下,四肢肌肉的协调性和灵活性就会有所提高。

(二) 有利于幼儿发展精细动作

当幼儿玩玩具,扭扭转转、剪剪贴贴、拼拼画画、做做玩玩时,他们的手部小肌肉就得到了训练,手指活动就会变得越来越精确。比如,幼儿在给每个小瓶子找到合适的盖子并拧紧的过程中,手指动作就得到了很好的锻炼。

(三) 有利于幼儿增强躯干力量

游戏活动不仅能使幼儿的手脚经受锻炼,而且还能使幼儿的躯干得到运动。例如,在玩"乘电梯"的游戏时,幼儿把自己的身体想象成是一个升降电梯,一会儿上升(直起腰),一会儿又下降(弯下腰)。

(四) 有助于幼儿提高运动技能

通过游戏活动,幼儿的各种技能都得到了锻炼,并日益完善起来。例如,让幼儿在不同的地面上(如水泥地、土地、沙地、塑料板地、木板地、草地)进行行走,就能培养幼儿脚部肌肉的触觉能力。

(五) 有助于幼儿认知身体机能

在游戏活动中,幼儿能逐渐意识到自己的身体能做什么事情,自己喜欢做什么事情等。比如,幼儿通过玩"洗衣机"的游戏(当听到"洗衣机开了"的指令时,幼儿先向左转一圈,后向右转一圈,依次循环;当听到"洗衣机关了"的指令时,幼儿原地不动;当听到"用衣架晒衣服了"的指令时,幼儿往上跳、下蹲、站直、伸胳膊、踢踢腿),就会知道自己的身体能够做出各种不同的姿势和动作。

二、发展了幼儿的智力

游戏活动是幼儿智力发展的动力,对幼儿智力的发展有重要的作用。通过游戏活动,幼儿开始认识世界,了解事物之间的关系,知识、技能、能力都得到了发展。

(一) 丰富了幼儿的知识经验

游戏活动是幼儿学习知识的最有效的途径。在游戏活动中,幼儿通过使用材料和器械,习得了许多关于周围世界的基本知识和主要概念。例如,通过玩积木,幼儿就学会了"相等"的概念,知道两块小的积木放在一起等于一块大的积木;通过开汽车,在公路上开、在桥下开、在遂道中开,幼儿就了解了"上"、"下"、"穿过"等概念。

(二) 提高了幼儿的感知能力

通过游戏活动,幼儿能更好地认识物体的颜色、形状、大小等特性。比如,经过玩水,幼儿就能了解到水的无色无味、透明、流动、有重量等特性。

(三) 激发了幼儿的想象能力

在游戏活动中,幼儿要进行想象,把一个物体想象成另外一个物体,把一个人想象成另外一个人,这样想象力就得到了提高。例如,在"医院"游戏中,幼儿用冰激棱棍来代替"注射器",给"病人"打针;在"幼儿园"游戏中,幼儿扮演"教师",给"小朋友"讲故事,这种以物代物、以人代人的活动,是幼儿想象力发展的重要标志。

(四) 发展了幼儿的思维能力

在游戏活动中,幼儿经常要做出各种各样的决定(如玩什么,怎么玩,和谁一起玩,用什么样的游戏材料与玩具来玩),这就使幼儿能有许多机会去进行分析、判断、推理、概括和总结,发展抽象逻辑思维能力。例如,在"银行"游戏中,"行长"要思考:设几个"营业"窗口,安排几个"职员"上班,用什么材料作为"刷卡机"、"取款卡"、"钱币"、"一米线"等。在游戏中,幼儿还会遇到许多问题,需要他们自己动脑筋去解决,这样就能提高幼儿解决问题的能力。比如,在"娃娃家"游戏中,"妈妈"(由1个女孩子扮演)要给"宝宝"(1个玩具娃娃)包好小包被,以便带"宝宝"出去看国庆灯展;但是"妈妈"怎么包也包不好这个小包被(横着包,长度不够;竖着包,宽度不够);经过多次尝试探索以后,"妈妈"终于想出了一个好办法(用对角线,斜着包),解决了难题。

(五) 增强了幼儿的语言能力

在游戏活动中,幼儿产生了交往的需要,语言就发展起来了。通过游戏活动,幼儿扩大了词汇量,加深了对词义的理解,语言表达能力也随之得到了提升。例如,在"找相反,说相反"、"拿相反,说相反"、"画相反,说相反"、"做相反,说相反"的游戏中,幼儿就学会了"大与小"、"长与短"、"黑与白"、"胖与瘦"等多组相反的词。

三、萌发了幼儿的创造力

幼儿对游戏活动充满了兴趣,在游戏活动中,幼儿能够无拘无束地玩耍,产生许多新颖的想法和独特的行为,激发了创造性的萌生和发展。

(一) 提供给幼儿宽松的好氛围

喜欢游戏的幼儿大都具有创造性,因为游戏与创造既有相似的过程,又有相同的心理氛围。幼儿的创造性只有在自由、轻松、愉快的气氛中才能产生,而游戏则为幼儿提供了这种心理氛围。在游戏中,幼儿的神思遐想、奇异行为,不但不会受到教师的批评、指责,反而还能得到教师的接纳、赞赏,而这又会成为一种信息反馈,强化幼儿的创造思想和行为。国外研究者把幼儿分成两组:一组为游戏组(幼儿可以自由使用所提供的游戏材料),另一组为对照组(幼儿要按照规定的方法使用与游戏组相同的材料)。后来两组幼儿都参加了创造力测验,结果显示,游戏组幼儿的得分明显高于对照组幼儿。可见,游戏为幼儿创造的这种自由气氛是有助于其创造性发展的。

(二) 催发了幼儿的探究性行为

好奇心和探究欲是幼儿创造性的"火花",游戏活动则能"点燃"它,并使之"熊熊燃烧"起来。英国学者亨特为幼儿设计了一个新玩具(金属红箱子:在箱子的上方有4个计数器和1根杠杆,杠杆的顶部有一个蓝木球;杠杆的运动方向由计数器控制;当杠杆呈水平状态时,铃声会响;当杠杆呈垂直状态时,蜂音器就会响),用于考察幼儿的探索精神和创造行为。结果发现幼儿对这个玩具的反应有三种类型:(1)不探索玩具。幼儿只看玩具,而不动手去探索玩具。(2)探索玩具。幼儿(主要是女孩)只对玩具进行探索(如尝试如何使铃声再次响起来),但不玩玩具。(3) 探索使用玩具。幼儿(主要是男孩)不但探索玩具,而且还能利用多种办法去玩玩具,进行游戏。4 年以后,又对这些幼儿进行创造力测验,结果发现:第三类幼儿的得分最高,第二类幼儿其次,第一类幼儿最低。由此可知,幼儿的探索行为有利于其创造力的发展。

(三) 激发了幼儿的发散性思维

发散性思维是幼儿创造性的重要表现,在游戏活动中,幼儿能变换各种方式来使用物体,通过对同一游戏材料进行不同的设想和行为,或对不同的物体进行同一种思考和动作,扩大自己与游戏材料相互作用的范围,增加互动的频率,使求异思维得到充分的训练。例如,在积木游戏中,幼儿把长方形积木当作"娃娃家"的"床"、"加油站"的"加油桶"、"医院"的"袋装药"、"快餐店"的"托盘"等;在玩沙游戏中,当面临"没有卡车运沙"这一问题时,幼儿能运用豆腐盒、花篮、石块、饮料瓶等多种物体来替代。

(四) 提高了幼儿的创造性水平

象征游戏是童年期幼儿的典型游戏,也是幼儿最喜爱的一种游戏活动,对幼儿创造力水平的发展有着巨大的促进作用。这已被国外学者邓斯克等人的研究所证明。研究者在第一个阶段,对 4 岁幼儿在自由游戏中的表现进行了观察和记录:如果一个幼儿用了 25% 的时间进行象征游戏,那么这个幼儿就被认为是喜欢游戏的;如果一个幼儿只用了 5% 的时间进行象征游戏,那么这个幼儿就被认为是不喜欢游戏的。在第二个阶段,把幼儿随机分成三组(每组都有爱游戏者和不爱游戏者):一是自由游戏组,幼儿自由使用游戏材料;二是模仿组,幼儿模仿实验者的方式来使用材料;三是解决问题组,幼儿用游戏材料进行拼图。在第三个阶段,对三组幼儿进行创造性测验,结果发现:自由游戏组中喜欢游戏的幼儿得分最高,不仅高于同组的不爱游戏的幼儿,而且还高于其他两组中的喜欢游戏的幼儿。可见,游戏活动能有效地提高幼儿在创造性测验中的成绩。

四、陶冶了幼儿的情感

游戏活动在幼儿的情感发展中具有重要的作用,它不仅能满足幼儿表达自己情感的需要,而且还能使幼儿的良好情感得到升华,不良情感得到矫正。

(一) 能使幼儿自由表现自己的情感

幼儿的喜、怒、哀、乐等各种情感,都能在游戏活动中得到安全、妥当地释放。例如,在表演游戏中,幼儿戴上一个"咧嘴大笑"的面具,表现文学作品中人物的喜悦心情;戴上一个"横眉冷对"的面具,来表现文学作品中人物的愤怒心情。

(二) 能使幼儿充分体验快乐的情感

幼儿喜欢游戏活动,游戏活动是由快乐原则所支配的,游戏活动能给幼儿带来极大的欢愉。笔者曾对180名幼儿园小、中、大班的儿童进行访谈,结果发现:在回答"使你感到最高兴的事情是什么"这个问题时,有1/4以上的幼儿(46名幼儿,占25.6%)都答"做游戏",其中小班有11名,占18.3%;中班有22名,占36.7%;大班有13名,占21.7%。

(三) 能使幼儿克服自己的恐惧情绪

令幼儿感到恐惧的事情很多,根据笔者对180名幼儿园儿童的调查发现:有52.8%的幼儿害怕"野生动物",有13.3%的幼儿害怕"睡觉",有10.6%的幼儿害怕"惩罚",有10%的幼儿害怕"黑暗",有3.9%的幼儿害怕"妖魔鬼怪"(见图6-2-2)。幼教实践证明,游戏活动能起到缓解幼儿的紧张心理、降低幼儿的惧怕情绪的作用,进而减少幼儿的心理压力,使幼儿的心理处于健康状态。比如,在玩"动物园"的游戏中,幼儿通过给"大灰狼"、"老虎"、"金钱豹"等野兽搭建"小房子",对这些野兽进行"喂养"和"训练",不但削弱了幼儿对野生动物的恐惧之情,而且还会萌发对野生动物的关爱之心。

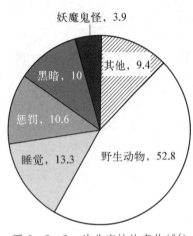

图6-2-2　幼儿害怕的事物(%)

(四) 能使幼儿适当宣泄自己的情感

"游戏治疗"的理论和实践已经表明,游戏活动是幼儿发泄自己的不良情感的一种重要形式,通过游戏活动,幼儿的情绪会变得比较平静、缓和,有利于抑制、降低消极情绪的负面作用。例如,在体育游戏中,幼儿可以通过拳打脚踢"沙袋"、用力拉"响力器"、使劲投掷"豆包"等,释放气愤之情。

五、培养了幼儿的社会性

游戏活动是幼儿进行社会交往的起点,并为幼儿提供了大量交往的机会,使幼儿能逐步学会正确地认识自己和同伴,较好地处理自己和同伴之间的关系,从而使社会交往能力得到提高,社会化进程得以加快。

(一) 有助于克服幼儿的自我中心

自我中心是幼儿的一种非社会行为,学会控制这种行为是幼儿与同伴交往的基础,游戏活动对于幼儿学习克制这种行为有较好的效果。例如,在插塑游戏中,王维小朋友想把"电视塔"的"发射天线"再加高一些,可是他的积塑已经用完了,于是他就从身边李红小朋友"斜拉桥"的"钢索"上拨下一个积塑;李红见状,也从王维"电视塔"的"架子"上拨下一个积塑……在此过程中,幼儿学会了认识自己,了解自己的行为会带来什么样的后果,同伴会对自己的行为作出什么样的反应,从而迫使幼儿学会站在同伴的角度去思考问题,从自我中心里解放出来,否则,游戏就无法进行下去。

(二) 有助于培养幼儿的合群行为

有些幼儿比较孤僻，不喜欢参加集体活动，不爱与同伴交往，喜欢独自一个人进行活动，显得不合群，游戏活动则能为这些幼儿提供与同伴互动的机会，使他们感受到"大家一起玩"真开心，用集体的欢乐来温暖他们孤独的心，使他们变得越来越合群，为将来成功地进入小学和步入社会创造良好条件。例如，开学已两个月了，丁兵小朋友还是不愿意和同伴坐在一起，也不想参与班级活动。但在教师组织小朋友们玩"开火车"的游戏之前，进行了"火车头"、"火车身"、"火车尾"、"火车轮"的角色分配时，他却向教师提出"我想当'火车尾'"的请求。教师和小朋友们都热烈鼓掌欢迎他加入游戏，来当"火车尾"；丁兵第一次参加游戏，玩得很开心。游戏结束时，他依依不舍地对教师说："下次我还想当'火车尾'，好吗？"教师说："好的，可是'火车尾'要和'火车头'、'火车身'、'火车轮'连在一起才能开的，如果你还想当'火车尾'，那你就要把小椅子搬过来，和小朋友们坐在一起，好吗？"他很高兴地把自己的小椅子和小朋友们的小椅子摆在了一起，愉快地坐下来了。至此以后，丁兵就逐渐变得合群了。可见，游戏活动是幼儿从不合群走向合群的一座重要桥梁。

(三) 有助于提高幼儿的交往技能

游戏活动能扩大幼儿的社交范围，增加幼儿的社交频率，使幼儿掌握与同伴交往的技能和艺术，使其社交能力得到不断增强。例如，在体育游戏中，张恒小朋友在兴高采烈地荡秋千，张加小朋友也想荡。张加等了很长一段时间，显得很着急，可是张恒还未从秋千上下来。于是张加就对张恒说："你要是再不下来，我以后就不和你一起玩'警察捉小偷'的游戏了。"张恒听后，仍坐在秋千上不肯下来，并说道："你不想和我玩，我也不想和你玩。"过了一会儿，张加又说："张恒，我们俩不是好朋友嘛，好朋友应该互相谦让的，对不对？我正等着荡秋千呢，你看，我都等这么长时间了，我等得急得要命，我实在等不下去了，请你让我荡一会儿，就一会儿，好吗？"这几句话打动了张恒的心，他愉快地从秋千上跳下来，让张加去荡。可见，游戏能为幼儿在满足自己的需要和同伴的需要之间、在学会分享和轮流之间、在给予和索取之间找到平衡。

(四) 有助于增强幼儿的规则意识

在游戏活动中，幼儿作为集体的一员，要受到集体规则的制约，按照集体的意志去行动，否则，他就会被这个游戏集体所淘汰。例如，在幼儿开展角色游戏之前，需要对角色进行分配，有的角色很有吸引力，人人都想扮演，而有的角色却没什么吸引力，没人想去扮演，那么，究竟应该如何来分配这些角色呢？当大家都同意用一个公正的办法来挑选角色（如玩"石头、剪刀、布"的游戏，胜利者先挑选角色，失败者后挑选角色）以后，如果哪个幼儿失败了，被同伴挑剩下的角色虽然他一点也不喜欢，但他也必须去扮演；如果他不愿意扮演，那么同伴就不会让他参加游戏。为了能与同伴一起游戏，幼儿不得不遵守集体规则，克制自己，委曲求全。

(五) 有助于锻炼幼儿的顽强意志

在游戏活动中,幼儿能够克服困难,坚持把事情做到底,毅力、耐心、坚持性都能得到发展。许多研究都证明了这一点。例如,美国教育家布鲁纳等人把3—5岁幼儿分成三组:第一组是游戏组,研究者告诉幼儿夹钳可夹在棒上以后,幼儿可以自由玩夹钳和棒子。第二组是观察原理组,研究者告诉幼儿夹钳可夹在棒上以后,再夹给幼儿看如何把两根棒子连接起来。第三组是控制组,研究者只讲夹钳可夹在棒上,不演示,也不让幼儿玩耍。然后要求幼儿完成以下任务:坐在一把椅子上,从放在远处的一只塑料盒里取出一枝粉笔;盒子的"门"是用一个"J"形钩子钩住的;儿童可利用的工具为3根长短不一的蓝棒子和2只"C"形夹钳。其实,幼儿要想拿到粉笔,就必须用一只夹子把两根较长的棒子连接起来组成一个长棒,拨开门钩,把粉笔拨到面前来。研究结果发现:第一组幼儿任务完成得最好,第二组次之,第三组最差;第一组幼儿最具有耐心,面对困难,毫不灰心丧气,不断尝试各种办法,最终使问题得到较好解决;第二组幼儿急于求成,一旦失误,就会变得焦躁不安,自卑泄气,不愿再尝试。可见,游戏能降低幼儿对成功的过高期望和对失败的过多担忧,使幼儿能不怕挫折,迎接挑战。

六、提升了幼儿的美感

游戏活动是幼儿产生美感的重要源泉,在游戏活动中,幼儿能自由自在地感受美、表现美和创造美。

(一) 游戏的设施有利于幼儿领略美

漂亮的玩具、游戏材料及游戏器械,装饰一新的游戏环境,都能给幼儿带来一种美的享受,使幼儿爱不释手、流连忘返。

(二) 游戏的内容有益于幼儿欣赏美

在各种游戏中,幼儿都能欣赏到美。比如,在角色游戏中,幼儿把自己扮作"妈妈",带领玩具"宝宝"到种植园地去看花草,欣赏自然的美;到"美术馆"去看"画展",欣赏艺术的美。

(三) 游戏的过程有利于幼儿创造美

各种游戏都为幼儿动脑思考、动手操作、自由自在地创造美,提供了坚实的平台。例如,在游戏活动开始时,夏平小朋友来到了美工区,他先在纸上画了一幅画(在一艘大帆船上,渔民正在捕鱼,渔网中已有各种各样的大海鱼;蓝天中,有红彤彤的太阳、展翅飞翔的小鸟),然后,他又对画面进行了一番改造,使之与先前大不相同(画面上布满了纵横交错的线条),边画边说:"暴风雨来了,海盗又乘机来打劫,渔民奋力与海盗搏斗,最终取得了胜利。"由此可知,幼儿绘画的过程实际上也是游戏的过程,他们用自己的大脑和双手把美的世界活生生地展现在我们的面前。

(四)游戏的成果有助于幼儿再现美

各种游戏都为幼儿表现美提供了许多机会。比如,在积塑游戏中,幼儿喜欢把自己制作的"花环"、"项链"、"手镯"、"戒指",分别戴在自己的头上、脖子上、手腕上、手指上,以此来打扮自己,使自己变得更美丽。

第三节 幼儿园游戏活动的准备

图 6-3-1 上海市 JQ 幼儿园户外游戏活动场地的布置

时间、空间和材料是幼儿进行游戏活动的前提条件,为了增强游戏活动在幼儿发展中的作用,教师应为幼儿的游戏活动创造良好的物质条件,做好各种准备工作。

一、要科学设定幼儿游戏活动的时间

时间是开展游戏活动的重要保证。教师要在幼儿园的一日生活中安排出游戏的时间,专项专用,以保证幼儿的游戏能够顺利地进行,而不能被其他活动所侵占。在调查中我们发现,有的幼儿园很少让幼儿玩角色游戏,有的幼儿园很少开展体育游戏,还有的幼儿园则很少让幼儿进行玩沙玩水的结构游戏;幼儿游戏的时间往往被"园本课程"、"特色教育"、"兴趣活动"所取代。这种不良现象必须迅速加以纠正。

(一)要巧妙利用各种时间进行游戏

在幼儿园的一日生活中,可用于游戏的时间有很多,教师要善于捕捉。例如,在早晨幼

儿陆续入园进班时,教师可为他们安排一些小型多样、便于收拾与整理的桌面游戏和结构游戏;在教育活动前后的间隔时间里,教师可和幼儿一起玩智力游戏、音乐游戏;在午睡起床以后的整段时间里,教师可让幼儿玩玩角色游戏、体育游戏。

(二) 要力争每次有较长时间玩游戏

幼儿每次游戏的时间不能太短,应保持在 30—50 分钟左右,只有这样,幼儿才能有充足的时间去寻找玩伴、准备环境、安排过程,使游戏既有好的开端,又能发展下去,还能进行集体评议和收拾整理。如果游戏的时间过短,那么幼儿就不能按照自己的意愿进行游戏,难以获得充分的体验,就会匆匆开始,草草收场,逐渐失去对创造性游戏的兴趣。

(三) 要使室内外游戏时间基本均等

室内游戏与室外游戏对幼儿的发展有着不同的影响,教师在安排时间时都要加以考虑。相对来讲,室内游戏更有利于幼儿社会情感的陶冶,而室外游戏则更有助于幼儿运动技能的增强。为了保证幼儿身心的和谐发展,教师既要为幼儿规定室内游戏的时间,也要为幼儿安排室外游戏的时间,并注意使这两种游戏的时间处于动态的平衡状态,而不能偏向任何一方。

(四) 要妥当安排不同形式游戏的时间

集体游戏、小组游戏和个人游戏都在幼儿的成长过程中起着重要的作用,教师都要注意匹配好时间。集体游戏是由教师组织的,全班幼儿按照统一的教育要求与规则来开展的游戏(如体育游戏);而小组游戏和个人游戏则是幼儿根据自己的兴趣爱好,自由选择进行的游戏。幼儿是生活在一个集体之中的,同时,幼儿又存在着个别差异,所以,作为班集体的一员,幼儿既有义务参加集体游戏,也有权利自由结伴形成小组游戏,或独自进行游戏。实践证明,集体游戏、小组游戏、个人游戏,对幼儿的发展具有不同的作用,教师只有科学地划分时间,使这三种游戏相互结合、相互补充、相互促进,才能促进幼儿生动活泼地发展。

二、要合理布置幼儿游戏活动的空间

空间是开展游戏活动所必需的基本条件。空间的密度与安排都制约着幼儿游戏活动的水平和质量。美国学者史密斯和科罗利早在 1980 年就对不同的空间密度(6.97 平方米、4.65 平方米、2.32 平方米、1.39 平方米)及其作用进行了比较研究,结果发现:当空间密度依次变小时,幼儿大肌肉游戏活动在逐渐减少;当空间密度降到 2.32 平方米时,①幼儿游戏中的社会行为及合作行为在减少,侵略行为在增多;当空间密度降到 1.39 平方米,这种情况更加严

---

① 作者注:原研究中空间的单位为平方英尺,1 平方米=10.763 910 4 平方英尺。

重。他们的研究还证明:当把一个大的开阔的游戏空间被分割成几个小的空间时,幼儿意外事故减少了,合作行为增多了,认知能力增强了。这些研究启示我们:要科学布局、合理安排幼儿游戏的空间。

(一) 要维持恰当的空间密度

空间密度是指幼儿在游戏场地中人均所占的面积,空间密度越大,表明越宽敞,反之,空间密度越小,则表明越拥挤。空间密度可用下面的公式加以换算:

$$空间密度 = \frac{房间面积 - 不可用的空间面积}{幼儿人数}$$

教师应创造条件,使空间密度保持在一个适中的位置上,使全班幼儿都有机会参加各种游戏活动。例如,当空间密度过小时,教师可重新安排设备器械的陈设与摆放,以扩大空间;可同时开展室内与室外游戏活动,使幼儿得以分流;也可在会议室、家长接待室、多功能厅、专用活动室等公用场地中摆放玩具,对全园幼儿开放;还可严格控制班级规模,限定班级人数。

(二) 要开辟各种游戏的区域

教师要根据幼儿的人数和特点,合理划分班级的游戏区域。

1. 设立多个区域

教师应为幼儿设立 4—6 个游戏区域,可通过运用暂时性游戏区和永久性游戏区相结合的方式(如把智力游戏列入暂时性游戏区中,把角色游戏放在永久性游戏区里),防止游戏区域过多而导致游戏空间过小的现象发生。

2. 安排隔离物体

教师可用玩具柜、书架等作为隔离物,把各个游戏区分开,并留下通道,既要避免区域之间的相互干扰,又要便于幼儿行走,从而促进幼儿的互动。

3. 合理布局各区

教师要使属于同一种状态的游戏彼此相邻(如静态游戏彼此靠近、动态游戏彼此靠近),并把安静的游戏区与喧闹的游戏区严格区分开来,使各种游戏既相互独立,又互相联系,构成一个整体。

4. 寻找最佳位置

教师要为各个游戏区找出最适宜的位置,以充分发挥游戏空间的独特作用。例如,把角色游戏中的"城隍庙小吃部"放在靠近水源的地方,便于幼儿洗涤餐具;把角色游戏中的"图书馆"放在靠近窗户、远离门口的地方,便于幼儿在自然光线下安静阅读图书。

5. 及时更换区域

教师要定期更换游戏区域,并鼓励幼儿积极参与设计、布置游戏区域,以提高幼儿游戏的主动性和积极性。

(三)要使游戏场地生动有趣

游戏场地应对幼儿有吸引力,能激发幼儿的兴趣。教师为幼儿提供的游戏场地应多种多样,既有开阔的空旷场地,也有设立了设备的场地;既有不太陡的坡地,也有较为平坦的土地、草地、塑胶板地、木板地。此外,教师每天在布置场地的时候,还要做到新颖独特,避免单调重复,使游戏能够对幼儿保持持久的吸引力。

(四)要使游戏场地安全卫生

游戏场地一定要安全可靠,绝对不能有任何危及幼儿人身安全的隐患(如地面上无铁钉、碎玻璃、破砖瓦),以便幼儿能安然无恙地进行游戏。教师还要保证游戏场地的清洁卫生、器械置放的牢固有序,以防幼儿的身体受到损伤。

三、要不断更新幼儿游戏活动的材料

材料与设备是游戏活动的物质支柱。教师应为幼儿准备丰富多彩的游戏材料和设备,鼓励幼儿自由使用玩具,使玩具能真正成为幼儿生活的伴侣、认识世界的阶梯。

(一)要广泛收集各种废旧物品

自然物和无毒无害的废旧物品是一种未定型的游戏材料,能够一物多用,它与定型的玩具相比,不仅经济实惠、价廉物美,而且还更有利于幼儿创造性思维的发展。教师要因地制宜,就地取材,发动家长和幼儿一起收集废旧纸箱、蛋糕盒、牛奶盒、豆腐盒、快餐碗、配菜盘、饮料罐、磁卡、邮票、树叶、果实、贝壳、鹅卵石等,并分类放置,便于幼儿选择使用。

(二)要变换游戏材料陈列方式

为了吸引幼儿参加游戏活动,教师要为各个游戏区提供具有新异刺激的材料。首先,教师可以通过改变游戏区的原有陈设来进行。例如,把室内的小椅子排成三排,使幼儿有可能去玩"乘公交车"的游戏。其次,教师还可以通过增减游戏区的材料来进行。比如,在角色游戏区增加几顶消防帽、几节水管、几部对讲机,以吸引幼儿玩"消防队员"的游戏。再次,教师还可以通过把一个游戏区的材料转移到另一个游戏区来进行。例如,教师把结构游戏区的积木移进体育游戏区,既能打破游戏区材料一陈不变的呆板气氛,又能激发幼儿玩"绕过障碍物走路"的游戏。

(三)要形成超级组合游戏单元

幼儿游戏活动材料的组合主要有三种形式:(1)简单组合:只有1种游戏材料、1种使用方法。(2)复杂组合:有2种游戏材料合为一体,有2种以上使用方法。(3)超级组合:有3种及以上的游戏材料合在一起使用,有多种操作方法。国外研究表明:复杂组合的游戏材料对幼儿发展的积极影响是简单组合的游戏材料的4倍;而超级组合的游戏材料对幼儿发展的积极影响则是简单组合的游戏材料的 8 倍。这启发我们：要多为幼儿建立超级组合的游戏材料单元，使各种游戏材料能形成牢固的共同体，相互联系，相互依存，共同促进幼儿的发展。例如，教师如果把钻桶与平衡木、攀登架、滑梯等运动器材巧妙地组合在一起，那么就能吸引多名幼儿前来游戏，互相观察，相互学习，不断玩出新花样，这样既能增强幼儿的合作能力，又能培养幼儿的创新精神。

（四）要鼓励幼儿使用游戏材料

游戏材料对幼儿的发展具有隐蔽的作用，而不是自然地显露出来的。只有当幼儿使用游戏材料时，游戏材料才能发挥出它的价值。游戏材料既是各种符号的综合，也是一种信息，它能被发出，也能被接受。幼儿接受材料不是被动的，他们能根据自己的发展水平选择游戏，通过游戏来理解材料所提供的信息。因此，教师不仅要建立玩具储藏室，开设玩具架，开放玩具，鼓励幼儿自由使用，而且还要给幼儿配备一些常用的游戏材料加工工具，引导幼儿根据游戏的需要，自己动手设计玩具、制作玩具，在动手动脑的过程中，不断学习和成长。

四、要适时丰富幼儿游戏活动的经验

知识经验是开展游戏活动的源泉。幼儿的游戏活动是建立在幼儿的知识经验的基础上的，幼儿知识经验的多少往往与幼儿游戏水平的高低成正比，幼儿所积累的知识经验越坚实宽厚，幼儿的游戏活动就会越多姿多彩。

（一）要通过园内教育活动拓宽幼儿的知识

教师要充分发挥园内教育资源的作用，通过讲故事、看图书、看电视、观木偶戏、开展科学小实验、进行教学活动等形式，拓宽幼儿的知识面，引发幼儿的游戏活动。例如，在体育活动中，教师教幼儿习武以后，在自由活动时，几个幼儿就自发开展了"武术馆"的角色游戏，由武艺高强的幼儿充当"教练"，带领"徒弟"操练。

（二）要通过园外教育活动开阔幼儿的眼界

教师要利用园外教育资源的优势，定期组织幼儿外出参观、郊游、野餐，邀请社区有关人士来园介绍不同职业的工作特点，加深幼儿对附近环境的认识和对周围生活的印象。比如，当教师带领幼儿参观野生动物园以后，幼儿回到班级里就会萌发用积木搭建"野生动物园"，进行游戏活动的想法。

（三）要通过家庭亲子互动增长幼儿的经验

教师要调动家长参与教育的积极性，鼓励家长利用业余时间，经常带领孩子外出活动，走一走，看一看，使孩子有更多的机会了解生活，认识人与人之间的关系。在对幼儿游戏活动进行观察研究的过程中，我们曾发现某幼儿园大班的一位男孩左小军，特别爱玩"理发店"

的游戏,每次他当"理发师"时,都"顾客"盈门,生意红火。当"顾客"进门时,他总是对"顾客"说:"你好,欢迎光临。请坐下!"同时一边给"顾客"围上白围裙,一边询问:"请问,你想干洗,还是水洗?""你想用哪一种洗发膏?是飘柔,还是首乌?"理完发以后,还会问"顾客":"你对今天的发型满意吗?"边问边拿出一面小镜子让"顾客"对照一照。当"顾客"付了"5元钱"以后,他又对"顾客"说:"谢谢你,欢迎你下次再来!"这位男孩之所以能在"理发店"游戏中把"理发师"扮演得活灵活现,是与其母亲的教育分不开的。据本班教师反映,这位男孩的妈妈每次去理发店理发时,都把儿子带上,孩子从中受到了潜移默化的影响,并创造性地把"理发师"这一角色的社会工作反映出来了,令人赞不绝口。

第四节 幼儿园游戏活动的观察

图 6-4-1 上海市 PY 幼儿园教师在户外活动场地观察幼儿晨间游戏

游戏活动是教师了解幼儿的最重要窗口之一,教师在幼儿的游戏活动中应全面观察幼儿,并以适当的方式及时加以记录,为指导游戏、评价游戏提供良好的前提条件。

一、观察幼儿游戏活动的价值

(一) 观察幼儿游戏活动的必要性

教师对幼儿游戏活动是否进行观察,直接关系到幼儿游戏活动的水平和质量。观察不仅是教师为幼儿游戏活动做好准备工作的基础,而且也是教师介入幼儿游戏活动的前提,它把教师的游戏准备工作和介入游戏联结起来,起着纽带的作用。通过观察,教师不仅能知道是否需要延长幼儿游戏活动的时间、扩大幼儿游戏活动的空间、增加幼儿游戏活动的材料、丰富幼儿游戏活动的经验,而且还能把握幼儿游戏活动的现状,了解幼儿游戏活动的兴趣,意识到自己是否需要介入、如何介入幼儿的游戏活动等。

(二) 观察幼儿游戏活动的可能性

幼儿的个性特点和能力差异通常在游戏活动中能得以充分的表露,教师只要善于观察,就能深入地了解到每个幼儿的特点,并以此为依据对幼儿的游戏活动进行指导、评价,促进每个幼儿的发展。例如,当教师进入幼儿"银行"角色游戏之前,她蹲在"取款员"侧面,观看他如何让"顾客"进行"刷卡"、"取钱"。因为他的钱箱里有"1元"、"2元"、"5元"这三种面值的硬币,而"顾客"取款时也只是要"1元"、"2元"、"5元"时,取款的速度就很快。当"顾客"都走后,教师就扮演成"储户",前来取款,一下要取"9元"。这可忙坏了"取款员",他伸出10个手指头,左想右想,左算右算,终于计算出来,给这位"大户"一枚"5元"、两枚"2元"的硬币。"储户"又说:"能不能给我一点'1元'的钱,我好买东西。""取款员"又伸出了10个手指头,左比划右比划,终于想出来了,他给这位"储户"两枚"1元"的硬币,收回了一枚"2元"的硬币。

(三) 观察幼儿游戏活动的适时性

教师如果不对幼儿游戏活动进行细致的观察,就匆忙介入,就会破坏幼儿的游戏活动,甚至导致幼儿游戏活动的终结。例如,在玩水游戏区,一个幼儿正在玩纸盒:他把3个纸盒当作3艘"游艇",自己既当"划桨手",又任"裁判长",让它们进行比赛,看看哪艘"游艇"最先到达对岸。这时,教师走过来了,她想和幼儿谈论关于水的浮力的问题,于是对他说:"你已经发现水有浮力了吗? 当纸盒里面没有水的时候,它会飘在水面上;当纸盒里有水的时候,它就会下沉的。你给纸盒里加上水,试试看。"此时,如果幼儿按照教师的话去做,那么他的3艘"游艇"就无法进行比赛了,他就不能当"划桨手"和"裁判长"了。这样,幼儿主动的游戏就变成被动地接受教师的指令,显得索然无味了。可见,教师的话语,不但未能引起幼儿谈话的兴趣,反而还会终止幼儿正在进行的游戏。

二、观察幼儿游戏活动的策略

教师在观察幼儿游戏活动时,应注意科学性和艺术性。

(一) 要在自然状态下对幼儿进行观察

(1) 不能妨碍幼儿的游戏。教师在观察幼儿的游戏活动时,一定要做到不妨碍幼儿的游戏,使游戏能按照幼儿预先的设计、预定的目标进行下去。

(2) 要选择好观察的位置。教师在观察幼儿的游戏活动时,一定要选择好位置,和幼儿保持适中的距离,既不能太近,也不也太远;如果太近,教师会干扰到幼儿的游戏;如果太远,教师则听不清幼儿的话语,看不清幼儿的表情和动作。

(二) 要在幼儿彼此熟悉以后进行观察

幼儿处在陌生的环境和熟悉的环境中,所表现出来的行为是大不相同的。如果幼儿相互还不熟悉,那么教师对其游戏活动的观察结果,就不能真实地反映其游戏水平。为了客观地了解幼儿的游戏水平,教师应在幼儿彼此认识以后,再来对幼儿的游戏活动进行观察。这样才能为日后的评价工作提供科学的依据。

(三) 要对全班幼儿的游戏水平进行观察

教师要对全班幼儿在游戏活动中的表现进行普遍观察,以了解本班幼儿游戏活动的总体发展水平。例如,是否全班每个幼儿都参加了游戏活动、都玩得很开心?大多数幼儿是喜欢室内游戏活动,还是更喜欢室外游戏活动?他们在游戏活动中都使用了哪些材料(是成品的,还是半成品的,或是自己制作的)?他们都有哪些言语、动作和表情?

(四) 要对个别幼儿进行深入细致观察

教师在对全班幼儿进行普遍观察的基础上,还要有选择地对某个幼儿进行观察。比如,在体育游戏中,教师集中精力观察王伟小朋友的发展水平:他是否喜欢体育游戏?他最喜欢的体育游戏是拔河、跳绳,还是拍皮球、踢毽子?他最喜欢和谁一起拍球?他喜欢先拍球,还是后拍球?他说了哪些话?他的语气如何?他能拍到多少个?他是怎样拍的?拍球游戏结束以后,他的情绪如何?他是否感到很满足或很累?而在积木游戏中,教师却将观察的焦点集中在李华小朋友的身上:她是处在拿着积木闲逛、没有用于建构,或开始建筑时只能做平铺、堆高积木的低级阶段?还是处于能架空搭出一座桥,围合出一个空间的中级阶段?或是能建构多种建筑,并会装饰建筑及命名建筑,处于游戏中的高级阶段?

(五) 要对全班每个幼儿进行多次观察

教师仅凭对幼儿游戏活动的一次观察,是难以推断出幼儿的游戏特征的。教师只有对幼儿的游戏活动多观察,持之以恒,才能减少偶然因素对游戏活动的影响,以确保观察的结果能正确地反映幼儿典型的游戏行为。例如,教师连续几次的观察都发现张江、钱兵、谢飞三位男孩,一直沉溺于玩沙游戏区之中:第一次是张江用铲子把沙子装到小推车上,钱兵把沙运到"工地"上,谢飞指挥"小动物"用沙建造"动物园";第二次是钱兵装沙,谢飞运沙,张江堆沙;第三次是谢飞装沙,张江运沙,钱兵堆沙。每次当他们发现沙太干、堆不起来时,他们都能想办法把水池里的水引过来,撒在沙上,以便于建造。在离开沙池之前,他们都能相互用软毛刷把身上的细沙刷掉。据此,教师就可以判断出这三位小朋友都很喜欢玩沙,善于交往、合作,有着较强的想象力和解决问题的能力。

三、观察幼儿游戏活动的记录

教师在对幼儿游戏活动进行观察的同时,还要注意利用多种手段加以记录,以作为宝贵的资料加以保存,为指导幼儿的游戏活动服务。

(一) 以幼儿为视角的观察记录

教师可以幼儿为主线,设计记录表进行记录。在对某个幼儿的观察工作结束以后,教师要立即在相应的记录表格中记下观察的结果。然后再观察、再记录第二个幼儿,依次下去,直至对所要观察的幼儿全部观察、记录完为止。例如,为了观察记录幼儿在游戏中的社会性发展水平,教师自制了记录表(如表6-4-1)。

表6-4-1 幼儿社会性水平观察记录表
(在符合幼儿情况的栏目下打"√")

观察时间:_____ 观察地点:_____ 观察记录者:_____

幼 儿			社 会 性 水 平					
学号	姓名	性别	非游戏行为	无所事事	旁观	独自游戏	平行游戏	集体游戏
1								
2								
3								
4								
5								
6								
7								
8								
9								
10								
……								
35								

在观察中,当教师发现1号、2号、3号这几个幼儿在图书角看书,没有参加任何游戏活动时,就在他们名字后面的"非游戏行为"栏上,分别打了一个"√";当教师发现4号幼儿在班级里转来转去,没有参加任何游戏活动时,就在他的名字后面的"无所事事"栏上,打了"√";当教师发现5号幼儿在看同伴玩"麦当劳快餐店"游戏时,就在他名字后面的"旁观"栏上,打了"√";当教师发现6号幼儿独自一人在地板上用积木搭"东方明珠电视塔",而旁边又无其他同伴时,就在他的名字后面的"独自游戏"栏上,打了"√";当教师发现7号、8号两个幼儿都在玩挖"隧道"的游戏,彼此没有进行交往,教师就在他们两人名字后面的"平行游戏"栏上,分别打了"√";当教师发现9号、10号、35号这三个幼儿在玩"理发店"的游戏,一个当"洗发工",一个当"理发师",另一个当"顾客"时,教师就在他们名字后面的"集体游戏"栏上,分别

打了"√"。这样,就可得出本次观察的记录表(如表6-4-2)。

表6-4-2 幼儿社会性水平观察记录表
(在符合幼儿情况的栏目下打"√")

观察时间:<u>2019年1月8日 星期二下午</u>　观察地点:<u>中(1)活动室</u>　观察记录者:<u>李春</u>

幼 儿			社 会 性 水 平					
学号	姓名	性别	非游戏行为	无所事事	旁观	独自游戏	平行游戏	集体游戏
1	**		√					
2	**		√					
3	***		√					
4	**			√				
5	***				√			
6	**					√		
7	**						√	
8	***						√	
9	**							√
10	***							√
……								
35	**							√

(二) 以游戏区为视角的观察记录

教师可以游戏区为线索,制作好记录表进行记录。教师可先以一个游戏区为中心,着手观察记录,然后再以另一个游戏区为中心,进行观察记录,直到所有的游戏区都被观察记录完毕为止。例如,为了了解游戏区对幼儿的吸引力,教师设计了观察记录表(如表6-4-3)。

表6-4-3 游戏区对幼儿吸引力的观察记录表

观察记录时间:_____　观察记录人员:_____

游戏区	位置	面积	提供材料	参与人数	使用材料	持续时间	备 注
角色游戏区							
结构游戏区							
智力游戏区							
音乐游戏区							
体育游戏区							

有些游戏区的游戏是由若干个子游戏组成的,所以,教师也可制作出更详细的观察表,来予以记录。

角色游戏区可用下表来进行观察记录(见表6-4-4)。

表6-4-4 角色游戏区观察记录表

观察记录时间:_____ 观察记录人员:_____

主题名称	来源与发起	角色与分配	材料与使用	情节与过程	整理与评估	备注
1						
2						
3						
4						
5						
……						

结构游戏区可用下表来进行观察记录(见表6-4-5)。

表6-4-5 结构游戏区观察记录表

观察记录时间:_____ 观察记录人员:_____

位置	提供材料	参与人数	使用材料	持续时间	成果	整理	备注
玩积木							
玩胶粒							
玩沙							
玩水							
玩游戏泥							
玩泥土							
玩雪							
玩米							
玩木块							

此外,有条件的幼儿园和教师,还可充分利用摄像机、照相机、录音机、手机等现代化设备进行观察记录,以保证记录的全面性、立体性、长久性和有效性。

第五节　幼儿园游戏活动的指导

图6-5-1　上海市JS幼儿园教师在户外活动场地指导幼儿如何玩足球

在幼儿游戏活动的过程中,教师不仅应是观察者、记录者,而且还应是尊重者、支持者、参与者、引导者和干预者。

一、要尊重幼儿的游戏活动

(一) 尊重幼儿的游戏兴趣

幼儿有自己的兴趣和需要,教师应尊重幼儿选择游戏活动的意愿,让幼儿自由地、愉快地参加游戏活动,以促进幼儿个性的发展。例如,在自选游戏时,教师为结构游戏区准备了许多材料,但有的幼儿对这些材料都不感兴趣,并向教师提出"我想用木头做架飞机"的请求;教师应尊重幼儿的意见,允许他到储藏室里去寻找木块,到工具箱里去拿铁锤、铁钉,然后"造飞机"、"开飞机"。

(二) 尊重幼儿的游戏决定

幼儿是游戏活动的主体,他们有权自己决定游戏的主题、角色分配、内容、情节,而不需要教师的包办代替、统治支配,否则只会熄灭幼儿游戏主动性、积极性的火花,阻碍幼儿创造性的发展。比如,在分配游戏的角色时,教师尊重幼儿的想法,允许他们运用多种方式来完成:自己选出一位小领导,由他来安排角色;按小组、学号的顺序决定先挑角色的幼儿;每次由一位幼儿先选角色,大家轮流;有发明创造的幼儿先选;幼儿入园以后自插游戏牌,插满为止;幼儿选好朋友、新朋友一起玩。

(三) 尊重幼儿的游戏创想

在游戏活动中,教师应尊重幼儿的尝试和探索,允许他们自己去发现、去创造,而不把自己的意志强加给幼儿,以免妨碍幼儿的游戏。例如,在教师的意识中,通常是用拱形积木来搭建半圆形房门的,把长方形积木当作床来使用的,但当她在"娃娃家"游戏里,看到一位"妈妈"把半圆形积木当作"宝宝的摇篮"时,也不能指责这名幼儿,更不能要求这名幼儿用长方形积木去替换半圆形积木,以防阻碍幼儿的创造想象。

二、要支持幼儿的游戏活动

教师应以幼儿的眼光来看待游戏活动,尽量满足幼儿游戏活动的各种需要,从物质上和精神上对幼儿的游戏给予支持。

(一) 要在游戏材料上给予支持

教师只有满足幼儿对游戏材料的需求,才能使游戏活动继续下去。例如,在"医院"游戏里,教师发现:"爸爸"抱着一位不小心摔断腿的"宝宝"来就诊,几个"大夫"正在为"接肢"犯愁呢,因为他们一时找不到可以用的工具和材料。然后,教师就迅速地走进储藏室,为幼儿取来了小木板、塑料绳、透明胶、胶水、纱布、线绳等物品,这就为幼儿游戏活动的推进提供了强有力的物质支撑。

(二) 要在游戏时间上给予支持

教师只有满足幼儿对游戏时间的需求,才能使游戏活动发展下去。比如,进餐的时间就要到了,可幼儿玩兴正浓;教师见状,就灵活地推迟了一点进餐的时间。这样,就能使幼儿的游戏达到一个理想的境界,大家都能充分地表现,尽情地体验,心满意足地离开游戏区。

(三) 要在游戏主题上给予支持

教师只有满足幼儿对游戏主题的需求,才能使游戏活动不断更新。教师应善于察言观色,从幼儿的语言、表情、动作上来揣摩幼儿的游戏心态。例如,当幼儿表现出对"超市"游戏的兴趣时,教师就为他们讲超市购物的故事,带他们到附近的超市去参观和购物,为他们提供游戏货币、收款机,帮助他们收集超市所需要的各种材料,为幼儿顺利地开展"超市"游戏铺平道路。

(四) 要在游戏发展上给予支持

教师只有满足幼儿对游戏发展的需求,才能使游戏活动不断深入。教师应随着幼儿游戏活动的发展,不断地给予幼儿各种支持,站在幼儿的立场上去思考游戏的进程,意识到幼儿什么时候可能会需要教师什么样的帮助,及时给幼儿提出合理化的建议,激励幼儿游戏活动的深入发展。比如,当教师发现一个胆小的幼儿正独自一人在"理发店"里玩"电吹风"时,就走上前去,对她说:"你的电吹风真有用,你已经为几个顾客吹过头发了吧?"幼儿答道:"还没有顾客来过。"教师又说:"那你可以站在店门口,请人家来吹头发,你需要我去帮你叫一些顾客来吗?"在幼儿的允诺下,教师走到其他游戏区,建议那里的幼儿到这个"理发店"里来"理发""吹发"。

三、要参与幼儿的游戏活动

(一) 要重视参与

教师应是幼儿游戏活动的参与者。要想充分发挥游戏活动在幼儿发展中的作用,教师就必须拥有一颗童心,和幼儿一样喜欢玩具、爱好游戏。如果幼儿在玩游戏时,教师也过来参与其中,和他们一起玩,这不仅会使幼儿感到游戏是一种很重要的活动,延长游戏的时间,而且还能帮助幼儿学习、掌握许多操作游戏材料的新方法。

(二) 要双向参与

教师应是幼儿游戏活动的好伙伴。当幼儿游戏时,教师加入进去,成为幼儿众多游戏伙伴中的普通一员,与幼儿处于平等的地位,享有同样的权利和义务。教师虽然有时也向幼儿提出一些有利于游戏持续发展的设想与建议,但是由于幼儿是游戏的主宰者,他们既可以采纳教师的主张,也可以拒绝教师的意见。教师与幼儿的游戏伙伴关系表现在以下两个方面。

1. 教师应邀参加幼儿的游戏活动

教师与幼儿处于平等的玩伴地位,拥有邀请同伴和被同伴邀请的权利与义务。教师在和幼儿一起游戏时,既要遵守幼儿制定的游戏规则,又不能完全被动地受制于幼儿,而要根据游戏情节的发展,适当地引进一些新元素(如提出问题,提供范例,给予评价),以此来影响幼儿游戏的内容和情节,促进幼儿游戏水平的提升。

2. 教师主动参与幼儿的游戏活动

幼儿有时候也不会主动邀请教师参加游戏,那么教师就要注意选择时机,以角色的身份积极投入,成为幼儿游戏的伙伴。例如,在"地铁站"游戏中,几个"乘客"排队站在"售票处",准备向"售票员"购票;教师见状,也扮演成一个"乘客",站在队尾,打算购票。教师通过与幼儿共同游戏,不仅可以使幼儿意识到游戏的重要,培养幼儿对游戏的兴趣,而且还能增加教师与幼儿之间的交往,使师幼关系更密切,促进幼儿的社会化,提升幼儿游戏活动的质量。

(三) 要适宜参与

教师对幼儿游戏活动的参与要恰当。不论教师采用哪种形式参与幼儿的游戏活动,都要注意参与的时间、地点、情景和方法。教师只有适时、适宜、适当地参与,并及时退出,才不会干扰、破坏幼儿游戏活动的延续和发展。幼教实践证明:教师什么时候参与、怎样参与、参与多少,是由幼儿游戏的情景所决定的,教师过多的参与,容易歪曲幼儿的游戏,并使游戏终止;而教师的不参与、或参与过少,又会使游戏难以发挥其应有的教育作用。例如,幼儿刚入园时,游戏的能力还比较差,教师就需要多参与,为幼儿树立游戏的榜样,帮助幼儿形成游戏的基本技能。教师只有不断探索总结,才能找到良策,使这两者处于一个合理的平衡状态。

四、要引导幼儿的游戏活动

(一) 要引发游戏活动

教师可采用不同的方法来引发幼儿的游戏活动,诱发幼儿的游戏需要。

1. 通过增加游戏材料来引发游戏活动

教师通过在游戏场地放置一些新材料、新设备,来吸引幼儿的注意力,激发幼儿开展某方面的游戏。例如,教师在结构游戏区,张贴"天安门"、"长城"、"故宫"、"颐和园"等新图片,就能引发幼儿搭建这些建筑物的兴趣;教师在角色游戏区,放置一些服饰鞋帽等新材料,就能引发幼儿玩"时装模特"的游戏。

2. 通过丰富知识经验来引发游戏活动

教师通过带领幼儿外出参观、让幼儿观看动画片,和幼儿一起阅读图书画册等,也能引发幼儿的某种游戏,并能使幼儿知道应如何使用材料、如何开展游戏。比如,通过参观农场,幼儿不仅能认识到各种家禽、家畜的外形特征、习性、功用及其异同,了解到农场主、饲养员、挤奶员之间的角色分配及其关系,体验到劳动的艰辛,而且还能萌发出扮演"饲养员"的愿望,知道在"农场"里,带"小绵羊"、"枣红马"去吃草,给"母牛"挤奶,把"老母鸡"下的蛋装箱集运等。

(二) 要提出开放问题

在幼儿游戏活动的过程中,教师要善于把握时机,提出启发性问题,以促进游戏活动的不断发展。例如,在"火锅城"游戏中,当幼儿用面泥做出了许多"羊肉片"、"牛肉片"、"猪肉片"、"鱼肉片"、"青菜"、"菠菜"时,教师便问道:"除了这些美食以外,我们还能用面泥做出哪些好吃的东西和用品呢?"这一开放式提问,能拓宽幼儿的思路,使幼儿展开想象的翅膀,想出还能做"豆腐"、"粉丝"、"生姜"、"大葱"、"火锅调料"、"锅"、"碗"、"盘"、"筷子"等。

(三) 要提供合理建议

当幼儿的游戏未能向前发展的时候,教师应及时地给予提示和建议,以帮助幼儿更好地把游戏进行下去。比如,当教师发现一个小女孩独自坐在"娃娃家"里,抱着"宝宝",而她附近的几个幼儿却在玩"服装店"的游戏时,教师就走到这个小女孩的身边,对她说:"宝宝妈妈,天气越来越冷了,你的小宝宝穿得衣服太少了,会冻生病的,你最好带他到'服装店'去买件衣服。"可见,教师的话语对幼儿来讲是一种提醒,它不仅能帮助幼儿更好地去扮演"妈妈"这一角色,照顾好自己的"宝宝",而且还能使幼儿主动地去与同伴交往,丰富游戏的内容和情节。

(四)要扮演游戏角色

教师要通过扮演一定的角色,自然而然地加入到游戏活动中来,针对具体情况,进行有效引导。

1. 要根据幼儿的特点来扮演与引导

如果幼儿不善交往、寡言少语,那么教师在游戏活动中,就可以创造条件,让幼儿有较多的交往、说话的机会。例如,当教师发现黄江娟小朋友扮演"娃娃家"的"妈妈",一直在"厨房"里炒菜,不出来招待"小客人"时,教师就扮演成一位"街道干部",来串门巡访,并问"妈妈":"今天你休息?""妈妈"嗯了一声。"你家小宝呢?""他上幼儿园去了。""我好长时间没看到他了,他现在又长高了吧?""是的。""我能看看他最近的照片吗?""好的,给你看看他的影集。""这张照片是在哪里照的?""南京玄武湖。""旁边的那个人是谁呀?""他的小姑妈,小姑妈很喜欢他的。"可见,教师的出现,帮助这个幼儿打开了话匣子,增强了幼儿的语言表达能力。

2. 要根据游戏的情节来扮演与引导

在游戏活动中,幼儿会出现各种各样的问题,需要教师明察秋毫,调停解决。比如,扮作"菜贩子"的几个幼儿对"农贸市场"的游戏已不感兴趣了,他们纷纷收拾"摊位",准备关门下班。"娃娃家"的"爸爸"、"妈妈"看到后很生气,他们不想让"菜贩子"下班,因为今天是他们"宝宝"的生日,要请客的,"菜贩子"一下班,他们就没地方去买菜了,就没办法请客人吃饭了。教师见状,就扮演成"城管会干部",前来调解,既同意"菜贩子"下班,又给"爸爸"、"妈妈"出主意:可以到"超市"里面去买菜,也可以带"客人"到"饭店"里去吃饭。

五、要干预幼儿的游戏活动

(一)要及时矫正不当言行

游戏活动固然是幼儿对现实生活的创造性反映,但由于幼儿的知识经验较贫乏,辨别是非的能力较差,在游戏中必然会出现与现实生活主流相悖的现象,所以,教师要注意矫正幼儿不正确的想法和做法,使幼儿的思维、想象能逐渐科学化、合理化,符合现实生活的逻辑,确保幼儿的健康成长。例如,在"豆浆店"游戏中,"顾客"吃完豆浆和油条以后,要求"服务员"给她一张餐巾纸擦嘴巴,"服务员"却说:"没有纸了,别擦算了,你要擦就用自己的衣袖擦一下好了。"他说完以后还做了个动作。教师发现以后,马上用"店长"的身份,告诫"服务员":要热心为"顾客"服务,要讲究卫生。

(二)要尽早掐灭不妥念头

一些无益有害的自发游戏活动,教师要尽早进行干涉,使之消灭在萌芽状态之中。例如,几个幼儿在室外树荫下,商量如何玩"火烧博望坡"的游戏。教师听到后,马上扮演成"消防队员",开来了"消防车",并对幼儿说:"刚才有人拨打了119电话,说是这里有人想玩火,担心会发生火灾,火灾的害处很大的,你们知道吗?请你们别玩火。"教师通过"消防队员"的角色身份,及时对幼儿进行消防教育,使幼儿对火有了更全面的认识,而不再产生玩火的念头。

(三) 要尽快消除安全隐患

幼儿游戏的过程是个动态的过程,幼儿的兴趣、爱好、需要等在游戏中都会发生变化,教师应对游戏的过程加以监控,以随时消除隐患。例如,几个幼儿在玩"铡陈世美"的游戏:"王朝"、"马汉"、"张龙"、"赵虎"押着"陈世美",去向"秦香莲"赔礼道歉,并要求他"跪下"。但"陈世美"不愿意"跪下",四员大将就狠狠地把他按倒在地上,并警告他:"你如果敢爬起来,我们就用棍子打死你!"边说边找来了一根棍子。"陈世美"的哭声引起了教师的注意,她赶快跑过来,运用"包公"的身份,厉声说道:"我是包青天,谁敢在这光天化日之下,为非作歹,欺压百姓?"教师的言行,及时扑灭了四员大将的"火气",有效避免了幼儿之间的一场皮肉之战。

第六节　幼儿园游戏活动的评价

图 6-6-1　上海市 JSY 幼儿园儿童变换花样玩乒乓球

教师对幼儿的游戏活动进行评价,是提高游戏活动质量的重要一环。它既是幼儿游戏活动的终端,同时也是幼儿游戏活动的始端,对幼儿的游戏活动具有反馈、强化和调节的作用。教师在评价幼儿游戏活动时,可从游戏活动的环境、游戏活动的过程、游戏活动的水平这三个方面来进行,评价的指标要尽可能详细、具体,以便于操作。

一、幼儿游戏活动环境的评价

幼儿游戏活动的环境是否具有安全性、激励性、协调性和教育性,是否适合于幼儿的发展?是否能引发有益于幼儿成长的各种行为与活动,从而促进幼儿的发展?教师可利用一些表格来进行评价(如表6-6-1)。

表6-6-1 幼儿游戏活动环境评价表

序号	项目名称	指标内容	等第	备注
1	柔和性和冷硬性	环境各因素所引起的人的生理或心理的感应性	A. 柔和性为主	如地毯、草坪
			B. 柔和性和冷硬性平衡	
			C. 冷硬性为主	如铁制器械
2	开放性和封闭性	游戏材料的存放和教师的行为对幼儿所造成的限制程度	A. 开放性较强	如幼儿自由选择
			B. 开放性和封闭性平衡	
			C. 封闭性较强	如不开放玩具架
3	复杂性和简单性	游戏材料在使用方式方法上的变化程度	A. 超级材料组合	如三种材料结合
			B. 复杂材料组合	如两种材料结合
			C. 简单材料组合	如一种材料
4	干预性和隐蔽性	环境因素所暗示的人与人、人与物的互动量	A. 过多介入	如新异刺激太多
			B. 适当介入	
			C. 较少介入	如新异刺激很少
5	高活动性和低活动性	环境中所能提供或暗示的大小肌肉活动的程度	A. 大肌肉活动为主	如走平衡木
			B. 大小肌肉活动均衡	
			C. 小肌肉活动为主	如绘画、绣花

教师在评价游戏环境时,如果在五项指标上,除第3项选"A"以外,其余各项均选"B",那则说明现有的游戏环境较好,适合于幼儿的成长发展。

二、幼儿游戏活动过程的评价

(一)从本质上来评价

教师要对幼儿游戏活动的各个方面、每一环节进行评价。教师要评价游戏活动的目的、目标是否已经达到？发展幼儿体力的游戏是否与发展幼儿认知、情感、社会性、美感的游戏相平衡？为幼儿提供的室外游戏和室内游戏是否均衡？是否有利于幼儿的发展？教师可通过一些评价表来评估幼儿室外游戏活动的适宜性(如表6-6-2)。

表6-6-2 幼儿室外游戏活动适宜性评价表
(在每项后面的评估等第中选择合适的一栏打"√")

幼儿人数：_____ 班级：_____ 评价时间：_____ 评价者：_____

序号	评 估 指 标	评 估 等 第		
		符合	较符合	不符合
1	设备适合于所有的幼儿			
2	有开展各种体育游戏的设备,如平衡木、秋千、绳子			
3	有进行合作游戏的设备和材料,如积木			
4	有创造性材料,如黏土、颜料			
5	幼儿能以不同的方式使用一些设备,如厚木板			
6	有各种攀爬的设备			
7	有地方种植			
8	有机会选择,不需要竞争和等待			
9	设备安置牢固			
10	在攀爬、摇荡的器械下面有毯子、橡胶粒、木屑等			
11	摇荡设备的材料柔韧性强			
12	摇荡设备与奔跑、骑车的设备分开			
13	较高的设备有保护性栏杆,以防儿童从高处掉下来			
14	设备维修较好,没有钉子和破损处			
15	定期检查、维修场地,如除草、清理下水道			
16	有保证健康的设备,如沙箱有东西可盖上,有洗手水龙头			
17	游戏区被安排好			
18	游戏区之间有过道,不会阻碍幼儿的活动			
19	教师能监测到幼儿的活动			
20	相互干扰的游戏区被分开			
21	有开放的空间,幼儿可自由游戏			
22	有安静的游戏区			
23	有积木等建筑材料			

(续表)

序号	评估指标	评估等第		
		符合	较符合	不符合
24	有艺术活动材料			
25	幼儿容易回到教室里去			
26	幼儿容易回到休息室里去			
27	有地方饮水			
28	有丰富的储藏物			
29	在下雨天有地方游戏			
30	在冬天有阳光充足的地方游戏			
31	在夏天有阴凉的地方游戏			
32	有坚硬的场地骑车、跳舞			
33	幼儿能进行玩土、玩沙和玩水的游戏			
34	有一块草地、或毯子			
35	排水道、阴沟通畅			
36	有围栏,保护幼儿不受外界干扰			
37	游戏场地令幼儿愉快			
38	游戏场地安静,几乎没有铁路、公路、工厂的噪音			
39	有足够的成人来监督幼儿的游戏			
40	每个教师都负有自己的责任			
41	教师注意与幼儿的相互作用,不在一起闲谈或坐着			
42	引导幼儿正确使用设备,如在梯子上爬,而不是在桌子上爬			
43	幼儿上午和下午都有室内外游戏的时间			
44	分配好使用场地的幼儿,避免过分拥挤、争抢玩具			
45	每天室外游戏区都有特别的活动			
46	教师定期重新安排设备			
47	教师鼓励、帮助幼儿重新安排小设备			
48	大多数幼儿在游戏场地中积极参与活动			
49	幼儿能清理场地			
50	把游戏材料放回原处			

(二) 从形式上来评价

教师还要评价幼儿的集体游戏和小组游戏、个人游戏是否平衡？幼儿玩了什么游戏、他们是怎样进行游戏的？幼儿游戏活动的时间是否太短？游戏活动的空间是否宽阔？游戏活动的经验是否丰富？游戏活动的材料是否需要改变，是增加还是减少？例如，当教师发现最近几天进入玩水游戏区的幼儿呈现出递增的趋势时，她就作出了下面的判断：如果不及时增加相应的设备和材料，幼儿可能就要为此发生争吵、争抢，也可能会离开玩水区。据此，教师就提出了改进措施：增加塑料围裙，使每个玩水的幼儿都能戴上围裙，而不会把衣服搞湿；增加一些游戏材料，如漏斗、各种尺寸和形状的容器、勺子、搅拌器、漂浮及沉淀的物体、塑料瓶、量杯、盘子、水桶、塑料管、海绵、抹布等，使每个幼儿都能玩上自己喜爱的东西。

(三) 从进程上来评价

教师还要对幼儿游戏活动的开端、过程和结尾进行评价。比如，教师在评价幼儿玩沙游戏的过程时，应注意下面几个问题：幼儿在用铲子把沙装进桶里时，是否已获得满与空、多与少的概念；幼儿把沙子倒出时，是否已知道它和液体一样能倒出；幼儿在摇动沙子时，是否已发现粗沙子被留在上面了，而细沙子却被筛到下面了；幼儿在用放大镜看沙子时，是否已发现每一粒沙子的形状、大小都是不相同的；幼儿在用力吹沙子时，是否已知晓空气能使沙子移动；幼儿在用相同的容器称量沙子时，是否已知晓干沙比湿沙轻等。此外，在游戏活动结束时，教师还可组织全班幼儿巡回参观，观赏同伴的创作硕果，并给予表扬鼓励。例如，当教师和幼儿一起来到了积木游戏区时，教师赞赏道："这个博物馆搭建得又高又大，雄伟壮观！"当来到木工游戏区时，教师又赞叹道："这架飞机造得很精致，也很奇特，能朝前飞，也能往后飞！"当来到绘画游戏区时，教师也称赞道："这幅画画得很美，上面有蓝蓝的天，是白云的家；中间有绿绿的草地，是小兔的家；下面有清清的河水，是小鱼的家！"这样使每一个幼儿都能体会到创作的乐趣和成功感，感受到教师和同伴对自己劳动成果的尊重和认可，激发出再创造的欲望和行为。

三、幼儿游戏活动水平的评价

对幼儿游戏活动水平的评价，可由教师和幼儿两方面来进行。

(一) 教师对幼儿游戏活动的评价

口头评价和书面评价对幼儿游戏活动的发展具有不同的作用。教师不仅要对幼儿的游戏活动进行口头评价，而且还要对幼儿的游戏水平作出书面评价。

1. 口头评价

(1) 在幼儿游戏过程中进行个别评价。幼儿虽然非常喜欢游戏，但他们的注意力容易转移，兴趣变化多端，因此，教师要在幼儿游戏活动的过程中，及时给予强化，以保证幼儿游戏能更好地进行下去。例如，教师以个别交往的手法，公正地对幼儿的表现进行评价："今天，我发现你这个'调料师'干得很出色，你把蓝色颜料和黄色颜料混合在一起，最后形成了绿色，你真能干。"

这样就能使幼儿知道自己所做的事情是很有价值的,激起幼儿再次尝试探索的愿望。

(2) 在幼儿游戏结束时进行集体评价。教师要在全班幼儿游戏活动结束时,给予必要的集体评价,以保证幼儿的游戏活动能持久地进行下去。比如,在角色游戏结束时,教师在全班幼儿面前进行了讲评:先表扬了"健身房"的"经理",很爱动脑筋,会招揽生意(如说"今天新开张,免费"),后夸奖了两位"教练",很认真、很耐心地教"顾客"使用"健身器材"。与此同时,教师还指出了"建筑工地"存在的不足之处:有的"工人"在造"大楼"时,材料和工具摆放零乱,既不安全,又影响周围环境,以后一定要改进。这样,就能帮助幼儿扬长补短,提高游戏活动的水平。

2. 书面评价

教师要对全班幼儿的游戏发展水平进行详细的书面评价。例如,教师可以通过一些表格来评价每个幼儿在室外游戏活动中的发展水平(如表6-6-3)。

表6-6-3 幼儿室外游戏活动发展水平评价表
(在符合幼儿情况的评价指标等第栏上打"√")

幼儿姓名:_____ 性别:_____ 年龄:_____ 评价时间:_____ 评价者:_____

游戏名称	评 价 指 标	幼儿等第
跳　跃	A. 幼儿自己能想出多种跳跃的方法进行游戏,如单脚跳、双脚跳	
	B. 幼儿自己能想出2种或2种以上跳跃方法进行游戏	
	C. 幼儿只能想出1种跳跃方法进行游戏	
荡秋千	A. 幼儿的身体能随着秋千的摆动而协调地摆动	
	B. 幼儿自己能慢慢地荡起秋千	
	C. 幼儿在别人的帮忙下,能荡起秋千	
滑滑梯	A. 幼儿的姿式正确,下滑得又快又好	
	B. 幼儿能控制速度,慢慢地下滑	
	C. 幼儿虽能下滑,但动作不够协调	
玩　沙	A. 幼儿能根据沙子难以黏合的性质,创建出各种造型	
	B. 幼儿不注意沙子难以黏合的性质,不会建立造型	
	C. 幼儿的无目的的活动较多,没有建出造型	

(二) 幼儿对自己游戏活动的评价

游戏的主体是幼儿,幼儿是最有权威的评价者。

1. 口头评价

教师要让幼儿用口头语言来对自己的游戏活动进行评价,这样能使教师更全面地了解幼儿开展游戏的情况,为幼儿今后的游戏活动做好更充分的准备。例如,幼儿游戏活动结束时,教师鼓励幼儿说一说:今天在游戏区里玩什么了?是一个人玩的,还是和其他小朋友一起玩的?是怎么玩的?你玩得开心吗?明天,你还想玩什么游戏?还想和哪些小朋友一起玩?教师先请"肯德基快餐店"的"经理"发言,"经理"很高兴地说道:"今天,小朋友让我做经理,我很开心的。王蕾这位'礼仪小姐'做得很好,她总是站在门口对客人说'欢迎光临',很有礼貌的。客人来了以后,我们就给他们看菜单,让他们自己挑选喜欢吃的东西。中午的时候店里客人很多,我们就加快速度,做了很多汉堡,客人对我们很满意。"接着教师又请到过"肯德基快餐店"的"顾客"讲一讲自己受到的服务如何。然后再请参加"美容院"、"玩具店"、"图书馆"等游戏的幼儿进行自我评价。

在幼儿评价自己的时候,教师也可见缝插针,随机对幼儿进行相应的教育,以促进幼儿的不断成长。例如,当"卡拉 OK 厅"的"歌手"反映自己"今天唱得很累"时;教师知道这位幼儿今天一直独占话筒,是个"麦霸",便说道:"如果你们几个小朋友下次还想玩'卡拉 OK 厅'的游戏,那我就给你们提个建议吧。大家轮流当'歌手'唱歌,这样可能就不会觉得很累了,你们可以试一试,看看老师教的办法灵不灵。"

2. 书面评价

教师要创造条件,使幼儿有机会通过书面语言的形式,对自己的游戏活动作出评价,以便于教师编写幼儿游戏的成长档案,进一步提高幼儿的游戏水平。教师可采用图文并茂的形式,引导幼儿对自己在游戏区的语言、行为、情绪、兴趣、能力等方面进行评价。

教师可通过《我的兴趣评价表》(如表 6-6-4),引导幼儿记述自己玩过的游戏区,使幼儿知道自己的兴趣所在,喜欢的游戏是多还是少。

表 6-6-4 我的兴趣评价表
(今天我玩过的游戏区)

幼儿学号:_____ 姓名:_____ 性别:_____ 班级:_____ 评价日期:_____

游戏区名称	星期一	星期二	星期三	星期四	星期五	备 注
角色区						
积木区						
美工区						
沙水区						
体育区						

教师可通过《我的能力评价表》(如表 6-6-5),指导幼儿记述自己在游戏区所做的事情,使幼儿认识到自己很能干,一双小手能做许多事情。

表 6-6-5　我的能力评价表
（今天我在游戏区做的事情）

幼儿学号：＿＿＿＿　姓名：＿＿＿＿　性别：＿＿＿＿　班级：＿＿＿＿　评价日期：＿＿＿＿

事件名称	星期一	星期二	星期三	星期四	星期五	备注
炒菜						
拼图						
穿珠						
搭积木						
下棋						
画画						
吹泡泡						
挖隧道						

教师还可通过《我的情绪评价表》,引导幼儿用脸谱记述自己在游戏区的心情,可使幼儿知道自己的情绪发展状况(表 6-6-6)。

表 6-6-6　我的情绪评价表
（今天我在游戏区的心情）

幼儿学号：＿＿＿＿　姓名：＿＿＿＿　性别：＿＿＿＿　班级：＿＿＿＿　评价日期：＿＿＿＿

游戏区名称	很开心 ☺	还可以 ☺	不开心 ☹
角色区			
积木区			

(续表)

游戏区名称	很开心 ☺	还可以 😐	不开心 ☹
美工区			
沙水区			
体育区			

第七节　幼儿园游戏活动的案例

图 6-7-1　"跳房子"游戏区地毯

游戏活动是幼儿最喜欢的活动,民间游戏作为幼儿游戏活动的一个重要组成部分,不仅具有特殊的传承性,而且具有材料的简单性、内容的趣味性、玩法的易学性。因此,教师要成为幼儿游戏的伙伴,和幼儿一起体验传统游戏的乐趣。

一、幼儿"跳房子"的游戏活动

(一) 游戏活动的准备

(1) 教师和幼儿一起制作沙包(用一块小布包扎裹好沙子、米粒、豆子等)。

(2) 教师和幼儿共同在地上画出房子的图形(可由长方形、正方形、半圆形、三角形组成),并在上面依次(由近由远)写出各个数字(从1至10),以表明房间的号码。

(二) 游戏活动的规则

(1) 幼儿在单脚跳跃的过程中,另一只脚始终不能落地,否则就算输了。
(2) 房间的号码越大,表明所赢到的房间数量越多。

(三) 游戏活动的过程

(1) 幼儿站在房子外围,用手把沙包丢向某间房子,尽量丢远一些,这样就可能赢得更多的房子。
(2) 幼儿任意抬起一脚(左脚或右脚),按照房间的号码进行跳跃,从小号跳到大号,直至跳到沙包所在的位置。
(3) 幼儿弯腰捡起地上的沙包,拿在手里,或用着地的那只脚使劲地把沙包踢出房子外围。
(4) 幼儿依次跳到最后一间房子里。
(5) 幼儿往回跳,从大数字跳到小数字。

(四) 游戏活动的功效

(1) 发展幼儿单脚跳跃的能力,增强幼儿肢体的协调能力。
(2) 培养幼儿合作游戏的能力,提高幼儿的判断推理能力。

二、幼儿"跳皮筋"的游戏活动

(一) 游戏活动的准备

(1) 教师帮助幼儿用针线把一根很长的橡皮筋(或松紧带)的两头连接起来。
(2) 教师指导2位幼儿面对面地站立,把橡皮筋放在他们的脚踝部。

(二) 游戏活动的规则

(1) 幼儿跳时,橡皮筋要先放在身体的低处,然后再往身体的高处(如小腿、膝盖、大腿、臀部、腹部、腰部、胸部)延伸。
(2) 几位幼儿轮流跳,如果谁能用脚勾到最高处的橡皮筋,并跳起来,谁就赢了。

(三) 游戏活动的过程

(1) 幼儿一只脚着地站立,保持身体平衡。
(2) 幼儿用另一只脚去勾橡皮筋,勾到后,这只脚也着地,并用小腿把橡皮筋尽量往低处下压,以便于顺利跳动。
(3) 幼儿的2只脚可自由自在地在橡皮筋的两侧跳来跳去。

(四)游戏活动的功效

(1) 增强幼儿的平衡能力和协调能力。
(2) 提高幼儿腿部和腰部的运动能力。
(3) 培养幼儿的合作能力和分享精神。

三、幼儿"滚铁环"的游戏活动

(一)游戏活动的准备

(1) 教师帮助幼儿把一根长铁丝折成圆形,再把两头牢固地连接在一起,做成铁环。
(2) 教师帮助幼儿把一根短铁丝的一头折成半圆形,做成能钩住铁环的钩子。

(二)游戏活动的规则

(1) 幼儿用钩子钩住铁环,走动或慢跑。
(2) 大家同时滚动铁环,铁环最后倒地的幼儿为赢家。

(三)游戏活动的过程

(1) 幼儿双脚站立,身体略向前弯曲,一只手握住铁环,另一只手握住钩子。
(2) 幼儿边用钩子钩着铁环,边开始奔跑。
(3) 幼儿尽可能地使身体保持平衡,并使铁环在平地上滚动,这样持续的时间会长一点。

(四)游戏活动的功效

(1) 发展幼儿手眼协调的能力。
(2) 增强幼儿奔跑运动的能力。

四、幼儿"抽陀螺"的游戏活动

(一)游戏活动的准备

(1) 教师帮助幼儿把一小节木头削成螺旋形状。
(2) 教师指导幼儿在一根短棍的一头扎上绳子。

(二)游戏活动的规则

(1) 幼儿用短棍抽打陀螺。
(2) 陀螺旋转时间最长的幼儿为胜。

(三)游戏活动的过程

(1) 幼儿弯下腰,用短棍一头的绳子拴住陀螺。

(2) 幼儿直起腰,拉住短棍,用力抽打旋转着的陀螺,使其能马不停蹄地旋转。

(四) 游戏活动的功效

(1) 增强幼儿手眼协调的能力。
(2) 发展幼儿手臂活动的能力。
(3) 丰富幼儿的物理学知识。

五、幼儿"砸果核"的游戏活动

(一) 游戏活动的准备

(1) 教师和幼儿共同洗净、晾干一些杏子核(或桃子核、李子核、橄榄核)和一块砖瓦(或木块)。
(2) 教师指导幼儿把果核平放或堆放在砖瓦(或木块)上。

(二) 游戏活动的规则

(1) 幼儿砸果核时,只能睁一只眼,闭另一只眼,否则为偷看;身体要挺直,不能弯曲,否则为违规。
(2) 砸到果核最多的幼儿为赢家。

(三) 游戏活动的过程

(1) 幼儿用一只手的两个手指拿着一粒果核。
(2) 幼儿用一只眼睛瞄准砖瓦上的那些果核,预测一下砸到哪里会最好,这样可能会带动更多的果核下落。
(3) 幼儿松开手上的果核,使其下落时,能砸到砖瓦上的果核,并带动其他果核一起滚落到地面,越多越好。

(四) 游戏活动的功效

(1) 培养幼儿的目测能力。
(2) 增强幼儿的判断能力。

六、幼儿"拾骰子"的游戏活动

(一) 游戏活动的准备

(1) 教师和幼儿共同制作沙包、寻找骰子(四面上的形状不同)。
(2) 教师和幼儿把几个骰子放在台面上。

(二) 游戏活动的规则

(1) 幼儿把沙包抛向空中,等沙包下落时,边接沙包边拾骰子,未接住沙包者为输。

(2) 当几个骰子朝上的那一面都相同时,幼儿可同时把它们拾起来,也可只拾其中的1—2个骰子。

(3) 拾到骰子最多的幼儿为胜。

(三) 游戏活动的过程

(1) 幼儿用手抓起骰子,撒在桌面上,用力要均匀,使骰子朝上的那一面尽可能都相同。

(2) 幼儿用力把沙包抛向空中,尽可能抛高一点,这样就会有更多的时间查看骰子,寻找下手的机会,看看拾哪几个或哪一个骰子最合算。

(四) 游戏活动的功效

(1) 提高幼儿手眼协调的能力。
(2) 增强幼儿用手抓握的能力。

本章小结

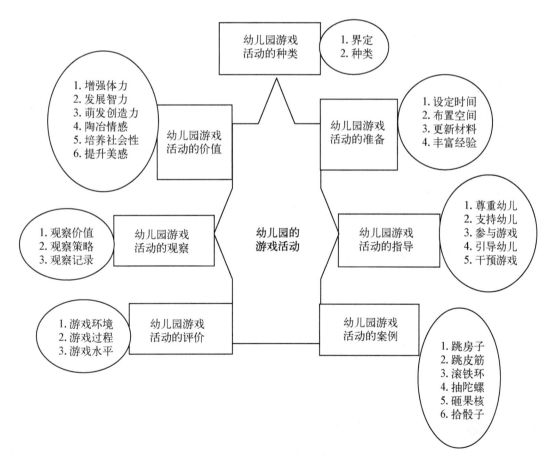

本章思考题

1. 你认为什么是幼儿的游戏活动?
2. 你认为幼儿园的游戏活动应分为哪几类?为什么?
3. 你认为幼儿园游戏活动对儿童发展的价值主要体现在哪几个方面?试举例说明。
4. 你认为教师应从哪几个方面来为幼儿的游戏活动做好准备?
5. 你认为教师在观察、记录幼儿的游戏活动时,应注意哪些事项?
6. 你认为教师应如何指导幼儿的游戏活动?请联系实际加以说明。
7. 你认为教师应如何评价幼儿的游戏活动?
8. 你认为小、中、大班幼儿的角色游戏有什么特点?主题各有哪些?角色各有哪些?情节如何?试举例加以说明。
9. 请你设计一份幼儿园游戏活动的观察记录表。
10. 请你设计一份幼儿园游戏活动的评价表。
11. 你喜欢哪些民间游戏活动?请你设计一个幼儿园民间游戏活动简案。

 本章拓展学习

■ 阅读书目

1. 邱学青.幼儿园游戏指导[M]北京:人民教育出版社,2015.
2. 董旭花.幼儿园游戏[M]北京:科学出版社,2016.
3. 梁小丽,樊婷婷.幼儿园游戏理论与实践——贵州民族地区儿童民间游戏的应用[M]成都:西南交通大学出版社,2018.
4. 彭茜.幼儿园游戏化课程的理论与实践[M]广州:广东高等教育出版社,2018.
5. 林菁.幼儿园创造性游戏指导与实施[M]福州:福建人民出版社,2011.
6. 刘艳.幼儿园角色游戏指导手册[M]南京:江苏教育出版社,2012.
7. 彭俊英.幼儿园游戏活动的组织与指导[M]北京:教育科学出版社,2014.
8. 王喑.幼儿园游戏设计指导书[M]福州:福建教育出版社,2016.
9. 李军彩.幼儿园共享角色游戏指导[M]北京:北京师范大学出版社,2016.
10. 单文顶,焦冬玲,袁爱玲.幼儿园游戏指导策略[M]福州:福建教育出版社,2017.
11. 李春香.幼儿园游戏活动组织[M]北京:科学出版社出版,2018.
12. 李生兰.比较学前教育(第二版)[M].上海:华东师范大学出版社,2013.
13. G. Goodliff. et al. Young children's play and creativity:multiple voices[M]. London & New York: Routledge, 2017.

■ 浏览网站

1. 中华人民共和国教育部 http://www.moe.gov.cn.
2. 中国学前教育研究会 http://www.cnsece.com.
3. 上海学前教育网 http://www.age06.com/Age06Web3.

4. 浙江学前教育网 http://www.06abc.com.
5. 山东学前教育网 http://www.sdchild.com.
6. 广东幼儿教育网 http://www.06gd.com.
7. 美国学前教育研究会 https://www.naeyc.org.
8. 首都博物馆 http://www.capitalmuseum.org.cn.
9. 上海博物馆 https://www.shanghaimuseum.net/museum/frontend.
10. 浙江博物馆 http://www.zhejiangmuseum.com/zjbwg/index.html.
11. 苏州博物馆 http://www.szmuseum.com.
12. 常州博物馆 http://www.czmuseum.com.
13. 镇江博物馆 http://www.zj-museum.com.cn/zjbwg/zjbwg/index.html.

 本章微型研究

1. 童年游戏发展趋向的微型研究

运用访谈法，了解不同年代的人在童年时代所玩过的游戏，剖析游戏发展的特点及其对人们生活的影响。

(1) 不同年代的人：如20世纪30年代、40年代、50年代、60年代、70年代、80年代、90年代出生的人们。

(2) 童年时代所玩过的游戏：如玩过哪些游戏？在哪玩的？和谁玩的？是怎么玩的？喜欢哪些游戏？认为哪些游戏对自己的影响较大？

2. 幼儿对游戏喜好程度的微型研究

通过观察法、谈话法，了解幼儿园中幼儿对游戏的喜好程度，分析影响因素。

(1) 幼儿园中幼儿：如不同年龄班、不同性别、不同个性的幼儿。

(2) 对游戏的喜好：如对各种不同游戏(如结构游戏、表演游戏、智力游戏、音乐游戏、体育游戏、角色游戏)的喜欢程度；对角色游戏中不同主题的喜欢程度、对不同角色的喜欢程度。

(3) 喜好程度：如很喜欢、较喜欢、一般化、较不喜欢、很不喜欢。

第七章　幼儿园的家庭教育指导

 本章教学建议

1. 教师可引导学生围绕"对我影响最大的一位家人"等主题,展开讨论。
2. 教师可鼓励学生积极阅读有关家庭的各种儿童绘本(如《我爸爸》、《我妈妈》、《爷爷一定有办法》、《我的奶奶真麻烦》),指导学生分享读书心得。
3. 教师可带领学生到幼儿园去观看多种家长工作(如家长志愿者的早间护导和晚间护导、家长接送孩子时与教师的交流、班级的家长园地或家长会、全校的家长学校),鼓励学生自由评论。
4. 教师可组织学生研读《全国家庭教育指导大纲(修订)》,先分组讨论,后全班交流。

 本章内容提要

本章由七节组成,首先说明了幼儿园家庭教育指导的价值与内容,其次论述了幼儿园家庭教育指导的原则与形式,再次阐述了幼儿园家庭教育指导的方案,最后列举了到上海图书馆去寻宝的亲子活动案例,此外还简介了《全国家庭教育指导大纲(修订)》的主要内容。

幼儿园家庭教育的指导有着独特的价值,幼儿园要对家庭教育的方方面面给予切实的指导,遵循家庭教育指导的各项原则,综合运用家庭教育指导的多种形式,设计科学的家庭教育指导方案,以提高幼儿家庭教育的质量。

第一节　幼儿园家庭教育指导的价值

幼儿园对家庭教育进行指导,不仅是贯彻幼教法规、与世界幼教接轨、发挥幼儿教育整体功能的需要,而且也是提高幼儿家长的教育素质、促进幼儿更好发展的需要。

一、有利于贯彻幼儿教育法规政策

教育部在2016年1月5日发布的《幼儿园工作规程》中明确指出,幼儿园除了要促进幼

图 7-1-1　上海市 JDJ 幼儿园大厅图书漂流阅览区

儿身心和谐发展以外,还要"同时面向幼儿家长提供科学育儿指导"。要求幼儿园"主动与幼儿家庭沟通合作,为家长提供科学育儿宣传指导,帮助家长创设良好的家庭教育环境,共同担负教育幼儿的任务"。[①] 可见,幼儿园对家庭教育进行指导,是贯彻执行幼教法规政策的需要。

二、有利于发挥幼儿教育整体功能

系统论认为,世界上的任何事物都是一个独立的系统,一个系统就是一个整体,整体功能大于部分之和,构成整体的各个因素是相互联系、相互作用的。幼儿教育是一项极为复杂的系统工程,许多自然的、社会的因素都会渗透其中。在幼儿教育这个整体中,除了包括幼儿园教育之外,还包括家庭教育。幼儿园如果对家长进行家庭教育的指导,那么就能增强家长配合幼儿园教育的自觉性,实现家园同步同态,形成教育合力,充分发挥教育的整体作用,使幼儿教育的价值大于园教与家教二者价值的总和。正如我国教育家陈鹤琴先生指出的那样:"儿童教育是一件很复杂的事情,不是家庭一方面可以单独胜任的;也不是幼稚园一方面可以单独胜任的;必定要两方面共同合作方能得到充分的功效。"

---

① 中华人民共和国教育部. 幼儿园工作规程[EB/OL].(2016-03-01)[2019-01-10]. http://www.moe.gov.cn/srcsite/A02/s5911/moe_621/201602/t20160229_231184.html.

三、有助于提高幼儿家长教育素养

幼儿园加强家庭教育的指导,能有力地促进家长教育素养的提升,这已被幼儿园家庭教育指导的实践和科研所证实。在家庭教育指导的过程中,幼儿园通过向家长宣讲幼儿园教育的目标,能帮助家长树立正确的培养目标;通过向家长说明家庭教育的作用,能增强家长教养孩子的责任感;通过向家长讲解幼儿身心发展的知识和培养举措,能端正家长的教养态度,提高家长的教育能力。

四、有助于促进幼儿身心健康成长

教育生态学认为,幼儿的成长发展受到周围环境的影响(这个环境包括幼儿园、家庭、社区、幼儿园与家庭及社区之间的关系等因素),幼儿的发展水平是其与周围环境相互作用的结果。幼儿园和家庭是幼儿成长的两个最为重要的场所,幼儿园开展家庭教育指导,就能对这些因素进行调节、整合,提高环境的质量,促进幼儿与环境的相互作用,加快幼儿成长的步伐;反之,则会阻碍幼儿与环境的相互作用,延缓幼儿成长的历程。例如,有的幼儿园在家庭教育指导的过程中,采用了友好小组活动的形式,让居住地点较近的几个家庭的幼儿自由结对,每周活动几次,每个家庭轮流作为活动场所。这不仅能改变幼儿在家庭和幼儿园之间的直线运行、扩展幼儿生活的空间、丰富幼儿的生活内容,而且还能使幼儿从任性、自私、孤僻走向自制、谦让、合群,加深同伴之间的友谊,养成良好的行为习惯。

五、有益于对接世界幼儿教育发展

世界幼教发达国家越来越重视幼儿园与家庭之间的协作共育。国际组织伯纳德·范·利尔基金会总结了多年来资助不发达国家发展幼儿教育事业的经验后指出:家长是否参与幼儿教育、参与的程度如何,是制约幼儿教育发展的一个决定性因素,因而强调要采取积极措施,加强幼儿园和家庭之间的联系和配合,推进幼儿园和家庭之间的合作共育。全美幼儿教育协会教育研究会在《0—8岁儿童适宜性发展教育方案》中也反复强调:"教师只有与家长密切合作,才能给儿童提供发展的、适宜的教育。"[1]处理好教师与家长之间的关系是幼儿适宜性发展教育的一个重要原则;教师要和家长互相尊重、相互合作,共同担负起教育幼儿的责任;要欢迎家长参与幼儿园工作,和家长共商幼儿保教问题的对策;让家长参与幼儿园的评估工作,并据此制定更好的教育计划,促进幼儿的成长。我国幼儿园教育也应顺应世界幼教发展的这一趋势,重视家庭教育的指导,以推进幼儿教育的不断改革。

---

[1] National Association for the Education of Young Children. Developmentally Appropriate Practice in Early Childhood Programs Serving Children from Birth through Age 8[EB/OL]. [2019-01-10]. https://www.naeyc.org/sites/default/files/globally-shared/downloads/PDFs/resources/position-statements/PSDAP.pdf.

第二节　幼儿园家庭教育指导的内容

图 7-2-1　上海市 BXG 幼儿园中(2)班家长园地

幼儿园家庭教育指导的内容是幼儿园家庭教育指导的目标和任务的具体化,它既包括向家长介绍幼儿园教育诸方面的情况,又包括向家长传递教育孩子的知识和技能,提高家长的教育素养,配合幼儿园教育好孩子,使幼儿园、幼儿、家庭三方都受益无穷。

一、幼儿园家庭教育指导的目的

幼儿园家庭教育指导的根本目的是为了规范家长的教育行为。家长的教育行为主要是指父母在一定的教育观念的支配下,处理孩子的教育问题时,所表现出来的言语和行动。父母是孩子的第一任教师,父母的教育行为对幼儿的成长具有十分重要的作用,因此对父母的教育行为进行规范就显得特别重要。

幼儿园家庭教育指导的具体目标是要提高家长的教育素质和教育水平,促进幼儿全面和谐的发展:(1)促使家长认识到幼儿园教育的性质、任务、目标、内容、途径、方法和手段,能与幼儿园配合,协调一致地教育孩子,提高幼儿园的教育质量;(2)帮助家长获得教育孩子的基本知识和经验,掌握教育孩子的科学和艺术,增强教育孩子的能力,提高家庭教育的质量;(3)争取家长在人力、物力、财力等方面的支持,鼓励家长参与幼儿园教育,为提高办园质量献计献策。

二、幼儿园家庭教育指导的任务

幼儿园家庭教育指导的任务主要有以下几个方面。

(一) 引导家长树立正确的教育目标

幼儿园要大力宣讲家庭教育的重要性,使家长明确家庭是孩子的第一个教育场所,父母是孩子的首任教师,应担负起教育孩子的重任;正确处理"为子教子"、"为家教子"和"为国教子"之间的关系。例如,可用"欧母画荻"的故事,使家长认识到历史上许多有名望、有影响的人物,在其幼年期都受到过良好的家庭教育;用"岳母刺字"精忠报国的故事,使家长认识到为国教子的伟大与光荣。此外,国外一些国家有"少儿犯罪坐牢,父母要陪同"的规定,目的就在于向家长敲响必须承担教育子女任务的警钟。

(二) 促使家长形成良好的教养态度

幼儿园要帮助家长树立正确的儿童观和教养观,促使家长认识到孩子是一个独立的个体,有自己的特点和需要,对他们既不能放任自流,也不能娇惯溺爱、独裁专制,而应注意民主、平等,建立良好的亲子关系、新型家规。比如,可把一些教育调查的结果告诉家长,如民主型的家长,容易培养孩子自信心、合群性,形成活泼、开朗的性格;溺爱型的家长,容易导致孩子情绪不稳、意志不强、交往困难,形成任性、固执、依赖、自卑的性格;专制型的家长,容易导致孩子情感冷漠、孤僻自卑,形成粗暴、敌视、逃避、固执的性格;放任型的家长,容易导致孩子自控力差、自尊感弱,形成冷酷、攻击的性格,使家长感受到正确的教育态度对孩子的益处,以及错误的教养态度对孩子的危害。

(三) 帮助家长掌握科学的育儿方法

幼儿园要向家长传授保教孩子的基本知识,帮助家长掌握幼儿保健与营养、心理与教育的技能,使家长学会运用正确的方法教养孩子。例如,可通过园门口大橱窗,向家长介绍健康膳食指南(如食物要多样,粗细要搭配,三餐要合理,饥饱要适当,甜食不宜多,油脂要适量),使家长在家庭生活中,能注意多给孩子提供蔬菜、水果,使孩子均衡地摄取鱼、肉、蛋、奶各类食物,获得全面的营养。

(四) 支持家长交流家庭教育的经验

幼儿园要创造条件,让家长彼此之间有机会交流教子心得,并注意推广家长成功的教育经验,提高家长保育和教育孩子的能力。比如,教师可组织家庭教育经验交流会,请在某一方面有较好经验的家长向全班家长介绍,大家畅所欲言,相互切磋,共同提高教子艺术。

(五) 增强家长与幼儿园配合的意识

幼儿园要向家长讲明幼儿教育是由幼儿园教育、家庭教育和社会教育三部分组成的,只有三方面协调一致,才能促进孩子生动活泼成长的道理,使家长能主动地配合幼儿园的教育。这可通过利用本班幼儿具有不同的发展水平这一事实,向家长说明其中的奥妙。例如,班上有几个小朋友喜欢举手发言,发言的质量较高,其主要原因在于家长重视孩子的智力开发,经常鼓励孩子提问,不论孩子提出什么样的问题,家长都给予鼓励,从而养成了孩子勤于思考的习惯。

(六) 鼓励家长为幼儿园的发展服务

幼儿园要激发家长投身家教、参与园教的热情,并想方设法使之能付诸于行动。这可通过全园家长会,向家长通报幼儿园的办园情况,陈述所面临的问题和困难,提出希望在设施设备以及活动场所等方面得到家长的支持和帮助,以改善办园条件;启发家长利用自己的特长为幼儿园服务,如擅长武术的家长,可来园教幼儿习武脑;鼓励家长利用自己的业余时间,为幼儿园义务劳动,如疏通下水道;欢迎家长为幼儿园的可持续发展出谋划策。此外,还可向家长介绍国外幼儿园家长的一些做法。例如,美国许多家长慷慨解囊,为幼儿园捐赠点心、纸张,利用自己的业余时间,来园进班给教师当助手。

三、幼儿园家庭教育指导的内容

幼儿园家庭教育指导的内容主要有以下几个方面。

(一) 强调家庭教育的独特价值

幼儿园要向家长讲解家庭教育的特殊作用:它不仅是幼儿园教育所无法取代的,而且还在某些方面比幼儿园教育发挥着更大的作用。有学者研究指出:在幼儿认知的发展上,家庭的作用居于第一位,幼儿园的作用居于第二位;家庭对幼儿个性的发展也起着决定性的作用。因此,幼儿园还要帮助家长发挥家庭教育的优势,充分利用家庭教育的针对性、连续性、灵活性、权威性、亲情性等特点,把孩子培养成社会的栋梁之才。

(二) 宣讲家庭教育的重要理念

家庭是社会的细胞,孩子是父母的希望,更是祖国的未来。中国是一个古老的国家,在对孩子的看法和做法上,深受传统教育思想的影响。许多家长至今仍把孩子看作是父母的私有财产,用以传宗接代、光耀门庭,把对孩子的教育看作是一家一户的私事,这种观念已远远不能适应当代社会发展的要求。党和国家越来越重视家庭教育,认为家庭教育是国民教育中不可缺少的组成部分,对提高全民族素质具有重要作用。因此,幼儿园要向家长宣传现代化教育观念,使家长能充分认识到教育孩子是一桩国家大事,关系到民族的生死存亡,为把孩子培养成为合格的世界公民打好基础。

(三) 讲解幼儿身心发展的特点

幼儿期是人生发展的关键期,幼儿各方面的发展水平对其今后的成长有着重大的影响。

幼儿园要向家长讲解幼儿身心发展的一般规律和幼儿之间的个别差异,使家长具备必需的生理学、心理学等方面的知识,为教育孩子做好准备。例如,教师要通过实例,向家长讲授幼儿心理发展的基本特点:感知觉逐渐完善,对生动、形象的事物和现象容易认识,对较复杂的空间、时间认识较差;观察的随意性水平较低,易受外界刺激的影响而转移观察的目标;注意很不稳定,对感兴趣的事物注意力较易集中,但时间不长;记忆带有直观形象的特点;想象以再造想象为主,创造性想象正在发展;以具体形象思维为主,依赖生动的、鲜明的形象去认识和理解事物;语言迅速发展,语句以简单句为主,复合句为辅;情感容易激动、变化、外露、不稳定;在性格、兴趣、能力等方面也开始表现出个人特点。

(四)讲授家庭教育的具体内容

幼儿家庭教育的内容要能保证幼儿的全面发展,幼儿园应向家长介绍有利于幼儿身心各方面发展的内容,不能顾此失彼,偏向任何一方,忽视其他方面,避免出现重养轻教、重智轻德的错误倾向。

1. 增进孩子健康

幼儿园应要求家长,注意培养孩子良好的生活卫生习惯、自我保护的意识和参加室外活动的兴趣,以促进孩子的生长发育,提高孩子的健康水平。这主要包括以下几个方面:(1)培养孩子良好的生活习惯,使孩子能按时睡觉,逐渐学会整理床铺,饮食定时定量,细嚼慢咽,不把饭菜掉在桌上,不偏食。(2)培养孩子良好的卫生习惯,使孩子能养成饭前便后洗手的习惯,保持服装、环境的整洁,坐下、站立、行走、阅读、绘画的姿势正确。(3)培养孩子的生活自理能力,使孩子明白自己的事情要自己做。(4)帮助孩子了解必要的安全知识,使其能认识常用的安全标志,知道如何进行自我保护,不触摸电源,不玩火。(5)教育孩子不害怕体检、按时预防接种、打针、吃药。(6)培养孩子对体育活动的兴趣,引导孩子参加各种户外活动,发展动作,锻炼身体,增强体质。

2. 发展孩子智力

幼儿园要提请家长,重视激发孩子的学习兴趣,培养孩子动脑、动口、动手的习惯,促进孩子智力的发展。这可从以下几个方面来进行:(1)培养孩子的求知欲与探究精神,鼓励孩子自己发现问题、提出问题、寻找问题的答案,发展孩子的思维能力。(2)启发孩子观察周围事物,掌握从上往下、从左往右、从里往外等观察方法,提高观察能力。(3)经常和孩子一起看图书,给孩子讲故事,鼓励孩子大胆想象、自由讲述,培养孩子良好的学习习惯,促进孩子想象力的发展。(4)教会孩子学会专心听别人讲话,不随便打断别人的讲话,乐于讲述自己身边的事情,能用语言表达自己的情感和需要。(5)为孩子提供丰富的游戏材料和玩具,做孩子游戏的伙伴,使孩子在游戏中得到智力的发展。

3. 培养孩子品德

幼儿园应要求家长,注重培养孩子的爱心、良好的品德行为、活泼开朗的性格。这由以下几个部分组成:(1)教育孩子学会关心周围的人,培养孩子对父母、教师的爱心,使孩子萌发爱集体、爱家乡、爱祖国的情感。(2)引导孩子讲文明,学会使用礼貌用语,形成诚实、勇敢、勤劳、俭朴的美德。(3)教给孩子与同伴交往的方法,使孩子学会与同伴彼此合作、友好相处,促进其社会性的发展。(4)培养孩子的责任感,使孩子能有始有终地做完每一件事,并做得越来越好。(5)要求孩子爱惜幼儿园的桌椅、玩具,爱护公物。(6)培养孩子的自尊心、自信心,使孩子拥有大方、乐观、豁达的性格。

4. 增强孩子美感

幼儿园还应提请家长,关心孩子感受美、表现美的情趣的发展,重视孩子创造美的能力的培养,使孩子能成为外表美和内心美的和谐统一体。这可包括如下几个方面:(1)经常带领孩子外出参观美术馆、博物馆,游览名胜古迹,开阔孩子的眼界,增长孩子的见识。(2)多陪孩子到大自然中去,欣赏美、感受美,使孩子萌生对大自然的热爱之情。(3)多和孩子一起听音乐、画画、折纸、弹琴、唱歌、跳舞,培养孩子对艺术活动的兴趣。(4)鼓励孩子用各种方式来表达自己对美的感受和喜爱,提高孩子的审美能力。

(五)讲析家庭教育的重要原则

幼儿家庭教育的原则是父母对孩子进行教育所必须遵循的基本要求。幼儿园应帮助家长掌握家庭教育的主要原则,以提高家庭教育的质量。

1. 尊重热爱孩子的原则

教师应使家长意识到:热爱孩子是教育孩子的前提条件,没有爱就没有教。教师还应要求家长做到:了解理解孩子,关心爱护孩子,尊重信任孩子,绝不溺爱孩子。例如,父母带孩子到商店买玩具时,可让孩子自己挑选所喜欢的玩具,而不应把成人的意愿强加给孩子。

2. 严格要求孩子的原则

教师应使家长认识到:父母严格要求孩子才是对孩子真正的爱;父母对孩子提出的要求,应简明、合理、及时、有序,而不应苛求孩子。例如,孩子走路不小心摔倒了,父母可要求孩子自己爬起来,拍掉身上的尘土,继续往前走。

3. 一致教育孩子的原则

教师应使家长意识到:只有协调家庭中的各种教育力量,组成统一战线,前后一致地对孩子进行教育,才能有利于孩子身心的健康成长。教师应提请家长要做到:在教育孩子时,不论是父母之间,还是祖父母之间,或是父母和祖父母之间,言行都应一致,都要保持高度统一。例如,有个小朋友,双休日时轮流在爷爷奶奶家和外公外婆家过;两个亲家为了表明自己更爱孙辈,每次交接孩子时,都要对孩子的身高、体重进行测量,以评估出哪家喂养孩子的方法更有效;为此双方开展了"精美食物"竞赛,暗中较劲;结果,孩子越来越挑食,身高、体重不但没怎么增加,反而变得越来越任性、蛮横无理。在事实面前,两家祖辈家长不得不达成共识,一起制定食谱,矫正孩子的不良行为。

4. 全面发展孩子的原则

教师应使家长认识到:只有对孩子进行各方面的教育,才能促进孩子身心的全面发展,使孩子将来能成为社会所需要的人;既要重视孩子体力、智力的发展,又要关注孩子语言、情感、社会性的发展,此外还要重视孩子审美能力的提高。例如,带孩子外出做客前,既可让孩子自己挑选衣服,打扮自己,也要对孩子进行文明礼貌教育,使孩子能成为受主人欢迎的小客人。

5. 因孩子而施教的原则

教师应使家长认识到：每个孩子都有自己的特点，对孩子进行教育时，要从孩子的实际情况出发，根据孩子的年龄特点、性别特征、个性差异和现实情况，因材施教，以促进孩子的最佳发展。例如，孩子很喜欢动手操作，对做做玩玩很感兴趣，家长可给孩子提供废旧的牙膏盒、肥皂盒、饮料罐、矿泉水瓶、冰激凌棒等材料，鼓励孩子拼摆出多种物体。

（六）阐明家庭教育的基本途径

家庭教育是和家庭生活融合在一起的，家长安排家庭生活的过程也就是教育孩子的过程。幼儿园要使家长认识到家庭的内、外部生活都是教育孩子的重要途径，要予以重视。

1. 家庭的生活结构

家庭的生活结构主要有核心家庭、扩大家庭、单亲家庭、再婚家庭等形式，不同的家庭结构对孩子的发展有不同的影响，各有利弊。幼儿园要帮助家长利用现有的家庭生活结构的优势，克服不足之处。例如，有个小朋友和爸爸妈妈、爷爷奶奶一起生活，孩子的爷爷奶奶都已退休，爱管"闲事"，经常清扫公用楼梯，帮助邻居接收快递物品；这个小朋友在幼儿园也喜欢帮助教师和同伴做事，深受大家的喜爱。这就是扩大家庭对孩子的一种良好影响的结果。

2. 家庭的生活条件

家庭的生活条件是孩子接受教育的物质基础，具有"双刃剑"的作用，不论是富裕的生活条件，还是贫困的生活条件，对孩子的成长既会有正面的积极效应，也会有负面的消极影响。幼儿园要帮助家长扬长补短，合理安排家庭生活。

3. 家庭的人际关系

家庭成员之间的关系是平等互助，还是独断专行；是亲密无间，还是冷漠无情，都会对孩子产生潜移默化的影响，孩子的脸是父母之间关系的"晴雨表"。幼儿园要使家长认识到不同的人际关系对孩子的成长具有不同的作用，注重为孩子创造一个安宁、温馨、和睦、愉快的家庭生活环境。

此外，邻里关系、社区环境、社会环境对孩子的发展也有重要的影响，幼儿园也要促使家长加以调控和利用。

（七）阐述家庭教育的主要方法

家庭教育的方法是家长采取的各种教育手段，只有灵活机动地加以选择和运用，才能保证家庭教育的成功。幼儿园应向家庭讲解各种有效的教育方法及其运用策略，使家长能把家庭教育的美好愿望变成现实。

1. 讲解说理法

讲解说理法就是家长对孩子摆事实，讲道理，提高孩子的认识，帮助孩子形成正确的观点。这可通过讲解、谈话、讨论等形式来进行。幼儿园应要求家长在运用这种方法时需做到：目的明确、生动有趣、把握时机、和蔼可亲、不哄不骗。例如，父母在带孩子参加朋友的生日聚会时，可教孩子学说"祝您生日快乐"等祝福语言；在带孩子去给爷爷奶奶拜年时，可教孩子学说"祝你们春节愉快、身体健康"等恭贺话语，使孩子知道在不同的时间、场合，要用不同的语言对别人表示祝福。

2. 榜样示范法

榜样示范法就是家长为孩子树立各种正面榜样,让孩子进行模仿,引导孩子积极向上。幼儿园应要求家长不仅运用伟人典范、同伴范例来激励、教育孩子,而且还要利用父母自身的榜样来启发、感染孩子,以身示教。比如,要求孩子不乱扔纸屑、不随地吐痰,父母自己就应先做到这些。

3. 表扬奖励法

表扬奖励法就是家长对孩子的好思想、好行为作出肯定的评价,以激励孩子的发展。幼儿园应提请家长注意:表扬要符合孩子的特点,要着重表扬孩子付出的努力,要运用多种方式表扬孩子,要注重对孩子进行精神奖励。例如,在公交车上,当孩子给抱着小妹妹的阿姨让座时,父母应表扬孩子乐于助人的好行为。

4. 批评惩罚法

批评惩罚法就是家长对孩子的不良言行作出否定的评价,以纠正孩子的缺点错误。幼儿园要向家长提出要求:孩子有错要批评,批评孩子要及时、恰当,不能打骂孩子,要让孩子从错误中吸取教训,不断成长。比如,孩子抢邻居小朋友的玩具,父母批评他这样做是不对的,不文明、不礼貌,如果想玩别人的玩具,应该友好地向同伴请求,或用自己的玩具去跟同伴换着玩。

5. 提醒暗示法

提醒暗示法就是家长用含蓄的方式,间接地对孩子的心理发展施加影响,发挥孩子的主动性、自觉性。幼儿园应要求家长不仅根据具体情况选用直接暗示、间接暗示、反暗示、自我暗示,而且还要综合运用这些方式,以取得预期的教育效果。例如,孩子吃香蕉时,挑了一个最大的,父母顿时皱起了眉头,以表示对孩子行为的不满,促使孩子能有所改变。

6. 实践活动法

实践活动法就是家长有计划地组织各种活动,让孩子接受实际锻炼,养成良好的品德行为习惯。幼儿园应指导家长运用时注意:广泛开展各类活动,给孩子提供反复练习的机会,制定必要的家庭规则,要求孩子完成一定的任务。比如,上、下楼梯时,要求孩子让老奶奶、老爷爷、小弟弟、小妹妹先上和先下,以培养孩子敬老爱幼的好品行。

7. 陶冶感染法

陶冶感染法就是家长通过创设、利用有意及有趣的环境,对孩子进行感染、熏陶,寓教于情境之中。幼儿园应提示家长运用时注意:通过人格感化、环境熏染、艺术陶冶等手法,以期达到家庭教育的目标。例如,在春节到来之前,父母和孩子一起剪贴窗花、摆放工艺品,以提高孩子的审美能力。

(八)介绍幼儿园教育总体情况

幼儿园要向家长介绍幼儿园教育的性质、目标、任务、内容、途径、方法和手段,使家长能对幼儿园教育有全面、深入的了解。例如,通过家长开放日活动,让家长耳闻目睹幼儿园的作息制度,亲身体验幼儿园一日活动的安排,使家长能真正理解寓教于活动之中的道理。

(九)介评孩子在园在班的表现

对于全日制的孩子来讲,每周有 5 天、每天约有 8 小时是在幼儿园里度过的(寄宿制的孩子在园里的时间更长),孩子在园的任何事情都牵动着家长的心。幼儿园要利用家长的这种心态,让他们了解孩子在园在班的各种情况,不论是孩子身体、智力的发展,还是孩子品行、美感的发展均不应成为被遗忘的角落。例如,通过指导家长观看孩子的美术作品,使家长知道孩子绘画的水平和审美的能力。

(十)引导家长与园教保持一致

幼儿园向家长介绍幼儿身心发展的主要特点、家庭教育的基本规律、幼儿园教育的保教工作,主要目的在于提高家长的教育素养,使家长能增强与幼儿园的联系,相互配合教育孩子,做到家庭教育与幼儿园教育同向同步,协调一致,共同促进孩子的成长发展。比如,为了使家长能配合幼儿园进行环保主题教育活动,教师鼓励家长在家里和孩子一起利用废旧物品制作各种玩具,培养孩子的环保意识及行为。

第三节 幼儿园家庭教育指导的原则

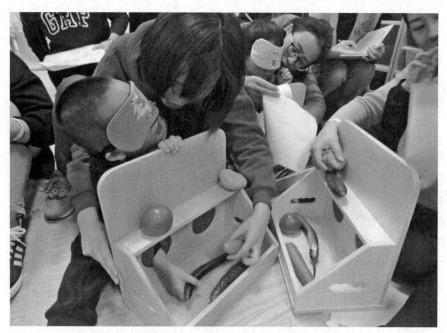

图 7-3-1 上海市 QP 幼儿园亲子体验活动《蔬菜摸摸乐》

幼儿园家庭教育指导的原则,是幼儿园在进行家庭教育指导时,必须遵循的基本要求。如符合这些要求,就能提高家庭教育指导的质量;反之,如违背这些要求,则会使家庭教育指导工作走向失败。幼儿园家庭教育指导的主要原则有：了解性原则、方向性原则、科学性原则、尊重性原则、协调性原则、针对性原则、直观性原则和艺术性原则。

一、了解性原则

幼儿园要对家庭教育进行指导，首先就必须了解幼儿的家长及其家庭。在获取了有关家长自身情况（如职业、文化程度、兴趣爱好）、家庭情况（如家庭结构、家庭居住条件、家庭生活方式、家庭成员之间的关系）、家庭教育简况（如对家庭教育的重视程度、家庭教育的主要内容与方法、家庭教育的经验与存在的问题）、对幼儿园教育的看法（如幼儿园教育的重点应是什么、应怎样对孩子进行教育、应如何改进幼儿园的工作）等方面的大量信息以后，再给家长以切实的指导。

在执行这一原则时，幼儿园可利用谈话、家访、填表等多种形式来进行。例如，为了了解幼儿双休日在家中的情况，幼儿园可请家长填写相关的表格（如表7-3-1）。

表7-3-1　幼儿双休日活动调查表

亲爱的家长：您好！
本表只是为了了解您的孩子双休日在家里的一般情况，不作为任何考核的依据，请放心。
本表共有13个题目，请您在每题后符合情况的答案上打"√"或补充填写。
请您在下周一上午，把完成的表格交给带班老师。
非常感谢您的合作！

×××幼儿园
　　年　月　日

孩子姓名：_____　性别：_____　所在班级：_____　填表人是孩子的：_____

题　目	在符合情况的答案上打"√"或补充填写		
1.孩子早晨几点起床	(1) 约7点　(4) 约10点	(2) 约8点　(5) 其他时间	(3) 约9点
2.孩子是否自己穿衣服	(1) 是	(2) 否	(3) 其他
3.孩子是否自己洗漱	(1) 是	(2) 否	(3) 其他
4.孩子是否自己吃早点	(1) 是	(2) 否	(3) 其他
5.孩子上午的活动主要有	(1) _____　(4) _____	(2) _____　(5) _____	(3) _____
6.上午和孩子一起活动的人有	(1) 爸爸　(4) 奶奶　(7) 其他人	(2) 妈妈　(5) 外公	(3) 爷爷　(6) 外婆
7.孩子是否自己吃午饭	(1) 是	(2) 否	(3) 其他
8.孩子是否午睡	(1) 是	(2) 否	(3) 其他

(续表)

题　　目	在符合情况的答案上打"√"或补充填写		
9. 孩子下午的活动主要有	(1) _____ (4) _____	(2) _____ (5) _____	(3) _____
10. 下午和孩子一起活动的人有	(1) 爸爸 (4) 奶奶 (7) 其他人	(2) 妈妈 (5) 外公	(3) 爷爷 (6) 外婆
11. 孩子是否自己吃晚饭	(1) 是	(2) 否	(3) 其他
12. 孩子一天中看电视的时间有多长	(1) 约1小时 (4) 约4小时	(2) 约2小时 (5) 其他时间	(3) 约3小时
13. 孩子晚上几点睡觉	(1) 约7点 (4) 约10点	(2) 约8点 (5) 其他时间	(3) 约9点

二、方向性原则

幼儿园在指导家庭教育时,要使家长认识到家庭教育是国民教育的重要组成部分,必须同国家的教育方针、幼儿教育法规政策的精神相一致,考虑幼儿发展的特点和社会发展的要求,对孩子进行体、智、德、美全面发展的教育,使孩子身心健康活泼地成长,为入小学打好基础,为造就一代新人打好基础。

在贯彻这一原则时,幼儿园不仅应给家长讲解一些浅显易懂的道理,而且还可以把国内外重要的科研成果推介给家长,使家长意识到从小要对孩子进行全面发展的教育,否则就会影响孩子身心的健康成长,阻碍孩子未来的发展。例如,幼儿园可先把美国学者做的一项研究讲给家长听。研究人员在幼儿园的桌子上,摆放了一些大小不同的苹果,让幼儿去吃。然后鼓励家长思考,猜猜幼儿会有什么样的反应,再告诉家长研究人员的发现:(1) 大部分幼儿抢着吃大苹果;(2) 小部分幼儿等同伴抢过后,去吃小苹果;(3) 有几个幼儿则完全让别人吃,根本不在意自己没吃到苹果。接着再引导家长推测研究人员对这些幼儿进行几十年的跟踪调查以后,会发现什么现象。最后再告诉家长研究的结果:(1) 抢着吃苹果的那些幼儿,长大后无所作为;(2) 吃小苹果的那些幼儿,长大后都成了厂长、经理;(3) 完全不在意没吃到苹果的那几个幼儿,长大后都成了政府要员。接着,再启发家长讨论,使家长能深刻认识到情商在孩子一生成长中的巨大作用,只有重视培养孩子克制自己情感的能力,才能使孩子将来在事业上作出更大的贡献。

三、科学性原则

幼儿园在指导家庭教育的内容和方法时,要注意科学性,使其符合幼儿身心发展的基本规律和幼儿教育发展的客观规律,做到理论联系实际,既有科学性又有通俗性、实效性。

在贯彻这一原则时,应注意向家长传授的知识,既要准确无误,又要深入浅出、生动有趣、操作性强。例如,在指导家长开发幼儿的智力时,教师不仅要说明观察力是幼儿智力活动的窗口,对幼儿智力的发展影响很大,而且还要把一些具体实用的方法介绍给家长:(1)要激发孩子观察的兴趣。兴趣是孩子观察事物的动力,家长应根据孩子好奇心强、求知欲旺的特点,指导孩子观察大自然的变化和社会生活的发展。例如,让孩子观察哪种树的叶子最先变绿、马路上哪种型号的轿车最多。这些问题都会激起孩子观察的兴趣。(2)要教给孩子观察的方法。家长可把观察事物的一些基本方法(如从上到下、从左到右、从里到外、从整体到部分)教给孩子。例如,家里买来了一条鲫鱼,家长可先教孩子进行整体观察:鲫鱼的形态像菱形,鲫鱼由头、躯干、尾巴这三部分组成。后教孩子进行局部观察:鲫鱼的头部前端有口,能张开闭合;头部两侧有眼睑,不能闭合;眼的前面有两个鼻孔;头的两侧各有一片鳃盖,鳃盖后边掩住鳃孔,能开闭,与口的开合互相配合,让水不停地由口流入,再由鳃排出。(3)要参与孩子的活动。幼儿活泼好动,家长应给孩子提供各种活动的机会,并尽可能多地参与孩子的活动,让孩子在活动中进行操作,直接观察事物的变化,认识事情的属性。比如,家长和孩子一起动手,用纸片制作一个长方形、一个正方形,然后让孩子仔细观察,进行比较,找出它们的相同点(都有四条边,四个角都是直角)和不同点(正方形的四条边相等,而长方形只有对应的两条边相等);它们还可以相互转化,当长方形的长和宽相等时(先用尺量,再剪去长的部分),长方形就变成了正方形。(4)要发挥语言的调节功能。孩子的观察活动离不开家长的语言指导。家长要充分发挥语言的调节功能,吸引孩子的注意力,教会孩子观察,并评价孩子观察的结果。为此,家长的语言应简明扼要,重点突出,有较强的针对性。例如,家长带孩子参观动物园,在引导孩子观察猫头鹰时,可用语言提示孩子注意其"眼睛"、"嘴"、"爪子"等,以提高孩子观察的效率。

四、尊重性原则

幼儿园在指导家庭教育时,要尊重幼儿的家长,平等对待各类家长,尤其是各方面发展都暂时落后的幼儿的家长,并引导家长在家庭里建立民主平等的亲子关系。

在执行这一原则时,需要注意以下事项。

首先,要尊重幼儿情况不同的家长。不论幼儿的相貌如何(是长得漂亮,还是普通),也不论幼儿的身心发展水平如何(是聪明伶俐,还是有些迟缓;是有多项特长,还是平稳发展;是遵守纪律,还是调皮捣蛋),教师都要尊重他们的家长,特别是对"后进生"的家长,应给予更多的关注,并和他们一起激发孩子的上进心。

其次,要尊重自身条件不同的家长。不论家长从事什么样的职业(是工人、营业员,还是律师、医生)、具有什么样的文化程度(是初中、高中,还是大专、本科),也不论家长的社会地位如何(是普通老百姓,还是领导干部)、经济条件怎样(是收入微薄,还是腰缠万贯),教师都要一视同仁,不偏不倚。

再次,要尊重持有不同观点的家长。有的家长喜欢给幼儿园提意见、反映问题,无论如何,教师都要认真倾听,接纳正确的建议。

五、协调性原则

幼儿园在进行家庭教育指导中,要经常和家长交流情况,互通有无,协调配合,形成教育的合力。

在遵循这条原则时,需要注意以下事项。

首先,教师要及时地把幼儿各方面的情况反馈给家长,以争取家庭的合作共育。例如,教师可把孩子在班级的一些突出表现、异常行为写在家园联系册上,使家长能对孩子的进步和不足做到心中有数。比如,李老师写道:"今天是量量做值日生,他工作认真负责、一丝不苟,一会儿抬桌子、搬椅子,一会儿给小朋友发点心、检查卫生;每项任务都完成得很好。尤其令我感动的是,当他发现废纸篓外边有纸屑时,就弯下腰,用小手把它们全捡起来,不声不响地放进废纸篓里去了,多好的孩子呀!请你们在家里也表扬一下他,好吗?我为你们有这么好的儿子而感到骄傲!"教师亲切的语言、朴实的笔调,有利于调动家长合作的积极性,加强彼此之间的沟通交流。

其次,教师应要求家长适时反映孩子在家的各种表现,以强化孩子的良好行为。例如,陈清小朋友的爸爸早晨送他入园时,就把昨天接他回家途中乘车时发生的事情告诉讲给教师听:在公交车上,一位乘客下车时,另一位乘客正准备坐到这个空座位上时,陈清突然从爸爸的腿上滑下来,抢先一步到达了这个空座位上。爸爸对他讲要坐就还坐在爸爸的腿上,不要抢座位。陈清很听爸爸的话,从那个座位上下来,回到爸爸的腿上坐下。后来,又有一位乘客下车了,陈清再次从爸爸腿上下来,跑过去坐到这个空座位上,爸爸要他回来,他很听话,又重新坐到了爸爸的腿上。教师除了向这位家长表示感谢之外,还利用晨间谈话的机会,在全班幼儿小朋友面前表扬了陈清小朋友听爸爸的话,不抢占座位,是个懂礼貌的好孩子,并引导其他小朋友向他学习。

再次,教师要帮助家长解决一些疑难杂症,使双方能共同促进孩子的成长发展。例如,当家长反映"孩子在家不听话,吃饭要人喂,穿脱衣服要人帮,睡觉要人哄,不知道如何帮助孩子改正这些坏毛病"时,教师可给家长提点建议:在家为孩子做一棵"成长树",树上有 1 个主干、4 个分枝,每个树枝分别代表"听话"、"自己吃饭"、"自己穿脱衣服"、"自己睡觉";告诉孩子每天做到其中的一件事,就可以得到一颗五角星,贴在相应的树枝上;一周统计下来,如果五角星达到 20 颗时,树干就会往上"长高"1 厘米,以激励孩子天天都能在各方面取得进步。

六、针对性原则

幼儿园在进行家庭教育指导时,要根据幼儿和家长的不同特点,开展分类、分层指导,注意灵活性。

在贯彻这条原则时,需要注意以下事项。

(一) 根据幼儿的年龄特征加以分类指导

幼儿园要从幼儿的年龄特征出发,对家长进行分类指导。例如,在对小班幼儿家长进行指导时,可把重点放在帮助家长做好孩子的入园适应工作上。而在对大班幼儿家长进行指导时,则要把重点放在帮助家长做好孩子的入学准备工作上,要引导家长注重激发孩子良好的入学动机,使孩子能顺利地从幼儿园过渡到小学,实现生活和学习上的重要转折。首先,引发孩子做一名小学生的愿望。孩子到了幼儿园大班时,往往都急切地盼望着当一名小学生,家长应抓住时机,因势利导地进行教育。例如,在接送孩子的路上,看到小学生上学、放学的情景,家长就可以引导孩子:"你看人家小学生多神气呀,背着书包,穿着校服,戴着红领巾。"家长千万不要对孩子说:"你再不听话,以后上小学就有人管教你了,老师会罚你站的。"以免使孩子产生畏惧上学的不良心理。其次,增加孩子对小学的感性认识。家长应因地制宜,适时带领孩子走访、参观家庭居住区附近的小学,让孩子熟悉一下小学环境,认识校舍、操场、教室,观看小学生的活动,如进入校门时的礼仪、规范,在操场上升旗、做早操,上体育课的情景,以及课间、课外的一些活动。再次,加深孩子对小学生的理解。家长可请邻居、亲朋好友家中的一、二年级小学生,给孩子讲一讲学校的一日生活、学习、各种行为规范等,谈谈学习的体会与收获;让孩子听听他们朗读课文,看看他们的教科书和作业本。接着,给孩子提供各种练习的机会。一方面,家长可以和孩子进行模拟表演。比如,家长扮演"老师",让孩子扮演"小学生";"小学生"要跟着"老师"说出:"我是××小学一年级×班的学生,我叫×××。"听从"老师"的指令,做好课前准备,有条理地拿出课本、铅笔盒、作业本、垫板,并放在桌子上的适当位置。上课时挺胸坐直,认真听讲,不说话,不做小动作,要提问,先举手。下课后,再将所有的学习资料和物品依次放入书包内,并检查是否有遗漏。另一方面,家长还可以安排固定的时间和空间,对孩子进行专门的训练。比如,晚餐后,选择安静的环境,让孩子在书桌前看半小时左右的图书,或画画、写字、计算。最后,为孩子做好必要的物质准备。家长可以和孩子一同挑选书包、文具、图书。所选购的书包应是面料轻便的双肩包,铅笔应易于孩子书写,削笔器应便于孩子握持,橡皮应无味不花哨,尺子应能放入文具盒等。

(二) 根据家长的具体情况加以分类指导

幼儿园要从家长的具体情况出发,对家长进行分类指导。可按家长的辈分情况来进行指导,如把父辈家长归为一类,把祖辈家长归为另一类,分别指导;也可按家长的性别情况来进行指导,如把父亲、祖父归为另一类,把母亲、祖母归为另一类,分开指导;还可以按家长的婚姻状况来进行指导,如把单亲父亲归为一类,把单亲母亲归为另一类,区别指导。例如,在对父亲进行家庭教育指导时,首先,要强调他们在孩子成长中的独特作用。教师可把心理学的一些研究成果推送给家长:幼儿人格的健康发展需要受到男女两性世界的影响,否则,会使孩子的人格发展蒙上一层阴影,形成单一的、明显的女性特点或男性特点。教师还可告诉家长:孩子在幼儿园受到的影响大都来自女性,为了保证孩子人格的正常发展,减少由于幼教师资队伍中男性不足而可能产生的负面效应,父亲应更多地参与到教养孩子的工作中来,促进孩子身心的健康成长。其次,要鼓励他们积极参与幼儿园的教育。教师可指导家长学会利用幼儿园的各种教育资源,牢牢把握接送孩子的有利时机,以主人翁的姿态参与幼儿园的各种教育活动,积极投身到家庭教育指导的活动中去。再次,要向他们传授亲子互动的有效策略。教师可把如何发挥自身作用,与孩子有效互动的一些教育策略教给家长:(1)介绍自己的职业特点,萌发孩子的爱父之心。通过日常生活,自然而然地把自己的职业特点介绍给孩子。比如,可告诉孩子"爸爸是位医生,给病人看病、开药,热心为病人服务,解除病人的痛苦",使孩子了解到父亲工作的意义和辛劳,进而乐于接受父亲的教育。(2)全面关心孩子的生活,满足孩子的生理需求。幼儿独立生活的能力较差,在衣食住行等方面都有赖于成人的帮助,父亲对孩子只养不教固然不对;但只教不养,同样也不妥。笔者调查发现,许多孩子更喜欢母亲而不太喜欢父亲的一大原因是"妈妈哄我睡觉"、"妈妈帮我穿衣服"、"妈妈给我买好吃的"等。可见,父母要赢得孩子的喜爱,就应从日常生活入手,从具体小事做起,关心孩子,照顾孩子的饮食起居,满足孩子的生理需求。(3)运用科学的育儿方法,满足孩子的安全需要。有些孩子抱怨父亲对他们"太狠"、"好瞪眼",甚至"打"、"骂"他们,因而常常感到恐惧,没有安全感。父亲应抛弃"棍棒底下出孝子"、"不打不成才"的陈腐观念和侵犯幼儿权利的错误做法,不使用惩罚的方法对待孩子,而应采用讲解说理、实践练习,特别是榜样示范、表扬鼓励等方法去教育孩子,以真正树立起父亲的威信。教育研究表明:父亲能为孩子树立一个母亲之外的大人形象,使男孩认识到父子关系,使女孩感受到异性的言谈举止。在孩子成长的过程中,仅有母亲的赞扬是很不够的,父亲对孩子的赞赏,尤其是对女孩的称赞具有更大的效果。(4)成为孩子的良师益友,满足孩子的社会需要。孩子随着年龄的增长,会产生学习、游戏等方面的更高层次的需求,并以能否满足这种需求为标准来衡量父亲的好坏。笔者调查发现,许多孩子往往把"好爸爸"归纳为:给他们"讲故事",教他们"学写字"、"玩电脑",带他们"去公园玩"等。可见,父亲要多陪伴孩子,和孩子一起学习、游戏,促进孩子愉快成长。

(三)根据家教存在的问题加以分层指导

幼儿园要从家庭教育存在的问题出发,对家长进行分层指导。例如,把不重视培养孩子爱心的家长归为一类,单独加以指导,使他们能注意通过家庭的日常生活来教育孩子学会关心父母、热爱教师;把喜欢打骂孩子的家长集中起来,加强指导,使他们能学会运用多种正面教育的方法来教育孩子,杜绝惩罚体罚孩子;把不知道如何创设家庭教育环境的家长合为一类进行指导,使他们能掌握一些教育策略,合理利用家庭经济条件,优化家庭生活环境,创造和谐的家庭教育氛围,促进孩子健康活泼成长。

七、直观性原则

幼儿园在进行指导家庭教育时,要采用一些直观教育、现代化教育的手段,并注意和讲解相结合,使家长能通过观察和实景来丰富家庭教育的经验,提高家庭教育的能力。

在贯彻这条原则时,需要注意以下事项。

一方面,要选用适当的直观形式。教师要根据家庭教育指导的内容,恰当选用实物、参观、图片、图表、模型、电视、视频等不同的直观形式。例如,为了提高家长带孩子去博物馆观赏展品的有效性,教师在家长讲座中,首先,呈现了一张图片(见图7-3-2)。其次,引导家长进行观察和思考:(1)你看到了什么(盘子)?(2)说说盘子是什么形状(圆形)?(3)你看到盘子里面画了什么(小蝙蝠、大桃子、桃花、桃叶)?(4)数数有几只小蝙蝠(3只)、几个桃子(5个)、几朵桃花(3朵)?(5)你看到了哪几种颜色(白色、橙色、红色、粉色、绿色、黄色)?(6)你知道小蝙蝠表示什么意思吗(幸福快乐)?(7)你知道桃子表示什么意思吗(健康长寿)?(8)你能给这个盘子起个好听的名字(福寿双全)?再次,鼓励家长学学小蝙蝠飞舞的动作,画画这只漂亮的盘子。最后,鼓励家长进行讨论和小结:桃花盛开,果实累累,红色的桃子,粉色的桃花,嫩绿的枝叶,蝙蝠在枝旁飞舞,整个画面喜庆吉祥;桃子代表长寿,蝙蝠代表福气,整个盘子表示福寿双全。这样,就有助于家长学会举一反三,知道应该如何进一步运用博物馆里其他的展品,去增强孩子的观察能力、思维能力和审美能力。

图7-3-2 上海博物馆 景德镇窑粉彩过枝桃蝠纹盘(清雍正)

另一方面,要注意语言的生动直观。教师要通过形象的描述、生动的讲解,唤起家长的感性知识和切身体验,使家长能提高教育孩子的自觉性和主动性。例如,鉴于家长基本上都带孩子去过快餐店,教师就在家长会上先向他们描述了下面的情景:在孩子面前,放着炸鸡腿、汉堡包、土豆条、饮料等一大堆香喷喷的食品;但在家长面前,摆着的食物却少得可怜,有的家长甚至只是坐在旁边看着孩子吃喝,闻闻香味而已。然后再启发家长讨论总结:案例中家长的这种行为实际上并不是爱孩子,而是害孩子。因为家长为爱孩子而舍己,但孩子并不明白,并不领情。比如,有位老人临终前提出,想吃一块快餐店里的热鸡腿,以前只是陪着孩子去吃,自己从未舍得吃;身边的几个孙辈们听后都感到万分惊讶,他们原以为爷爷不喜欢吃这种食品呢。因此,家长从小娇惯宠爱孩子,让他们吃好、穿好、玩好,长此以往,孩子就会出现自我中心,时时处处为自己着想,根本体会不到家长的爱心,又怎么可能去关爱父母长辈。

八、艺术性原则

幼儿园在进行家庭教育指导时,要寓教于乐,寓教于游戏之中,使家长能在较为轻松、愉快的气氛中,拓宽教育孩子的知识,增强教育孩子的技能。

在执行这一原则时,教师要讲究家庭教育指导的艺术性,把教育的基本规律、有效途径与方法,巧妙地隐藏在家园互动之中,融合在亲子活动里面,使家长从亲身的体验中有所收获,自然而然地得到指导。例如,有位家长向教师提意见,说孩子的游戏活动太多了,学习任务太轻了,要求增加教学活动的时间。教师认为,如果只给这位家长口头讲解道理,那么他是不会心悦诚服的。为此,就开展了"猎人捕捉动物"的亲子游戏活动(教师扮演"猎人",家长和孩子分别扮演大、小"动物";在"猎人"的追逐下,大、小"动物"东躲西藏,四处逃命;被捕的大、小"动物",全部戴上"俘虏"标记,坐在一起,抢答教师提出的问题),不仅能使家长认识到游戏是孩子最喜欢的活动,给孩子带来无穷的乐趣,不应剥夺孩子游戏的权利,而且还能挖掘埋藏在家长心灵深处的童真,从而促使家长转变教育观念,与幼儿园教育达成共识。

此外,幼儿园在进行家庭教育指导时,还要做到不搞排场,不扎花架子,不追求表面的轰轰烈烈、热热闹闹;而要注意勤俭节约,少花钱,多办事。

第四节 幼儿园家庭教育指导的形式

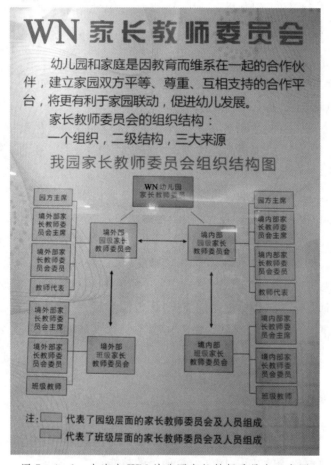

图7-4-1 上海市WN幼儿园家长教师委员会示意图

幼儿园应因地制宜,采取多种形式,通过多种渠道,对家长进行家庭教育的指导,以提高幼儿教育的质量。幼儿园家庭教育指导的形式多种多样,主要有:家长委员会、家长学校、家长会议、家长园地、家长开放日、家庭访问、亲子活动、家长微信群等。

一、家长委员会

(一) 家长委员会的重要作用

家长委员会是幼儿园和家庭之间的一座桥梁,是园长和教师的得力帮手。《教育部关于建立中小学幼儿园家长委员会的指导意见》指出:幼儿园儿童健康成长是学校教育和家庭教育的共同目标。建立家长委员会,对于发挥家长作用,促进家校合作,优化育人环境,建设现代学校制度,具有重要意义。幼儿园要从办好人民满意教育的高度,充分认识建立家长委员会的重要意义,"把家长委员会作为建设依法办学、自主管理、民主监督、社会参与的现代学校制度的重要内容,作为发挥家长在教育改革发展中积极作用的有效途径,作为构建学校、家庭、社会密切配合的育人体系的重大举措"[①]。实践证明,幼儿园通过家长委员会,就能有效发动家长参与幼儿园的教育教学活动,加强幼儿园的管理工作。

(二) 家长委员会的主要任务

家长委员会的任务是双向的,既要"下情上传",又要"上情下达"。《幼儿园工作规程》指出,家长委员会的主要任务是:对幼儿园重要决策和事关幼儿切身利益的事项提出意见和建议;发挥家长的专业和资源优势,支持幼儿园保育教育工作;帮助家长了解幼儿园的工作计划和要求,协助幼儿园开展家庭教育指导和交流。[②] 可见,家长委员会扮演着建议者、支持者和协助者的多重角色。

(三) 家长委员会的层级结构

幼儿园家长委员会主要是由各个班级推选出来的 1—2 位家长组成的,在园长指导下开展工作,大家分工协作,制定活动计划,总结活动成效,并向家长汇报。比如,在"三八妇女节"来临之前,园长召集家长委员会成员开会,先商讨在幼儿园和家庭,如何利用这一节日对孩子进行"爱妈妈"的教育;后决定由各班家长提供一些素材,在班级设立一个特展区(如在欣赏区,让幼儿观看妈妈的各种照片、视频,领略妈妈的风采;在介绍区,让幼儿说说妈妈平时是怎样关心自己的;在歌舞区,让幼儿唱首歌颂妈妈的歌曲;在绘画区,让幼儿给妈妈画张肖像;在扮演区,让幼儿学做"妈妈",在"娃娃家"里照顾"小宝宝",体验妈妈的爱子之心;在操作区,让幼儿动手制作一个小礼物,送给妈妈),每个展区由各班教师和家长代表共同负责准备工作、实施工作和评价工作。

幼儿园除了具有园级家长委员会,还可能拥有年级家长委员会、班级家长委员会。不论哪个层级的家长委员会,都是由家庭教育经验丰富、热心班级工作、关心幼儿园教育的家长代表所组成的。

[①] 中华人民共和国教育部.教育部关于建立中小学幼儿园家长委员会的指导意见[EB/OL].(2012-02-17)[2019-01-20]. http://www.moe.gov.cn/srcsite/A06/s7053/201202/t20120217_170639.html.

[②] 中华人民共和国教育部.幼儿园工作规程[EB/OL].(2016-03-01)[2019-01-20]. http://www.moe.gov.cn/srcsite/A02/s5911/moe_621/201602/t20160229_231184.html.

二、家长学校

(一) 家长学校的重要地位

"家长学校是宣传普及家庭教育知识,提升家长素质的重要场所,是指导推进家庭教育的主阵地和主渠道。"[1]幼儿园家长学校是对在家庭里承担抚养教育幼儿责任的父母和其他长者进行系统教育和训练的学校。全国妇联、教育部、中央文明办都要求幼儿园把家长学校工作纳入总体部署,把家庭教育指导纳入教师培训中,纳入形式多样的教育教学活动中,纳入研究与督导评估中,以提升家长素质,促进幼儿健康成长。

(二) 家长学校的主要任务

幼儿园家长学校的主要任务是:(1) 面向广大家长宣传党的教育方针、相关法律法规和政策,宣传科学的家庭教育理念、知识和方法,引导家长树立正确的儿童观和育人观。(2) 组织开展形式多样的家庭教育实践活动,增进亲子之间的沟通和交流,使家长和儿童在活动中共同成长进步。(3) 通过多种形式为家长儿童提供指导和服务,帮助解决家庭教育中的难点问题,提升家长教育培养子女的能力和水平。(4) 增进家庭与幼儿园的有效沟通,努力构筑幼儿园、家庭、社区"三结合"的未成年人教育网络,为儿童健康成长营造良好环境。[2]

(三) 家长学校的组织管理

幼儿园家长学校的校长由园领导兼任,与负责具体事务的教师、家长代表等人员共同组成园务管理委员会,负责家长学校的日常管理工作;家长学校的师资由幼儿园教师(如岗前、在岗接受过家庭教育指导的培训),或相关专业人士(如儿童保健专家、幼儿心理专家、幼儿教育专家)、志愿者担任;家长学校的场地可利用现有的活动室、教室等。

"幼儿园家长学校每学期至少开展1次家庭教育指导、2次亲子实践活动。"[3]有条件的幼儿园要向周边社区延伸家庭教育活动,做好社区0—3岁和未入园儿童的家庭教育指导工作。

(四) 家长学校的培训内容

家长学校的培训内容是丰富多采的,幼儿园要根据家庭教育的现状及其存在的主要问题来确定。例如,针对家长普遍不重视孩子的性格教育这一弊病,园务管理委员会决定邀请

---

[1] 中华全国妇女联合会,中华人民共和国教育部,中央精神文明建设指导委员会办公室.关于进一步加强家长学校工作的指导意见[EB/OL].(2011 - 05 - 16)[2019 - 01 - 22]. http://moe.gov.cn/jyb_xxgk/moe_1777/moe_1779/201105/t20110516_119729.html.

[2] 中华全国妇女联合会,中华人民共和国教育部,中央精神文明建设指导委员会办公室.关于进一步加强家长学校工作的指导意见[EB/OL].(2011 - 05 - 16)[2019 - 01 - 22]. http://moe.gov.cn/jyb_xxgk/moe_1777/moe_1779/201105/t20110516_119729.html.

[3] 中华全国妇女联合会,中华人民共和国教育部,中央精神文明建设指导委员会办公室.关于进一步加强家长学校工作的指导意见[EB/OL].(2011 - 05 - 16)[2019 - 01 - 22]. http://moe.gov.cn/jyb_xxgk/moe_1777/moe_1779/201105/t20110516_119729.html.

当地大学里的学前教育专业教授,利用晚上时间,为家长开设"如何培养孩子良好的性格"的专题讲座,并把讲授提纲(如表7-4-1)提前发给家长,便于家长阅读、思考和提问。这样,不仅能使家长认识到幼年期是孩子性格形成的重要时期,而且还能使家长掌握培养孩子良好性格的一些方法。

表7-4-1 "如何培养孩子良好的性格"讲授提纲

"如何培养孩子良好的性格"讲授提纲
性格是孩子对人、对事物的综合反映,幼年期是孩子性格形成的关键期。孩子性格如何,不仅直接影响其未来的学习、生活和工作,而且还关系到他将来走向社会如何处事,如何做人。所以,父母要特别重视从小塑造孩子优良的性格特征。 　　(1)要锤炼孩子性格的意志特征。父母要注意培养孩子的独立性、纪律性、目的性、主动性、坚韧性,对孩子的执拗、顽固要进行积极的引导。 　　(2)要陶冶孩子性格的情绪特征。父母要注重培养孩子活泼愉快的心境和积极稳定的情绪。父母要做到既不溺爱孩子,又不过于严格要求孩子,不滥用体罚,以免使孩子养成被动依赖的坏习惯或产生胆小畏惧的心理,以致唯唯诺诺,失去童年的天真和欢乐。 　　(3)要塑造孩子性格的态度特征。如果孩子和小伙伴一起玩耍时,发生了争吵,那么父母也不应闻"声"而动,而应鼓励孩子自己动脑筋,想办法解决问题,"是大家轮流玩,还是彼此交换玩",或用其他玩法,使孩子在争吵中学会与别人合作分享、正确交往、友好相处的技能。 　　(4)要训练孩子性格的理智特征。父母要注意培养孩子主动观察、独立思考、大胆想象的习惯。这可以通过日常生活来进行。比如,吃香蕉前,可先从其色、香、味及吃法上,考考孩子;然后还可以把香蕉与苹果、桔子、梨放在一起,让孩子进行分类,引导孩子通过比较四种水果的外形、构造、性能等特征的异同,从颜色、果皮软硬度、剥皮法、果仁特征、水果产地等方面加以分类。这样,孩子的理智特征就能得到健全发展。

(五) 家长学校的培训形式

家长学校的培训形式是多种多样的,幼儿园要根据家庭教育指导的内容、家长的实际情况来选择。既可以通过家教指导专题讲座、科学育儿报告会的形式来进行,也可以通过亲子实践活动的形式来进行;既可以通过全园大规模的形式来进行,也可以通过分年龄组的中等规模、分班的小规模的形式来进行;既可以通过定期的讲座形式来进行,也可以通过随机的活动形式来进行。比如,最近幼儿园发生了一桩恶性事件:有位父亲星期六上午带着儿子到朋友家打麻将,中午时分,这位父亲给孩子5元钱,让孩子外出买零食吃,自己却仍坐在桌旁打麻将,牌局结束时,也未见到孩子归来。回到家里孩子也不在,四处寻找毫无结果,后被告知孩子已溺水身亡。园长召开了园务管理委员会会议,当即决定,通过这一事件,对全园家长进行"关心孩子"的专题报告,倡导家长要担负起照顾、教养孩子的重任,使家长认识到孩子年龄小,缺乏自我保护的能力,孩子的各种活动都应在父母的视线范围之内,以防发生不测。

三、家长会议

家长会议是幼儿园侧重于从理念上对家长进行集体指导的一种重要形式,以园方讲述和传达为主,以家长提问为辅。从不同的视角出发,可把家长会议分出不同的类型。

(一) 从时间上来看

幼儿园的家长会议,从时间上来看,可以分为以下几类。

(1) 开学前的家长会议。园长、教师在开学前2周左右召开家长会,向新入园孩子的家长介绍幼儿园的生活常规、教育的任务与内容、形式与方法;向家长讲解孩子入园时可能会出现的一些问题,希望家长予以配合,共同做好孩子的入园准备工作。例如,建议家长在家里时,可以告诉孩子:你马上就要上幼儿园了,在幼儿园里,有许多小朋友、好玩的玩具,还有像妈妈一样的好老师,以激起孩子入园的愿望;还应指导孩子认识自己的物品,学会自己穿衣、吃饭、如厕、洗手,以培养孩子的生活自理能力。

(2) 学期中的家长会议。教师在每学期中间时段召开家长会,向家长通报开学以来,幼儿园,特别是班级做了哪些教育工作,孩子取得了哪些进步;后半学期的工作重点是什么,将要开展哪些教育活动,请求家长继续给予支持与配合。

(3) 学期末的家长会议。教师在每学期快要结束时召开家长会,向家长汇报整个学期,特别是后半学期幼儿园的工作、班级的活动、孩子的成就,感谢家长的合作和帮助,表扬志愿为班级服务的各位家长。

(二) 从规模上来看

幼儿园的家长会议,从规模上来看,可以分为以下几类。

(1) 全园家长会。由园长、家长委员会成员、教师代表共同策划举行,全园幼儿家长都来参加,既可商讨幼儿园的发展规划及规章制度、家长手册,也可讨论全园重大活动的方案设计与组织实施。

(2) 年级家长会。由年级组长、年级家长委员会成员、年级教师共同组织召开,全年级幼儿家长都来参加,既可商讨学年计划、学期计划,也可协商年级大活动的准备与安排。例如,针对"秋游,我们应该带孩子去哪儿"这个热门话题,各个年级组召集家长利用接孩子的时间,进行大讨论,选择地点。

(3) 班级家长会。以班级为单位,由本班2位教师负责召集全班幼儿家长开会,讨论的议题多种多样,教师可把每个幼儿、幼儿各方面发展的情况插入到各个议题之中,点名表扬幼儿的优点进步,不点名指出幼儿的不足之处,提请家长注意帮助孩子改进。

四、家长园地

家长园地是幼儿园通过书面形式对家长进行指导的一种重要形式,便于家长自由选择时间进行观看和阅读。幼儿园家长园地从规模上讲可以分为两类。

(一) 全园的家长园地

全园的家长园地通常设在幼儿园大门口附近,以便于全体家长接送孩子时观看。有的幼儿园采用玻璃橱窗的形式来突显家长园地的重要性,有的幼儿园采用彩色展板的形式来呈现家长园地的内容,有的幼儿园把"家长园地"称之为"家长信息栏"、"家长宣传栏"、"家长公告栏"、"家长布告栏"等。

在全园的家长园地上,往往会公布幼儿园的收费标准、每周食谱、各年龄班的作息时间表,介绍家长委员会的情况,张贴全园大活动安排表,展示教师的风采、各班级活动照片,宣传家庭保健和教育常识,使家长能迅速了解幼儿园的重要活动和教养孩子的一些知识。例如,当家长在"家庭保健和教育"栏目下看到一篇题为"如何给孩子过生日"的文章时,觉得很实用,就停下脚步,仔细阅读:(1)要考虑孩子的年龄特点。不同年龄的孩子,有不同的物质需要和精神需要,家长要根据孩子的年龄特征来赠送礼物。比如,2—3岁的孩子过生日,可送玩具娃娃、炊具、汽车、积木等,并鼓励孩子要爱惜玩具;4—5岁的孩子过生日,可送图画故事书、彩笔、画纸等,以激发孩子的求知欲望。(2)要兼顾孩子的个性特征。不同的孩子,有不同的兴趣爱好,家长要投其所好。如果孩子喜欢唱歌、跳舞,可让孩子在家里进行歌舞表演;如果孩子喜欢绘画,可在家里为孩子举办个人画展;如果孩子对昆虫感兴趣,可带孩子去自然博物馆观看。(3)要促进孩子的不断成长。不同的孩子,发展状况不同,家长要从孩子的实际出发,扬长补短,促进孩子更好地发展。如果孩子不太合群,正好可利用这一契机,培养孩子的合群性,鼓励孩子邀请邻居的小伙伴来家中参加生日晚会,让孩子和小伙伴一起吹蜡烛、吃蛋糕、看图书、玩玩具,体验大家一起玩的乐趣。

(二) 班级的家长园地

班级的家长园地一般设在班级门口,以便于本班家长接送孩子时观看。教师常常都会在自己班级门外的墙壁上专门开辟出一块空间,作为家长园地。不同的幼儿园(甚至同一所幼儿园)、不同的班级,家长园地的名称也可能不同,有的称之为"家园之桥"、"家园连线",有的命名为"爸妈专栏"、"爸爸妈妈看过来"等。

教师会对家长园地进行装饰打扮,从形式上吸引家长的眼球,促使家长驻足观看。教师还会从内容上下功夫,适时向家长介绍班级的教育内容与形式、每月的主题活动安排、每周的教育计划、每天的教学方案、幼儿的学习内容;随时展览幼儿的美术作品、亲子制作的玩具;及时向家长宣传幼儿教育的新理念和新方法、推介好书。例如,在"秋天来了"的主题教育活动中,教师鼓励家长利用双休日带孩子去看看花草树木的颜色,和孩子一起捡落叶,鼓励孩子动脑动手,大胆想象,把落叶制成一幅幅美丽的图画。

五、家长开放日

家长开放日是幼儿园"在特定的时间里向家长开放园内外的各种教育活动"[①],侧重于从实践上对家长进行集体指导的一种重要形式,使家长通过耳闻目睹,亲身感受幼儿园的教育和孩子的发展情况。

---

① 李生兰.幼儿园家长开放日活动的研究[M].上海:华东师范大学出版社,2008:11.

(一) 家长开放日的价值

幼儿园通过邀请家长来园参观、观看活动,能丰富家长的感性认识,帮助家长进一步了解教育内容、掌握教育方法;能使家长体会到教师工作的艰辛,变得更加尊重教师;能使家长在观察孩子的集体活动时,全面认识自己的孩子,看到孩子的进步,发现孩子与同伴之间的差距,帮助孩子发扬优点、克服缺点,以完善家庭教育。

(二) 家长开放日的指导

在开放日这一天,许多家长,特别是小班家长来园后,不知道该看什么、怎么看。因此,幼儿园应设计一些表格(如表7-4-1),发给家长,引导家长学会观察记录孩子的活动,适时作出简单的评价,以提高开放日活动的质量。

表 7-4-1 孩子在园一日活动观察记录表

孩子在园一日活动观察记录表		
(请在符合您"孩子的表现"栏目后面的"评价等第"上打"√")		
孩子的姓名:_____ 性别:_____ 班级:_____		
记录者与孩子的关系:_____ 记录日期:_____		

孩子的表现	评 价 等 第		
1. 孩子做早操的动作,与教师的动作	(1) 完全一致	(2) 基本一致	(3) 不一致
2. 孩子吃早点的速度,比同伴	(1) 快	(2) 差不多	(3) 慢
3. 教师在课堂上提问时,孩子	(1) 马上举手	(2) 过一会举手	(3) 不举手
4. 孩子回答问题的声音	(1) 较响	(2) 一般化	(3) 较轻
5. 孩子回答的问题	(1) 正确	(2) 模棱两可	(3) 错误
6. 孩子做游戏时	(1) 自己玩	(2) 和同伴一起玩	(3) 自己不会玩
7. 孩子收拾玩具时的动作	(1) 较快	(2) 一般化	(3) 较慢
8. 孩子吃午饭时,饭菜	(1) 不掉出来	(2) 掉下一点	(3) 掉出很多
9. 孩子吃午饭时的速度,比同伴	(1) 快	(2) 差不多	(3) 慢
10. 孩子午睡时脱衣服动作,比同伴	(1) 快	(2) 差不多	(3) 慢
11. 孩子午睡时的入睡速度,比同伴	(1) 快	(2) 差不多	(3) 慢
12. 孩子起床时,穿衣服	(1) 又快又好	(2) 能自己穿	(3) 需教师帮助
13. 孩子自由活动时,参加的活动有	(1) 一项	(2) 两项	(3) 三项以上
14. 孩子在活动中遇到困难时	(1) 自己解决	(2) 和同伴商量	(3) 请教师帮助
15. 孩子在园一天的情绪	(1) 很愉快	(2) 一般化	(3) 不愉快
孩子的其他表现			
家长的想法和建议			

（三）家长开放日的频率

幼儿园可定期邀请家长来园参观，每学期向家长开放一次活动。许多幼儿园都在增加开放日活动的频率，双月或每月向家长开放一次活动。幼儿园还可不定期地对家长开放，把来园观看活动的主动权下放给家长，鼓励家长根据自己的时间和需要，进行选择和安排，然后再和带班教师预约协商来访参观之事。当家长来园进班后，教师还应提醒家长要遵守相应的规则，不能妨碍班级的日常活动，不能干涉孩子的生活和学习。例如，在教学活动中，当教师提出某个问题以后，家长不能强求自己的孩子举手发言，也不能把问题的答案直接告诉孩子等。

六、家庭访问

家庭访问是教师走出幼儿园大门，走进幼儿家庭，进行家教指导的一种独特形式。通过家庭访问，教师能更深入地了解幼儿在家庭中的情况及其教育，能和家长坐在一起畅聊有关孩子教育的各种话题，共商家庭环境的创设、家庭教育的对策。这种指导形式虽然花费的时间较多，但效果却更好，能给家长具体、实用、有效的帮助。

（一）暑假中的家访

在暑假里，教师一般都要去幼儿（特别是即将进入小班的幼儿）家中进行访问。为了提高家访的效率，教师需要注意以下事项。

（1）在家访前，要做好准备。教师要对幼儿父母的职业、工作单位及文化程度有个大致的了解，对家访的内容和程序做个粗略的安排，还可设计一些图表，以便于家访后记录和分析；要尊重家长，要和家长预约好时间，既不做"不速之客"，也可避免"铁将军把门"，吃"闭门羹"。

（2）在家访中，要积极互动。教师要轻松自如地与家长交谈，打开家长的话匣子，以全面了解幼儿的个性特点、行为习惯、兴趣爱好及其家庭教育的情况；对孩子的入园准备工作进行必要的指导；把随身带来的写有班级和幼儿名字的卡片、表示欢迎的小手链送给幼儿，并向幼儿发出邀请，下周戴上小手链，和爸爸妈妈一起到幼儿园来玩；感谢家长配合幼儿园工作，接受教师的来访。

（3）在家访后，要认真反思。教师要及时追忆家访的情景，真实记录家访的过程，反思家访工作的成效与不足。

（二）学期中的家访

在学期中，当幼儿出现了一些特殊情况（如很好的表现、不良的言行、生病）时，教师要去幼儿家中进行访问（以强化幼儿的良好行为，或把隐患消除在萌芽之中、表示关爱之情）。

教师在对表现不好的幼儿进行家访时，一定要慎重，要记住自己既不是去"告状"的，不是希望家长责骂、痛打孩子一顿，也不是去"兴师问罪"，指责、怪罪家长的，而是为了及时向家长反映孩子身上所存在的问题,想和家长一起寻找解决问题的好办法。例如,教师在家访中对家长说道:"洁洁小朋友在班上很遵守纪律,与小朋友团结友爱,大家都很喜欢她。最近我发现她在玩'娃娃家'游戏时,喜欢打'娃娃',边打还边说'打死你,打死你'。她是个很懂事的好孩子,在班上,不论什么事情,只要老师用眼神示意一下,她就心领神会了。我不知道她在家里表现如何,但我总觉得打孩子不妥当,特别是对她这样敏感的孩子,根本不能打,她把什么不快乐的事情,都埋藏在心里,只能在游戏中加以发泄。这样下去,对她性格的发展是很不利的。"孩子父亲听了教师的诉说后,觉得很内疚,并向教师坦言:最近自己在工作上遇到了点不顺心的事情,心情不太好,所以,女儿撒娇不听话时,自己就显得不耐烦,动手打过她几次,未想到对孩子会有这么大的负面影响。今后一定注意克制自己的不好情绪,请老师放心。

七、亲子活动

亲子活动是幼儿园邀请幼儿及其家长一起参加由教师组织的各种各样的活动,能使家长在轻松愉快的氛围中获取教育信息,掌握教育技能,提高教育艺术。这种寓教于活动之中的指导形式,受到了家长的拥护、幼儿的喜爱,所占的地位越来越高,所起的作用越来越大。

(一) 亲子活动的种类

幼儿园亲子活动的形式丰富多彩,主要有以下各种。

(1) 从规模上来看,既有全园的亲子活动,也有年级的亲子活动或班级的亲子活动;

(2) 从时间上来看,既有开学初的亲子活动,也有学期中的亲子活动或学期末的亲子活动。例如,许多幼儿园在学期结束时,开展了"迎新年"的亲子活动,邀请家长来园和孩子一起吃美食。

(3) 从空间上来看,既有园内(在室内或室外)的亲子活动,也有园外(在家庭或社区里的)的亲子活动。

(4) 从内容上来看,既有语言认知型的亲子活动(如"智力大冲浪")、情感表达型的亲子活动(如"我做表情你猜涵义"),也有才艺展示式的亲子活动(如"全家都来秀")、体育竞赛式的亲子活动(如"二人三足"比赛)。

(二) 亲子活动的组织

教师在组织亲子活动时,应注意以下事项。

(1) 要讲究趣味性。教师在组织亲子活动时,应考虑幼儿的年龄特点和个性差异,努力使亲子活动充满游戏性、人情味,以吸引幼儿及其家长广泛参与,使他们在游玩中受益无穷。

(2) 要关注主动性。教师在组织亲子活动时,应尊重家长的意愿,以民主平等的态度对待家长;重视发挥家长的作用,促使家长从配角转化为主角,从幕后走到台前,从参与活动发展为主持活动、评价活动,不断提升自我教育的能力。

（3）要重视独立性。教师在组织亲子活动时，应提醒家长要相信孩子的能力，要解放孩子的双手和大脑，要支持孩子的各种尝试探索，促进孩子独立性的发展。

（4）要强调互动性。教师在组织亲子活动时，应为幼儿及其家长提供愉快的互动氛围、充分的互动时间、广阔的互动空间、丰富的互动材料，推动幼儿体、智、德、美的全面发展。

（5）要注意指导性。教师在组织亲子活动时，不能放任自流，而应给予家长和幼儿必要的引导和帮助，以促进亲子活动质量的提升。

八、家长微信群

（一）建立家长微信群的价值

家长微信群是互联网时代幼儿园指导家庭教育工作的一种独特形式，它使家长能通过音频、视频、图文等多种媒介，迅速地了解幼儿园的教育与活动、孩子的生活与学习，有效地弥补家庭教育其他指导形式的一些不足。

中国互联网络信息中心（CNNIC）发布的第43次《中国互联网络发展状况统计报告》显示：截至2018年12月，我国网民规模达8.29亿，互联网普及率为59.6%；我国手机网民规模达8.17亿，网民通过手机接入互联网的比例高达98.6%。[①] 相信，随着互联网普及率的提高、手机上网主导地位的增强、在线教育和政务服务的发展，"弹指间传递信息"的家长微信群将会在幼儿园家庭教育指导上发挥更大的作用。

（二）使用家长微信群的原则

为了更好地利用家长微信群，教师应和家长共同制定并遵守如下原则。

（1）自愿性原则。教师把全班家长都建在一个微信群里，以便于全面交流。教师是"群主"，可以自由增加或删除群里的某个家长；家长是"群成员"，也可以自由决定留在群里或退出群里。"群主"和"群成员"彼此都要遵守自愿性原则。

（2）教育性原则。"群主"和"群成员"在班级微信群上发布的任何信息都应具有教育意义，能促进孩子的成长发展。例如，"群主"提醒"群成员"不能发布商业广告、代购等与幼儿教育无关的信息，否则，就会被删除出群。

（3）正面性原则。"群主"和"群成员"在班群上发放的信息都应是积极向上的正面信息。"群主"要多表扬、多鼓励幼儿及其家长，并使"群成员"认识到班群是个公共空间，不能发送负能量的信息，如不炫富，不攀比，不争吵。

（4）公平性原则。"群主"在班级微信群上发出的有关幼儿的各种信息，一定要公平公正，使每个幼儿都有"亮相"。例如，教师可每天发布班级1—2个小组幼儿的活动照片，使每位"群员"都能适时关注班群。

[①] 中国互联网络信息中心.第43次《中国互联网络发展状况统计报告》[EB/OL].(2020-02-28)[2020-05-03]. https://www.cac.gov.cn/2019-02/28/c_1124175686.htm.

（5）自觉性原则。"群主"和"群成员"在班级微信群里,都要自觉遵守各项规章制度,珍惜别人的时间,语言表达简单明了。例如,"群主"在发送一些不需要"群成员"回复的"通知"时,要在"通知"后面加上"不用回复",以免影响其他家长观看信息;"群成员"之间不要"过度沟通",以免其他家长被微信所累。

（6）个别性原则。针对个别幼儿的个别问题,"群主"应与他们的家长进行单独交流,以保护幼儿及其家庭的隐私。

班级微信群属于组织传播,以教师为中心,兼具"一对多"（如教师发布通知）、"一对一"（如教师回答个别家长的问题）和"多对多"（家长讨论某个话题）等传播模式,只有大家都遵守规则,才能提高信息传播的效率。

总之,幼儿园家庭教育指导的形式多种多样,要提高指导的效率,就必须了解家长的心态,利用家长喜闻乐见的形式来开展具体的活动,使家长能乐于学、好于学,进一步理解幼教、支持幼教、配合幼教。

第五节　幼儿园家庭教育指导的方案

图7-5-1　江西省南昌市孺子亭公园,2名儿童在戏牛

家庭教育指导的方案是幼儿园对家长进行指导的具体做法,它应反映指导活动的全过程。幼儿园在进行家庭教育指导前,应制定相应的活动方案,增加计划性,克服盲目性,提高指导活动的效率。

家庭教育指导方案的结构一般有如下几个部分组成：指导活动的名称、指导活动的主持者、指导活动的对象、指导活动的时间与地点、指导活动的目标、指导活动的准备、指导活动的内容与形式、指导活动的具体步骤与过程、指导活动的评价等。现以"幼儿家庭双休日活动指导方案"为例，加以说明。

幼儿家庭双休日活动指导方案

一、指导活动的主持者
本活动由幼儿园家长委员会发起、组织，具体由园长助理、教师代表、家长代表来主持。

二、指导活动的对象
对幼儿双休日活动感兴趣的全园所有家长。

三、指导活动的时间
____年__月__日__星期__

四、指导活动的地点
幼儿园大活动室。

五、指导活动的目标
（1）使家长感受到孩子双休日的活动应多种多样。
（2）使家长意识到双休日既是孩子休息、游戏的时间，又是孩子为下一星期的学习做准备的时间。
（3）使家长学会尊重孩子的意愿，和孩子一起商量讨论，订立家庭双休日活动的计划。
（4）鼓励家长邀请孩子参与制定双休日活动的规则，并使孩子能乐于遵守规则。

六、指导活动的准备
（1）各班教师了解幼儿家庭双休日活动的情况，选择好的典型。
（2）幼儿园汇总各班情况，选出好的典型，注意为大、中、小班幼儿家庭提供不同的双休日活动的范例。
（3）请被选出的家庭提交一些反映双休日活动的文字材料与视听材料。

七、指导活动的内容
如何科学而又艺术地安排幼儿的双休日活动。

八、指导活动的形式
（1）组织家长观看照片、视频。
（2）鼓励家长进行讨论、交流。
（3）启发家长进行评价、总结。

九、指导活动的过程
（一）主持人引导家长观看照片、微视频
1. 观看"家长带领孩子外出参观、郊游活动"的照片、微视频
家长带领孩子去图书馆借阅图书，去科技馆、博物馆、文化馆、展览馆、纪念馆参观，去体育馆、游泳池锻炼，去电影院、俱乐部、游乐场、广场、公园娱乐；到郊区、农村走走看看，呼吸

新鲜空气,采些野花、野菜,制作昆虫、植物标本等,并教育孩子要保护环境。

2. 观看"家长让孩子做点家务劳动"的照片、微视频

家长让孩子当个小帮手,做点力所能力的小事,比如,洗洗自己的小袜子、小手套,给爸爸、妈妈递双鞋子换上。

3. 观看"家长邀请亲朋好友来家做客"的照片、微视频

家长不仅带领孩子走亲访友,而且还邀请亲朋好友来家做客,让孩子学做热情的"小主人",给"小客人"递上小点心和水果,和"小客人"一起看图书、玩玩具。

4. 观看"家长做孩子游戏的好伙伴"的照片、微视频

家长拥有一颗童心,和孩子一起玩游戏(如孩子扮演"教师","妈妈"扮演"小朋友",由"教师"带领"小朋友"做早操)、看电视、唱歌、跳舞、编讲故事,或用废旧材料制作玩具,做做玩玩很快乐。

5. 观看"家长鼓励孩子自我玩耍"的照片、微视频

家长鼓励孩子自己玩,自己支配时间,例如,父母倒上一大盆水,让孩子把纸片当作小船,放在水上来玩,用手制造波浪,让几艘小船进行比赛,看哪条船最先到岸。

6. 观看"家长培养孩子的兴趣爱好"的照片、微视频

当父母发现孩子对踢足球感兴趣,就把孩子送到少年宫去学习;当父母发现孩子很喜欢弹钢琴,就请家庭教师来家教孩子弹琴,以发展孩子的爱好,培养孩子的特长。

(二)主持人启发家长围绕照片、微视频的内容进行讨论、交流

(1) 你对上面几个家庭双休日活动的安排有什么想法?

(2) 你是如何安排自己孩子的双休日活动的?

(3) 你认为应该如何安排孩子的双休日活动?

(4) 主持人对照片、微视频的内容进行讲评。

① 大自然、大社会都是活教材。社会生活对孩子的发展有巨大的、潜移默化的影响。

② 劳动是孩子认识世界的阶梯。劳动可以使孩子的双手和大脑得到锻炼,提高孩子独立生活的能力,培养孩子热爱劳动的态度。

③ 孩子的社会交往能力是在活动中得到发展的,孩子社会交往水平的高低制约着其社会化的进程。

④ 游戏是孩子最喜欢的活动,是教育孩子最重要的手段。家长用游戏的口吻、角色的身份来对孩子进行教育,能起到更好的效果,应寓教于游戏之中。

⑤ 玩耍不是别人给予的,而是孩子用丰富的想象力发掘出来的;自我玩耍的方法,能给孩子的童年带来极大的乐趣,并能促进孩子独立性的发展。家长应给孩子自由玩耍的机会。

⑥ 兴趣爱好是孩子个性发展的一个重要组成部分,家长在了解孩子兴趣爱好的基础上,对孩子因材施教,有助于孩子人格的健全发展。

(三)主持人鼓励家长进行评价、总结

不论如何安排孩子的双休日活动,都要注意符合孩子的年龄特点和个性特征,考虑家庭和家长的实际情况,使孩子在轻松愉快的气氛中生动活泼地成长。

十、指导活动的评价

活动结束以后,教师、家长要对活动的效果进行记录、整理、分析,并作出客观的评价,看看幼儿及其家长有没有变化、有哪些变化,以便为下一次开展类似的指导活动积累经验。

幼儿园制定家庭教育指导方案的目的是为了达到更好的指导效果,在实施方案的过程中,既要注意计划性,又要注意灵活性,并要妥善处理好偶发事件。

第六节 到上海图书馆去寻宝的案例

图7-6-1 上海图书馆

一、活动目标

(1)通过引导家长开展带孩子到上海图书馆去寻宝的活动,促使家长认识到图书馆也是教育孩子的一个好场所。

(2)通过鼓励家长开展带孩子到上海图书馆去寻宝的活动,增加亲子互动的机会,提高亲子互动的质量,使亲子之情更密切。

(3)通过指导家长开展带孩子到上海图书馆去寻宝的活动,帮助家长创建学习型家庭,培养孩子热爱读书、喜欢去图书馆的行为。

二、活动准备

(1) 教师先去上海图书馆参观，寻找宝物，拍照保存。
(2) 教师制作上海图书馆寻宝表（见表7-6-1），发给家长和幼儿。

表7-6-1 上海图书馆寻宝表

<table>
<tr><td colspan="4" align="center">上海图书馆寻宝表</td></tr>
<tr><td colspan="4">亲爱的家长：您好！
　　在这张表上，列出了上海图书馆的16个宝物；请您带着孩子静悄悄地、仔细地寻找；找到以后，请在相应的宝物后面的位置上，打个"√"。
　　祝您和孩子寻宝愉快！
　　　　　　　　　　　　　　　　　　　　　　　　　＊＊＊幼儿园＊＊班教师</td></tr>
<tr><td rowspan="2">宝物代号</td><td rowspan="2">宝物名称</td><td colspan="2">寻宝结果</td><td rowspan="2">备注</td></tr>
<tr><td>找到了打"√"</td><td>未找到打"?"</td></tr>
<tr><td>1</td><td>上海图书馆西门标识牌</td><td></td><td></td><td></td></tr>
<tr><td>2</td><td>上海图书馆正门标识牌</td><td></td><td></td><td></td></tr>
<tr><td>3</td><td>上海图书馆东门标识牌</td><td></td><td></td><td></td></tr>
<tr><td>4</td><td>24小时图书自助借还亭</td><td></td><td></td><td></td></tr>
<tr><td>5</td><td>智慧广场上的"智慧树"雕塑</td><td></td><td></td><td></td></tr>
<tr><td>6</td><td>知识广场上的"大思想者"雕塑</td><td></td><td></td><td></td></tr>
<tr><td>7</td><td>广场上的欢迎牌</td><td></td><td></td><td></td></tr>
<tr><td>8</td><td>草坪上的馆名碑</td><td></td><td></td><td></td></tr>
<tr><td>9</td><td>主楼上的馆名</td><td></td><td></td><td></td></tr>
<tr><td>10</td><td>电子大屏幕</td><td></td><td></td><td></td></tr>
<tr><td>11</td><td>"楼层指南"牌</td><td></td><td></td><td></td></tr>
<tr><td>12</td><td>"妙笔"模型</td><td></td><td></td><td></td></tr>
<tr><td>13</td><td>上海图书馆建筑模型</td><td></td><td></td><td></td></tr>
<tr><td>14</td><td>上海图书馆东馆建筑模型</td><td></td><td></td><td></td></tr>
<tr><td>15</td><td>自助借还书机</td><td></td><td></td><td></td></tr>
<tr><td>16</td><td>图书杀菌机</td><td></td><td></td><td></td></tr>
<tr><td>17</td><td>其他</td><td></td><td></td><td></td></tr>
</table>

(3) 教师提醒幼儿，在上海图书馆寻宝时，一定要静悄悄地走路，用眼睛仔细看；当发现宝物后，要用手捂着嘴巴笑。

三、活动过程

(一) 在上海图书馆门前寻宝

1. 寻找上海图书馆"东门"和"正门"及"西门"的标识牌

教师提醒家长：带领孩子在上海图书馆门前的广场上，分别寻找"东门"、"正门"、"西门"这三个标识牌；找到宝物后，鼓励孩子说说看到了什么(如中文、英文、箭头、图案、蓝底白字、白底黄字)，引导孩子看看"正门"这个标识牌上的"开放时间"、"东门"和"西门"这两个标识牌上的"区域指引图"，教孩子读读"东门"、"正门"、"西门"这六个大字，告诉孩子门名的涵义(如当我们背靠着图书馆时，左手这一边为西边，就叫西门；右手这一边为东边，就叫东门)，使孩子知道上面的箭头表示方向(如"→"表示向右走，"←"表示向左走)。

图 7-6-2 东门

图 7-6-3 正门

图片 7-6-4 西门

2. 寻找"24小时图书自助借还亭"

教师提醒家长：按照三个门标识牌上指引的方向，带领孩子寻找"24小时图书自助借还亭"；当找到这个宝物后，和孩子一起走进去，看看书架上的图书和旁边的借还书机，给孩子讲讲"24小时图书自助借还操作流程"，使孩子知道每天任何时候都可以通过机器借书和还书，特别便于读书学习。

3. 寻找"智慧树"和"大思想者"的雕塑

教师提醒家长：带着孩子在图书馆门前的智慧广场、知识广场上，寻找树木雕塑、人物雕塑；当找到"智慧树"这个宝物后，启发孩子想想它看上去像什

图 7-6-5 24小时图书自助借还亭

么，告诉孩子读书能使我们变得更聪明、更可爱；当找到"大思想者"这个宝物后，给孩子读读下面的文字，鼓励孩子模仿这个雕塑，做个造型，拍张美照。

4. 寻找上海图书馆的欢迎牌、馆名碑及馆名

教师提醒家长：在图书馆正门前，指导孩子寻找写有"上海图书馆欢迎您"的欢迎牌这个宝物后，教孩子认读欢迎牌上的这几个字，启发孩子数数共有几个字(8个字)，鼓励孩子说说这几个字是什么颜色(紫红色)。在图书馆草坪前，引导孩子寻找写有"上海图书馆"的馆名碑这个宝物后，启发孩子说说馆名碑的颜色和字数(如在黑底上有5个金色大字)，鼓励孩子

图 7-6-6　智慧树

图 7-6-7　大思想者

图 7-6-8　欢迎牌

图 7-6-9　馆名碑

图 7-6-10　馆名

站在旁边拍照留念。在图书馆大楼前,指导孩子抬头仰望,寻找馆名;当孩子找到馆名"上海图书馆"后,和孩子击个掌,夸赞一下孩子,和孩子一起自拍几张全家福。

(二) 在上海图书馆里面寻宝

教师提醒家长:带领孩子走上台阶,通过安检,进入图书馆,站在一楼大厅里,轻轻地仔细地寻找各种宝物。

1. 寻找电子大屏幕

教师提醒家长:和孩子一起寻找电子大屏幕,引导孩子看看这个宝物上面的数字,告诉孩子这些数字分别表示图书馆里来了多少位读者,借了多少本书,还了多少本书。

2. 寻找"楼层指南"牌

教师提醒家长:引导孩子寻找"楼层指南"牌,要求孩子小声说说这个宝物上面的数字、猜猜这些数字表示什么意思;轻声告诉孩子这些数字和字母的涵义(如 1 表示 1 层,4 表示 4 层),使孩子知道这个图书馆共有 4 层。另外,在 1 层有"少儿图书外借室"(未显示在"楼层指南"上)。

图 7-6-11 电子大屏幕

图 7-6-12 楼层指南

图 7-6-13 妙笔

3. 寻找"妙笔"模型

教师提醒家长：带领孩子静悄悄地围绕大厅，寻找"妙笔"的模型；当找到这个宝物后，指导孩子按照模型的样子，假装手握毛笔；告诉孩子回家后也练习书法，好好写字。

4. 寻找图书馆建筑模型

教师提醒家长：带领孩子轻轻地走进里面的大厅，寻找图书馆建筑模型；当在玻璃柜里发现2个宝物以后，指导孩子比较一下"上海图书馆建筑模型"和"上海图书馆东馆建筑模型"的异同点。

图7-6-14　上海图书馆模型

图7-6-15　上海图书馆东馆建筑模型

5. 寻找"自助借还书机"

教师提醒家长：轻轻地带着孩子走进"少儿图书外借室"，寻找"少儿图书外借区"；当找到"自助借还书机"这个宝物以后，给孩子讲讲操作要点；鼓励孩子从书架上选本书，坐下来看看。

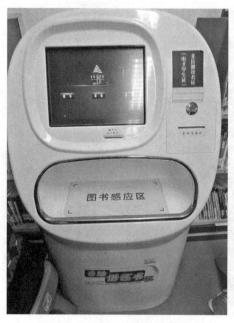
图7-6-16　自助借还书机

图7-6-17　图书杀菌机

6. 寻找"图书杀菌机"

教师提醒家长：带着孩子走出"少儿图书外借室"，引导孩子在室门口寻找"图书杀菌机"；当找到这个宝物以后，告诉孩子这个机器的本领很大，能有效地消灭细菌，让图书变得很干净;给孩子讲解杀菌机上的"使用说明"(如"1"要轻轻地打开防护门,把图书平分摊开放在支架上,再轻轻地关上门;"2"要单击按钮;"3"杀菌任务完成后,要轻轻地打开门,取出图书,再轻轻地关上门),让孩子知道应该如何正确地使用机器。

7. 自由寻找宝物

教师提醒家长:可带领孩子到2层、3层、4层去看看,和孩子一起寻找其他宝物。

(三) 在上海图书馆外面交流

1. 畅聊感想

教师提醒家长:和孩子一起聊聊今天的新发现,看看找到了哪些宝物,还看到了哪些宝物;鼓励孩子说说是如何找到宝物的,找到宝物时的心情怎么样(如高兴、激动)。

2. 分享照片

教师提醒家长:和孩子一起看看所拍的照片,还可和孩子的同伴分享一下。

3. 绘画宝物

教师提醒家长:鼓励孩子用笔画下喜欢的宝物,如建筑造型、人物雕塑。

四、活动延伸

(1) 教师引导家长利用双休日,带领孩子去家门口的图书馆、上海其他地方的图书馆去发现宝物。

(2) 教师鼓励家长利用节假日,带领孩子去外地的图书馆去发现宝物。

第七节 《全国家庭教育指导大纲(修订)》简介

全国妇联、教育部、中央文明办、民政部、文化和旅游部、国家卫生健康委员会、国家广播电视总局、中国科学技术协会、中国关心下一代工作委员会,于2019年5月14日,联合印发了《全国家庭教育指导大纲(修订)》(妇字〔2019〕27号)(以下简称《大纲》)。指出为深入贯彻习近平总书记关于家庭教育的重要指示精神,落实全国教育大会精神,按照新时代党和政府对家庭教育以及未成年人思想道德建设工作的部署和要求,进一步深化家庭教育指导服务,提高全国家庭教育总体水平,促进儿童全面健康成长,依据《中华人民共和国宪法》及《中华人民共和国未成年人保护法》等相关法律法规,修订原《全国家庭教育指导大纲》;要求各地、各部门认真做好贯彻落实工作,科学规范家庭教育指导服务行为,提升家庭教育指导服务水平,促进家庭教育事业全面发展。

该《大纲》由适用范围、指导原则、核心理念、分阶段指导内容及要求、保障措施这5个部分组成,其中"指导原则"有4条,"核心理念"有8个,"分阶段指导内容及要求"有7段,"保障措施"有7项。

图 7-7-1 家长鼓励孩子和小伙伴一起在建筑工地旁沙地玩沙

一、适用范围

《大纲》适用于各级各类家庭教育指导机构、相关职能部门、社会团体、宣传媒体和家庭教育指导者,是对新婚夫妇、孕妇、18 岁以下儿童家长(父母或其他监护人)开展的家庭教育指导服务行为。

二、指导原则

家庭教育指导是指相关机构和人员为提高家长教育子女能力而提供的专业性支持服务和引导。家庭教育指导工作应坚持以下基本原则。

(1)思想性原则。遵循党的教育方针,以促进儿童全面健康成长为目标,以立德树人为根本任务,通过实施科学的家庭教育指导,推进家庭教育在培养德智体美劳全面发展的社会主义建设者和接班人中发挥重要基础作用。

(2)科学性原则。遵循家庭教育规律,为家长提供科学化、专业化、规范化的指导服务,家庭教育指导机构和指导者应具备相应的专业资质和能力。

(3)儿童为本原则。尊重儿童身心发展规律和个体差异,创设适合儿童成长的必要条件,保护儿童各项权利,促进儿童自然、全面、充分、个性发展。

(4)家长主体原则。确立为家长服务、提供支持的观念,尊重家长意愿,坚持需求导向,调动家长参与的积极性;引导家长注重提升自身素质,注重家庭建设和良好家风传承,促进亲子互动共同提高。

三、核心理念

(1) 家庭教育是学校教育和社会教育的基础。家庭是人生的第一所学校,家长是孩子的第一任老师,家庭生活中父母对儿童的教育和影响,对其良好行为习惯、思想品德、价值观的形成,健全人格培养等都具有基础性作用。

(2) 家庭教育重在教孩子如何做人。家庭教育要从养成良好习惯开始,逐步培育儿童正确的价值观,培养儿童热爱党、热爱祖国、热爱人民、热爱中华民族,明礼诚信、勤奋自立、友善助人、孝亲敬老等良好思想品德,增强儿童法律意识和社会责任感,使儿童养成好思想、好品德、好习惯、好人格,培养儿童他人、与社会、与自然和谐相处的能力。

(3) 家长是家庭教育的责任主体。家长在家庭教育中负有主体责任,要依法依规履行对子女的监护职责和抚养教育义务,了解监护人法定权利和义务,学习家庭教育知识,掌握家庭教育理念和方法,提升科学实施家庭教育的能力。

(4) 家庭教育是家长和儿童共同成长的过程。家长素质是影响家庭教育的重要因素,家长应当努力做到举止文明、情趣健康、敬业进取、言行一致、好学善思,自觉践行社会主义核心价值观,以健康的思想、良好的品行教育影响儿童。

(5) 家庭建设是家庭教育的重要保障。家庭要倡导尊老爱幼、夫妻和睦、勤俭持家、亲子平等、邻里团结的家庭美德,创建民主、文明、和睦、稳定的家庭关系。家庭成员要共同构建优秀家庭文化、传承良好家风,为儿童健康成长营造和谐的家庭环境。家长要学会优化家庭生活,为儿童提供健康向上、丰富多彩的活动。

(6) 尊重儿童成长规律是家庭教育的前提。儿童期是人生的重要阶段,有其发展规律,家长在实施家庭教育时不能违背儿童成长规律。儿童成长既有共性也有个性,家庭教育要依据儿童成长特点,采取科学的教养方式。

(7) 尊重和保护儿童权利是家庭教育的基础。儿童是独立的权利主体,有生命权、健康权和获得基本生活保障的权利,有充分发展其全部体能与智能的权利;享有国家、社会、学校、家庭保护,不受歧视、虐待和忽视的权利;有参与家庭和社会生活并就影响他们生活的事项发表意见的权利,实施家庭教育要尊重和保护儿童的各项权利。

(8) 家庭、学校、社会是促进儿童健康成长的共同体。家长要认识到家校社协同育人的重要意义,主动参与家校社协同教育,尊重教师,理性表达诉求,积极沟通合作,保持开放心态,引导儿童正确认识各种现象,科学合理利用各种教育资源,促进儿童健康成长。

四、分阶段指导内容及要求

(一) 新婚期及孕期的家庭教育指导内容

(1) 做好怀孕准备。鼓励备孕夫妇学习优生优育优教的基本知识,并为新生命的诞生做好思想上、物质上的准备。引导备孕夫妇参加健康教育、健康检查、风险评估、咨询指导等专项服务。对于不孕不育者,引导其科学诊断、对症治疗,并给予心理辅导。

(2) 注重孕期保健。指导孕妇掌握优生优育知识,配合医院进行孕期筛查和产前诊断,做到早发现、早干预;避免烟酒、农药、化肥、辐射等化学物理致畸因素,预防病毒、寄生虫等生物致畸因素的影响;科学增加营养,合理作息,适度运动,进行心理调适,促进胎儿健康发育。对于大龄孕妇、有致畸因素接触史的孕妇、怀孕后有疾病的孕妇以及具有其他不利优生因素的孕妇,督促其做好产前医学健康咨询及诊断。

(3) 提倡自然分娩。指导孕妇认识自然分娩的益处,科学选择分娩方式;认真做好产前医学检查,并协助舒缓临盆孕妇的焦虑心理。帮助产妇做好情绪调节,预防和妥善应对产后抑郁。

(4) 做好育儿准备。指导准家长学习育儿基本知识和方法,购置新生儿生活必备用品和保障母婴健康的基本用品;做好已有子女对新生子女的接纳工作;妥善处理好生育、抚养与家庭生活、职业发展的关系;统一家庭教育观念,营造安全、温馨的家庭环境。

(二) 0—3岁儿童的家庭教育指导内容

1. 0—3岁儿童的身心发展特点

这是儿童身心发展最快的时期。儿童的身高和体重迅速增长,神经系统结构发展迅速;感知觉飞速发展;遵循由头至脚、由大动作至小动作的发展原则,逐步掌握人类行为的基本动作;语言能力迅速发展;表现出一定的交往倾向,乐于探索周围世界;对家长有强烈依赖感;道德发展处于前道德期。

2. 0—3岁儿童的家庭教育指导要点

(1) 提倡母乳喂养。指导乳母加强乳房保健,在产后尽早用正确的方法哺乳;在睡眠、情绪和健康等方面保持良好状态,科学饮食,增加营养;在母乳不充分的阶段采取科学的混合喂养,适时添加辅食。

(2) 鼓励主动学习儿童日常养育和照料的科学知识与方法。引导家长让儿童多看、多听、多运动、多抚触,带领儿童开展适当的运动、游戏,增强儿童体质。指导家长按时为儿童预防接种,培养儿童健康的卫生习惯,注意科学的饮食调配;配合医疗部门完成相关疾病筛查,做好儿童生长发育监测,学会观察儿童,及时发现儿童发展中的异常表现,及早进行干预;学会了解儿童常见病的发病征兆及应对方法,掌握病后护理常识;了解儿童成长的特点和表现,学会倾听、分辨和理解儿童的多种表达方式。

(3) 制订生活规则。指导家长了解儿童成长规律及特点,并据此制订日常生活规则,按照规则指导儿童的行为;采用鼓励、表扬等正面教育为主的方法,培养儿童健康生活方式。

(4) 丰富儿童感知经验。指导家长创设儿童充分活动的空间与条件,充分利用日常生活环境中的真实物品和现象,让儿童在爬行、观察、听闻、触摸等活动过程中获得各种感知经验,促进感官发展。

(5) 关注儿童需求。指导家长为儿童提供抓握、把玩、涂鸦、拆卸等活动的机会、工具和材料,用多种形式发展儿童的小肌肉精细动作和大肌肉活动能力;分享儿童的快乐,满足儿童好奇、好玩的认知需要,激发儿童想象力和好奇心。

(6) 提供言语示范。指导家长为儿童创设宽松愉快的语言交往环境,通过表情、肢体、语言等多种方式与儿童交流;提高自身语言表达素养,为儿童提供良好的言示范;为儿童的语言学习提供丰富的机会,运用多种方法鼓励儿童表达;积极回应儿童,鼓励儿童之间的模仿和交流。

(7) 提高安全意识。提高家长有效看护意识和技能,指导家长消除居室和周边环境中的危险性因素,防止儿童意外伤害发生。

(8) 加强亲子陪伴。指导家长认识到陪伴对于儿童成长的重要性,学会建立良好的亲子依恋关系,不用电子产品代替家长陪伴儿童,多与儿童一起进行亲子阅读;学习亲子沟通的技巧,与儿童建立开放的沟通模式;关注、尊重、理解儿童的情绪,合理对待儿童过度情绪化行为,有针对性地实施适合儿童个性的教养策略,培育儿童良好情绪;处理好多子女家庭的亲子关系、子女间的关系,让每个儿童都得到健康发展。

(9) 重视发挥家庭各成员角色的作用。指导家长积极发挥父亲在家庭教育中的作用;了解父辈祖辈联合教养的正面价值,适度发挥祖辈参与的作用;引导祖辈树立正确的教养理念。

(10) 做好入园准备。指导家长认识儿童社会性发展的重要性,珍视幼儿园教育的价值。入园前,指导家长有意识地培养儿童一定的生活自理能力及对简单规则的理解能力;入园后,指导家长与幼儿园教师积极沟通,共同帮助儿童适应入托环境,平稳度过入园分离焦虑期。

(三) 3—6岁儿童的家庭教育指导内容

1. 3—6岁儿童的身心发展特点

这是儿童身心快速发展的时期。儿童的身高和体重稳步增长,大脑、神经、动作技能等获得长足的进步;自我独立意识增强,开始表现出一定兴趣、爱好、脾气等个性倾向;初步具备自我情绪调节能力;愿意与同伴交往,乐于分享;学习能力开始发展,语言表达能力强;依恋家长,会产生分离焦虑;处于道德他律期,独立性 延迟满足能力、自信心都有所发展。

2. 3—6岁儿童的家庭教育指导要点

(1) 积极带领儿童感知家乡与祖国的美好。指导家长通过和儿童一起外出游玩、观看影视文化作品等多种形式,了解有关家乡、祖国各地的风景名胜、著名建筑、独特物产等;适时向儿童介绍国旗、国歌、国徽的含义,带领儿童观看升国旗、奏国歌等仪式,培育儿童对家乡和祖国的朴素情感。

(2) 引导儿童关心、尊重他人,学会交往。指导家长培养儿童尊重长辈、关心同伴的美德;关注儿童日常交往行为,对儿童的交往态度、行为及时提供帮助和辅导;结合实际情境,帮助儿童理解他人的情绪,了解他人的需要,做出适当的回应;引导儿童学会接纳差异,关注他人的感受;培养儿童多方面的兴趣、爱好和特长,增强儿童与人交往的自信心;经常带儿童接触不同的人际环境,为儿童创造交往机会,帮助儿童学会与同伴相处。

(3) 培养儿童规则意识,增强社会适应性。指导家长结合儿童生活实际,为儿童制定日常生活规范、游戏规范、交往规范,遵守家庭基本礼仪;要求儿童完成力所能及的任务,培养责任感和认真负责的态度;有意识地带儿童走出家庭,接触丰富的社会环境,提高社会适应性;在儿童遇到困难时以鼓励、疏导的方式给予必要的帮助与支持。

(4) 加强儿童营养保健和体育锻炼。指导家长积极带领儿童开展体育活动;根据儿童的个人特点,寻找科学合理又能被儿童接受的膳食方式;科学搭配儿童饮食,做到营养均衡、比例适当、饮食定量、调配得当;科学管理儿童的体重,学习关于儿童营养的科学知识;与儿童一起制订合理的家庭生活作息制度,培养儿童良好的生活和卫生习惯;定期带儿童做健康检查。

(5) 丰富儿童感性经验。指导家长重视生活的教育价值,为儿童创设丰富的教育环境,带领儿童关心周围事物及现象,多开展接触大自然的户外活动,参观科技馆、博物馆、美术馆等,开阔儿童的眼界,丰富儿童的感性经验;尊重和保护儿童的好奇心和学习兴趣,支持和满足儿童通过直接感知、实际操作和亲身体验获取经验的需要,避免开展超出儿童认知能力的超前教育和强化训练。

(6) 提高安全意识。指导家长尽可能消除居室和周边环境中的危险性因素;结合儿童的生活和学习,在共同参与的过程中对儿童实施安全教育;重视儿童的体能素质,提高其自我保护能力,减少儿童伤害。

(7) 培养儿童生活自理能力和劳动意识。指导家长鼓励儿童做力所能及的事情,学习和掌握基本的生活自理方法,参与简单的家务劳动,在生活点滴中启发儿童的劳动意识,保护儿童的劳动兴趣。

(8) 科学做好入学准备。指导家长重视儿童幼儿园与小学过渡期的衔接适应,充分尊重和保护儿童的好奇心和学习兴趣,帮助儿童形成良好的任务意识、规则意识、时间观念,学会控制情绪,能正确表达自己的主张,逐步培育儿童通过沟通解决同伴问题的意识和能力;坚决抵制和摒弃让儿童提前学习小学课程和教育内容的错误倾向。

五、保障措施

(1) 加强组织领导。各地各相关部门要高度重视,加强对《大纲》实施工作的领导,在组织开展社会宣传、理论研究、教材开发、骨干培训、工作督导评估时,都要以《大纲》为依据和框架。同时要引导和帮助家庭教育指导机构和指导者根据《大纲》要求开展家庭教育指导工作。

(2) 明确职责分工。各地各相关部门要结合地方实际和部门职能,统筹制定实施计划,指导所属家庭教育指导机构按照《大纲》内容开展家庭教育支持服务工作。

(3) 注重资源整合。各地各相关部门要加大家庭教育指导工作经费的投入,争取将家庭教育指导纳入地方财政预算或相关民生工程。要统筹各方面力量,完善共建机制,形成政府、学校、家庭、社会密切配合的家庭教育社会支持网络。

(4) 加强理论研究。各地各相关部门要指导推动各级各类家庭教育研究会(学会)以及高校、科研机构加强家庭教育理论研究,在《大纲》框架下,组织研发指导教材等服务产品、制定监测评估标准等,推动加快家庭教育学科建设,努力构建家庭教育理论和学科体系。

(5) 抓好队伍建设。各地各相关部门要按照《大纲》要求,对家庭教育指导者、家庭教育工作骨干、中小学幼儿园教师、托育服务机构工作人员等加强系统化的专业知识培训,提升家庭教育指导服务队伍的专业化水平,形成专兼结合、具备指导能力的家庭教育指导工作队伍。

(6) 培育社会组织。各地各相关部门要加强家庭教育指导的专业社会组织的培育与孵化。以项目制的方式开展培训与资源整合,鼓励社会组织进驻社区开展家庭教育指导,让家长享受到家门口的专业家庭教育指导与咨询。

(7) 扩大社会宣传。各地各相关部门要通过多种渠道,大力宣传《大纲》主要内容和实践要求,使正确的家庭教育理念和科学的家庭教育知识深入人心,为家庭教育工作开展营造良好的社会氛围。

本章小结

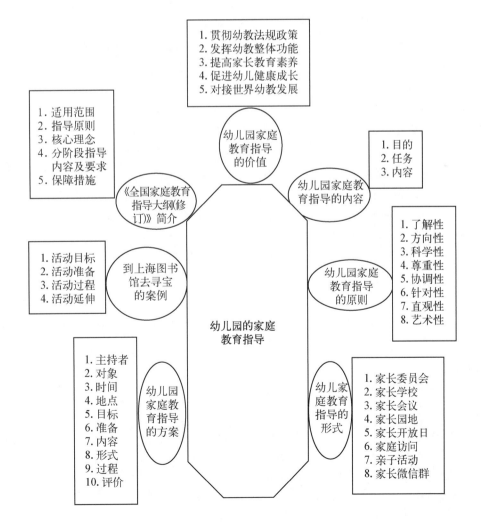

本章思考题

1. 你认这幼儿园为什么要对幼儿的家庭教育进行指导?
2. 你认为幼儿园对家庭教育进行指导的主要内容是什么?
3. 你认为幼儿园进行家庭教育指导应遵守哪些原则? 应如何运用各项原则?
4. 你认为幼儿园指导家庭教育的形式主要有哪些? 为什么要综合运用多种形式?
5. 你比较喜欢哪几种幼儿家庭教育的指导形式? 为什么?
6. 请你根据某园、某班幼儿及家长的实际情况,设计一个家庭教育指导活动简案。
7. 请你设计一个到当地图书馆或书店去寻宝的活动简案。
8. 你读了《全国家庭教育指导大纲(修订)》以后,有什么感想?

 本章拓展学习

■ **阅读书目**

1. 陈鹤琴.家庭教育[M].上海:华东师范大学出版社,2018.
2. 赵忠心.家庭教育学——教育子女的科学与艺术[M].北京:人民教育出版社,2017.
3. 李洪曾.学前儿童家庭教育[M].北京:高等教育出版社,2002.
4. 李生兰.幼儿家庭教育[M].上海:上海教育出版社,2000.
5. 李生兰.学前儿童家庭教育与活动指导(第3版)[M].上海:华东师范大学出版社,2014.
6. 李生兰.学前儿童家庭与社区教育[M].北京:高等教育出版社,2015.
7. 李生兰.幼儿园与家庭、社区合作共育(修订版)[M].北京:北京师范大学出版社,2016.
8. 李生兰.幼儿园与家庭、社区合作共育的研究(修订版)[M].上海:华东师范大学出版社,2013.
9. 侯静.流动儿童学校教育、家庭教育和社区教育[M].北京:科学出版社出版,2017.
10. 李生兰.幼儿园家长开放日活动的研究[M].上海:华东师范大学出版社,2008.
11. 萧百佑.所以,北大兄妹[M].上海:上海三联书店,2011.
12. 李生兰.教师、家长带领幼儿参观博物馆活动方案[M].南京:南京师范大学出版社,2020.
13. 蔡美儿.虎妈战歌[M].张新华译.上海:中信出版社,2019.
14. 马卡连柯.家庭和儿童教育[M].丽娃,译.上海:上海人民出版社,2011.
15. A. Cox-Petersen. Educational partnerships: connecting schools, families, and the community[M]. Califorma: SAGE, 2010.

■ **浏览网站**

1. 中华人民共和国教育部 http://www.moe.gov.cn.
2. 中国学前教育研究会 http://www.cnsece.com.
3. 上海学前教育网 http://www.age06.com/Age06Web3.
4. 山东学前教育网 http://www.sdchild.com.
5. 广东幼儿教育网 http://www.06gd.com.
6. 全美幼儿教育协会 https://www.naeyc.org.

7. 上海图书馆 https://library.sh.cn/#/index.

本章微型研究

1. 幼儿家庭教育的观察研究

（1）在幼儿园中观察。在早晨和傍晚，站在幼儿园大门口、班级门口，利用家长接送孩子的时间，观察亲子互动的情况，如亲子之间通过语言、动作、表情进行交流的情况。

（2）在家庭中观察。利用双休日，走进亲朋好友的家庭，观察家庭教育的情况，如家庭的环境与气氛，孩子的卧室与玩具及图书，亲子互动。

（3）在社区中观察。利用课余时间，走进社区场所，如公园、超市、博物馆、图书馆，观察家长与孩子互动的情况。

2. 幼儿园家长工作的观察研究

（1）观察幼儿园的家长园地。利用见习的时机，仔细观看各个班级家长园地的呈现位置、主要栏目、具体内容、表现形式、色彩布局、更换周期等，比较分析不同年龄班、同一年龄段不同班级的特点。

（2）观察幼儿园的家长开放日活动。利用见习的时机，全面观看各个班级家长开放日活动的计划与方案、时间与空间、内容与形式、效果与评价等，比较分析不同年龄班、同一年龄段不同班级的特点。

（3）观察幼儿园的家长会。利用见习的时机，仔细观看各个班级家长会的召开时间与地点、主要内容与形式、会场气氛与效果等，比较分析不同年龄班、同一年龄段不同班级的特点。

（4）观察幼儿园的家长志愿者。利用见习的时机，认真观看各个班级家长志愿者的标志、岗位、任务、时间、地点、权利、性别、辈分等，比较分析不同年龄班、同一年龄段不同班级的特点。

第八章　幼儿园的教师

 本章教学建议

1. 教师可邀请已毕业的学生来校和班级的学生分享当幼儿园教师的酸甜苦辣,激发学生向师姐师兄学习的热情,使其在校认真学习书本知识,免得日后留下"书到用时方恨少"的遗憾。

2. 教师可邀请当地的名师来校向学生介绍当幼儿园教师的经验与教训,为学生树立良好的榜样,使学生知道前行的方向,能适时地把理论知识与幼教实践结合起来。

3. 教师可组织学生认真研读《幼儿园教师专业标准(试行)》、《新时代幼儿园教师职业行为十项准则》、《幼儿园教师违反职业道德行为处理办法》,而后进行小组讨论和全班交流。

 本章内容提要

本章由五节组成,首先介绍了幼儿园教师的职业特点,其次阐述了幼儿园教师的职业素养,再次简介了《幼儿园教师专业标准(试行)》的主要内容,最后分别图解了《新时代幼儿园教师职业行为十项准则》和《幼儿园教师违反职业道德行为处理办法》。

党的二十大报告指出,加强师德师风建设,培养高素质教师队伍。幼儿园教师是人类灵魂的工程师,幼儿园教师的职业是崇高的社会职业。认识幼儿园教师的职业特点及其应具备的职业素养,重视幼教师资的职业培训,是提高幼儿教育质量,培养跨世纪人才的关键所在。

第一节　幼儿园教师的职业特点

幼儿园教师因其教育对象的特殊性,使这一职业具有许多自身的特点;幼儿园教师在拥有一定的权利的同时,也承担着诸多的责任和义务;随着教育事业在社会和经济发展中重要性的不断显现,幼儿园教师在儿童个体发展中所起的重要作用为人们逐渐认识,幼儿园教师的地位也在日益提高。

图 8-1-1　上海市 JSZ 幼儿园教师鼓励幼儿与斑马亲密接触

一、幼儿园教师的劳动特点

任何一种职业的劳动都有自己的独特之处,幼儿园教师职业的劳动也不例外。随着教育改革的不断深入,幼儿园教师的劳动也呈现出一些新的特点,主要有幼稚性、全面性、庞杂性、多样性、时代性、地方性等。

(一) 幼稚性

幼儿园教师的劳动表现出幼稚性,这主要是从劳动的主客体来讲的。

1. 劳动主体的幼稚性

许多幼儿园教师从师范院校毕业不久,走上工作岗位的时间不长,他们大都很年轻,有的还没有结婚生育,在任教的最初几年里会遇到一些棘手的事情需要处理。例如,在教师教小班幼儿学习《老师像妈妈》的儿歌以后,午睡时,有个幼儿就提出要含着教师的乳头睡觉,因为他在家里都是含着妈妈的乳头入睡的。据此,教师就想了个办法,让他含着奶瓶入睡;下午妈妈来接他时,他一冲出教室门,就兴奋地喊道:"今天我们老师给我吃奶了。"教师听后感到很难堪,自己还未谈婚论嫁,怎么都给幼儿喂奶了。

2. 劳动客体的幼稚性

幼儿园教师教育的对象是幼儿,幼儿身心发展的水平较低,身体各器官还不够成熟,思维具体形象,辨别是非的能力较差,模仿性较强,需要教师对其进行粗浅的、简单的正面教育。例如,幼儿不爱吃海带,在进餐前,教师就告诉幼儿:有一种病叫大脖子病,脖子粗粗的,连气都喘不过来,身上一点力气也没有,可难受了;有一个办法可保证我们不生这种病,这就是吃海带;今天厨房的阿姨为我们做了这种菜,我们大家要多吃一点。

(二) 全面性

幼儿园教师的劳动呈现出全面性,这主要是从其劳动的任务来讲的。

幼儿教育是国民素质教育的重要组成部分,教师的任务是面向全体幼儿,对幼儿进行全面发展的教育,使每个幼儿都能生动活泼地成长。教师不仅要对每个幼儿施行身体的、认知的、道德的、审美的整合性教育,而且还要注意采用游戏化的方式促进每个幼儿的最佳发展。例如,为了帮助幼儿学会画大树,教师先用形象化的儿歌描述大树高而粗的特点(大树高,大树粗;要问树干有多粗,三个宝宝抱不住;要问树枝有多高,三个宝宝够不着),接着再边说边在黑板上画下了"I"和"Y",让幼儿猜一猜它像什么,然后再以接龙的方式,请每个幼儿为大树添加枝叶。

(三) 庞杂性

幼儿园教师的劳动体现出庞杂性,这主要是从其劳动的过程来讲的。

1. 在园一日生活的复杂性

幼儿园教育的基本途径是寓教于幼儿的一日生活之中,为了实现教育任务,教师往往要精心安排、认真组织幼儿从上午的入园、区角活动、晨间活动、早操、早点、盥洗、教学活动、游戏活动、午餐、散步、午睡,到下午的起床、午点、娱乐活动、自由活动、离园等各个环节的活动,并要做到动静交替、室内外交替、体脑力交替,以保证幼儿的健康成长。例如,为了给幼儿创设一个良好的睡眠环境,教师要让幼儿聆听平缓、抒情、催眠的乐曲,使幼儿能产生愉快的感觉和睡意,从而很快地进入安静的入睡状态。

2. 家园社区共育的复杂性

幼儿在成长发展的过程中,除了要接受幼儿园的教育以外,还会受到来自家庭和社会等多种因素的影响。只有在教师的合理调控下,才能使这些因素对幼儿产生积极的作用,因而也就增加了教师劳动过程的复杂性和艰巨性。例如,教师教育幼儿要与同伴分享、谦让,在餐点中自选苹果时,要拣小的拿。但家长却觉得自己家交的伙食费和别人家交的一样多,孩子拿小苹果就吃亏了,所以就要求孩子拣大的拿。这样,家长与教师相悖的价值观、教育观,必然会给教师的工作增加难度。

(四) 多样性

幼儿园教师的劳动彰显出多样性,这主要是从其劳动的形态上来讲的。

1. 劳动模式的多样化

为了促进幼儿的和谐发展,教师既要采用领域教育的模式,又要采用综合教育、主题教育、区域教育的模式,或是多种模式的融合体。例如,为了丰富幼儿关于车子的知识,教师设计了游戏活动、阅读活动、收集活动、参观活动、写生活动、音乐活动、美术活动和创造活动等,把健康、语言、社会、科学、艺术等领域的内容融为一体。

2. 劳动形式的多样化

为了完成某方面的教育任务,教师既要运用集体教育的形式,又要运用小组教育和个别教育的形式,或是几种形式的统一体。同样是集体教育,教师还要根据具体的教育内容,选择合适的组织形式。例如,在对幼儿进行语言教育时,教师可能会倾向于让幼儿坐成"半圆形"来进行;在对幼儿进行体育教育时,教师可能会倾向于让幼儿站成"秧田形"来进行;在对幼儿进行音乐教育时,教师可能会倾向于让幼儿围成"马蹄形"来进行。

3. 劳动方法的多样化

为了实施幼儿教育的内容,教师既要通过讲解说理、榜样示范的方法来进行,也要通过情感陶冶、动手操作来进行,或是多种方法的综合体。例如,为了激发幼儿对数字的兴趣,巩固幼儿的数学知识,教师给幼儿提供橡皮泥,指导幼儿揉捏加工,拉成细长条,拼摆出1、2、3、4、5、6、7、8、9、10等数字。

(五) 时代性

幼儿园教师的劳动充满了时代性,这主要是从其劳动的年代来讲的。

在不同的时代,幼儿园教师的劳动拥有不同的特点,随着时代的变化而变化,不论是劳动的内容还是劳动的手段均如此。例如,近些年来,人们喜欢到超市去购物、到快餐店去进餐,许多教师也把商业、餐饮业的这一景观移植到了幼儿园里来,通过开展"超市"、"快餐店"的游戏活动,对幼儿进行教育。再如,随着科技的发展,网络运用的普及,一些教师也把电脑多媒体作为教育教学的一种重要手段,用来提高幼儿的学习兴趣和能力。

(六) 地方性

幼儿园教师的劳动突显了地方性,这主要是从其劳动的地域来讲的。

我国幅员辽阔,各地差异较大,不论是城乡之间,还是城市与城市之间、乡村与乡村之间,都有着明显的差别。不同的地区,经济资源、文化设施不同,为教师劳动所创造的物质条件也就不同。例如,海岛地区的教师,便于利用海水、海草、贝壳、海螺、海鱼等蓝色资源,对幼儿进行关爱海洋的教育;而山区地区的教师,则便于利用山体、土壤、树木、花草等绿色资源,对幼儿进行关爱植物的教育。

二、幼儿园教师的劳动价值

幼儿园教师在幼儿成长发展中居有十分重要的地位,保育、教育幼儿的劳动价值主要表现在以下几个方面。

(一) 教师是维护幼儿身体健康的保健师

童年期是幼儿体质增强的首要时期,教师起着保健师的作用。

首先,教师要照料幼儿的生活。幼儿年龄小,能力弱,教师对幼儿的饮食、盥洗、睡眠等方面都要给予关心和帮助。例如,午睡时,一名幼儿把大便拉在裤子上了,教师就会及时帮他清洗下身,并给他换上干净的裤子。

其次,教师要负责幼儿的安全。幼儿年幼无知,自我保护能力较差,教师要加强防范意识,承担保护幼儿的责任。比如,在玩沙游戏开始前,教师要求幼儿戴好防护帽,以免太阳辐射,或沙子进入耳朵;在玩沙游戏结束后,教师要用油毡布把沙池盖好,以防异物落入,刺伤幼儿的手脚。

再次,教师要保证幼儿的健康。一些幼儿有偏食的习惯,教师要注意矫正,培养幼儿良好的饮食习惯,帮助幼儿获取充足的营养,保证幼儿身体的正常发育。例如,一位幼儿不爱吃青菜,教师不是强迫他去吃,而是给他讲道理,提醒他先吃不喜欢的青菜,再吃喜欢的其他食物。

最后,教师要锻炼幼儿的身体。幼儿注意不稳定,容易分散,许多教师都能重视利用废旧物品,和幼儿一起自制体育活动器械(如把旧报纸搓成大纸球,把旧挂历折成长纸棍,把旧鞋盒做成装蛋篓),以激发幼儿对体育活动的兴趣,激励幼儿积极参加体育运动,促进幼儿体质的增强。

(二) 教师是开启幼儿智力之窗的建筑师

童年期是幼儿智力发展的关键时期,教师起着建筑师的作用。

首先,教师要激发幼儿的学习兴趣。兴趣是幼儿学习的动力,教师要促使幼儿勤于思考、积极反应、主动学习。例如,当教师把妙趣横生的颠倒儿歌《公鸡下个大鸭蛋》(听我唱个颠倒歌,七个没有三个多;公鸡下个大鸭蛋,小猫游泳多快活;鱼儿岸边晒太阳,兔子头上长尖角;兔捉老鹰飞上天,骨头咬狗真奇特。小朋友们想一想,你说可乐不可乐)教给幼儿时,幼儿就能积极动脑思考,在欢声笑语中了解颠倒歌的内容,领悟什么是对的、什么是错的。

其次,教师要丰富幼儿的知识经验。幼儿的知识经验较贫乏,思维具体形象,教师要向幼儿传授有关周围生活的一些粗浅知识和基本概念。比如,在教授儿歌《几条腿》(小黑鸡,2条腿;大黄牛,4条腿;小蜻蜓,6条腿;大螃蟹,8条腿;小蚂蚁,10条腿;小蚯蚓、大鳝鱼,没有腿)时,教师通过让幼儿吟唱比较,既能使幼儿知道小和大的相反概念,感知从2到10的5个偶数,又能使幼儿获得关于动物的一些知识。

再次,教师要培养幼儿的技能技巧。幼儿的小肌肉发展较慢,精细动作不准确,教师要创造各种机会,提高幼儿的动手能力。例如,为了培养小班幼儿动手操作的技能,教师为他们提供了游戏泥、积木、珠子、瓶盖等多种材料,使幼儿能通过搓游戏泥、搭积木、穿珠子、盖瓶子等活动,提高手指和手腕的运动能力以及手眼的协调能力。

最后,教师要提高幼儿的智力水平。智力是幼儿认识能力的整体,包括观察力、注意力、记忆力、想象力、思维力和语言表达能力等,教师要通过多种活动,发展幼儿的各种能力。例如,为了发展幼儿的语言表达能力,教师在指导幼儿观察和记录气象的基础上,每天还给幼儿提供几分钟的时间,让他们模仿电视台的叔叔阿姨,学做"气象先生"和"气象小姐",预报、解说天气情况。

(三) 教师是塑造幼儿良好品德的工程师

童年期是幼儿品德形成的奠基时期,教师起着工程师的作用。

首先,教师要提高幼儿的道德认识。道德认识是幼儿道德品质形成的先导,教师要通过给幼儿讲故事、看图片、看电视等生动活泼的形式,为幼儿塑造具体的道德形象,帮助幼儿分辨是非善恶。例如,教师给幼儿讲《诚实的列宁》的故事,就为幼儿塑造了"诚实"这一具体的道德形象,帮助幼儿学做诚实的人。

其次,教师要陶冶幼儿的道德情感。道德情感是幼儿道德品质形成的动力,情境性是幼儿道德情感产生的特有条件,教师要通过创设良好的环境,对幼儿进行初步的五爱教育。例如,教师带领幼儿外出参观当地的高楼大厦、柏油马路、多彩车站、现代桥梁,就能使幼儿耳闻目睹家乡的美丽画卷,使幼儿萌发对家乡的热爱之情。

再次,教师要锻炼幼儿的道德意志。道德意志是幼儿道德品质形成的杠杆,教师要通过建立合理的常规、必要的制度,培养幼儿的自控能力和自制能力。例如,教师和幼儿一起讨论,制定出了一条班级规则(午睡时,不讲话,不玩玩具),凡是能遵守这条规则的幼儿,教师都会奖给他一朵小红花,以强化幼儿的坚持力。

最后,教师要训练幼儿的道德行为。道德行为是幼儿道德品质形成的关键,教师要通过给幼儿提供榜样、实践、练习的机会,训练幼儿的行为,帮助幼儿形成习惯。例如,当幼儿早上来园时,教师主动招呼他"你早";当幼儿做了教师的小帮手时,教师对他说"谢谢你";当教师不小心碰到幼儿时,对他说"对不起";当幼儿傍晚离园时,教师跟他说"再见"。这样,教师的模范言行就有利于幼儿文明礼貌行为的形成。

(四) 教师是提高幼儿审美能力的美容师

童年期是幼儿美感养成的重要时期,教师起着美容师的作用。

首先,教师要为幼儿创造美的生活环境。幼儿园的室内外环境,经过教师的精心布置,往往都具有整洁化、绿化、艺术化、儿童化和美化的特点。幼儿整天生活在这样一个美妙的环境中,会受到美的熏陶和感染。

其次,教师要引导幼儿认识大自然的美。大自然是幼儿审美能力发展的丰富源泉,教师要通过带领幼儿观察大自然的山川、河流、花草、树木,增强幼儿对自然美的感受;要通过让幼儿学习、欣赏反映自然美的文学作品,扩展幼儿对美的认识。例如,当教师让幼儿欣赏散文诗《冬爷爷的胡子》(冬爷爷的胡子,亮晶晶,硬梆梆,挂在那树枝、屋檐、山崖;风娃娃很喜欢冬爷爷的胡子,吹呀吹,荡呀荡,吹得冬爷爷的胡子响叮当!响叮当,响叮当,掉下一根粗又长,送给爷爷做拐杖)时,除了能给幼儿带来巨大的惊喜,还能使幼儿感受到冬天的神奇和美妙,激发幼儿对大自然的向往和热爱。

再次,教师要指导幼儿表现美和创造美。音乐、美术和娱乐活动,只有经过教师的精心设计和组织安排,才能有力地促进幼儿艺术创造能力的发展。例如,在音乐课上,教师先让幼儿听一段乐曲,再启发幼儿根据这段乐曲说说自己的感受;在美术课上,教师先让幼儿欣赏一首诗,再鼓励幼儿根据这首诗的内容画一幅画。

三、幼儿园教师的权利与义务

为了保障教师的合法权益,建设具有良好思想品德修养和业务素质的教师队伍,促进社会主义教育事业的发展,1993年10月31日第八届全国人民代表大会常务委员会第四次会议通过、1993年10月31日中华人民共和国主席令第15号公布、自1994年1月1日起施行《中华人民共和国教师法》(以下简称《教师法》),规定"每年九月十日为教师节",①这不仅有利于形成尊师重教的社会风气,而且还标志着我国教师的权利和义务、资格和任用、培养和培训、考核、待遇、奖励、法律责任等都已经得到了法律的保障。为了提高教师素质,加强教师队伍建设,1995年12月12日国务院令第188号发布《教师资格条例》(以下简称《条例》),②对教师资格分类与适用、教师资格条件、教师资格考试、教师资格认定等方面都作出了明确的规定。2016年1月5日教育部公布了《幼儿园工作规程》(以下简称《规程》)(自2016年3月1日起施行),③进一步指出了幼儿园教师的资格和职责。

(一) 幼儿园教师的权利

权利是幼儿园教师依法享受的利益。幼儿园教师拥有《教师法》规定的各项权利:(1) 进行教育教学活动,开展教育教学改革和实验;(2) 从事科学研究、学术交流,参加专业的学术团体,在学术活动中充分发表意见;(3) 指导学生的学习和发展,评定学生的品行和学业成绩;(4) 按时获取工资报酬,享受国家规定的福利待遇以及寒暑假期的带薪休假;(5) 对学校教育教学、管理工作和教育行政部门的工作提出意见和建议,通过教职工代表大会或者其他形式,参与学校的民主管理;(6) 参加进修或者其他方式的培训。④

(二) 幼儿园教师的义务

义务是幼儿园教师依法应尽的责任。幼儿园教师对本班工作全面负责,其主要职责如下:(1) 观察了解幼儿,依据国家有关规定,结合本班幼儿的发展水平和兴趣需要,制定和执行教育工作计划,合理安排幼儿一日生活;(2) 创设良好的教育环境,合理组织教育内容,提供丰富的玩具和游戏材料,开展适宜的教育活动;(3) 严格执行幼儿园安全、卫生保健制度,指导并配合保育员管理本班幼儿生活,做好卫生保健工作;(4) 与家长保持经常联系,了解幼儿家庭的教育环境,商讨符合幼儿特点的教育措施,相互配合共同完成教育任务;(5) 参加业务学习和保育教育研究活动;(6) 定期总结评估保教工作实效,接受园长的

---

① 第八届全国人民代表大会常务委员会.中华人民共和国教师法[EB/OL].(1993-10-31)[2018-12-16]. http://www.moe.gov.cn/s78/A02/zfs__left/s5911/moe_619/tnull_1314.html.
② 中华人民共和国国务院.教师资格条例[EB/OL].(1995-12-12)[2018-12-16]. http://www.moe.gov.cn/s78/A02/zfs__left/s5911/moe_620/tnull_3178.html.
③ 中华人民共和国教育部.幼儿园工作规程[EB/OL].(2016-03-01)[2018-12-16]. http://www.moe.gov.cn/srcsite/A02/s5911/moe_621/201602/t20160229_231184.html.
④ 第八届全国人民代表大会常务委员会.中华人民共和国教师法[EB/OL].(1993-10-31)[2018-12-16]. http://www.moe.gov.cn/s78/A02/zfs__left/s5911/moe_619/tnull_1314.html.

指导和检查。①

权利和义务是相辅相成的,不可分割的。没有无权利的义务,也没有无义务的权利。幼儿园教师既应享受自己的权利,也应履行自己的义务。

四、幼儿园教师的资格与现状

(一) 幼儿园教师的任职资格

我国实行教师资格制度,"中国公民在各级各类学校和其他教育机构中专门从事教育教学工作,应当依法取得教师资格"。② 要想取得幼儿园教师资格,就必须遵守《规程》提出的各项要求,"贯彻国家教育方针,具有良好品德,热爱教育事业,尊重和爱护幼儿,具有专业知识和技能以及相应的文化和专业素养,为人师表,忠于职责,身心健康";③ 还必须符合《教师法》规定的学历要求,"具备幼儿师范学校毕业及其以上学历"。④ "不具备教师法规定的教师资格学历的公民,申请获得教师资格,应当通过国家举办的或者认可的教师资格考试。"⑤

(二) 幼儿园教师的队伍现状

1. 幼儿园教师队伍的不断发展

我国政府一贯重视幼儿园教师队伍的建设,不断提高幼儿教育工作者的政治地位和经济地位,使幼教师资队伍始终保持着稳定的状态,并持续发展,中华人民共和国教育部历年发布的"教育统计数据"就是一个强有力的证明。例如,2010年教育统计数据显示,全国学前教育专任教师1 144 225人;2011年教育统计数据显示,全国学前教育专任教师1 315 634人;2012年教育统计数据显示,全国学前教育专任教师1 479 237人;2013年教育统计数据显示,全国学前教育专任教师1 663 487人;2014年教育统计数据显示,全国学前教育专任教师1 844 148人;2015年教育统计数据显示,全国学前教育专任教师2 051 021人;2016年教育统计数据显示,全国学前教育专任教师2 232 067人;2017年教育统计数据显示,全国学前教育专任教师2 432 138人;2018年教育统计数据显示,全国学前教育专任教师2 581 363人。⑥ 由此可见,我国幼儿园专任教师的人数每年都在迅速增加,增长的比率较大(见图8-1-2)。

---

① 中华人民共和国教育部.幼儿园工作规程[EB/OL].(2016-03-01)[2018-12-16]. http://www.moe.gov.cn/srcsite/A02/s5911/moe_621/201602/t20160229_231184.html.
② 中华人民共和国国务院.教师资格条例[EB/OL].(1995-12-12)[2018-12-16]. http://www.moe.gov.cn/s78/A02/zfs__left/s5911/moe_620/tnull_3178.html.
③ 中华人民共和国教育部.幼儿园工作规程[EB/OL].[2018-12-16]. http://www.moe.gov.cn/srcsite/A02/s5911/moe_621/201602/t20160229_231184.html.
④ 第八届全国人民代表大会常务委员会.中华人民共和国教师法[EB/OL].(1993-10-31)[2018-12-16]. http://www.moe.gov.cn/s78/A02/zfs__left/s5911/moe_619/tnull_1314.html.
⑤ 中华人民共和国国务院.教师资格条例[EB/OL].(1995-12-12)[2018-12-16]. http://www.moe.gov.cn/s78/A02/zfs__left/s5911/moe_620/tnull_3178.html.
⑥ 中华人民共和国教育部.教育统计数据[EB/OL].[2020-05-05]. http://www.moe.gov.cn/jyb_sjzl.

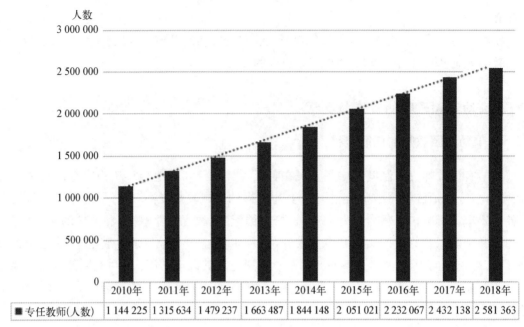

图 8-1-2　2010—2018 年全国学前教育专任教师人数

2. 幼儿园教师队伍的性别构成

中华人民共和国教育部近几年发布的"教育统计数据"显示,女性仍是我国幼儿园教师队伍的主力军,占总体的 97% 以上。例如,2010 年教育统计数据显示,全国学前教育女性专任教师 1 120 836 人,占专任教师总数的比重为 97.96%;2011 年教育统计数据显示,全国学前教育女性专任教师 1 283 522 人,占专任教师总数的比重为 97.56%;2012 年教育统计数据显示,全国学前教育女性专任教师 1 449 139 人,占专任教师总数的比重为 97.97%;2013 年教育统计数据显示,全国学前教育女性专任教师 1 630 288 人,占专任教师总数的比重为 98.00%;2014 年教育统计数据显示,全国学前教育女性专任教师 1 806 076 人,占专任教师总数的比重为 97.94%;2015 年教育统计数据显示,全国学前教育女性专任教师 2 008 462 人,占专任教师总数的比重为 97.92%;2016 年教育统计数据显示,全国学前教育女性专任教师 2 184 795 人,占专任教师总数的比重为 97.88%;2017 年教育统计数据显示,全国学前教育女性专任教师 2 378 291 人,占专任教师总数的比重为 97.79%;2018 年教育统计数据显示,全国学前教育女性专任教师 2 525 667 人,占专任教师总数的比重为 97.84%。[①] 由此可见,我国幼儿园女性专任教师的人数较多,占总体的 97.56%—98.00%(见图 8-1-3)。

幼儿园教师的性别问题,一直是幼教师资队伍建设中的一个热点问题。在世界各国幼儿教育发展的进程中,许多教育家都很关注这一问题。世界"幼儿教育之父"、德国教育家福禄贝尔,曾提出幼儿园教师应由未婚女性来承担。我国幼儿教育家张宗麟,在 20 世纪 20 年代就指出,幼儿园教师不仅可以而且还应当由男性来承担;他躬身实践,成为清末近代幼

---

① 中华人民共和国教育部.教育统计数据[EB/OL].[2020-05-05]. http://www.moe.gov.cn/jyb_sjzl.

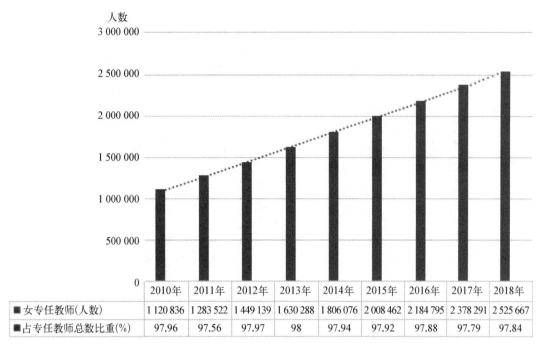

图 8-1-3 2010—2018 年全国学前教育女专任教师人数及比重

教育制度建立以来中国第一位男性幼儿园教师。

长期以来,我国幼教界始终是女性一统天下的局面,男性幼儿园教师寥寥无几。进入 20 世纪 90 年代以后,随着幼教改革力度的加大,幼教工作者已逐渐认识到,清一色的女性幼教师资队伍对幼儿人格健全发展带来了一些负面效应,并寻求矫正的良策。例如,在幼儿师范学校、高等院校学前教育专业招生时,都注意扩大男生的比例;在幼儿园招聘教师时,都出台一些优惠政策吸引男性加盟。幼儿园教师队伍中出现了越来越多的男性身影,但仍显不足,所占比例很小,还不到总体的 3%。

因此,合理调配幼儿园教师队伍中男女两性的比例,提高男性专任教师的比重,不仅是提升幼儿园保教质量的需要,而且也是促进幼儿身心和谐发展的需要。

第二节 幼儿园教师的职业素养

幼儿园教师必须具备一定的职业素养才能担负起教育幼儿的神圣使命,幼儿园教师的职业素养主要包括职业道德和智能结构等方面。

一、幼儿园教师的职业道德

幼儿园教师的职业道德是幼儿园教师在教育活动中必须履行的行为规范和道德准则,

图 8-2-1　上海市 PL 幼儿园教师组织健康领域教学活动

影响和制约着幼儿教育工作的成败。幼儿园教师要不断加强道德修养,提高职业道德水平。幼儿园教师的职业道德主要包括以下几个方面。

(一) 对待事业的道德

热爱教育事业是幼儿园教师的基本道德准则,也是幼儿园教师做好本职工作的前提条件。教师如果爱岗敬业,在工作中就会勤勤恳恳,任劳任怨,知难而上,不断取得新的成绩。在对 S 市 9 个区 90 名幼儿园教师的随机问卷调查中,[①]笔者发现,虽然困扰着幼儿园教师的事情较多(如"幼儿园设备材料不足"、"班级幼儿人数太多"、"活动场地太小"、"幼儿难于教育"分别使 40.00%、25.00%、13.75%、11.25%的教师感到困难重重);许多幼儿园教师都感到一周工作下来身心疲惫不堪(如感到"特劳累"、"比较劳累"、"一般化"、"比较轻松"、"很轻松"的幼儿园教师分别占 13.75%、48.75%、18.75%、18.75%、0.00%),但他们并没有打退堂鼓,而是纷纷表示"如果来世还有机会选择职业的话,一定还会选择幼儿教育这一行"。幼儿教师对自己所从事的工作的奉献精神、光荣感和责任感,使得他们能出色地完成本职工作,取得累累硕果。

(二) 对待幼儿的道德

热爱幼儿是幼儿园教师职业道德的核心,是评价幼儿园教师职业道德水准的重要指标。教师对幼儿的爱,既是一种巨大的教育力量,也是一种重要的教育手段。

教师爱幼儿,就要全面关心幼儿的成长,满足幼儿生理和心理的需要。例如,当全班幼儿在吃苹果时,教师发现有个幼儿吃得很慢,同伴们都快吃完了,而他只吃了一点点。教师见状,就来到他的身边,询问原因;当教师得知这个幼儿乳牙已脱落,正在换恒牙时,就帮他

---

① 作者注:为了遵循科研规范,笔者将调查研究对象的城市名称用符号 S 表示。

把剩余的苹果切成一个个小薄片,使他吃起来方便一些。

此外,教师爱幼儿,还要严格要求幼儿,帮助幼儿克服不良习惯。比如,有名幼儿长得又高又壮,他常利用自己力气较大的特点,争抢同伴手中的玩具,或是攻击同伴;教师据此,就给他讲小动物们团结友爱,在大老虎的带领下打败了狡猾的狐狸的故事,教育这名幼儿要学会用自己的力气,帮助弱小的同伴,大家互爱互助。

(三) 对待集体的道德

教师与班级其他教师之间的关系、教师与全园教师集体之间的关系,是幼儿园教师职业道德的一个重要方面。幼儿园教育任务的完成,班级保教工作的开展,都是教师集体创造性劳动的结果。

一方面,教师要重视与班级教师形成和谐融洽的关系。这不仅有利于教师的心理健康,而且也有助于优化班级的育人环境。我们的调查结果显示,教师对同事之间关系的满意度为75.00%(其中"非常满意"的占11.25%,"较为满意"的占63.75%,"一般化"的占20.00%,"较不满意"的占3.75%,"极不满意"的占1.25%),低于教师与幼儿之间关系的满意度91.25%(其中18.75%的教师"非常满意",72.50%的教师"较为满意",8.75%的教师"一般化",没有教师"较不满意"和"极不满意")。同事之间关系的这种负面效应,无疑会影响幼儿教育工作的质量。因此,幼儿园教师在同事之间应做到心理相容,彼此尊重,相互支持。

另一方面,教师还要重视与全园教师建立合作共育的关系。幼儿园教师集体,是一个由共同的教育任务组成的复杂整体,要使这一集体能够作为一个统一整体有效地进行工作,所有成员力量的协调一致就显得尤为重要。法国心理学家林格尔,曾做过一个"拔河比赛"实验:把一些青年人分成1人、2人、3人……直至8人小组的形式进行拔河比赛,用测力器测量并记录他们在不同群体下用力的情况,结果发现:当他们1对1拔河时,平均拉力是63公斤,按力的平均叠加计算,2人组应是126公斤,3人组应是189公斤……8人组应是504公斤。但实际上测出的平均值,2人组是118公斤,比叠加值少8公斤;3人组是160公斤,比叠加值少29公斤……8人组是256公斤,比叠加值少248公斤。这项实验给我们的启示是,要想使群体力量的总和至少不低于单个力量叠加的总和,就必须防止、减少幼儿园教师群体合作中内耗现象的滋生。

(四) 对待自己的道德

幼儿园教师自身的业务提高和道德修养是衡量师德高低的重要标准。在幼儿园教育中,教师不仅要用自己的知识、技能影响幼儿,而且还要以自己的品行、仪表感染幼儿。教师只有严格要求自己,不断进取,才能适应科技迅猛发展的时代所发出的各种挑战。笔者调查发现:生活在日益国际化的大都市中的幼儿园教师,虽然享有其他地区的教师尚未企及的物质文明,但也承受着体制转型期间以及城市格局、功能急剧变化带来的各种压力。调查结果表明:大多数幼儿园教师感到,现在在工作中承受的心理压力,要比过去大(如认为"大得多"的教师占26.5%,认为"稍大"的教师占37.5%);一些执教多年、有着丰富教育经验的教师,也觉得有较大的压力(如在11—20年教龄组中的教师占70.83%,在21—30年教龄组中的教师占80.00%);在一级教师中,承受着较大压力的教师要比二级教师、高级教师多(一级教师占

65.91%,二级教师占52.38%,高级教师占60.00%);在不同年龄班任教的教师,有不同的压力,大班教师的压力最大(占70.27%);获奖级别不同的教师有不同的压力,获过市级奖的教师压力最大(占71.43%)。幼儿园教师应注意把这种压力转变为加强自身修养的动力。

调查结果还显示:幼儿园教师的成就感较弱,约一半教师认为自己任教以来,"没有"取得什么成就(占52.50%),在认为自己取得了较大成就的教师中,仍有近一半的教师对自己的成就感到"不满意"(占43.75%)。幼儿园教师的内疚感较强,一些教师对幼儿未能得到很好的发展而感到"很内疚",把主要责任归咎于自己(占35.00%)。由此可见,许多幼儿园教师都有着强烈的进取心,他们对自己高标准,严要求。

二、幼儿园教师的智能结构

要使幼儿园教师在教育过程中发挥出最佳功能,就必须深入探索其在智能上最为合理和完善的结构。幼儿园教师的智能结构主要由知识结构和能力结构组成。

(一) 幼儿园教师的知识结构

幼儿园教师是促进幼儿社会化的启蒙者,要按照社会的需要来塑造幼儿,教师自身的知识结构会对幼儿的发展产生很大的影响。教师的知识结构一般来讲有以下几种。

1. "I"型知识结构

具有这种知识结构的幼儿园教师"专而不博"。他们所具备的知识,有纵向深度,有特长,但知识面却比较狭窄,显得只专不博。他们只知道与幼儿园各领域相关的知识点,而对国家的政治、经济不够关心,心理学、教育学、动物学、植物学等学科的知识较为贫乏。例如,有的教师坦言自己"从不看中央电视台的新闻联播节目"、"从不浏览新华网等网站";有的教师不鼓励幼儿提问,不喜欢幼儿的答案与自己的设想有所不同;有的教师不知道我国一些省市的地理位置。

2. "一"型知识结构

具有这种知识结构的幼儿园教师"博而不专"。他们的知识面比较宽广,什么都懂一点,但却懂得不深透,没有专长,没有特色,像个"万金油"。他们拥有《幼儿园教育指导纲要(试行)》中所规定的"健康"、"语言"、"社会"、"科学"、"艺术"等领域的基本知识,但并不精通其中的任何一个领域。例如,有的教师能承担所有这些领域的教学活动,但是,却没有哪一个领域教得有特色。

3. "T"型知识结构

具有这种知识结构的幼儿园教师"博而有专"。他们不仅有宽厚的知识根基,而且还有所专长,有一门钻研较深的专业知识。"博"和"专"有机结合,以博养专,以专促博,专与博相辅相成,潜力较大,易在教学科研上取得丰硕成果,是较佳的知识结构。例如,教师在掌握幼儿园五大领域知识的基础上,对音乐情有独钟,熟知各种乐曲、舞蹈、乐器,擅长于音乐教学活动。

4. "H"型知识结构

具有这种知识结构的幼儿园教师"博学多才"。他们在广博知识的基础上,还精通两门及以上的专业知识,且这几门专业知识之间又有交叉点。他们是"通才",一专多才,能量大,用途广。例如,教师在具备幼儿园正常教育活动所必需的知识技能的同时,还对幼儿的英语教育、电脑教育有深入的研究。有的园长就喜欢招聘有两样特长的教师,这样,每班两位带班教师合在一起就有四样特长,就能更好地培养幼儿的兴趣爱好,发展幼儿的才能。

幼儿园教师只有具备了合理的知识结构,才能在教育过程中充分发挥作用。一名合格的幼儿园教师的知识结构应当含有"横向"的广博和"纵向"的深入两大因素,既"博"又"专",并朝着"博大精深"的理想方向发展。

(二) 幼儿园教师的能力结构

幼儿园教师不仅要有丰富的知识、熟练的技能,更重要的是还要具备一系列的能力,这样才能胜任教育工作,促进幼儿的发展。教师合理的能力结构应当包括以下几种能力。

1. 观察能力

观察能力是幼儿园教师通过眼睛、耳朵和身体等多种感官,全面、深入地了解幼儿的能力。教师要教育幼儿,就必须了解幼儿。观察是教师了解幼儿的窗口,是获取信息的主要途径。只有通过观察,教师才能了解、把握幼儿的发展水平,为设计幼儿的未来成长计划奠定基础。观察能力是幼儿园教师必须具备的首要能力。

幼儿教育实践表明:不同的教师具有不同的观察能力,教师观察能力的强弱受制于自身的许多因素,如个性特征、教育经验、教育态度、儿童观和价值观等。例如,如果教师认为幼儿的创造行为比其他行为更为重要,那么,他就会在各种活动中,注意观察幼儿的创造行为。

为了提高教师的观察能力,在观察幼儿时,教师要注意把有目的、有计划的观察与随时随地的观察结合起来,把普遍观察与重点观察结合起来,把全面观察与某方面观察结合起来;还要注意利用日记、表格、拍照、录音、摄像等多种形式,对已观察到的幼儿情况,如实、客观、公正地加以记录,以全面、细致、准确地了解一切幼儿和幼儿的一切。例如,教师通过表格的形式(如表8-2-1),对幼儿一周在各领域教育活动中主动举手发言的情况进行观察和记录,以了解幼儿学习的积极性和兴趣所在。

表8-2-1 幼儿在各领域教育活动中主动举手发言的次数记录表
(用"正"字表示,主动发言一次,记下一画)

周次:_____ 日期:_____ 记录者:_____

全班幼儿			各领域教育					备注
学号	姓名	性别	健康	语言	社会	科学	艺术	
1								
2								
3								
4								
……								
30								

2. 表达能力

表达能力是幼儿园教师通过语言、非语言方式，向幼儿表露自己思想、知识、信念和情感的能力，其中的语言表达能力包括口语表达能力和书面表达能力，非语言表达能力包括用手势、体态、面部表情等进行表达的能力。表达能力是幼儿园教师必须具备的重要能力。

苏联教育家马卡连柯指出，教师只有在学会用15—20种声调来说"到这里来"，学会在脸色、姿态和声音运用上能做出20种风格韵调的时候，才能真正成为一个有教育技巧的教师。美国心理学家艾伯特·梅拉宾指出，传递一个信息的总效果＝7％词语＋38％声音＋55％面部表情。由此可见，幼儿园教师要善于利用各种方式，有效地向幼儿传递信息，以激发幼儿的学习兴趣，友好地与幼儿交流情感。例如，教师既能通过自己的亲切标准、生动形象、富有感情色彩的语言，吸引幼儿，为幼儿作示范，又能利用自己的眼神、目光、微笑、沉默，向幼儿表达自己对某一事物的赞成或反对、肯定或否定，以增强教育的感染力，提高教育的实效。比如，幼儿午睡起床以后，进行户外散步时，都抢着拉住教师的手走路；于是教师微笑着把幼儿分别搂在怀里，然后再按一定的秩序，和幼儿牵手，大家一起欢快地散步。

3. 组织能力

组织能力是幼儿园教师开展教育教学工作、组织幼儿进行活动的能力。教师是教育教学活动的组织者，要使幼儿的一日生活能有条不紊、快乐有效地进行，教师就必须具有很强的组织活动的能力，如组织幼儿进行户外活动、区角活动、音乐活动等。组织能力是幼儿园教师必须具备的基本能力。

现行幼儿园的班级规模都较大，不论是集体活动，还是小组活动，或者是个人活动的顺利开展，都要求教师拥有较强的组织能力，否则，就无法胜任本职工作。例如，教师在组织幼儿开展小组活动和个别活动时，要根据幼儿的兴趣爱好、知识经验、言语动作、思维想象等方面的差异及活动内容的变化，灵活地对幼儿加以分组，使幼儿的组合能始终处于一种动态过程之中，并从幼儿个性、年龄差异和活动特点的不同实际出发，指导幼儿的小组活动和个人活动。比如，在分组活动时，教师既要监控玩水区的幼儿不喝水池里的水，又要确保木工区的幼儿不被锤子锤到手，还要兼顾积木区的幼儿不用积木打同伴等。

4. 教育能力

教育能力是幼儿园教师完成教育教学任务的能力，主要包括确定教育内容的能力和选择教育策略的能力。教师教育能力的高低，直接关系到教育教学任务能否顺利完成、幼儿园的办园质量能否不断提高。教育能力是幼儿园教师必须具备的核心能力。

为了提高教育能力，教师需要注意以下事项。

在确定教育内容时，教师要把培养幼儿的体力、认知、语言、情感、社会性、审美作为教育的主要内容，要重视发展幼儿的思维能力、创造能力，增强幼儿的成功感和合作精神；在发展幼儿的思维能力时，要着重培养幼儿发散性思维的品质、爱动脑筋的习惯；在培养幼儿发散思维品质时，要尽可能少地向幼儿提出事实问题(即只要根据眼前的事实就能立即进行回答的问题，如"这是什么颜色")和说明问题(即运用已有的知识经验，进行简单对比，便可得出答案的问题，如"鸟和蜜峰有什么相同的地方和不同的地方")，而要尽可能多地向幼儿提出启发性问题(如"你是怎样用纸折出飞机的"、"还有其他什么方法")，以打开幼儿的思路，引导幼儿从不同的角度认识事物,寻求多种答案,并在此基础上,不断提高问题的难度和创造性要求。

在选择教育策略时,教师要更多地运用表扬奖励的方法;充分利用园内外各种教育途径和资源,"走出去,请进来";创设许多动口、动脑、动手的机会,以促进幼儿的更好发展。例如,教师不总是扮演讲述者的角色,侃侃而谈,而是经常充当听众,在幼儿入园时,请他们讲一讲:"昨天晚上在家里和爸爸妈妈看了什么图画故事书?"在幼儿离园时,让他们说一说:"今天在班级里做了什么有趣的事?"以增强幼儿的口语表达能力。

5. 创造能力

创造能力是幼儿园教师不断学习,汲取新知识,创造更新的教育方法的能力。幼儿教育是一项创造性的工作,教师只有不断尝试,大胆创新,才能更好地促进幼儿的发展。创造能力是幼儿园教师必须具备的关键能力。为了提升创造能力,教师应抓住以下几种良机。

首先是教具玩具的创作。教师要多动脑、多动手,利用各种废旧物品来制作教具和玩具。例如,把糕点盒改装成乐器,让幼儿尽情敲打;把纸板箱组装成地毯,让幼儿随意翻滚。

其次是各种环境的创建。教师要依据季节的变化、教育内容的调整,利用各式各样的材料来布置教室,装扮环境。例如,在寒冷的冬天,教师可以和幼儿一起对彩纸、泡沫屑进行加工,做出"飞雪迎春"的墙面图画;在开展迎新年的活动时,教师可以和幼儿一道对绉纹纸、旧挂历进行改造,贴出"新年献礼"的欢乐图案。

再次是教学活动的创设。教师要根据不同的领域和同一领域不同的教学内容、教育对象,创造性地进行教学。例如,为了帮助幼儿认识圆柱体,教师为幼儿准备了彩笔、圆柱体积木、火腿肠、小刀、乒乓球、硬币等多种材料,通过让幼儿观看、触摸、滚动、切割、拼拆,使幼儿意识到"上下有两个相同大小的圆形面,四周光滑,上下一样粗,像根圆柱子的形体"就是圆柱体。

此外,教师还应通过主题活动的创编、区域活动的创立等来发展自己的创造能力。

6. 设计能力

设计能力是幼儿园教师设计幼儿教育计划的能力,包括设计教育幼儿的计划和一日活动的计划的能力。教师的设计能力与其对幼儿过去的了解能力和对幼儿未来发展的预测能力密切相联,制约着幼儿的发展水平和幼儿园的教育质量。设计能力是幼儿园教师必须具备的主要能力。为了提高设计能力,教师需要注意以下事项。

在设计教育幼儿的计划时,教师先要说明具体的教育目标。例如,是认知方面的目标,还是情感方面的目标,或是社会性方面的目标;是为了丰富幼儿的知识经验,还是为了培养幼儿的兴趣爱好,或是为了提高幼儿的能力。教师而后要阐述实现这些教育目标的主要步骤。例如,教师在为大班幼儿设计的热爱祖国的教育计划中,安排了以下一系列的活动:参观名胜古迹,游览动物园,学唱京剧,欣赏民乐,听四大发明的故事,看国徽图片,画国旗、唱国歌等。

在设计一日活动的计划时,教师要对幼儿园日常生活的各个环节加以分析,并根据幼儿的发展水平,准备丰富的活动材料,提供充足的活动时间与空间,以确保一日活动的科学化和合理化。

教师在制定好幼儿教育计划以后,还应处理好稳定性与灵活性之间的关系。保证计划的稳定性,有利于塑造幼儿良好的个性特征和行为习惯,符合幼儿成长发展的要求。与此同时,还要注意计划的灵活性,因为幼儿教育活动并不以教师的意志为转移,它受到多种因素的影响,况且,幼儿的身心特点也是在不断发展变化的,所以,教师只有敏锐地对这种变化作出反应,及时调整、修改原有的计划,适时推出新的计划,才能适应幼儿继续发展的需要。例如,幼儿园为幼儿安排的午睡时间是 2—2.5 小时,但有的幼儿不需要这么长的睡眠时间,很早就醒了,教师便从这个幼儿的实际情况出发,让他轻轻起床,允许他提前到室外去活动。

7. 交往能力

交往能力是幼儿园教师与幼儿相互作用的能力,主要反映在教师与幼儿交往的模式上,这已成为世界幼教发达国家评估教师能力的一个重要指标。交往能力是幼儿园教师必须具备的根本能力。

教师与幼儿交往的模式主要有以下几种:(1) 单向交往模式。教师与幼儿交往时,教师是信息源,向幼儿传递信息,幼儿被动地接受教师发出的信息。(2) 双向交往模式。教师与幼儿交往时,教师和幼儿都是信息源,他们都发出信息、接受信息,教师有主导性、引导性,幼儿有主动性、积极性。(3) 多向交往模式。教师与幼儿交往时,不仅使师幼之间彼此成为信息源,而且还使部分幼儿同伴之间互为信息源。(4) 交叉交往模式。教师与幼儿交往时,不仅使师幼之间互为信息源,而且还使全体幼儿同伴之间互为信息源。由此可见,从模式(1)到模式(4),教师的交往能力是不同的,呈现出逐渐增强的趋势。

为了提高交往能力,教师要注意构建合理的师幼交往模式,建立民主的师幼关系,形成科学的保教关系,发展适宜的认知关系,增强融洽的情感关系,以优化师幼交往系统。例如,在做早操时,教师可让幼儿轮流领操,使每个幼儿都有机会模仿同伴,并成为同伴的榜样。

8. 评价能力

评价能力是幼儿园教师判断、评估幼儿教育价值的能力。在幼儿教育中,教师是最主要、最有权威的评价者。因此,教师的评价能力就显得格外重要。评价能力是幼儿园教师必须具备的紧要能力。

为了增强评价能力,教师需要注意以下几点。

(1) 在评价教育目标时,教师要判断:幼儿教育的目标是否已经实现? 幼儿在哪些方面已经得到了发展? 后续目标是什么,是否符合幼儿的兴趣和需要? 如何加以实施?

(2) 在评价教育策略时,教师要判断:幼儿教育的途径是否适当,是否有利于幼儿教育内容的完成? 是否适合幼儿的年龄特点和个体差异? 幼儿教育的方法是否多种多样,是否具有实效?

(3) 在评价教育活动时,教师要判断:幼儿教育活动的内容是否丰富多彩? 活动的材料是否非常充足? 活动的空间是否十分宽敞? 幼儿是否有自选活动的权利与机会? 幼儿自由活动的时间是否足够充分?

教师在进行幼儿教育评价时,可以采用以每日及每周评价为主、每月、每学期和每学年评价为辅的方法,以深入了解本班教育工作的情况和成效,不断总结经验教训,改进完善教育工作。

第三节 《幼儿园教师专业标准(试行)》简介

图 8-3-1 上海市 PM 幼儿园教师和幼儿一起玩表演游戏

为了贯彻党的十七届六中全会精神,落实教育规划纲要,构建教师专业标准体系,建设高素质专业化教师队伍,2012 年 2 月 10 日,教育部印发了《幼儿园教师专业标准(试行)》(以下简称《专业标准》),[①]要求全国各地结合实际认真贯彻执行。

一、《专业标准》的重要价值

幼儿园教师是履行幼儿园教育工作职责的专业人员,需要经过严格的培养与培训,具有良好的职业道德,掌握系统的专业知识和专业技能。《专业标准》是国家对幼儿园合格教师专业素质的基本要求,是幼儿园教师开展保教活动的基本规范,是引领幼儿园教师专业发展的基本准则,是幼儿园教师培养、准入、培训、考核等工作的重要依据。

(1) 各地教育行政部门、开展教师教育的院校、幼儿园要把贯彻落实《专业标准》作为加强教师队伍建设的重要任务和举措,认真制定工作方案,精心组织实施,务求取得实效。

---

① 中华人民共和国教育部.教育部关于印发《幼儿园教师专业标准(试行)》《小学教师专业标准(试行)》和《中学教师专业标准(试行)》的通知[EB/OL].(2012-09-13)[2018-12-28]. http://old.moe.gov.cn/publicfiles/business/htmlfiles/moe/s6991/201212/xxgk_145603.html.

(2) 各地、各校要采取宣讲、讨论、座谈、培训等多种形式,组织开展《专业标准》专题学习活动,充分利用报刊、电视、网络等各类媒体,广泛宣传《专业标准》的重要意义和主要内容,进一步提高全社会对教师专业特性的认识。通过学习宣传,帮助广大幼儿园教师和师范生准确理解《专业标准》的基本理念,全面把握《专业标准》的内容要求,切实增强专业发展的自觉性,把《专业标准》作为开展教育教学实践、提升专业发展水平的行为准则。

(3) 各地、各校要紧密结合实际,抓紧制定贯彻落实《专业标准》的具体措施。要根据《专业标准》调整教师培养方案,编写教育教学类课程教材,作为教师教育类课程的重要内容。将《专业标准》作为"国培计划"和"省培计划"等各级培训的重要内容,依据《专业标准》制定教师培训课程指南。将《专业标准》作为幼儿园教师考核的重要依据,进一步细化考核的内容和指标。

二、《专业标准》的核心理念

(1) 以师德为先。热爱学前教育事业,具有职业理想,践行社会主义核心价值体系,履行教师职业道德规范,依法执教。关爱幼儿,尊重幼儿人格,富有爱心、责任心、耐心和细心;为人师表,教书育人,自尊自律,做幼儿健康成长的启蒙者和引路人。

(2) 以幼儿为本。尊重幼儿权益,以幼儿为主体,充分调动和发挥幼儿的主动性;遵循幼儿身心发展特点和保教活动规律,提供适合的教育,保障幼儿快乐健康成长。

(3) 以能力为重。把学前教育理论与保教实践相结合,突出保教实践能力;研究幼儿,遵循幼儿成长规律,提升保教工作专业化水平;坚持实践、反思、再实践、再反思,不断提高专业能力。

(4) 要终身学习。学习先进学前教育理论,了解国内外学前教育改革与发展的经验和做法;优化知识结构,提高文化素养;具有终身学习与持续发展的意识和能力,做终身学习的典范。

三、《专业标准》的主要内容

《专业标准》的内容由3个维度、14个领域、62项基本要求所组成。

1. 专业理念与师德

这包括以下几个方面:(1)职业理解与认识;(2)对幼儿的态度与行为;(3)幼儿保育和教育的态度与行为;(4)个人修养与行为。

2. 专业知识

这包括以下几个方面:(1)幼儿发展知识;(2)幼儿保育和教育知识;(3)通识性知识。

3. 专业能力

这包括以下几个方面:(1)环境的创设与利用;(2)一日生活的组织与保育;(3)游戏活动的支持与引导;(4)教育活动的计划与实施;(5)激励与评价;(6)沟通与合作;(7)反思与发展。

四、《专业标准》的实施建议

(1) 各级教育行政部门要将《专业标准》作为幼儿园教师队伍建设的基本依据。根据学前教育改革发展的需要,充分发挥《专业标准》引领和导向作用,深化教师教育改革,建立教师教育质量保障体系,不断提高幼儿园教师培养培训质量。制定幼儿园教师准入标准,严把幼儿园教师入口关;制定幼儿园教师聘任(聘用)、考核、退出等管理制度,保障教师合法权益,形成科学有效的幼儿园教师队伍管理和督导机制。

(2) 开展幼儿园教师教育的院校要将《专业标准》作为幼儿园教师培养培训的主要依据。重视幼儿园教师职业特点,加强学前教育学科和专业建设。完善幼儿园教师培养培训方案,科学设置教师教育课程,改革教育教学方式;重视幼儿园教师职业道德教育,重视社会实践和教育实习;加强从事幼儿园教师教育的师资队伍建设,建立科学的质量评价制度。

(3) 幼儿园要将《专业标准》作为教师管理的重要依据。制定幼儿园教师专业发展规划,注重教师职业理想与职业道德教育,增强教师育人的责任感与使命感;开展园本研修,促进教师专业发展;完善教师岗位职责和考核评价制度,健全幼儿园绩效管理机制。

(4) 幼儿园教师要将《专业标准》作为自身专业发展的基本依据。制定自我专业发展规划,爱岗敬业,增强专业发展自觉性;大胆开展保教实践,不断创新;积极进行自我评价,主动参加教师培训和自主研修,逐步提升专业发展水平。

第四节 《新时代幼儿园教师职业行为十项准则》图解

图 8-4-1 上海市 JSYG 幼儿园教师和幼儿一起玩足球

为深入贯彻习近平新时代中国特色社会主义思想和党的十九大精神,深入贯彻落实全国教育大会精神,扎实推进《中共中央国务院关于全面深化新时代教师队伍建设改革的意见》的实施,进一步加强师德师风建设,2018年11月8日,教育部印发了《新时代幼儿园教师职业行为十项准则》(以下简称《准则》),①强调指出:教师是人类灵魂的工程师,是人类文明的传承者。新时代对广大教师落实立德树人根本任务提出新的更高要求;制定《准则》是为了进一步增强教师的责任感、使命感和荣誉感,规范职业行为,明确师德底线,引导教师努力成为有理想信念、有道德情操、有扎实学识、有仁爱之心的好老师,培养德智体美劳全面发展的社会主义建设者和接班人。

《准则》包括以下十项(见图8-4-2)。

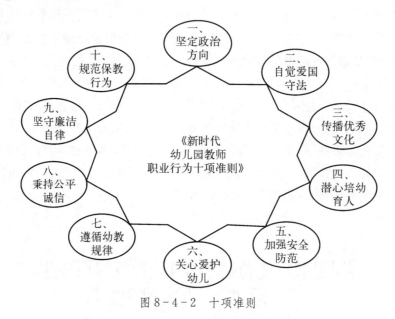

图 8-4-2 十项准则

每项准则的具体内容现用简图表示如下。

一、坚定政治方向

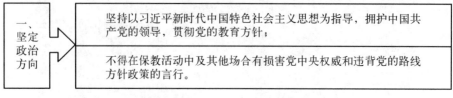

图 8-4-3 坚定政治方向

---

① 中华人民共和国教育部.教育部关于印发《新时代高校教师职业行为十项准则》《新时代中小学教师职业行为十项准则》《新时代幼儿园教师职业行为十项准则》的通知[EB/OL].(2018-11-14)[2018-12-12]. http://www.moe.gov.cn/srcsite/A10/s7002/201811/t20181115_354921.html.

二、自觉爱国守法

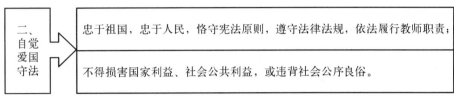

图 8-4-4 自觉爱国守法

三、传播优秀文化

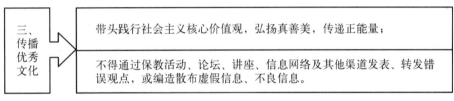

图 8-4-5 传播优秀文化

四、潜心培幼育人

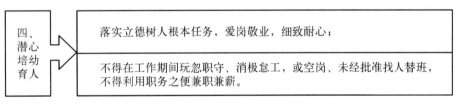

图 8-4-6 潜心培幼育人

五、加强安全防范

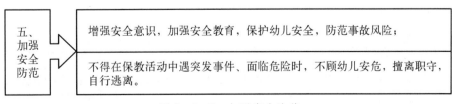

图 8-4-7 加强安全防范

六、关心爱护幼儿

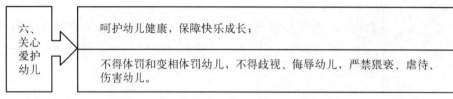

图 8-4-8　关心爱护幼儿

七、遵循幼教规律

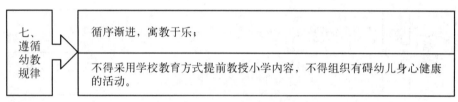

图 8-4-9　遵循幼教规律

八、秉持公平诚信

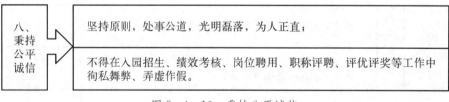

图 8-4-10　秉持公平诚信

九、坚守廉洁自律

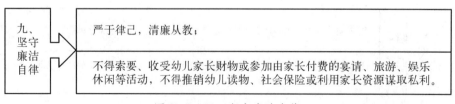

图 8-4-11　坚守廉洁自律

十、规范保教行为

图 8-4-12 规范保教行为

第五节 《幼儿园教师违反职业道德行为处理办法》图解

图 8-5-1 上海市 PMC 幼儿园教师和幼儿一起玩垃圾分类环保游戏

为深入贯彻习近平新时代中国特色社会主义思想和党的十九大精神,深入贯彻落实全国教育大会精神,扎实推进《中共中央国务院关于全面深化新时代教师队伍建设改革的意见》的实施,进一步加强师德师风建设,教育部于 2018 年 11 月 8 日印发了《幼儿园教师违反职业道德行为处理办法》(以下简称《处理办法》)。[①] 该《处理办法》由 14 条组成(见图 8-5-2),每条的具体内容用简图加以表示。

---

① 中华人民共和国教育部.教育部关于印发《幼儿园教师违反职业道德行为处理办法》的通知[EB/OL].(2018-11-14)[2018-12-16]. http://www.moe.gov.cn/srcsite/A10/s7002/201811/t20181115_354925.html.

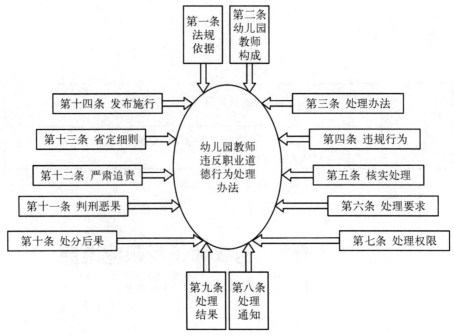

图 8-5-2 处理办法条目

一、第一条 法规依据

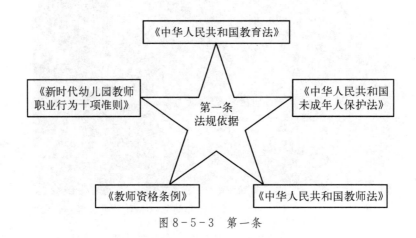

图 8-5-3 第一条

二、第二条 幼儿园教师构成

图 8-5-4 第二条

三、第三条　处理办法

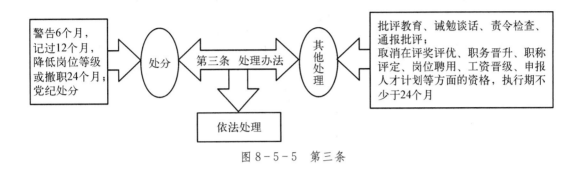

图 8-5-5　第三条

四、第四条　违规行为

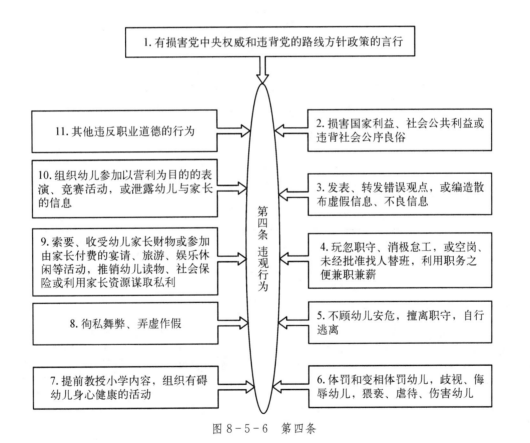

图 8-5-6　第四条

五、第五条 核实处理

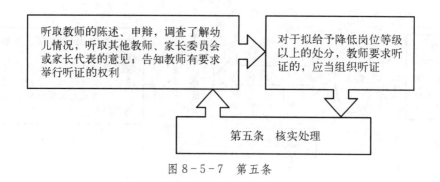

图 8-5-7 第五条

六、第六条 处理要求

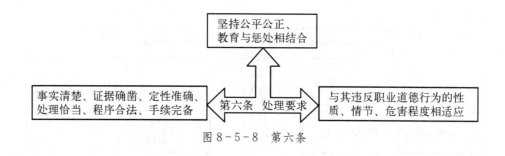

图 8-5-8 第六条

七、第七条 处理权限

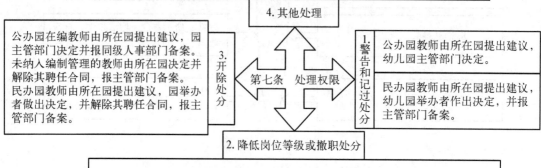

图 8-5-9 第七条

八、第八条　处理通知

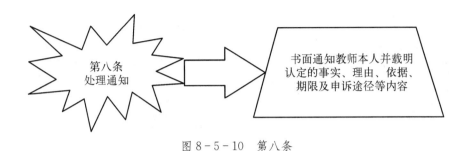

图 8-5-10　第八条

九、第九条　处理结果

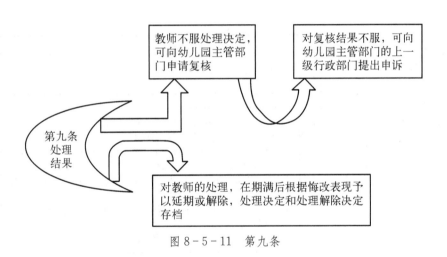

图 8-5-11　第九条

十、第十条　处分后果

图 8-5-12　第十条

十一、第十一条 判刑恶果

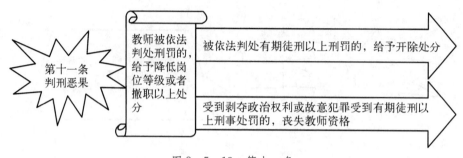

图 8-5-13 第十一条

十二、第十二条 严肃追责

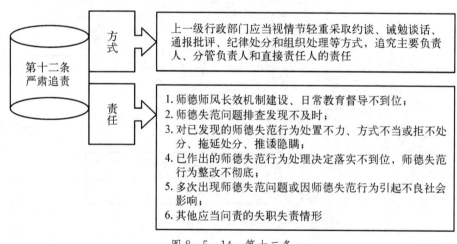

图 8-5-14 第十二条

十三、第十三条 省定细则

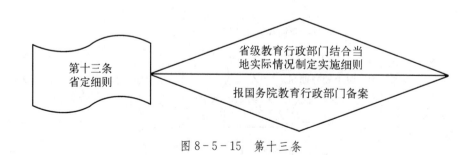

图 8-5-15 第十三条

十四、第十四条　发布施行

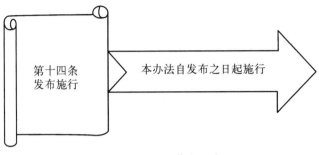

图 8-5-16　第十四条

本章小结

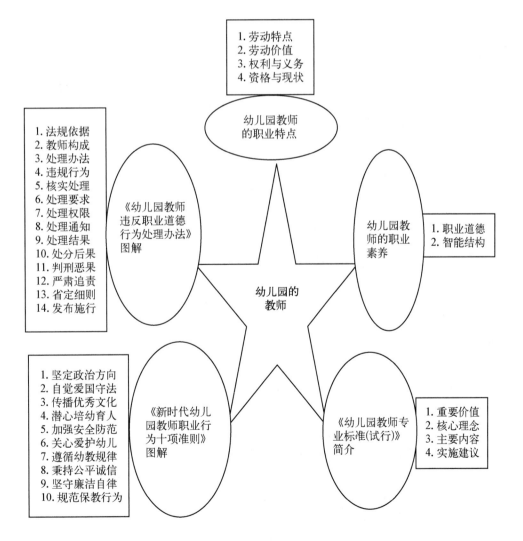

本章思考题

1. 你认为幼儿园教师的劳动特点是什么?
2. 你认为幼儿园教师的劳动价值有哪些?
3. 你是怎样看待幼儿园教师的权利和义务的?
4. 你是如何看待幼儿园教师的性别结构的?
5. 你认为幼儿园教师应如何提高自己的职业道德水准?
6. 你是如何看待幼儿园教师的知识结构与能力结构的?试对自己的知识结构和能力结构加以剖析。
7. 你读了《幼儿园教师专业标准(试行)》以后,有什么感想?
8. 你读了《新时代幼儿园教师职业行为十项准则》以后,有什么感想?
9. 你读了《幼儿园教师违反职业道德行为处理办法》以后,有什么感想?

 本章拓展学习

■ 阅读书目

1. 杨旭,龙耀明,杨莉君.幼儿园教师入职指南(第五版)[M].长沙:湖南大学出版社,2018.
2. 何桂香.幼儿园教师工作指南[M].北京:北京师范大学出版社,2016.
3. 朱继文.师幼互动理念指导下的园本课程[M].北京:北京师范大学出版社,2010.
4. 张燕.幼儿教师学习共同体建设——绿叶工作室的足迹[M].北京:北京师范大学出版社,2012.
5. 刘占兰,杨丽欣.聚焦幼儿教师专业发展:从骨干到名师[M].北京:北京师范大学出版社,2014.
6. 顾荣芳.竹节的力量——关键事件与幼儿教师专业成长研究[M].南京:南京师范大学出版社,2011.
7. 孙爱琴.幼儿园教师教学生活研究[M].北京:教育科学出版社,2015.
8. 王钢.幼儿教师职业幸福感研究[M].北京:科学出版社,2018.
9. 李生兰.学前教育法规政策的理解与运用[M].南京:南京师范大学出版社,2012.
10. 李生兰.教师、家长带领幼儿参观博物馆活动方案[M].南京:南京师范大学出版社,2020.
11. S. Feeney. Professionalism in early childhood education: doing our best for young children[M]. London: Pearson, 2011.

■ 浏览网站

1. 中华人民共和国教育部 http://www.moe.gov.cn.
2. 中国学前教育研究会 http://www.cnsece.com.
3. 上海学前教育网 http://www.age06.com/Age06Web3.
4. 山东学前教育网 http://www.sdchild.com.
5. 浙江学前教育网 http://www.06abc.com.
6. 全美幼儿教育协会 https://www.naeyc.org.
7. 加拿大幼儿研究会 https://www.cayc.ca.

8. 澳大利亚学前教育研究会 https://www.earlychildhoodaustralia.org.au.

 本章微型研究

1. 幼儿园儿童心目中的好老师形象的研究

通过访谈法,了解儿童心目中的好老师是什么样的?比较不同年龄班、不同性别、不同个性的儿童对好老师形象认识的异同点,简析成因,提出教育建议。

2. 幼儿园家长心目中的好老师形象的研究

通过问卷法,了解家长心目中的好老师是什么样的?比较不同辈分、不同性别、不同职业、不同文化程度的家长对好老师形象认识的异同点,简析成因,提出教育建议。

3. 幼儿园园长心目中的好老师形象的研究

通过访谈法,了解园长心目中的好老师是什么样的?比较不同岗龄、不同职称、不同学历、不同性别的园长对好老师形象认识的异同点,简析成因,提出教改建议。

4. 幼儿园教师心目中的好老师形象的研究

通过问卷法,了解教师心目中的好老师是什么样的?比较不同教龄、不同职称、不同学历、不同性别的教师对好老师形象认识的异同点,简析成因,提出改进建议。

5. 社会人士心目中的好老师形象的研究

通过访谈法,了解亲朋好友等社会人士心目中的好老师是什么样的?比较不同年龄、不同性别、不同职业、不同区域的社会人士对好老师形象认识的异同点,简析成因,提出教育建议。

附录 1

"学前教育学"教学(考试)大纲

一、课程性质与目标

(一) 课程性质

"学前教育学"是学前教育专业的一门核心课程,它主要是研究学前教育的现象,揭示学前教育的规律,增强学生从事学前教育工作的职业素养,提高学前教育质量的一门学科。

(二) 课程设置目标

设置"学前教育学"这门课程,旨在帮助学生了解学前教育的基本知识和主要理论,掌握学前教育的实践技能和重要能力。这主要体现在以下几个方面:了解学前教育学产生发展的主要过程,树立正确的儿童观和科学的教育观;理解游戏在儿童成长发展中的重要作用,掌握观察和评价儿童游戏的基本技能;了解幼儿园课程的理论及方案,学会设计和评价幼儿园课程;理解幼儿园社会教育的价值,学会设计、组织和评价儿童社会教育活动;了解幼儿园教师工作的主要特点,把握与家长沟通合作的重要策略。

二、教学内容与要求

第一章　导　　论

(一) 教学目的与要求

理解婴儿教育、幼儿教育、学前教育、早期教育的概念,掌握学前教育机构的不同形式,了解学前教育学产生与发展的过程,运用学前教育学的研习方法,理解学前教育学的研习方案。

(二) 教学重点与难点

(1) 教学重点:学前教育与学前教育的概念、学前教育理论的产生与发展。
(2) 教学难点:学前教育学的研习方法与研习方案。

（三）教学内容与定位

第一节 学前教育与学前教育学(记忆)
一、学前教育的基本概念及界定
二、学前教育的主要机构及形式
三、学前教育学的研究对象及内容

第二节 学前教育的理论与实践(理解)
一、学前教育思想的产生
二、学前教育理论的建立
三、学前教育理论的发展

第三节 学前教育学的研习方法(应用)
一、学习学前教育学的方法
二、研究学前教育学的方法

第四节 学前教育学的研习方案(应用)
一、研究的重要意义
二、研究的基本内容
三、研究的主要方法
四、研究结果与分析
五、研究的重要结论
六、思考与改进建议
七、主要参考文献

（四）教学建议与参考

(1) 教师启发学生回忆：自己童年时代是否上过幼儿园？对幼儿园有什么样的印象？幼儿园对自己的发展产生了什么样的影响？

(2) 教师带领学生走进幼儿园，实地观看大厅、走道环境、班级内外环境、户外活动场地、种植饲养园地，增加学生对幼儿园的感性认识。

第二章 学前儿童观

（一）教学目的与要求

理解儿童观的概念及类型，认识到儿童的受教育权和游戏权，能够树立正确的儿童观，领会《关于促进3岁以下婴幼儿照护服务发展的指导意见》的精神实质。

（二）教学重点与难点

(1) 教学重点：儿童权利的保护、正确儿童观的树立。
(2) 教学难点：《关于促进3岁以下婴幼儿照护服务发展的指导意见》核心观点。

(三) 教学内容与定位

第一节　儿童观的界说(记忆)
一、儿童观的概念
二、儿童观的种类

第二节　儿童权利的保护(理解)
一、儿童权利的国际认识
二、儿童权利的中国承诺
三、儿童权利的保障与实施

第三节　正确儿童观的树立(应用)
一、儿童有各种发展的权利
二、儿童发展受制于多因素
三、儿童发展潜能需要挖掘
四、儿童的发展是持续性的
五、儿童的发展是有差异的
六、儿童是通过活动发展的
七、儿童是作为整体发展的

第四节　《关于促进3岁以下婴幼儿照护服务发展的指导意见》简介(记忆)
一、总体要求
二、主要任务
三、保障措施
四、组织实施

(四) 教学建议与参考

(1) 教师启发学生通过玩具、图书、电视、电脑、手机等媒体或媒介,说明儿童权利的变化。

(2) 教师指导学生进入社区,随机了解身边的人们对儿童的基本看法和主要做法。

(3) 教师可先带领学生参观当地图书馆或博物馆中的儿童室,后指导学生设计一个参观活动简案。

(4) 教师可和学生围绕《关于促进3岁以下婴幼儿照护服务发展的指导意见》,展开讨论及交流。

第三章　学前教育观

(一) 教学目的与要求

了解学前教育在儿童成长发展中的重要作用,理解我国学前教育发展的历程和行动计划,树立科学的学前教育观,重视对学前儿童进行反偏见教育、因材施教,领会《幼儿园工作规程》《关于学前教育深化改革规范发展的若干意见》的精神实质。

(二) 教学重点与难点

(1) 教学重点：科学学前教育观的树立、对学前儿童进行反偏见教育及因材施教。

(2) 教学难点：《幼儿园工作规程》《关于学前教育深化改革规范发展的若干意见》的现实意义。

(三) 教学内容与定位

第一节 学前教育的重要价值(记忆)
一、保证了胎儿的健康出生
二、保证了婴儿的适时成长
三、保证了幼儿的迅速发展

第二节 学前教育的事业发展(理解)
一、1998—2000 年学前教育的事业发展
二、2001—2010 年学前教育的事业发展
三、2011—2018 年学前教育的事业发展

第三节 学前教育的行动计划(理解)
一、第二期学前教育行动计划简介
二、第三期学前教育行动计划简介

第四节 科学学前教育观的树立(应用)
一、要热爱每个儿童
二、要尊重每个儿童
三、要全面教育儿童
四、要寓教于活动中
五、要考虑儿童特点
六、要注意形式多样
七、要因儿童而施教
八、要争取家庭配合

第五节 学前儿童的反偏见教育(应用)
一、要确保学前教育的公平性公正性
二、要强化保教人员的职业道德规范
三、要清除学前教育的各种偏见残渣
四、要培养儿童反偏见的意识和行为

第六节 学前儿童的因材施教(应用)
一、要为了儿童转变角色
二、要全面深入研究儿童
三、要为儿童构建独特环境
四、要为儿童创设小型活动

五、要考虑儿童的学习方式

六、要利用儿童的各种强项

七、要对儿童实行多元评价

第七节 《幼儿园工作规程》简介(理解)

一、幼儿园的保教目标

二、幼儿园的安全防范

三、幼儿园的一日生活

四、幼儿园的教育原则

五、幼儿园的教育活动

六、幼儿园的教育形式

七、幼儿园的教育资源

八、幼儿园的园舍设备

九、幼儿园的收费标准

第八节 《关于学前教育深化改革规范发展的若干意见》图解(理解)

一、总体要求

二、优化布局与办园结构

三、拓宽途径扩大资源供给

四、健全经费投入长效机制

五、大力加强幼儿园教师队伍建设

六、完善监管体系

七、规范发展民办园

八、提高幼儿园保教质量

九、加强组织领导

(四) 教学建议与参考

(1) 教师可邀请幼儿园教师到班级来,和学生分享自己的教育经验,以帮助学生理解科学的学前教育观。

(2) 教师可带领学生进入幼儿园,实地了解幼儿园的规模和班级的规模,和学生一起分析因材施教的困境和出路。

(3) 教师可和学生围绕《幼儿园工作规程》、《关于学前教育深化改革规范发展的若干意见》,联系幼教实际,组织学生进行研讨交流。

第四章 学前教育的课程

(一) 教学目的与要求

了解学前教育课程的涵义、种类和方案,理解学前教育课程的理论观点,掌握设计学前教育课程的原则,学会评价学前教育的课程,合理制定绘本教学方案,探讨后现代课程理论的现实意义。

(二) 教学重点与难点

(1) 教学重点：学前教育课程的理论、设计、方案、评价。
(2) 教学难点：绘本教学方案的制定。

(三) 教学内容与定位

第一节 学前教育课程的界定(记忆)
一、学前教育课程的涵义
二、学前教育课程的种类

第二节 学前教育课程的理论(理解)
一、学前教育课程的理论流派
二、学前教育课程的框架结构
三、学前教育课程的拟定设计
四、学前教育课程的观点测评

第三节 学前教育课程的方案(理解)
一、发展儿童认知的课程方案
二、提高儿童能力的课程方案
三、陶冶儿童情感的课程方案
四、训练儿童行为的课程方案
五、协调家园关系的课程方案

第四节 学前教育课程的设计(应用)
一、设计学前教育课程的原则
二、设计学前教育课程的内容
三、设计学前教育课程的策略

第五节 学前教育课程的评价(应用)
一、评价儿童的成长发展
二、评价课程的所有环节

第六节 后现代课程理论及启示(理解)
一、后现代课程的涵义及启示
二、后现代课程的构建及启示
三、后现代课程的标准及启示
四、后现代课程的评价及启示
五、后现代课程的教师及启示

第七节 绘本《月亮，生日快乐》教案(应用)
一、教学活动目标
二、教学活动准备

三、教学活动过程
四、教学活动延伸

（四）教学建议与参考

（1）教师可带领学生进入幼儿园，观看一日活动，并针对某个环节加以具体的分析。

（2）教师可指导学生根据幼儿园的课程安排，设计一个学期计划、月计划、周计划、日计划、某个活动计划。

（3）教师可鼓励学生选择一个自己所喜欢的绘本，设计教学活动简案。

第五章 幼儿园的社会教育

（一）教学目的与要求

了解幼儿园社会教育的价值和过程，理解幼儿社会化的特点和对策、幼儿园社会教育的多种途径，掌握幼儿园社会教育活动的设计要点和实施方法，学会观察和评价幼儿园社会教育活动。

（二）教学重点与难点

（1）教学重点：幼儿园社会教育活动的设计、实施、观察及评价。

（2）教学难点：幼儿社会化的理论、幼儿园社会教育的途径。

（三）教学内容与定位

第一节 幼儿园社会教育的价值取向（记忆）
一、幼儿园社会教育的涵义
二、幼儿园社会教育的价值
三、幼儿园社会教育的任务
四、幼儿园社会教育的内容
五、幼儿园社会教育的过程

第二节 幼儿社会化的主要理论思潮（理解）
一、幼儿社会化的涵义
二、幼儿社会化的理论
三、幼儿社会化的成因
四、幼儿社会化的内容
五、幼儿社会化的特点
六、幼儿社会化的对策

第三节 幼儿园社会教育的多条路径（理解）
一、主题教育路径
二、方案教育路径

三、区域教育路径
四、旅行教育路径

第四节　幼儿园社会教育活动的设计（应用）
一、考虑幼儿现有水平与其未来的发展方向
二、兼顾幼儿现实生活与世界未来发展趋势
三、有计划的教育活动与随机教育相互补充
四、班内园内教育与班外园外教育相互结合
五、社会认知与社会情感及其行为协调发展
六、面向班级全体幼儿与关注幼儿个别差异

第五节　幼儿园社会教育活动的实施（应用）
一、正规的社会教育活动的实施
二、非正规的社会教育活动的实施

第六节　幼儿园社会教育活动的观察（应用）
一、观察的意义
二、观察的形式
三、观察的记录

第七节　幼儿园社会教育活动的评价（应用）
一、评价的意义
二、评价的形式
三、评价的方法

第八节　幼儿园社会教育活动的案例（应用）
一、我是美食家：品尝月饼
二、我是糕点师：制作粽子
三、我是按摩师：孝敬长辈
四、我是宣讲员：赞美祖国
五、我是旅行家：环游世界

（四）教学建议与参考

(1) 教师可带领学生进入幼儿园，观看小、中、大班的社会领域教育活动，评析其异同点。
(2) 教师可指导学生围绕社会领域的内容，设计一个教育活动方案或环境布置方案。
(3) 教师可指导学生设计参观当地某个社会场所的活动简案。

第六章　幼儿园的游戏活动

（一）教学目的与要求

了解幼儿园游戏活动的种类和价值，掌握准备、观察、指导和评价幼儿游戏活动的策略，理解民间游戏活动案例。

(二) 教学重点与难点

(1) 教学重点：幼儿园游戏活动的种类与价值、准备与观察、指导与评价。
(2) 教学难点：民间游戏活动的设计。

(三) 教学内容与定位

第一节 幼儿园游戏活动的种类(记忆)
一、幼儿园游戏活动的界定
二、幼儿园游戏活动的种类

第二节 幼儿园游戏活动的价值(理解)
一、增强了幼儿的体力
二、发展了幼儿的智力
三、萌发了幼儿的创造力
四、陶冶了幼儿的情感
五、培养了幼儿的社会性
六、提升了幼儿的美感

第三节 幼儿园游戏活动的准备(应用)
一、要科学设定幼儿游戏活动的时间
二、要合理布置幼儿游戏活动的空间
三、要不断更新幼儿游戏活动的材料
四、要适时丰富幼儿游戏活动的经验

第四节 幼儿园游戏活动的观察(应用)
一、观察幼儿游戏活动的价值
二、观察幼儿游戏活动的策略
三、观察幼儿游戏活动的记录

第五节 幼儿园游戏活动的指导(应用)
一、要尊重幼儿的游戏活动
二、要支持幼儿的游戏活动
三、要参与幼儿的游戏活动
四、要引导幼儿的游戏活动
五、要干预幼儿的游戏活动

第六节 幼儿园游戏活动的评价(应用)
一、幼儿游戏活动环境的评价
二、幼儿游戏活动过程的评价
三、幼儿游戏活动水平的评价

第七节 幼儿园游戏活动的案例(应用)
一、幼儿"跳房子"的游戏活动

二、幼儿"跳皮筋"的游戏活动
三、幼儿"滚铁环"的游戏活动
四、幼儿"抽陀螺"的游戏活动
五、幼儿"砸果核"的游戏活动
六、幼儿"拾骰子"的游戏活动

(四) 教学建议与参考

(1) 教师可和学生分享自己童年时代所玩过的游戏,启发学生思考他们童年时代所玩过的游戏,共同探讨游戏活动对儿童发展的影响。

(2) 教师可带领学生在幼儿园观看游戏活动,指导学生对所看到的游戏活动进行分类和评价。

(3) 教师可指导学生设计一个幼儿游戏活动的观察量表或评价量表。

第七章 幼儿园的家庭教育指导

(一) 教学目的与要求

了解幼儿园家庭教育指导的价值与内容,掌握幼儿园家庭教育指导的原则与形式,学会设计幼儿园家庭教育指导活动方案、亲子寻宝活动简案,领会《全国家庭教育指导大纲(修订)》的精神实质。

(二) 教学重点与难点

(1) 教学重点:幼儿园家庭教育指导的价值、内容、原则、形式、方案。
(2) 教学难点:《全国家庭教育指导大纲(修订)》的内涵。

(三) 教学内容与定位

第一节 幼儿园家庭教育指导的价值(记忆)
一、有利于贯彻幼儿教育法规政策
二、有利于发挥幼儿教育整体功能
三、有助于提高幼儿家长教育素养
四、有助于促进幼儿身心健康成长
五、有益于对接世界幼儿教育发展

第二节 幼儿园家庭教育指导的内容(理解)
一、幼儿园家庭教育指导的目的
二、幼儿园家庭教育指导的任务
三、幼儿园家庭教育指导的内容

第三节 幼儿园家庭教育指导的原则(应用)
一、了解性原则

二、方向性原则

三、科学性原则

四、尊重性原则

五、协调性原则

六、针对性原则

七、直观性原则

八、艺术性原则

第四节 幼儿园家庭教育指导的形式(应用)

一、家长委员会

二、家长学校

三、家长会议

四、家长园地

五、家长开放日

六、家庭访问

七、亲子活动

八、家长微信群

第五节 幼儿园家庭教育指导的方案(应用)

一、指导活动的主持者

二、指导活动的对象

三、指导活动的时间

四、指导活动的地点

五、指导活动的目标

六、指导活动的准备

七、指导活动的内容

八、指导活动的形式

九、指导活动的过程

十、指导活动的评价

第六节 到上海图书馆去寻宝的案例(应用)

一、活动目标

二、活动准备

三、活动过程

四、活动延伸

第七节 《全国家庭教育指导大纲(修订)》简介(理解)

一、适用范围

二、指导原则

三、核心理念

四、分阶段指导内容及要求

五、保障措施

(四) 教学建议与参考

(1) 教师可鼓励学生访谈一位幼儿园教师,看看这位教师经常运用哪些形式与家长交流? 为什么? 最喜欢运用哪种形式与家长交流? 为什么?

(2) 教师可指导学生选择一种家庭教育的指导形式,设计与家长交流的具体方案。

(3) 教师可和学生一起围绕《全国家庭教育指导大纲(修订)》,展开讨论和辩论。

第八章 幼儿园的教师

(一) 教学目的与要求

了解幼儿园教师的劳动特点及价值、权利与义务,理解幼儿园教师的职业道德,把握幼儿园教师的知识结构与能力结构,领会《幼儿园教师专业标准(试行)》、《新时代幼儿园教师职业行为十项准则》、《幼儿园教师违反职业道德行为处理办法》的实质。

(二) 教学重点与难点

(1) 教学重点:幼儿园教师的职业特点与素养、知识结构与能力结构。

(2) 教学难点:《幼儿园教师专业标准(试行)》、《新时代幼儿园教师职业行为十项准则》、《幼儿园教师违反职业道德行为处理办法》的内涵。

(三) 教学内容与定位

第一节 幼儿园教师的职业特点(记忆)
一、幼儿园教师的劳动特点
二、幼儿园教师的劳动价值
三、幼儿园教师的权利与义务
四、幼儿园教师的资格与现状

第二节 幼儿园教师的职业素养(应用)
一、幼儿园教师的职业道德
二、幼儿园教师的智能结构

第三节 《幼儿园教师专业标准(试行)》简介(理解)
一、《专业标准》的重要价值
二、《专业标准》的核心理念
三、《专业标准》的主要内容
四、《专业标准》的实施建议

第四节 《新时代幼儿园教师职业行为十项准则》图解(记忆)
一、坚定政治方向
二、自觉爱国守法

三、传播优秀文化

四、潜心培幼育人

五、加强安全防范

六、关心爱护幼儿

七、遵循幼教规律

八、秉持公平诚信

九、坚守廉洁自律

十、规范保教行为

第五节 《幼儿园教师违反职业道德行为处理办法》图解(理解)

一、法规依据

二、幼儿园教师构成

三、处理办法

四、违规行为

五、核实处理

六、处理要求

七、处理权限

八、处理通知

九、处理结果

十、处分后果

十一、判刑恶果

十二、严肃追责

十三、省定细则

十四、发布施行

(四)教学建议与参考

(1) 教师可启发学生思考幼儿园教师的专业、学历和经验之间的关系。

(2) 教师可和学生一起探讨幼儿园优秀教师应具有哪些特质。

(3) 教师可鼓励学生思考自己将来准备成为一名什么样的幼儿园教师。

(4) 教师可和学生一起围绕《幼儿园教师专业标准(试行)》、《新时代幼儿园教师职业行为十项准则》、《幼儿园教师违反职业道德行为处理办法》的主要内容,展开讨论和辩论。

三、教材与教学参考资料

(一)教材

李生兰.学前教育学(第4版)[M].上海:华东师范大学出版社,2020.

(二)教学参考资料

1. 李生兰.学前教育概论[M].北京:北京大学出版社,2017.

2. 李生兰.学前教育法规政策的理解与运用[M].南京：南京师范大学出版社,2012.
3. 李生兰.幼儿园课程新论[M].北京：北京大学出版社,2018.
4. 李生兰.幼儿园与家庭、社区合作共育[M].北京：北京师范大学出版社,2016.
5. 李生兰.幼儿园与家庭、社区合作共育的研究(修订版)[M].上海：华东师范大学出版社,2013.
6. 李生兰.幼儿园家长开放日活动的研究[M].上海：华东师范大学出版社,2008.
7. 李生兰.幼儿家庭教育[M].上海：上海教育出版社,2001.
8. 李生兰.学前儿童家庭教育与活动指导(第3版)[M].上海：华东师范大学出版社,2014.
9. 李生兰.学前儿童家庭与社区教育[M].北京：高等教育出版社,2015.
10. 李生兰.比较学前教育(第二版)[M].上海：华东师范大学出版社,2013.
11. 李生兰.儿童的乐园：走进21世纪的美国学前教育[M].南京：南京师范大学出版社,2011.

四、教学安排与考试

(一) 课时安排

教学时间共54学时,具体安排如下。

第 章	章 名	学 时
一	导论	4
二	学前儿童观	6
三	学前教育观	8
四	学前教育的课程	8
五	幼儿园的社会教育	7
六	幼儿园的游戏活动	9
七	幼儿园的家庭教育指导	6
八	幼儿园的教师	6
合计		54

(二) 考核方法

可采用闭卷、笔试的方法,也可采用开卷、口试的方法;运用百分制进行测评,60分以上为及格;考试时间为120分钟。

附录 2

"学前教育学"模拟考试试卷及参考答案

试卷一

年级_____ 班级_____ 姓名_____ 学号_____ 成绩_____ 评阅人_____

(考核时间 120 分钟;考试方法:闭卷)

一、名词解释(每题 3 分,共 12 分)

1. 学前教育。
2. 福禄贝尔。
3. 陶行知。
4. 《儿童权利公约》。

二、简答题(每题 8 分,共 16 分)

1. 幼儿体育的目标。
2. 幼儿德育的目标。

三、论述题(每题 13 分,共 39 分)

1. 幼儿园家庭教育指导的形式主要有哪些?试以某一种形式为例,说明如何加以运用。
2. 联系实际说明幼儿园教师如何为儿童做好游戏的准备工作?
3. 你认为设计学前教育课程应遵循哪些原则?

四、设计题(1 题 23 分)

设计一个幼儿园与家庭合作"欢庆元旦"的活动简案。

五、分析题(1 题 10 分)

王老师对班级的一位实习生说:"现在要想做个称职的幼儿园教师,最重要的是要有创新能力,别的能力无关紧要。"如果你是这位实习生,你听了以后有什么想法?

试卷一参考答案

一、名词解释

1. 出生到入小学前儿童的教育(3分)。
2. 德国教育家(1分);1837年创办幼儿园(1分);重视游戏作用(1分)。
3. 艺友制培养师资(1分);创办第一所乡村幼儿园和劳工幼儿园(2分)。
4. 1989年联合国大会通过(1分);重视儿童的受教育权及游戏权等(2分)。

二、简答题

1. 身体正常发育和机能协调发展(2分);增强体质(2分);培养生活与卫生习惯(2分);增加体育活动兴趣(2分)。
2. 爱家乡、爱集体等情感(3分);诚实等品德行为习惯(3分);活泼开朗的性格(2分)。

三、论述题

1. 家长会、家长开放日、家长园地、家庭教育经验交流、家访、接送交流、电话交谈、家园联系册(各1分共8分,说明5分)。
2. 游戏时间、游戏空间、游戏材料、知识经验(各2分共8分,说明5分)。
3. 儿童权利、民族性、世界性、儿童特点、儿童潜力(各2分共10分,说明3分)。

四、设计题

主持者(1分);对象(1分);时间与地点(2分);目标(3分);准备(3分);内容和形式(4分);具体步骤与过程(6分);评价与后续活动(3分)。

五、分析题

观察力、组织力、交往力、表达力、教育能力、设计力(各1分共6分,说明4分)。

试卷二

年级_____ 班级_____ 姓名_____ 学号_____ 成绩_____ 评阅人_____

(考核时间120分钟;考试方法:闭卷)

一、名词解释(每题5分,共25分)

1. 学前教育学。
2. 蒙台梭利。
3. 南陈北张。
4. 学前教育观。

5. 家庭结构。

二、简答题(每题 10 分,共 20 分)

1. 学前教育与社区的关系。
2. 遗传、环境、教育对学前儿童发展的影响。

三、论述题(每题 20 分,共 40 分)

1. 张宗麟认为幼儿园教师应具备哪些条件?应接受哪些培训?试联系实际写出你的看法。
2. 什么是儿童观?你认为幼儿园教师应如何树立正确的儿童观?

四、分析题(1 题 15 分)

试用"学前教育学"中的理论知识,对幼儿园见习中的一个教育活动加以分析,指出其合理性或不足之处。

试卷二参考答案

一、名词解释

1. 研究学前教育现象及规律的科学(5 分)。
2. 大教育家(1 分);《童年的秘密》、《蒙台梭利早期教育法》(1 分);创办儿童之家(1 分);儿童发展有敏感期、自动教育、准备环境(2 分)。
3. 南方陈鹤琴(1 分);北方张雪门(1 分);著书立说(1 分);创办幼教机构(1 分);对幼教作出很大贡献(1 分)。
4. 对学前教育的基本认识和看法(2 分)、涉及到教育目的、任务、内容、途径和方法(3 分)。
5. 家庭诸分子之间的关系(1 分);包括核心家庭、扩大家庭、单亲家庭、再婚家庭(4 分)。

二、简答题

1. 自然结构、经济结构、社会习俗、人口、子女(各 2 分)。
2. 遗传是儿童发展的物质基础(3 分);环境在儿童发展上起决定作用(3 分);教育起主导作用(4 分)。

三、论述题

1. 初中以上文化程度(2 分);男性也可(3 分);文化、教育、心理知识(8 分);倡导男性加盟(3 分);重视提高文化素养(2 分);不断接受在职培训(2 分)。
2. 对儿童的基本看法(2 分);涉及到儿童的权利、地位和作用(3 分);儿童有年龄特点(3 分);儿童有个体差异(3 分);儿童有各种权利(3 分);儿童的发展是全方位的(3 分);儿童通过活动发展(3 分)。

四、分析题

教师准备工作(3分);教师语言(2分);幼儿反应(2分);教师提问难度(2分);幼儿回答频率(2分);幼儿动手操作(2分);幼儿积极性(2分)。

试卷三

年级_____ 班级_____ 姓名_____ 学号_____ 成绩_____ 评阅人_____

(考试时间:120分钟;考核方式:闭卷)

一、填空题(每题1分,共10分)

1. 1979年联合国发起了_____年。
2. 1989年联合国大会通过了《_____》。
3. 1996年原国家教委发布了《_____》。
4. 2001年教育部颁发了《_____》。
5. 学前教育课程可分为隐蔽课程和_____。
6. 1997年原国家教委、全国妇联联合发布了《_____》。
7. 1993年第八届全国人大常务会第四次会议通过了《_____》。
8. 课程是一个体现了_____的计划,是幼教工作者工作的指导准则。
9. 学前教育是对_____儿童进行的教育。
10. 德国教育家_____是世界学前教育之父。

二、简答题(每题6分,共30分)

1. 儿童观的种类。
2. 幼儿园的保教目标。
3. 优质的幼儿教育课程。
4. 儿童社会化的理论。
5. 儿童游戏的种类。

三、论述题(每题10分,共20分)

1. 学前教育课程的三种理论流派(请用图表说明)。
2. 幼儿园游戏活动环境的评价指标。

四、评价题(1题15分)

试对第一次去幼儿园见习活动中的"环境布置"加以评价。

五、设计题(1题15分)

围绕"六一国际儿童节",设计一个幼儿园与家庭合作活动的简案。

六、推测题(1题 10 分)

猜谜语并简析其特点。

有面没有口,有腿没有手,虽有四条腿,可是不会走。(打一用具)

试卷三参考答案

一、填空题(评分略)

1. 国际儿童
2. 儿童权利公约
3. 幼儿园工作规程
4. 幼儿园教育指导纲要(试行)
5. 公开课程
6. 家长教育行为规范(试行)
7. 中华人民共和国教师法
8. 教育思想
9. 出生至入小学前
10. 福禄贝尔

二、简答题

1. 小大人,白板,有罪的,花草树木,私有财产,未来资源,有能力的主体(写出6个即得6分)。
2. 保教结合,全面发展,身心和谐(各2分)。
3. 针对儿童心理,身体,认知,语言,创造,社会性与情感(各1分)。
4. 统一,冲突,互动,主体(各1.5分)。
5. 创造性(角色,结构,表演)(2分),体育(1分),智力(1分),音乐(1分),娱乐(1分)。

三、论述题

1. (评分略)

流 派	代表人物	特 点	教师作用	中 心
成熟社会化	格赛尔	社会情感	社会环境	儿童
教育训练	斯金纳	准备	教育环境	教师
认知发展	皮亚杰	互动	适当环境	教师和儿童

2. 冷硬性,开放性,复杂性,干预性,活动性(各2分)。

四、评价题

主要优点;可能的不足(评分略)。

五、设计题

主持者,对象,时间,地点,目标,准备,内容,形式,过程,后续(评分略)。

六、推测题

凳子(1分)。来自于生活,是幼儿所熟悉的。

试卷四

年级_____ 班级_____ 姓名_____ 学号_____ 成绩_____ 评阅人_____

(考试时间:120分钟;考核方式:闭卷)

一、填空题(每题1分,共10分)

1. 1979年联合国发起了_____年。
2. 1989年联合国大会通过了《_____》。
3. 1996年原国家教委发布了《_____》。
4. 2001年教育部颁发了《_____》。
5. 学前教育课程可分为公开课程和_____。
6. 1997年原国家教委、全国妇联联合发布了《_____》。
7. 1993年第八届全国人大常务会第四次会议通过了《_____》。
8. 课程是一个体现了教育思想的计划,是幼教工作者工作的_____。
9. 学前教育是对_____儿童进行的教育。
10. 德国教育家_____是世界学前教育之父。

二、简答题(每题6分,共30分)

1. 加德纳的多元智能理论。
2. 幼儿园教师应如何树立正确的教育观。
3. 布朗芬布伦纳的社会生态学理论。
4. 教师观察幼儿的内容与形式。
5. 幼儿园家长工作的主要形式。

三、论述题(每题10分,共20分)

1. 设计学前教育课程的原则。
2. 幼儿园教师的能力结构。

四、评价题(1题15分)

试对第二次去幼儿园见习活动中的"世界水日主题教育活动"加以评价。

五、设计题(1题15分)

设计一个幼儿园游戏活动观察记录简表。

六、推测题(1题10分)

猜谜语并简析其特点。

一群小娃娃,身上油腻腻,画出五彩画,短了它自己。(打一文具)

试卷四参考答案

一、填空题(评分略)

1. 国际儿童年
2. 儿童权利公约
3. 幼儿园工作规程
4. 幼儿园教育指导纲要(试行)
5. 隐蔽课程
6. 家长教育行为规范(试行)
7. 中华人民共和国教师法
8. 指导准则
9. 出生至入小学前
10. 福禄贝尔

二、简答题(评分略)

1. 语言,数学,运动,空间,音乐,人际,内省,自然。
2. 热爱儿童,尊重儿童,全面教育儿童,寓教于活动之中,儿童化,多种形式,因材施教,家园合作。
3. 生态环境,若干系统组成。
4. 全面与某方面,普遍与重点,有计划与随机。
5. 家长会,家长园地,亲子活动,电话交流,家访,家园小报。

三、论述题

1. 儿童权利,民族特色,世界,个别差异,发展潜力(各2分)。
2. 组织,表达,设计,创造,交往(各2分)。

四、评价题

主要优点:年龄性,世界性,本土性(各3分);不足之处:时间短,成人化(各3分)。

五、设计题

(评分略)

游戏区对幼儿吸引力的观察记录表

观察记录时间:_____ 观察记录者:_____

游戏区	位置	面积	材料	人数

六、推测题

油画棒(1分)。美术活动的物品,幼儿经常使用的(9分)。

试卷五

年级_____ 班级_____ 姓名_____ 学号_____ 成绩_____ 评阅人_____

(考核时间120分钟;考试方法:开卷)

一、论述题(每题15分,共45分)

1. 你是如何理解《幼儿园工作规程》中关于幼儿体育的目标的?
2. 你认为幼儿园教师应如何促进儿童的社会化?
3. 结合教育见习活动,说明幼儿园应如何办好"家园之窗"?

二、设计题(25分)

围绕参观图书馆或书店,设计一个幼儿园与家庭合作活动的简案。

三、评析题(30分)

一位家长给李老师发来了电子邮件,主要内容是:上小班的女儿,因在幼儿园午睡时没有睡觉,就被带班×老师掐着脖子,拎了出去。家长很担心女儿的心灵会从此受到创伤,很想同×老师交涉,但又怕老师日后对女儿变本加厉,家长恳请李老师给予指教。

你看了这封电子邮件有什么想法。

试卷五参考答案

一、论述题

1. 培养良好的卫生习惯(3分);激发体育的兴趣(3分);增强体育的技能(3分);提高身心健康水平(6分)。

2. 合理安排幼儿园活动(8分);充分发挥家长的作用(4分);注意挖掘社区潜力(3分)。

3. 定期与随时更换相结合,平面与立体相结合,教师计划与幼儿作品、家长反馈信息相结合,色彩鲜艳、平视,指导家长阅读(各3分)。

二、设计题

活动名称(3分);活动准备(3分);活动目标(3分);活动过程(10分);活动延伸(3分);活动评价(3分)。

三、评析题

1. 电子邮件已成为幼儿园家庭教育指导的一种重要形式。
2. 这位×老师的做法不妥当。
3. 家长不能在孩子面前流露出对老师的不满意。
4. 家长在家中应注意培养孩子良好的午睡习惯。
5. 家长应心平气和地和×老师交流信息。

(以上各6分)

试卷六

年级_____ 班级_____ 姓名_____ 学号_____ 成绩_____ 评阅人_____

(本试卷考核时间120分钟;考试方法:开卷)

一、论述题(每题15分,共45分)

1. 你是如何理解《幼儿园工作规程》中幼儿美育的目标的?
2. 什么是情商?幼儿园教师应如何提高儿童的情商?
3. 结合教育见习,说明幼儿园应如何办好"家园小报"?

二、设计题(25分)

围绕清明节,设计一个幼儿园与家庭合作活动的简案。

三、评析题(30分)

李老师收到了一位家长发来的电子邮件:儿子就要上小学了,应如何为他准备文化用品和学习用具？暑假里是否应该给儿子制定一个学习计划，让他多识字，多做算术题？只有这样，他才不会输在起跑线上。敬请李老师在百忙之中给予帮助。

谈谈你看了这封电子邮件的想法。

试卷六参考答案

一、论述题

1. 让幼儿感受美(4分)；让幼儿表现美(4份)；培养幼儿审美的情趣(3分)；提高幼儿审美的能力(4分)。

2. 是情感和社会技能的综合表现(5分)。

通过开展多种活动来实现：交流活动、说笑活动、合作游戏、歌舞活动、训练活动(各2分)。

3. 确定主编和责任编辑，搞好版面设计，组织好稿源，邀请幼儿、家长参与，做好发行工作(各3分)。

二、设计题

活动名称，活动准备，活动目标，活动过程，活动延伸，活动评价。(活动过程10分，其余皆3分)。

三、评析题

1. 选购孩子喜欢的图书、书包、文具盒和文具。
2. 带孩子去书店、文具店、超市购买。
3. 暑假里可根据孩子的兴趣爱好，学习浅显的文化知识。
4. 除了识字、计算以外，还可学习其他东西。
5. 应保证孩子有充足的休息、娱乐和游戏的时间。

(以上各6分)

试卷七

年级_____ 班级_____ 姓名_____ 学号_____ 成绩_____ 评阅人_____

(考核时间120分钟;考试方法：开卷)

一、填空题(每空1分，共18分)

1. 幼儿园的保教目标是：实行_____和_____相结合的原则，对幼儿实施_____、_____、_____、_____诸方面全面发展的教育，促进其身心和谐发展。

2. 幼儿园家庭教育的指导形式主要有：_____、_____、_____、_____、_____等。

3. 幼儿园游戏活动多种多样，可分为_____、_____、_____、_____、_____、_____等。

二、名词解释(每题3分,共12分)

1. 幼儿社会化。
2. 学前教育学。
3. 隐蔽课程。
4. 儿童观。

三、简答题(每题5分,共20分)

1. 幼儿教师的基本能力。
2. 幼儿园游戏活动的教育价值。
3. 幼儿社会化的理论流派。
4. 幼儿园课程设计的原则。

四、论述题(每题12分,共24分)

1. 联系实际,说明幼儿园教师应如何树立正确的教育观。
2. 结合实习,说明幼儿园教师应如何指导儿童的游戏活动。

五、评析题(1题12分)

案例：妈妈喜欢插花,不论是什么样的蔬菜、水果,只要一到她的手里,就能变成一个个美丽的"花篮"、"花环"、"花束",儿子羡慕极了。妈妈每次"插花"时,儿子都嚷着要和妈妈一起插："想看看妈妈究竟是怎么插的？"但妈妈总是回答他："别给我添乱,玩你的积木去吧。"

试析儿子的主要特点和母亲的教养方式,并提出相应的教育建议。

六、设计题(1题14分)

试围绕"可爱的上海"这一主题,设计一组系列教育活动简案。

试卷七参考答案

一、填空题

1. 保育,教育,体,智,德,美。
2. 家长会,家长园地,电话交流,接送时交谈,亲子活动,开放日活动。
3. 角色游戏,结构游戏,表演游戏,智力游戏,体育游戏,音乐游戏。

(每题每空1分)

二、名词解释(评分略)

1. 幼儿从自然的人变成社会的人的过程。
2. 研究学前教育现象及其规律的科学。
3. 潜在的、非正式的课程。
4. 对儿童的基本看法,也涉及对儿童的做法。

三、简答题

1. 教育能力,观察能力,组织能力,创造能力,交往能力。
2. 促进幼儿体力、智力、社会性、情感、审美能力的发展。
3. 统一论,冲突论,互动论(前喻,后喻,并喻),主体论。
4. 承认儿童权利,反映民族特色,面向世界,尊重儿童特点,开发儿童潜能。

(第3题的第3个要点2分,其余各题的每个小点1分。)

四、论述题

1. 热爱儿童,尊重儿童,全面教育儿童,寓教于活动之中,教育要儿童化,多种形式教育结合,因儿童而施教,争取家庭配合。
2. 保证儿童游戏的时间空间,丰富儿童游戏的知识经验;观察儿童的游戏;尊重儿童的游戏,支持儿童的游戏,参与儿童的游戏,引导儿童的游戏,干预儿童的游戏。

(每题的每个小点1.5分)

五、评析题(评分略)

1. 儿子发展特点:好奇心强,探索欲旺,对插花很感兴趣。
2. 母亲教养方式:压制孩子思维,阻挡孩子动手,剥夺孩子参加艺术活动的权利。
3. 教育建议:满足孩子的合理需要,提供给孩子各种探索材料,示范和讲解相结合。

六、设计题

1. 活动时间(1分)。
2. 活动地点(1分)。
3. 活动对象(1分)。
4. 活动准备(2分)。
5. 活动目标(2分)。
6. 活动过程(参观活动,摄影活动,绘画活动,讲说活动,展览活动等,共6分)。
7. 后续活动(1分)。

试卷八

年级_____ 班级_____ 姓名_____ 学号_____ 成绩_____ 评阅人_____

(考核时间120分钟;考试方法:开卷)

一、说明题(在7个题目中任选5个题目;每题10分,共50分)

1. 儿童观的涵义是什么？儿童观有哪几种？你赞成哪一种？为什么？
2. 什么是因材施教？你认为幼儿园教师应如何对儿童进行因材施教？
3. 公开课程指的是什么？隐蔽课程指的是什么？这两类课程之间的关系如何？
4. 幼儿园的社会教育指的是什么？它对儿童的发展有什么作用？
5. 幼儿园教师应如何为儿童的游戏做好准备？试举例加以说明。
6. 你认为做一个合格的幼儿园教师需要具备哪些条件？为什么？
7. 教育部2001年颁发的《幼儿园教育指导纲要(试行)》指出幼儿园教育内容的特点是什么？它把教育内容分为哪几个领域？并写出你的看法。

二、设计题(1题20分)

5月15日是国际家庭日,试围绕这一节日,设计一个教师与家长合作共育的活动简案。

三、评析题(1题30分)

情景：父亲一手拎着公文包,一手牵着背着小花包的5岁女儿,朝着华东师范大学的校门走去。走到校门口时,父亲用手指着门廊上的几个大字对女儿说:"妮妮,你看,这就是爸爸常跟你说的'华东师范大学',现在爸爸带你进去逛逛。"女儿一边大声地复述着"华东师范大学"这几个字,一边笑嘻嘻地跳进了校门。

试对上述情景进行评析:
1. 女儿的发展特征。
2. 父亲的教养方式。
3. 社区资源的利用。

试卷八参考答案

一、说明题(7选5;每题10分共50分;具体评分略)

1. 儿童观是对儿童的看法和做法。儿童观主要有：小大人、白板、有罪的、花草树木、未来的资源。
2. 根据儿童不同的特点对儿童进行不同的教育。儿童积极性不同、兴趣爱好不同、知识能力不同,教师的教育也应不同。

3. 公开课程是正式课程。隐蔽课程是非正式课程。它们对儿童发展有不同的作用，这两类课程可相互转化。

4. 幼儿园的社会教育是对儿童进行社会认知、社会情感、社会行为的教育。它对儿童社会性的发展、价值观的形成、社会化的进程都有积极作用。

5. 教师应为儿童的游戏活动做好时间、空间、材料、经验等方面的准备工作。

6. 做一个合格的幼儿园教师需要具备职业道德和智能结构(知识、能力)。

7. 教育内容的特点是全面的、启蒙性的。教育内容分为健康、语言、社会、科学、艺术五个领域。

二、设计题(评分略)

题目、活动目标、活动准备、活动过程、后续活动。

三、评析题(评分略)

1. 女儿特征：独立性、胆量、语言、情绪、动作较好。
2. 父亲教养方式：较放手、激发孩子上进心、寓教于玩。
3. 社区资源利用：大学是社区的重要的人文资源，利于激发孩子的学习兴趣，可以培养孩子长大上大学的理想。

试卷九

年级_____ 班级_____ 姓名_____ 学号_____ 成绩_____ 评阅人_____

(考核时间120分钟；考试方法：开卷)

一、论述题(1题40分)

什么是儿童观？你认为幼儿园教师应如何树立正确的儿童观？试联系实际加以说明。

二、设计题(1题60分)

试以"重阳节"为主题，设计一个活动简案。

试卷九参考答案

一、论述题(评分略)

儿童观是教师如何看待和对待儿童的观点的总和。

幼儿园教师在树立正确的儿童观时，应认识到以下几点：(1)儿童有各种各样的权利。(2)儿童的成长受制于多种因素。(3)儿童发展的潜力要及时挖掘。(4)儿童是连续不断发展的。(5)儿童的发展具有差异性。(6)儿童通过活动得到发展。(7)儿童作为一个整体来发展。

可以某一要点为主,举例加以说明。

二、设计题(评分略)

活动简案应包括如下几个部分:
(1)活动名称:要新颖独特。
(2)活动目标:要简明扼要。
(3)活动准备:要全面具体。
(4)活动过程:要详细充分。
(5)活动评价:要简单扼要。
(6)活动延伸:要简单扼要。

试卷十

年级_____ 班级_____ 姓名_____ 学号_____ 成绩_____ 评阅人_____

(考核时间 120 分钟;考试方法:开卷)

一、论述题(1 题 40 分)

什么是教育观?你认为幼儿园教师应如何树立科学的教育观?试联系实际加以说明。

二、设计题(1 题 60 分)

试以"中秋节"为主题,设计一个活动简案。

试卷十参考答案

一、论述题(评分略)

教育观是教师如何看待和对待学前教育的观点的总和。

幼儿园教师在树立科学的教育观时,需要注意以下几点:(1)热爱儿童。(2)尊重儿童。(3)全面教育儿童。(4)寓教于活动中。(5)教育要儿童化。(6)多种教育形式相结合。(7)因儿童而施教。(8)争取家庭配合。

可以某一要点为主,举例加以说明。

二、设计题(评分略)

活动简案应包括如下几个部分:
(1)活动名称:要新颖独特。
(2)活动目标:要简明扼要。
(3)活动准备:要全面具体。

(4) 活动过程：要详细充分。
(5) 活动评价：要简单扼要。
(6) 活动延伸：要简单扼要。

试卷十一

年级_____ 班级_____ 姓名_____ 学号_____ 成绩_____ 评阅人_____

(考核时间120分钟；考试方法：开卷)

一、论述题(1题40分)

《幼儿园工作规程》包括哪几个部分？给了你哪些启示？请联系幼教实际加以说明。

二、设计题(1题60分)

设计一个幼儿园组织儿童参观博物馆或图书馆的活动简案。

试卷十一参考答案

一、论述题

包括十一章：第一章总则，第二章幼儿入园和编班，第三章幼儿园的安全，第四章幼儿园的卫生保健，第五章幼儿园的教育，第六章幼儿园的园舍、设备，第七章幼儿园的教职工，第八章幼儿园的经费，第九章幼儿园、家庭和社区，第十章幼儿园的管理，第十一章附则。(15分)

可以某一章的某一个要点为主，举例加以说明。(25分)

二、设计题(1题60分)

参观博物馆或图书馆的活动简案应包括如下几个部分：
(1) 活动名称：要新颖独特(10分)。
(2) 活动目标：要简明扼要(10分)。
(3) 活动准备：要全面具体(10分)。
(4) 活动过程：要详细充分(15分)。
(5) 活动评价：要简单扼要(10分)。
(6) 活动延伸：要简单扼要(5分)。

试卷十二

年级_____ 班级_____ 姓名_____ 学号_____ 成绩_____ 评阅人_____

(考核时间 120 分钟;考试方法:开卷)

一、论述题(1 题 40 分)

《新时代幼儿园教师职业行为十项准则》包括哪十项?给了你哪些启示?请联系幼教实际加以说明。

二、设计题(1 题 60 分)

设计一个幼儿园带领儿童游览公园或广场的活动简案。

试卷十二参考答案

一、论述题

包括以下 10 项:一、坚定政治方向。二、自觉爱国守法。三、传播优秀文化。四、潜心培幼育人。五、加强安全防范。六、关心爱护幼儿。七、遵循幼教规律。八、秉持公平诚信。九、坚守廉洁自律。十、规范保教行为。(15 分)

可以某一项为主,举例加以说明。(25 分)

二、设计题

游览公园或广场的活动简案应包括如下几个部分:

(1)活动名称:要新颖独特(10 分)。

(2)活动目标:要简明扼要(10 分)。

(3)活动准备:要全面具体(10 分)。

(4)活动过程:要详细充分(15 分)。

(5)活动评价:要简单扼要(10 分)。

(6)活动延伸:要简单扼要(5 分)。